Kohlhammer

Sascha Kurz/Jörg Rambau

Mathematische Grundlagen für Wirtschaftswissenschaftler

Verlag W. Kohlhammer

Alle Rechte vorbehalten
© 2009 W. Kohlhammer GmbH Stuttgart
Umschlag: Gestaltungskonzept Peter Horlacher
Gesamtherstellung:
W. Kohlhammer Druckerei GmbH + Co. KG, Stuttgart
Printed in Germany

ISBN 978-3-17-019882-1

Gesamtvorwort der Buchreihe »Grundzüge der BWL«

Das vorliegende Werk gehört zu einer Buchreihe »Grundzüge der BWL«, die in mehreren Einzelbänden die wichtigsten Gebiete der Betriebswirtschaftslehre behandelt.

Jeder Band bringt in kompakter und systematischer Form eine Übersicht zu den zentralen Problemstellungen des jeweiligen Themenbereichs. Die Autoren sind Universitäts-Professoren, die aufgrund ihrer langjährigen Lehrerfahrungen eine problemorientierte und anwendungsbezogene Veranschaulichung des jeweiligen Stoffes gewährleisten. Gleichzeitig wird der Leser an die aktuellen wissenschaftlichen Fragen des Fachgebietes herangeführt.

Die Themengebiete dieser Reihe sind *Management, Marketing-Management, Strategisches Management, Betriebliches Finanzmanagement, Investition mit Unternehmensbewertung, Bilanzpolitik* und *-analyse, Kostenrechnung, Organisation, Personalwirtschaft, Wirtschaftsinformatik, Wirtschaftsmathematik* und *Statistik*.

Die Bücher dieser Reihe wenden sich an Studenten im Grund- und Hauptstudium der Diplomstudiengänge mit wirtschaftswissenschaftlichen Schwerpunkten sowie an Studenten von Bachelor- und Master-Studiengängen. Darüber hinaus sind sie aufgrund ihrer anschaulichen Darlegung des neusten Standes der BWL auch für die Praxis empfehlenswert.

Bayreuth, im Juli 2009

Vorwort

Dieses Buch basiert auf Erfahrungen, die wir im Rahmen der Lehrveranstaltung »Mathematische Grundlagen für Wirtschaftswissenschaftler« an der Universität Bayreuth zwischen 2005 und 2009 gesammelt haben.

Warum noch ein Buch über Mathematik für Wirtschaftswissenschaftler? Es gibt wirklich schon eine ganze Menge davon. Ein pragmatischer Grund: Der Verlag wünschte sich einen Beitrag zur Mathematik für seine Reihe »Grundzüge der BWL«.

Aber es gibt natürlich noch einen anderen Grund: Die Universitätsmathematik stellt für viele Studierende am Anfang ihres Studiums eine Hürde dar. Und wegen der knappen Zeit, die der Mathematik nur gewidmet werden kann (in Bayreuth: eine 3 SWS-Vorlesung mit einem 2 SWS-Tutorium), scheint es unabdingbar, dass die Kompetenz des *mathematischen Denkens* gegenüber der schematischen Anwendung von Rechenrezepten zurücktreten muss.

Studierende der Mathematik werden (meistens) durch intensive Beschäftigung mit Beweisen zum präzisen mathematischen Denken erzogen. Dies ist in einer Veranstaltung für Wirtschaftswissenschaftler weder zeitlich möglich noch (in extremer Ausprägung) inhaltlich wünschenswert. Denn: Zwar ist das Schema »Definition – Satz – Beweis« exzellent zur »Dokumentation« von Mathematik geeignet; die hinter der »Kreation« von Mathematik stehenden Überlegungen werden dabei aber manchmal mehr verschleiert als offenbart.

Die Schlussfolgerung für die Mathematik für Ökonomen ist häufig (Ausnahmen bestätigen die Regel), dass man aus Zeitgründen auf Beweise verzichtet, ohne dass an deren Stelle die mathematische Denkweise, die von den ökonomischen Fragestellungen *auf natürliche Weise* zu Strukturen und Algorithmen führt, auf andere Art erklärt würde. Und so haben Studierende nicht selten den Eindruck, sie lernen in der Mathematik, Probleme zu lösen, die sie ohne die Mathematik nicht hätten.

Unser Standpunkt ist, dass ein grundlegendes *Verständnis der Motivation* mathematischer Strukturen letztendlich *Zeit spart*: Man muss sich weniger Formeln schematisch merken, man kann neue Mathematik im weiteren Studienverlauf schneller verdauen, man kann sich besser selbständig mathematisch ausdrücken. Kurz: man ist besser vorbereitet auf das weitere Studium.

Die Nachfrage ist da: So hören wir trotz überbordender Literatur immer noch den Wunsch der Studierenden nach einem Buch, in dem »alles mal ausführlich erklärt« wird. Dass die ausführliche Erklärung von Rechenverfahren bei den Studierenden ankommt, zeigt der Erfolg des Buchs von Peter Dörsam »Mathematik – anschaulich dargestellt« (erschienen im PD-Verlag). Wir gehen noch etwas weiter, indem wir versuchen, *exemplarisch* für praktisch alle Themen in diesem Buch den gesamten Weg »von der Frage über die Mathematik zur Antwort« zu verfolgen.

Die behandelten ökonomischen Fragestellungen sind dabei gegenüber echten

Anwendungen extrem vereinfacht; sie sollen nicht vorgaukeln, dass es so in der Praxis zugeht, sondern den auch in Ökonomie zumeist unerfahrenen Studierenden zumindestens eine anekdotische Vorstellung vermitteln.

Natürlich hat diese Vorgehensweise Konsequenzen für den Stoffumfang: Wir konnten viele wichtige Themen und Beispiele in unserem Buch nicht aufnehmen. Wir denken aber, dass die Studierenden nach dem Studium dieses Buches besser auf das Verdauen zusätzlicher mathematischer Literatur vorbereitet sind. Und so hoffen wir, dass dieses Buch ein Propädeutikum im besten Sinne ist, indem es die Fähigkeit zur selbständigen Weiterbeschäftigung mit der Materie motiviert und erleichtert.

Auf konkrete Literaturempfehlungen für das weitere Studium verzichten wir trotzdem, da es sehr stark von den persönlichen Bedürfnissen und Präferenzen abhängt, welche weiterführende Literatur geeignet ist. Wir laden ein, zunächst einmal selbst mit Hilfe der einschlägigen Werkzeuge online nach dickeren Büchern über Mathematik für Wirtschaftswissenschaftler zu suchen, wenn das benötigte Thema im vorliegenden Band nicht behandelt wird.

Bei der Auswahl des zugrundeliegenden Stoffes haben wir von der Arbeit der Kollegen Christian Bauer, Michael Clausen, Adalbert Kerber und Helga Meier-Reinhold profitiert. Für die Vorläufer ihres ebenfalls in Bayreuth entstandenen Buchs »Mathematik für Wirtschaftswissenschaftler« (erschienen 2008 im Schäffer-Pöschel Verlag) ist u. a. die wichtige Aufgabe geleistet worden, einen logisch konsistenten Stoffkanon für den kompakten Bayreuther Kurs zusammenzustellen. Wir weichen – schon aus Gründen der Kontinuität in Bayreuth – nur an ausgewählten Stellen von diesem Stoffkanon ab.

An dieser Stelle möchten wir ganz herzlich Johannes Zwanzger danken, der seine Übungsaufgaben aus dem Wintersemester 2007/2008 für dieses Buch zur Verfügung gestellt hat. Weiterer Dank gilt Tobias Kreisel, der einige der Graphiken beigesteuert hat. Wir danken ferner Leni Rostock und Tobias Kreisel für das Korrekturlesen des Manuskripts sowie den Teilnehmerinnen und Teilnehmern unserer Lehrveranstaltungen, die uns mit ihren Kommentaren und Nachfragen wertvolle Hinweise für die Darstellungsweise in diesem Buch gegeben haben.

Bayreuth, im Juli 2009   Sascha Kurz und Jörg Rambau

Inhaltsverzeichnis

Gesamtvorwort der Buchreihe »Grundzüge der BWL«	v
Vorwort	vi
Inhaltsverzeichnis	viii
Abbildungsverzeichnis	x
Tabellenverzeichnis	xii

1 Funktionen — 1
- 1.1 Wozu Funktionen? — 1
- 1.2 Mathematische Definition einer Funktion — 2
- 1.3 Umkehrbarkeit von Funktionen — 6
- 1.4 Komposition von Funktionen — 9
- 1.5 Wichtige Funktionstypen — 12
- Übungsaufgaben — 15

2 Lineare Algebra — 20
- 2.1 Wozu Lineare Algebra? — 20
- 2.2 Vektoren und Matrizen — 22
- 2.3 Das Matrixprodukt — 26
- 2.4 Lineare Gleichungssysteme — 33
- 2.5 Erzeugnis, Lineare Unabhängigkeit, Basis und Dimension — 52
- 2.6 Die Inverse einer Matrix — 62
- 2.7 Die Determinante einer Matrix — 65
- 2.8 Einige populäre ökonomische Anwendungen — 72
- Übungsaufgaben — 80

3 Lineare Optimierung — 88
- 3.1 Wozu Lineare Optimierung? — 88
- 3.2 Die Standard-Maximierungsaufgabe — 90
- 3.3 Die Standard-Minimierungsaufgabe und Dualität — 91
- 3.4 Beispiel für einen Modellierungsprozess — 94
- 3.5 Graphische Lösung eines zweidimensionalen LPs — 96
- 3.6 Der Simplexalgorithmus mit Verzeichnissen — 99
- 3.7 Der Simplexalgorithmus mit Tableaus — 106
- 3.8 Die duale Basislösung — 112
- 3.9 Der duale Simplexalgorithmus — 115
- 3.10 Interpretation von optimalen Tableaus — 120
- Übungsaufgaben — 122

4 Differentialrechnung in einer Variablen — 126
- 4.1 Wozu Differentialrechnung? — 126
- 4.2 Beispiele für das Modellieren mit Funktionen — 128
- 4.3 Konvergenz von Zahlenfolgen — 139
- 4.4 Reihen — 148
- 4.5 Grenzwerte von Funktionen, Stetigkeit und Differenzierbarkeit — 157
- 4.6 Extremwerte — 168
- 4.7 Wichtige Sätze und Anwendungen der Differentialrechnung — 172
- Übungsaufgaben — 179

5 Differentialrechnung in mehreren Variablen — 182
- 5.1 Wozu Differentialrechnung in mehreren Variablen? — 183
- 5.2 Normen — 185
- 5.3 Totale Differenzierbarkeit — 187
- 5.4 Partielle Ableitungen — 189
- 5.5 Die Jacobi-Matrix — 193
- 5.6 Extremwerte ohne Nebenbedingungen — 200
- 5.7 Wichtige Sätze und Anwendungen der Differentialrechnung — 202
- Übungsaufgaben — 208

6 Differenzierbare Optimierung — 210
- 6.1 Wozu Differenzierbare Optimierung unter Nebenbedingungen? — 210
- 6.2 Aufgaben mit einer Nebenbedingung — 211
- 6.3 Die Lagrange-Methode — 214
- 6.4 Aufgaben mit mehreren Nebenbedingungen — 216
- 6.5 Die Karush-Kuhn-Tucker-Methode — 220
- 6.6 Optimierung mit Boxconstraints — 225
- Übungsaufgaben — 229

7 Integralrechnung — 230
- 7.1 Wozu Integralrechnung? — 230
- 7.2 Das unbestimmte Integral — 232
- 7.3 Das bestimmte Integral — 242
- 7.4 Uneigentliche Integrale — 252
- 7.5 Volumen — 256
- 7.6 Ein Beispiel zur Investitionsrechnung — 262
- Übungsaufgaben — 264

Stichwortverzeichnis — 267

Abbildungsverzeichnis

1.1	Einige Funktionsgraphen	16
1.2	Funktionsverläufe zu Übungsaufgabe 1.9	18
2.1	Ein Parallelogramm	66
2.2	Volumen eines Parallelogramms	67
2.3	Teilebedarf für ein Regal dargestellt als Gozintograph	73
3.1	Zulässiger Bereich eines Linearen Programms	97
3.2	Geraden gleichen Ertrags (Isogewinngeraden)	97
3.3	Isogewinngeraden für eine andere Zielfunktion	98
4.1	Lineare Approximation von $\sin(x)$ an der Stelle $x = 0$	126
4.2	Lineare Approximation von $\sin(x)$ an der Stelle $x = 3/4$	127
4.3	Geometrische Veranschaulichung der Ableitung	128
4.4	Kontinuierliche Grenzpreisfunktion beim Belichten von Fotos	130
4.5	Kostenfunktion beim Belichten von Fotos	131
4.6	Geglättete Grenzpreisfunktionen	133
4.7	Geglättete Preisfunktionen F_1 bzw. F_2 beim Belichten von Fotos	134
4.8	Grenzpreisfunktion f_2 und Durchschnittskostenfunktion g_2	135
4.9	Die Exponentialfunktion und die natürliche Logarithmusfunktion	139
4.10	Plot der Folge $(-1)^n$ für $1 \leq n \leq 20$	141
4.11	Plot der Folge n^2 für $1 \leq n \leq 20$	141
4.12	Plot der Folge $(-1)^n/n$ für $1 \leq n \leq 20$	142
4.13	Plot der Folge $1/(n-1)!$ für $1 \leq n \leq 20$	143
4.14	Cauchy-Kriterium angewendet mit $\varepsilon = 1$ auf die Folge $(-1)^n$	145
4.15	Maximal überhängender CD-Stapel	153
4.16	Reihen als Ober- und Untersummen eines Integrals	155
4.17	Ein Integral als untere Schranke für eine Reihe	156
4.18	Extrema von Funktionen	169
4.19	Zwischenwertsatz	173
4.20	Signumsfunktion und Funktionsplot von $\exp(x) - x^2$	174
4.21	Mittelwertsatz	175
5.1	3d-Plot und Höhenlinien	182
5.2	Eine Tangentialebene an den Graphen von $4 - x^2 - y^2$	189
5.3	Eine nicht total differenzierbare Funktion	195
5.4	Eine stetige, nicht total differenzierbare Funktion	195
5.5	Horizontale Tangentialebene in einem Extremum bzw. Sattelpunkt	202
5.6	Ein globales Randminimum	205

Abbildungsverzeichnis

6.1 Nutzenoptimum, Budgetgerade und Höhenlinien 219
6.2 Beispiel für ein Extremum, das die KKT-Methode nicht findet 222

7.1 Konsumenten- und Produzentenrenten 231
7.2 Konsumentenrente exakt und ausgeschöpft mit Rechtecken 244
7.3 Unter- und Obersumme approximieren den Flächeninhalt 244
7.4 Verbesserte Approximation durch Verfeinerung 245
7.5 Hauptsatz der Infinitesimalrechnung 248
7.6 Dichte der Standardnormalverteilung $N(0,1)$ 256
7.7 Plot der Funktion $f(x,y) = \sin(x)\sin(y)$ 257
7.8 Ein Rotationskörper zu $f(x) = {}^1\!/_3 \bigl(\sqrt{x} + {}^1\!/_2 \cdot x \sin(5(x+1))\bigr)$ 260
7.9 Approximation des Volumens durch Scheiben 261

Tabellenverzeichnis

2.1	Laufzeiten für Determinantenberechnung	72
2.2	Stücklistentabelle mit vorgeordneten Produkten	74
2.3	Inputs und Outputs der Volkswirtschaft von Wellnesien in Mio €	76
2.4	Allgemeine Struktur einer Input-Output-Tabelle	76
6.1	Hilfsflug für Rangun	229

1 Funktionen

In diesem Kapitel werden wir den zentralen mathematischen Begriff der Funktion etwas genauer beleuchten. Wir werden an diesem Beispiel erläutern, warum exakt definierte mathematische Begriffe überhaupt hilfreich sind. Unser Ziel ist dabei, Fragestellungen zu präsentieren, die durch den Funktionsbegriff und Eigenschaften von Funktionen unmissverständlich formuliert werden können.

1.1 Wozu Funktionen?

Stellen Sie sich vor, Sie betreiben einen kleinen Catering-Service. Sie möchten auf einer Uni-Veranstaltung belegte Brötchen verkaufen. Am Ende des Tages interessieren Sie sich für eine Frage am meisten:

Beispielfrage:
Wie groß ist mein Gewinn gewesen?

Jeder mit ein wenig Fingerspitzengefühl wird zunächst einmal antworten: Kommt drauf an. Und das ist genau der Kern von Funktionen: Funktionen geben an, wovon genau eine Größe (hier: der Gewinn) abhängt und wie (Formel, Tabelle, Grafik, ...).

Ein weiteres Beispiel:

Beispielfrage:
Wie viel kostet die Produktion von x Brötchen?

Es ist klar, dass es nützlich ist, diese Information in kompakter Form zu haben, damit man nicht für jede Produktionsmenge sich wieder völlig neue Gedanken über die Produktionskosten machen muss. Liefert das Controlling z. B. eine Kostenfunktion

$$K(x) = 100\,\text{GE} + x \cdot 1{,}5\,\text{GE/ME},$$

so können wir für jede vernünftige Produktionsmenge x die Kosten $K(x)$ leicht berechnen.

Noch ein Beispiel:

Beispielfrage:
Wie viele Brötchen werden bei einem Preis von p nachgefragt?

Wenn hier das Marketing eine Nachfragefunktion liefern könnte der Art

$$N(p) = 60\,\text{ME} - p \cdot 10\,\text{ME/GE},$$

so hätte man nützliche Informationen über die bestmögliche Preisfestsetzung in sehr kompakter Form. Wie man an eine Nachfragefunktion kommt, die auch nur annähernd zutrifft, ist nicht unser Thema: Wichtig ist, dass es sehr nützlich wäre, sie zu haben. Funktionen sind also unsere Freunde, auch wenn sie nicht immer einfach zu gewinnen sind.

1.2 Mathematische Definition einer Funktion

In der Mathematik ist es üblich, Einheiten wie GE, ME, ZE, ... immer außerhalb der mathematischen Erwägungen explizit anzugeben. Es wird angenommen, dass man sich über die Einheit einer jeden Größe geeinigt hat und dass diese für die gesamte Rechnung gilt. Daher wollen wir ab diesem Abschnitt zur Vereinfachung der Notation auf explizite Einheiten in mathematischen Formeln verzichten.

Wir wollen einmal zusammenstellen, was wir uns von einer Funktion alles wünschen sollten. In unserem Brötchen-Catering-Beispiel: Der Gewinn am Ende des Tages hängt natürlich von den Einnahmen ab. Würden wir nun sagen, der Gewinn ist in unserem Beispiel eine Funktion der Einnahmen, so hieße das streng genommen nicht nur, dass der Gewinn von den Einnahmen abhängt, sondern sogar dass er *nur* von den Einnahmen abhängt und *von nichts sonst*.[1] Das wäre – wenn es denn stimmen würde – eine wertvolle Information: In diesem Falle müsste man sich stets nur um das Geldzählen in der Kasse kümmern, um den Gewinn zu ermitteln. Wie einfach wären dann doch Steuererklärungen!

Wir halten fest:

> **Merksatz:**
>
> Die Aussage, eine (abhängige) Größe y ist eine Funktion einer (unabhängigen) Größe x bedeutet, dass y nur von x abhängt und von nichts sonst.

Wie würde uns auffallen, dass der Gewinn unserer Unternehmung nicht eine Funktion (nur) des Erlöses ist? Zum Beispiel dadurch, dass wir auf zwei Veranstaltungen gleichhohe Erlöse hatten, aber die Gewinne am Ende des Tages unterschiedlich waren. Zum Beispiel haben wir bei einer Veranstaltung die Butter billiger bekommen und konnten daher die Brötchen billiger produzieren. Da wir von den Einnahmen ja noch die Kosten decken müssen, haben wir bei geringeren Kosten natürlich einen höheren Gewinn bei gleichen Einnahmen. Wir haben also zwei Paare von jeweils gemeinsam beobachteten Größen (E, G_1) und (E, G_2) aufgespürt mit $G_1 \neq G_2$. Wenn unterschiedliche Gewinne bei gleichem Erlös beobachtet werden können, dann muss der Gewinn also noch von etwas anderem

---

[1] Trotzdem wird oft die formell unkorrekte aber praktische Sprechweise »f ist eine Funktion von x_1; ferner ist f eine Funktion von x_2; ferner ist f eine Funktion von x_3, ...« angewandt, indem man die Abhängigkeiten nach und nach auf diese Weise aufzählt. Man meint dann mit »f ist eine Funktion von x_1«, dass f eine Funktion von x_1 ist *und eventuell noch von anderen Größen*.

abhängen (z. B. den Kosten), und wir können nicht mehr sagen, der Gewinn ist eine Funktion (nur) der Einnahmen.

In ähnlicher Weise hängt die vom Bruttolohn abgezogene Lohnsteuer nicht nur vom Bruttoeinkommen ab, sondern auch von der Steuerklasse. Denn die sechsköpfige Familie Vielkind bekommt bei gleichem Bruttolohn weniger abgezogen als der Single Walter Nurfürsich. Somit ist der Lohnsteuerabzug keine Funktion (nur) vom Bruttolohn. Im Gesetz drückt sich das durch mehr als eine Tabelle (= Funktionsvorschrift) aus, im Wesentlichen für jede Steuerklasse eine.

Wir halten fest: Die Tatsache, das y überhaupt eine Funktion von x ist, kann formell ausgedrückt werden durch:

Merksatz:

Eine abhängige Größe y ist genau dann eine Funktion einer unabhängigen Größe x, wenn es zu jedem x genau ein Paar zusammengehöriger (x, y) gibt. Das zu x eindeutige y wird dann mit $f(x)$ bezeichnet.

Also enthält eine Funktion schonmal eine qualitative Information über Abhängigkeiten zwischen verschiedenen Größen. Aber eine Funktion muss noch mehr leisten: Sie muss genau spezifizieren, wie die eine von der anderen Größe abhängt. Mit anderen Worten: Sie muss uns zu jedem *vernünftigen* Wert der unabhängigen Größe den *eindeutigen* dazugehörigen Wert der abhängigen Größe liefern. Das kann mit einer Tabelle geschehen, aber auch mit einer mathematischen Formel.

In unserem Brötchen-Catering-Beispiel: Wir wissen schon, dass der Gewinn G von den Einnahmen E und von den Kosten K abhängt. Um die Gewinnfunktion anzugeben, müssen wir nun für jedes Paar aus Einnahmen und Kosten den Gewinn hinschreiben. Uns fällt gleich ein, dass Einnahmen minus Kosten den Gewinn ergeben, und somit können wir die Gewinnfunktion, die von Einnahmen und Kosten abhängt, mit einer Formel schreiben:

$$G(E, K) = E - K.$$

Reicht es nun, um eine Funktion f von x anzugeben, einfach eine Formel für $f(x)$ hinzuschreiben? Schauen wir auf ein anderes Beispiel. Nehmen wir an, unsere Kosten hängen nur von der Anzahl der produzierten Brötchen ab, da wir langfristige Lieferverträge für alle Rohstoffe haben. In Anwendung des bereits Gelernten: Die Kosten K sind also eine Funktion der Produktionsmenge x. Nehmen wir an, dass wir pro Brötchen 1 GE/ME Kosten haben, aber auch noch Fixkosten von 100 GE pro Veranstaltung. Eine Formel für die Kostenfunktion kann dann wie folgt angegeben werden:

$$K(x) = 100\,\text{GE} + x \cdot 1\,\text{GE/ME}.$$

Reicht das? Stimmt diese Formel immer? Was ist mit $x = -2\,\text{ME}$? Irgendwie ist das Unsinn. Für unsinnige (hier: negative) Produktionsmengen x gibt es gar keine zugehörigen Kosten. Dann ist es auch nicht sinnvoll, dass wir für unsinnige x eine Formel für die Kosten hinschreiben. Manchmal ist die Unsinnigkeit von Werten offensichtlich, und es bedarf vielleicht keiner Aufklärung. Manchmal ist der Geltungsbereich einer Formel aber auch nicht so offensichtlich. Zum Beispiel kann es ja sein, dass die Kostenformel für Produktionmengen oberhalb von 1 000 ME überhaupt nicht mehr stimmt, weil die Produktionsmittel für so eine große Produktion gar nicht mehr ausreichen. Dann sollten wir demjenigen, der unsere Funktion verwenden will, das mitteilen.

Wir wollen also zusätzlich zur Formel noch die vernünftigen Werte für die unabhängige Größe spezifizieren. Streng genommen können wir auch keine Achtel-Brötchen produzieren, so dass die Formel nur für ganzzahlige, nicht-negative Produktionsmengen x bis zur Höchstproduktion 1 000 ME gilt, die mit unseren Produktionsmitteln überhaupt möglich ist.[2]

Eine vernünftige Einschränkung der Gültigkeit muss also bei der Spezifikation einer Funktion f mit der Formel zusammen angegeben werden. Die Menge der vernünftigen unabhängigen x für eine Funktion f wird mathematisch ausgedrückt als der Definitionsbereich D_f der Funktion f.

Analog wird die Menge der vernünftigen Werte für die abhängige Größe $f(x)$ einer Funktion f mathematisch ausgedrückt durch den Wertebereich W_f der Funktion f. Für die Nachfragefunktion unseres Brötchenverkaufs, die jedem festgesetzten Verkaufspreis für ein Brötchen eine Nachfrage zuordnet, ist unmittelbar einsichtig, dass eine negative Nachfrage keinen Sinn macht. Also sollte der Wertebereich der Nachfragefunktion nur die Menge der nicht-negativen Zahlen sein (bei kleinen Nachfragen sogar nur die Menge der nicht-negativen ganzen Zahlen).

Wenn wir uns also in die Lage des Controllings versetzen und wir eine Kostenfunktion für eine Brötchenproduktion angeben sollen, dann wird von uns Folgendes erwartet:

1. Die vernünftigen Produktionsmengen (Definitionsbereich).

2. Die vernünftigen Kostenwerte (Wertebereich).

3. Eine Vorschrift, die jeder vernünftigen Produktionsmenge den eindeutigen zugehörigen Kostenwert zuordnet (Funktionsvorschrift).

In mathematischer Sprache kann man das so ausdrücken:

Definition 1.2.1 (Funktion). Eine Funktion f ist ein Tripel (D_f, W_f, G_f) mit

(i) D_f ist der Definitionsbereich von f.

(ii) W_f ist der Wertebereich von f.

---
[2]Die Ganzzahligkeitsforderung wird häufig vernachlässigt, wenn die Produktionsmengen sehr groß sind, und man verlangt nur Nicht-Negativität, da Formeln, die nur für ganze Zahlen gelten, häufig wesentlich schwieriger zu behandeln sind.

(iii) G_f ist eine Menge von Paaren $(x,y) \in D_f \times W_f$ (d. h. $x \in D_f$ und $y \in W_f$), so dass zu jedem $x \in D_f$ genau ein Paar $(x,y) \in G_f$ existiert; dies ist der Graph von f.

Das eindeutige $y \in W_f$ mit $(x,y) \in G_f$ heißt Bild von x und wird mit $f(x)$ bezeichnet. Ein $x \in D_f$ mit $(x,y) \in G_f$ für ein $y \in W_f$ heißt ein Urbild von y.

Eine Funktion f kann auf verschiedene Arten spezifiziert werden. Ist z. B. f gegeben durch $D_f = \mathbb{R}$ (die Menge der reellen Zahlen), $W_f = \mathbb{R}_{\geq 0}$ (die Menge der nicht-negativen reellen Zahlen) und $G_f = \{(x,x^2) : x \in D_f\}$ (die Menge aller Paare (x,x^2), für die $x \in D_f$ ist), so kann man f z. B. wie folgt schreiben:

1. $f: \mathbb{R} \to \mathbb{R}_{\geq 0}, x \mapsto x^2$.

2. $f: \begin{cases} \mathbb{R} & \to & \mathbb{R}_{\geq 0}, \\ x & \mapsto & x^2. \end{cases}$

3. $f(\mathbb{R}) \subseteq \mathbb{R}_{\geq 0}, f(x) = x^2$.

4. Die Kurzschreibweise $y = y(x) = x^2$ trifft man gelegentlich in Mathematik-Anwendungen an. (Zum Beispiel schreibt man in der Physik, wenn man betonen möchte, dass der Weg eine Funktion der Zeit ist, $s = s(t) = gt^2/2$ im Beispiel des freien Falls.) Man will damit darauf hinweisen, dass die Abhängigkeit der Größe y von x nun das Thema ist und dass andere Abhängigkeiten durch Festhalten der Werte ausgeblendet werden (Betrachtung der Abhängigkeit y von x *ceteris paribus*). Um Buchstaben zu sparen und um eine möglichst suggestive Notation zu erhalten, benutzt man also für die Funktion das gleiche Symbol wie für die Elemente des Wertebereichs und verzichtet auf eine separate Benennung der Funktion.

   Das ist in Ordnung, wenn man sich klar macht, dass das Symbol y hier in verschiedenen Bedeutungen auftaucht: y bezeichnet gleichzeitig die abhängige Größe und die Funktion. Ferner ist mit $y(x)$ im einen Fall die Funktion gemeint (wenn x nur als Platzhalter für alle möglichen x gemeint ist), im anderen Fall aber ein spezieller Funktionswert $y(x) \in W_y$ (wenn mit x ein konkretes $x \in D_y$ gemeint ist). Wir werden in Beispielen auch manchmal diese intuitive Schreibweise benutzen, solange keine Verwechslungen zu befürchten sind.

Nun haben wir also unsere erste mathematische Definition präsentiert. Sie besagt ohne Interpretationsspielraum, was es bedeuten soll, wenn wir den Begriff »Funktion« in den Mund nehmen. Wir haben versucht, diese Definition als formelle Formulierung plausibler Überlegungen darzustellen: Wenn etwas eine Funktion im Sinne der Definition ist, dann ist es genau das, was wir brauchen.

Im Vergleich zu Mathematikbüchern für Mathematiker sind formelle Definitionen in diesem Buch etwas seltener anzutreffen: Nur wenn wir der Ansicht sind, dass der definierte Begriff grundlegend ist und ohne formelle Definition die Gefahr von Missverständnissen besteht, wollen wir darauf eingehen. Der Grenzwertbegriff in Kapitel 4 ist allein aus historischen Gründen dafür ein wichtiges Beispiel. Aber dazu später mehr.

Zu allen Begriffen ist i. d. R. auch ein unmittelbareres intuitives Verständnis hilfreich, das in den meisten Fällen für unsere Zwecke sogar ausreicht; im Zweifel allerdings ist die mathematische Definition der unanfechtbare Schiedsrichter.

Mathematische Definitionen sind die Vokabeln für die Sprache der Mathematik. Diese Sprache ist sehr dicht und gestattet es, komplizierte Zusammenhänge ohne Interpretationsspielraum zu formulieren. Das ist nützlich und daher nicht für umsonst zu haben: Es erfordert durchaus Mühe, da wie bei jeder Fremdsprache Verständnis nur mit sicherer Vokabelkenntnis möglich ist.

1.3 Umkehrbarkeit von Funktionen

Wir wollen nun einige grundlegende Eigenschaften von Funktionen besprechen, die allesamt durch den Wunsch motiviert werden können, aus einem Bild einer Funktion auf ein Urbild zu schließen. Nehmen wir wieder die Brötchen her. Für die Planung des Caterings ist sicher folgende Frage von Belang:

> **Beispielfrage:**
>
> Wie hoch muss der Preis für ein Brötchen sein, damit x Brötchen abgesetzt werden können?

Es kann nämlich sein, dass wir x Brötchen noch im Schrank haben und wir genau den Wunsch haben, diese abzusetzen (Lagerräumung).

Wir bitten unsere Marketingabteilung um die Nachfragefunktion und erhalten die Nachfrage in ME aus dem Preis in GE (wobei das Intervall $[0,6]$ die Menge aller reellen Zahlen zwischen einschließlich 0 und 6 ist):

$$N: \begin{cases} [0,6] & \to \mathbb{R}_{\geq 0}, \\ p & \mapsto 60-10p. \end{cases}$$

Warum müssen wir den Definitionsbereich auf $[0,6]$ einschränken? Negative Preise wollen wir natürlich vermeiden, aber auch bei einem Preis über 6 GE würde die Nachfragefunktion eine negative Nachfrage ergeben, was Unsinn ist.

Wissen wollen wir aber den Preis bei gegebener (angestrebter) Nachfrage. Wir stellen die Formel $N = 60 - 10p$ nach p um und erhalten eine neue Formel:

$$p = \frac{(60-N)}{10}.$$

Da durch diese Formel nun jedem $N \in \mathbb{R}_{\geq 0}$ genau ein $p \in [0,6]$ zugeordnet wird, müssten wir doch damit p als Funktion von N darstellen können. Der erste

1.3 Umkehrbarkeit von Funktionen

Versuch mit
$$p\colon \begin{cases} \mathbb{R}_{\geq 0} & \to & [0,6], \\ N & \mapsto & \frac{(60-N)}{10}, \end{cases}$$
ergibt aber *keine* Funktion, denn bei Nachfragewerten von über 60 erhalten wir negative Preise, die nicht im Wertebereich sind. Wir müssen also den Definitionsbereich weiter einschränken, und erkennen schließlich, dass
$$p\colon \begin{cases} [0,60] & \to & [0,6], \\ N & \mapsto & \frac{(60-N)}{10}, \end{cases}$$
auch eine Funktion ist, und zwar eine mit $p(N(p)) = p$ für alle $p \in [0,6]$ und $N(p(N)) = N$ für alle $N \in [0,60]$.

Wenn wir den Wertebereich von N auf $[0,60]$ festgesetzt hätten, dann hätten wir uns die letzte Überlegung sparen können. Das heißt, für die im Wertebereich modifizierte Nachfragefunktion
$$\tilde{N}\colon \begin{cases} [0,6] & \to & [0,60], \\ p & \mapsto & 60-10p, \end{cases}$$
hätten wir eine Funktion
$$p\colon \begin{cases} [0,60] & \to & [0,6], \\ \tilde{N} & \mapsto & \frac{(60-\tilde{N})}{10}, \end{cases}$$
mit vertauschten Rollen von Definitions- und Wertebereich. In diesem Falle nennen wir $p(\tilde{N})$ die Umkehrfunktion zu $\tilde{N}(p)$.

Wir fassen zusammen:

> **Merksatz:**
>
> Eine Funktion kann umgekehrt werden, wenn nicht nur jedes Urbild genau ein Bild hat, sondern auch jedes potentielle Bild genau ein Urbild.

Können wir eine solche Umkehrfunktion mit genau vertauschtem Definitions- und Wertebereich immer angeben? In unserer modifizierten Nachfragefunktion $\tilde{N}$ hat nicht nur jedes Element des Definitionsbereichs genau ein Bild (wie bei jeder Funktion), sondern auch jedes Element des Wertebereichs genau ein Urbild. Da beim Umkehren der Abhängigkeit zwischen Nachfrage und Preis sich die Rollen von Urbildern und Bildern vertauschen, ist diese letztere Eigenschaft wichtig dafür, dass die umgekehrte Abhängigkeit wirklich durch eine Funktion dargestellt werden kann.

Leider gibt es Funktionen, für die diese Eigenschaft, dass jedes Element des Wertebereichs genau ein Urbild hat, nicht gilt: Zum Beispiel gab es für unsere erste Nachfragefunktion N zu Nachfragewerten oberhalb von 60 keine Urbilder (sprich: zugehörige Preise). Ein anderes, abstrakteres aber lehrreiches Beispiel: Die Funktion $f\colon \mathbb{R} \to \mathbb{R}$, $x \mapsto x^2$ hat zum Wert -1 kein Urbild anzubieten, während 4 sogar zwei Urbilder hat, nämlich 2 und -2.

Ein Element des Wertebereichs einer Funktion kann also im Allgemeinen auch kein Urbild haben oder auch mehr als eins. Funktionen, bei denen das erste Hindernis nicht vorkommt, heißen surjektiv; Funktionen, bei denen das letzte Hindernis nicht vorkommt, heißen injektiv; Funktionen, bei denen beide Hindernisse nicht vorkommen, heißen bijektiv.

Definition 1.3.1 (surjektiv, injektiv, bijektiv). Sei $f\colon D_f \to W_f$, $x \mapsto f(x)$ eine Funktion.

(i) f heißt surjektiv, wenn jedes $y \in W_f$ mindestens ein Urbild hat.

(ii) f heißt injektiv, wenn jedes $y \in W_f$ höchstens ein Urbild hat.

(iii) f heißt bijektiv, wenn jedes $y \in W_f$ genau ein Urbild hat.

Unsere Überlegungen von oben zeigen, dass wir genau für die bijektiven Funktionen eine Umkehrfunktion angeben können, denn wenn jedes Element im Wertebereich genau ein Urbild hat, dann können wir jedem Element im Wertebereich genau dieses Urbild zuordnen. Das Element des Wertebereichs wird nun aufgefasst als ein Element des Definitionsbereichs der Umkehrfunktion, und das Urbild liegt nun im Wertebereich der Umkehrfunktion, der gleich dem Definitionsbereich der Ausgangsfunktion ist.

Definition 1.3.2 (Umkehrfunktion). Sei $f = (D_f, W_f, G_f)$ eine bijektive Funktion. Dann ist die Umkehrfunktion f^{-1} von f definiert durch

(i) $D_{f^{-1}} := W_f$ (der Doppelpunkt besagt »nach Definition«).

(ii) $W_{f^{-1}} := D_f$.

(iii) $G_{f^{-1}} := \left\{ (y,x) \in D_{f^{-1}} \times W_{f^{-1}} : (x,y) \in G_f \right\}$.

Eine Formel für die Funktionsvorschrift $G_{f^{-1}}$ wird dabei – wie im Beispiel zur Nachfragefunktion – häufig durch Umstellen einer Formel für die Funktionsvorschrift G_f nach der unabhängigen Größe gewonnen. Da es aber nicht immer geschlossene Formeln für Funktionen geben muss, ist obige Definition über den Graphen der Funktion umfassender. Zum Beispiel: Die Funktion, die zu Weihnachten 2007 jedem Bundesligafußballverein seinen Tabellenplatz zuordnet, kann man nicht durch eine Formel darstellen, man kann aber in der Tabelle alle Funktionswerte ablesen. Und man kann sie umkehren, da man aus den möglichen Tabellenplätzen den Bundesligaverein durch Blick auf dieselbe Tabelle ermitteln kann.

Man kann im Übrigen die Hindernisse »nicht surjektiv« und »nicht injektiv« oft bei ausreichender Kenntnis der Funktion durch recht milde Modifikationen aus dem Weg räumen.

Betrachten wir als Beispiel die Funktion $f: \mathbb{R} \to \mathbb{R}$, $x \mapsto x^2$. Die Funktion ist weder surjektiv noch injektiv. Wir wissen, dass negative Werte nicht angenommen werden, alle anderen aber schon. Wenn wir also einfach den Wertebereich auf die tatsächlich angenommenen Werte in $\mathbb{R}_{\geq 0}$ einschränken, dann erhalten wir schon einmal eine surjektive Funktion $\check{f}: \mathbb{R} \to \mathbb{R}_{\geq 0}$, $x \mapsto x^2$.

Nun bleibt noch das Problem mit den nicht eindeutigen Urbildern, z. B. 2 und -2 sind zwei verschiedene Urbilder von 4. In diesem Beispiel stellen wir fest, dass jede nicht-negative Zahl außer null genau zwei Urbilder hat, ein positives und ein negatives. In ökonomischen Anwendungen haben die positiven Zahlen häufig eine vernünftigere Interpretation. Wenn wir nun einfach den Definitionsbereich der Funktion f auf die positiven Zahlen und die Null einschränken, dann erhalten wir eine injektive Funktion $\hat{f}: \mathbb{R}_{\geq 0} \to \mathbb{R}$.

Tun wir beides, also Einschränken des Werte- und des Definitionsbereichs, dann erhalten wir schließlich die bijektive Funktion $\tilde{f}: \mathbb{R}_{\geq 0} \to \mathbb{R}_{\geq 0}$, $x \mapsto x^2$, deren Umkehrfunktion Sie alle kennen: Es handelt sich um die Wurzelfunktion $\tilde{f}^{-1}: \mathbb{R}_{\geq 0} \to \mathbb{R}_{\geq 0}$, $x \mapsto \sqrt{x}$.

1.4 Komposition von Funktionen

Wir hatten im vorigen Abschnitt die Komposition von Funktionen schon stillschweigend verwendet, als wir sagten, dass $p(\tilde{N}(p)) = p$ gilt: Wir haben auf einen Preis p erst die bijektive Nachfragefunktion $\tilde{N}$ und dann die Umkehrfunktion $\tilde{N}^{-1} = p$ angewendet. Heraus kam die identische Funktion, die jedem Preis p wieder p zuordnet.

Aber nicht nur in diesem Spezialfall ist die Komposition von Funktionen interessant. Wir nehmen an, wir wollen den Preis für unsere Brötchen über die Zeit anpassen (z. B. reduzieren). Das bedeutet, für jeden Zeitpunkt t haben wir einen Preis $p(t)$ festgesetzt. Nun wollen wir wissen, wie die Nachfrage zu einem bestimmten Zeitpunkt ist, wobei wir die Nachfragefunktion $\tilde{N}$ schon kennen.

> **Beispielfrage:**
>
> Wie hoch ist die Nachfrage zum Zeitpunkt t, wenn der Preis p gemäß der Funktion $p(t)$ von t abhängt und die Nachfrage gemäß der Funktion $\tilde{N}(p)$ von p?

Die beste Antwort auf diese Frage wäre eine Formel, mit der wir die Nachfrage direkt aus t ausrechnen könnten. Nehmen wir an, unser Produkt-Marketing hat für uns aus uns unbekannten Erwägungen eine Preisverlaufsfunktion ermittelt, die den Preis in GE angibt, wobei der Zeitpunkt null den Verkaufsstart bezeichnen soll und die Zeit in Tagen gemessen wird.

$$p: \begin{cases} [0,10] & \to & [0,10], \\ t & \mapsto & 10-t. \end{cases}$$

Beachte: Wir nennen die Preisverlaufsfunktion wieder suggestiv $p = p(t)$, obwohl es nicht dieselbe Funktion ist, wie die Umkehrfunktion $p = p(\tilde{N})$ der Nachfragefunktion im vorigen Abschnitt. Mit dem Definitions- und Wertebereich haben wir schon gut aufgepasst: Negative Zeitpunkte und negative Preise sollen nicht entstehen.

Naiv betrachtet, brauchen wir nun nur noch den aus der Zeit berechneten Preis in die Nachfragefunktion einzusetzen und erhalten eine Formel für die Nachfrage, wenn der Zeitpunkt im Definitionsbereich der Preisverlaufsfunktion liegt. Oder? Versuchen wir es.

$$\tilde{N}(t) = \tilde{N}(p(t)) = 60 - 10(10-t) = 60 - 100 + 10t = -40 + 10t.$$

Nur, welche t dürfen wir jetzt in die Formel einsetzen? Wenn wir den ganzen Definitionsbereich von p benutzen würden, dann erhielten wir für $t = 0$:

$$\tilde{N}(t) = \tilde{N}(p(t)) = -40 + 10 \cdot 0 = -40.$$

Also: Unsinn. Was ging schief? Obwohl 0 im Definitionsbereich D_p der Funktion p liegt, liegt der Wert $p(0) = 10$ nicht im Definitionsbereich $D_{\tilde{N}} = [0,6]$ der Nachfragefunktion $\tilde{N}$, und schon ist das Resultat nicht sinnvoll. Wir wollen aber dem Nutzer einer Funktion wie sonst auch genaue Informationen über den Geltungsbereich der Formel mitgeben. Also müssen wir für die Berechnung der Nachfrage aus Preisverlaufsfunktion und Nachfragefunktion einen kleineren Definitionsbereich angeben, so dass die Preisverlaufsfunktion für jeden Wert ihres Definitionsbereichs einen Wert im Definitionsbereich der Nachfragefunktion liefert. Der größtmögliche Definitionsbereich für die Zeitverlaufsfunktion ist hier $[4,10]$, denn dann entstehen nur Preise im Intervall $[0,6]$, dem Definitionsbereich der Nachfragefunktion.

Zusammengefasst haben wir uns überlegt:

Merksatz:

Funktionen können dann hintereinandergeschaltet werden, wenn die erste anzuwendende Funktion nur Werte im Definitionsbereich der zweiten anzuwendenden Funktion hat.

Mit

$$\tilde{p}: \begin{cases} [4,10] & \to & [0,6], \\ t & \mapsto & 10-t, \end{cases}$$

haben wir also eine modifizierte Zeitverlaufsfunktion definiert, deren Werte allesamt in die Nachfragefunktion

$$\tilde{N} \colon \begin{cases} [0,6] & \to \quad [0,60], \\ p & \mapsto \quad 60-10p, \end{cases}$$

eingesetzt werden können.

Diese Überlegungen motivieren folgende mathematische Definition:

Definition 1.4.1 (Komposition von Funktionen). Seien $f \colon D_f \to W_f$ und $g \colon D_g \to W_g$ Funktionen mit $W_f \subseteq D_g$ (d. h. W_f ist eine Teilmenge von D_g, also jedes Element in W_f ist auch in D_g). Dann heißt

$$g \circ f \colon \begin{cases} D_f & \to \quad W_g, \\ x & \mapsto \quad (g \circ f)(x) := g(f(x)), \end{cases}$$

die Komposition (oder Verkettung oder Hintereinanderschaltung) von f und g, gelesen »g nach f«.

Aber wie hoch ist denn nun die Nachfrage in den ersten vier Tagen bei Preisverlauf p? Die Antwort ist: Unsere Nachfragefunktion gibt darüber keine Auskunft; die Information ist nicht in den Daten der Nachfragefunktion enthalten, die ersten vier Stunden sind einfach nicht abgedeckt. Es ist sehr wichtig, eine solche Information über das *Fehlen* einer Information ernst zu nehmen, um nicht falsche Schlüsse zu ziehen.

Eine plausible (implizite) Annahme könnte natürlich sein: Wann immer die Nachfragefunktion einen negativen Wert liefert, ist in Wahrheit null gemeint. Damit hätten wir die Nachfragefunktion tatsächlich stückweise definiert über:

$$\hat{N} \colon \begin{cases} \mathbb{R}_{\geq 0} & \to \quad \mathbb{R}_{\geq 0}, \\ p & \mapsto \quad \begin{cases} 60-10p & \text{falls } p \leq 6, \\ 0 & \text{sonst.} \end{cases} \end{cases}$$

Für diese stückweise Definition »null, wann immer ein Term kleiner null ergibt, sonst der Term«, also das Maximum von null und einer Termauswertung, haben die Mathematiker eine praktische und suggestive Schreibweise, die sich Positivteil nennt:

$$\hat{N}(p) = (60-10p)^+ := \max\{0, 60-10p\}.$$

Die Komposition mit der ursprünglichen Preisverlaufsfunktion würde dann lauten:

$$\hat{N} \circ p \colon \begin{cases} [0,10] & \to \quad \mathbb{R}_{\geq 0}, \\ t & \mapsto \quad (-40+10t)^+. \end{cases}$$

Wie erwartet, liefert das eine Nachfrage von null in den ersten vier Stunden, was eine Revision der Preisverlaufsfunktion (streng genommen eine Aufgabe des Revenue-Managements der Unternehmung) nahelegen würde.

Beachte aber, dass die so stückweise definierte Nachfragefunktion $\hat{N}$ nun nicht mehr umkehrbar ist (warum nicht?). Man kann also – wie im sonstigen Leben – nicht alles haben!

1.5 Wichtige Funktionstypen

Zunächst listen wir ein paar »Funktionsatome« auf, aus denen die meisten anderen Funktionen zusammengesetzt werden können. Diese folgenden elementaren Funktionen sind zwar zur Beschreibung realer Zusammenhänge zu unflexibel; man kann damit aber schon eine ganze Menge Funktionen bauen.

Elementare Funktion	*Charakteristische Eigenschaft*
Eins-Funktion $f(x) = 1$	$y = f(x) = 1$ ist unabhängig von x.
Identische Funktion $f(x) = x$	y ist gleich x.
Quadratfunktion $f(x) = x^2$	Die »Steigung« von $f(x)$ bei x ist proportional zu x.
Wurzelfunktion $f(x) = \sqrt{x}$	Umkehrfunktion zur Quadratfunktion.
k-te Potenzfunktion $f(x) = x^k$	Die »Steigung« von $f(x)$ bei x ist proportional zu x^{k-1}.
k-te Wurzelfunktion $f(x) = \sqrt[k]{x}$	Umkehrfunktion zur k-ten Potenzfunktion.
Exponentialfunktion $f(x) = e^x$	Die »Steigung« von $f(x)$ bei x ist proportional zu $f(x)$.
Logarithmusfunktion $f(x) = \ln(x)$	Umkehrfunktion zur Exponentialfunktion
Sinusfunktion $f(x) = \sin(x)$	Es gilt $\sin(x + 2\pi) = \sin(x)$, d. h. sin ist periodisch.

Will man quantitative Zusammenhänge möglichst genau beschreiben, dann muss man aus diesen Funktionen komplexere Gebilde zusammenstellen. Die grundlegenden Operationen sind: Summe von Funktionen über $(f + g)(x) := f(x) + g(x)$ (punktweise Addition) und Multiplikation einer Funktion mit einer Zahl über $(a \cdot f)(x) := a \cdot f(x)$ (punktweises skalares Vielfaches). Zum Beispiel kann man durch Multiplikation der Eins-Funktion $f(x) = 1$ mit 10 die konstante Funktion $f(x) = 10$ erzeugen. Oder durch Addition der identischen Funktion $f(x) = x$ und der Eins-Funktion $g(x) = 1$ die Funktion $h(x) = x + 1$ erzeugen.

1.5 Wichtige Funktionstypen

Zusätzlich benutzen wir noch die schon bekannte Komposition von Funktionen, und erhalten damit einen reichhaltigen Baukasten zur Erzeugung von passenden Funktionen.

Betrachten wir einen Prozess, der aus einer Inputgröße eine Outputgröße macht, z. B. einen Produktionsprozess, der aus einem Input an Rohstoffen einen Output in Form eines Produkts generiert. Oder einen Kostenprozess, der aus einem Input an Produktionsmenge einen Output an Kosten erzeugt. Nehmen wir an, wir haben eine geeignete Funktion f schon ermittelt, die jeder Inputmenge die Outputmenge dieses Prozesses zuordnet.

Stellen wir uns vor, f passt eigentlich auch auf einen anderen Prozess, für den wir noch eine Funktion suchen; aber dort sind bei jeder Produktion sind stets die ersten 100 ME Output wegen nicht eingelaufener Maschinen Schrott. Das heißt, für ein korrektes Modell müsste der Graph von f (gemessen in ME) um 100 nach unten verschoben werden. Dies kann man erreichen, indem man *nach Anwendung* von f vom Ergebnis 100 abzieht, und eine passende Funktion wäre demnach $g(x) = f(x) - 100$.

Werden bei einem weiteren Produktionsprozess 50 ME Input zum Anlaufen der Maschinen verbraten, so kann man das ausdrücken, indem man *vor Anwendung* von f zunächst 50 von x abzieht, und eine passende Funktion wäre also $g(x) = f(x - 50)$.

Ähnlich kann man schließen, dass ein weiterer Prozess auch im Prinzip durch f gut beschrieben wird, außer dass der Output viermal so groß ist. Dann beschreibt die Funktion $g(x) = 4f(x)$ den Prozess treffend: Der Graph wird in y-Richtung um den Faktor 4 gestreckt. Ein weiterer, ebenfalls prinzipiell ähnlich gelagerter Prozess verbraucht nur die Hälfte des Inputs, so dass der gleiche Output schon bei $x/2$ erreicht wird. Folglich modellieren wir den Prozess mit $g(x) = f(x/2)$, eine Funktion mit in x-Richtung auf die Hälfte gestauchtem Graphen.

Diese Summen, Verschiebungen, Streckungen und Stauchungen von Funktionen werden meistens zur Modellierung in Form von Parametern angegeben, die man dann aus bekannten Werten der Funktion schätzt. Wichtig ist es, den richtigen Typ der Funktion zu erraten. In der folgenden (natürlich nicht vollständigen) Tabelle finden Sie einige typische Ansatzfunktionen zusammen mit typischen Fällen, in denen sie gut passen. Die Parameter bezeichnen wir mit a, b, c, d. Diese werden *vor Benutzung* der Funktion geschätzt aus bekannten Werten und bleiben *bei Benutzung* der Funktion dann unverändert.

Die gängisten Funktionstypen haben wir für Sie in der unten stehenden Tabelle gesammelt. Obwohl uns noch die wichtigsten Werkzeuge einer fundierten Kurvendiskussion fehlen, wollen wir dort wenigstens schon einmal intuitiv auf charakteristische Eigenschaften aufmerksam machen. Zwei Größen heißen proportional, wenn ihr Verhältnis konstant positiv ist und antiproportional wenn ihr Verhältnis konstant negativ ist. Die Steigung einer Funktion werden wir genauer in Kapitel 4 definieren; für den Moment reicht die Anschauung am Funktionsgraphen.

Funktionstyp	Wann wird so eine Funktion angesetzt?
Konstante Funktion $f(x) = c$ z. B. $f(x) = 10$	Wenn $y = f(x)$ gar nicht von x abhängt; z. B. ist die Kostenfunktion, die jeder Produktionsmenge die Fixkosten zuordnet, konstant (daher der Name »Fixkosten«).
Lineare Funktion $f(x) = ax$ z. B. $f(x) = -3x$	Wenn $f(x)$ (anti)proportional zu x ist; z. B. ist die Kostenfunktion, die jeder Produktionsmenge die Kosten zuordnet, dann linear, wenn nur Stückkosten aber keine Fixkosten auftreten.
Affine Funktion $f(x) = ax + c$ z. B. $f(x) = 4x + 2$	Wenn die »Steigung« von $f(x)$ an der Stelle x unabhängig von x ist, z. B. bei einer Kostenfunktion mit Fixkostenanteil c und Stückkostenanteil a pro Stück.
Polynom vom Grad N $f(x) = \sum_{k=0}^{N} a_k x^k$ z. B. $f(x) = 3x^3 - 2x^2 + x - 1$	Wenn man $N + 1$ Funktionswerte ohne Fehler kennt (sichere Beobachtungen) und für die restlichen x gern sinnvolle Werte schätzen würde; ein Polynom vom Grad N ist nämlich durch $N + 1$ Funktionswerte eindeutig bestimmt, d. h. man kann die Parameter $a_N, a_{N-1}, \ldots, a_0$ aus Funktionswerten für $N + 1$ verschiedene Werte von x ermitteln; ferner sind Polynome in Bezug auf mathematische Weiterverarbeitung sehr gutmütig.
Rationale Funktion $f(x) = \frac{p(x)}{q(x)}$; $p(x), q(x)$ Polynome in x z. B. $f(x) = \frac{3x^3 - 2x^2 + x - 1}{2x^2 - 4x + 3}$	Wenn z. B. x sowohl die Produktionsmenge über $p(x)$ als auch die Kosten über $q(x)$ beeinflusst; dann wird die Abhängigkeit der Stückkosten von x durch die rationale Funktion $\frac{p(x)}{q(x)}$ von x beschrieben; es ist unbedingt zu beachten, Nullstellen von q (Werte für x, so dass $q(x) = 0$) aus dem Definitionsbereich auszuschließen.
Exponentialfunktion $f(x) = b a^{cx}$ z. B. $f(x) = \frac{1}{2} \cdot 2^{2x}$	Wenn die »Steigung« von $f(x)$ an der Stelle x proportional zu $f(x)$ ist; z. B. wenn $f(t)$ das Sparvermögen zur Zeit t ist, dann sind die Zinsen zum Zeitpunkt t proportional zum Sparvermögen zum Zeitpunkt t; das Startvermögen wird durch b, der Zinssatz wird durch a und c modelliert; streng genommen, kann man wegen $a^{bx} = \left(e^{\ln(a)}\right)^{bx} = e^{(\ln(a))bx}$ schon alle Funktionen dieses Typs produzieren, wenn man a auf e (Eulersche Zahl) festlegt.
Logarithmusfunktion $f(x) = c \log_a(x)$ z. B. $f(x) = 3 \log_2(x)$	Wenn $f(x)$ proportional dazu ist, wie oft man x durch a teilen muss, um 1 zu erhalten; z. B. wann ist der Wert eines Computers nur noch 1 GE, wenn sich sein Wert jedes Jahr halbiert; auch hier reicht es aus, den natürlichen Logarithmus zu benutzen wegen $\log_a(x) = \frac{\ln x}{\ln a} = \frac{1}{\ln(a)} \ln(x)$; Letzteres ist korrekt, da $a^{\frac{\ln(x)}{\ln(a)}} = e^{\ln(a) \frac{\ln(x)}{\ln(a)}} = e^{\ln(x)} = x$, und somit $\frac{\ln(x)}{\ln(a)}$ genau wie $\log_a(x)$ die eindeutige Umkehrfunktion zu a^x ist.

1.5 Wichtige Funktionstypen

Trigonometrisches Polynom
$f(x) = \sum_{k=1}^{N}(a_k \sin(k\omega x) + b_k \cos(k\omega x))$
z. B. $f(x) = \sin(x) + \cos(2x)$

Wenn $f(x)$ periodisch ist mit Periode $T = \frac{2\pi}{\omega}$, also der Graph von f zusammengesetzt ist aus Wiederholungen eines Achsen-Abschnitts der Länge T, z. B. saisonale Schwankungen; meist ist hier die unabhängige Größe die Zeit; auch Klänge sind periodische Funktionen des Luftdrucks von der Zeit, und die a_k und b_k sind im Wesentlichen die Obertonamplituden des k-ten Obertons im Klang $f(x)$; in einem Equalizer Ihrer Hifi-Anlage können Sie die einstellen, und durch die sogenannte Fourier-Analyse kann man diese Amplituden aus einem »Klang« ermitteln (kennen Sie vielleicht aus Kriminalfilmen bei der Stimmfrequenzanalyse von Entführern aus Telefongesprächsaufzeichnungen).

Sie haben bei der Diskussion der Beispiele sicher festgestellt, dass einige Beschreibungen etwas schwammig sind (der Begriff von »Steigung« zum Beispiel). Dies kann allerdings erst in Kapitel 4 auf eine solide Basis gestellt werden. Manche charakteristischen Eigenschaften beruhen auf dem Verhältnis zwischen Wachstum einer Größe und der Größe selbst (Exponentialfunktion). Eine genauere Betrachtung der allgemeinen mathematischen Prinzipien führt auf das Thema Differentialgleichungen, welches in dieses Buch aber nicht mehr hineingepasst hat. Graphen für einige Beispielfunktionen finden sich in Abb. 1.1.

Übungsaufgaben

Aufgabe 1.1. Wann sind die folgenden Terme definiert? Vereinfachen Sie für diesen Fall.

a) $\dfrac{(c^3 o^4)^2 \cdot s^6}{(s \cdot c)^5 \cdot o^7}$ b) $\dfrac{\frac{2}{3} + \frac{1}{4}}{\frac{3}{4} + \frac{3}{2}}$ c) $\dfrac{\ln\left(\frac{e^{z^3}}{t}\right) + \ln t}{z^2}$ d) $27^{-\frac{1}{3}}$ e) $\dfrac{\ln\left(\frac{(\sin w + \cos w)^2 + (\sin w - \cos w)^2}{2}\right)}{\cos\left(\sin\left(\frac{\pi}{w^{-4}+1}\right)\right)}$

Aufgabe 1.2. Die Berechnungsformel der Einkommensteuer (2004) ist in § 32 a Abs. 1 EStG festgelegt:

Die tarifliche Einkommensteuer bemisst sich nach dem zu versteuernden Einkommen. Sie beträgt vorbehaltlich der §§32b, 34, 34b und 34c jeweils in Euro für zu versteuernde Einkommen

Einkommensintervall	Steuern
bis 7 664 Euro (Grundfreibetrag):	0 Euro
von 7 665 Euro bis 12 739 Euro:	$(793{,}10 \cdot y + 1600)y$
von 12 740 Euro bis 52 151 Euro:	$(265{,}78 \cdot z + 2405)z + 1016$
von 52 152 Euro an:	$0{,}45x - 8845$

Dabei ist

- »y« ein Zehntausendstel des 7 664 Euro übersteigenden Teils des auf einen vollen Euro-Betrag abgerundeten zu versteuernden Einkommens.
- »z« ein Zehntausendstel des 12 739 Euro übersteigenden Teils des auf einen vollen Euro-Betrag abgerundeten zu versteuernden Einkommens.

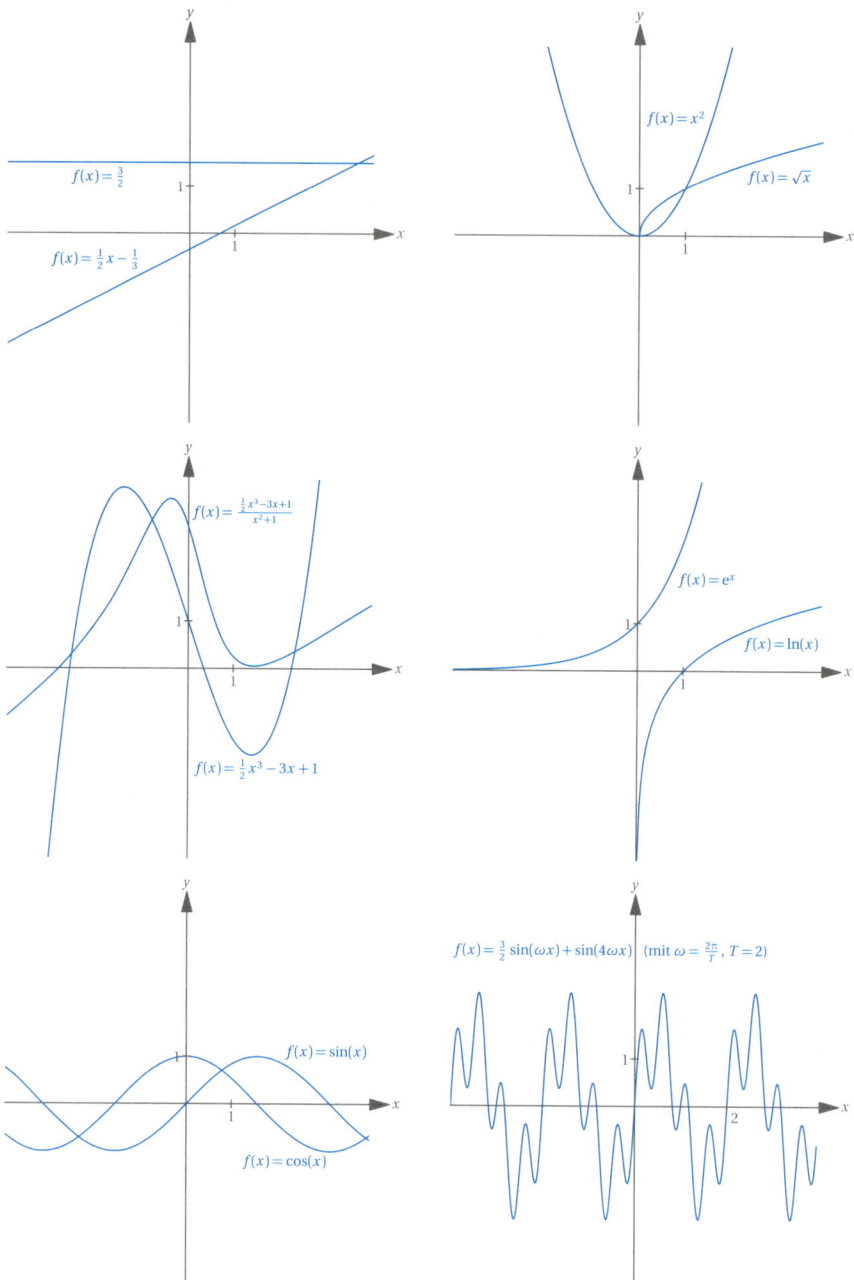

Abb. 1.1: Einige Funktionsgraphen

1.5 Wichtige Funktionstypen

- »x« das auf einen vollen Euro-Betrag abgerundete zu versteuernde Einkommen.

Der Einfachheit halber wird angenommen, dass sich das zu versteuernde Einkommen aus den Erwerbserlösen vermindert um eine Pauschale von 600 Euro ergibt.

1. Geben Sie die zu zahlende Steuer in Abhängigkeit des Erwerbserlöses als (abschnittweise definierte) Funktion $f(x)$ an.
2. Zeichnen Sie die Funktion mit Hilfe einer Wertetabelle.
3. Was ist das Urbild von 0?
4. Was ist der Werte- und der Definitionsbereich von f?
5. Ab welchen Erwerbserlösen zahlt man einen realen Steuersatz $\left(= \frac{\text{bezahlte Steuern}}{\text{Erwerbserlöse}}\right)$ von mindestens 40 %?

Aufgabe 1.3. Bestimmen Sie jeweils die Kompositionen $f \circ g$ und $g \circ f$ der Funktionen $f, g: \mathbb{R} \to \mathbb{R}$:
a) $f(x) = 3x - 2$; $g(x) = x^3 + 4x - 3$ b) $f(x) = e^x$; $g(y) = \ln\left((y+1)^2\right)$

Aufgabe 1.4. Die Kugellager GmbH hat ein temporäres Liquiditätsproblem. Um kurzfristig Geld einzusparen, schlägt die Geschäftsführung im September 2009 dem Betriebsrat Folgendes vor:

Im November 2009 werden die Löhne der Angestellten um 20 % gekürzt. Als kleiner Ausgleich für die Lohnkürzung sollen die Löhne im März 2010 nicht um 20 %, sondern um 21 % erhöht werden.

1. Der Vorsitzende des Betriebsrats hat seine Schulkenntnisse in Mathematik bereits allesamt wieder vergessen und ist vollkommen ratlos. Soll er auf das Angebot eingehen oder nicht einfach aus Prinzip eine Erhöhung um 22 % im März 2010 fordern?
2. Wie lautet die reale Lohnveränderung eines Angestellten zwischen September 2009 und März 2010 beim Vorschlag der Geschäftsführung?
3. Um wieviel Prozent müssten die Löhne im März 2010 erhöht werden, damit der Angestellte letztendlich genauso viel Geld in der Tasche hat, wie im September 2009?

Aufgabe 1.5. Sie schreiben zu zweit an einer Seminararbeit über Automobilkonzerne und ihre Zulieferer. Der Schwerpunkt liegt dabei auf den Zulieferern Brose Fahrzeugteile GmbH & Co KG, Albert Weber GmbH und Continental Teves AG & Co oHG. Ihr Partner hat durch Internetrecherchen einige der Kunden dieser drei Firmen herausgefunden:

Zulieferer	Kunden
Brose Fahrzeugteile GmbH & Co KG	GM, Fiat, BMW, Peugeot, Nissan, Honda
Albert Weber GmbH	Audi, Citroën, Fiat, VW
Continental Teves AG & Co oHG	Proton, Ssang Yong, Nissan, Fiat, Steyr Puch

1. Kann man diesen Zusammenhang als eine Funktion von der Menge der Automobilhersteller in die Menge der drei Automobilzulieferern darstellen?
2. Geben Sie eine surjektive aber nicht injektive Funktion an.

Aufgabe 1.6. Durch die Zuordnung $(u,v) = f(x,y) = (1 + 2x + 3y, 2 + 3x - 2y)$ ist eine Abbildung $f: \mathbb{R}^2 \to \mathbb{R}^2$ erklärt, die dem Paar (x,y) ein Paar (u,v) zuordnet. Geben Sie eine Formel für die Umkehrabbildung $(x,y) = f^{-1}(u,v)$ an. (Zum Bearbeiten dieser Aufgabe wird Schulwissen über das Lösen von Gleichungssystemen benötigt.)

Aufgabe 1.7. Geben Sie die Umkehrfunktion der folgenden bijektiven Funktionen an:
  a) $f: \mathbb{R} \to \mathbb{R}, x \mapsto 5x + 3$ b) $f: \mathbb{R}_0^+ \to \mathbb{R}_0^+, x \mapsto 4x^2$ c) $f: \mathbb{R} \to \mathbb{R}_{>0}, x \mapsto 2\mathrm{e}^{3x}$

Die Funktion $f: \mathbb{N} \to \mathbb{N}, n \mapsto 2n$ ist injektiv, aber (bei strenger Betrachtung) nicht umkehrbar (warum?). Durch welche formale Modifikation (ohne Änderung der Abbildungsvorschrift) wird f doch umkehrbar? Welche für endliche Mengen nicht mögliche Situation zeigt dieses Beispiel?

Aufgabe 1.8. Modellieren Sie eine Angebotsfunktion mit den folgenden Eigenschaften durch ein quadratisches Polynom $A: [0, 20] \to \mathbb{R}$:

$$A(0) = 0, \quad A(5) = 55, \quad A(15) = 465,$$

und fertigen Sie eine Zeichnung an.

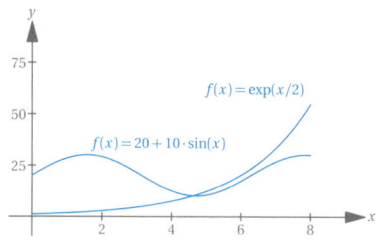

Abb. 1.2: Funktionsverläufe zu Übungsaufgabe 1.9

Aufgabe 1.9. Ordnen Sie die in Abbildung 1.2 abgebildeten Funktionen einem der folgenden zwei Szenarien zu:
- Preis von Schweinefleisch pro Kilo in Abhängigkeit der Zeit.
- Guthaben auf einem vergessenen Sparkonto im Laufe der Zeit.

Aufgabe 1.10. Die Nappy GmbH möchte ein neues Hygieneprodukt für Heranwachsende vermarkten. Pro abgesetzter Mengeneinheit (ME) des Hygieneprodukts erzielt sie einen Erlös von 5 Geldeinheiten (GE).

Sie will nun in allen Medien eine aufwändige Werbekampagne starten, die einmalig Fixkosten in Höhe von 10 000 GE verursacht und zusätzlich pro Werbetag 10 000 GE kostet.

Die kumulierte Absatzmenge x (in ME) des Hygieneprodukts hängt von der Laufzeit t (in Tagen) der Werbekampagne ab und kann durch folgende Funktionsgleichung beschrieben werden: $x(t) = 50\,000 \cdot (1 - \mathrm{e}^{-0{,}1t})$, $t \geq 0$.

1. Ermitteln Sie die Funktionsgleichung $G(t)$, die den Gesamtgewinn $G(t)$ der Nappy GmbH in Abhängigkeit von der Laufzeit t der Werbekampagne beschreibt.

1.5 Wichtige Funktionstypen

2. Wie hoch ist der durchschnittliche Gewinn pro Tag, wenn die Werbekampagne 20 Tage läuft?
3. Welchen Gewinn erzielt die Nappy GmbH, wenn sie völlig auf die Werbekampagne verzichtet?
4. Wie hoch ist die (*theoretische*) kumulierte Absatzhöchstmenge?
5. Von welcher Laufzeit an wird der kumulierte Gesamtgewinn erstmals negativ?

2 Lineare Algebra

Dieses Kapitel widmet sich Fragen, die mit Hilfe der sogenannten Linearen Algebra beantwortet werden können. Vom Standpunkt der Funktionen aus betrachtet, begegnen wir hier ausschließlich linearen und affinen Funktionen; die sind so freundlich, dass wir sogar lineare und affine Funktionen, die von mehr als einer Variablen abhängen, gleich mitbehandeln können. Wir werden sehen, dass wir im Wesentlichen lernen, wie man richtig mit Tabellen rechnet, und Tabellenkalkulation ist angehenden Ökonomen ja ein Begriff. Doch zunächst zu den Fragen, die Sie mit diesen Techniken beantworten können.

2.1 Wozu Lineare Algebra?

Wir hatten schon in Kapitel 1 auf Produktionsplanungsprobleme Ihres Catering-Services aufmerksam gemacht. Was wir nun zunächst betrachten wollen, ist das Rohstoffverbrauchsproblem:

> **Beispielfrage:**
>
> Wieviel *Rohstoffe* werden für *gegebene Produktionsmengen* gebraucht?

Wenn Sie also neben Brötchen vielleicht noch hausgemachtes Gebäck und Nachspeisen anbieten – sagen wir: Frankfurter Kranz, Eierkuchen und Vanille-Creme –, dann werden Sie für die Herstellung der Endprodukte Rohstoffe brauchen, die Sie in einem Rezept finden. Zum Beispiel könnten die Rezepte einen Bedarf für die Rohstoffe Mehl, Eier und Puddingpulver wie folgt in einer Rohstoff-Endprodukt-Tabelle spezifizieren (manchmal auch Stückliste oder Produktionsmatrix genannt):

	Frankfurter Kranz	Eierkuchen	Vanille-Creme
Mehl/ME	2	2	0
Eier/ME	4	6	2
Pudding/ME	2	0	4

Nehmen wir an, Sie haben folgende Bestellungen in einer Produktionsmengen-Tabelle zusammengefasst:

	Produktion
Frankfurter Kranz/ME	40
Eierkuchen/ME	58
Vanille-Creme/ME	23

Nun wollen Sie der Einkaufsabteilung eine Order geben, wieviel Mehl, Eier und Puddingpulver zur Ausführung der Bestellung gebraucht werden. Gesucht ist also eine Rohstoffverbrauchs-Tabelle der folgenden Art:

2.1 Wozu Lineare Algebra?

	Verbrauch
Mehl/ME	y_1
Eier/ME	y_2
Pudding/ME	y_3

Das Matrixprodukt wird diese Tabelle liefern.

Aber noch eine andere Fragestellung liegt nahe: Angenommen, in Ihrem Rohstofflager muss umgebaut werden. (Im privaten Bereich: Sie fahren in Urlaub und wollen den Kühlschrank abtauen.) Dazu müssen alle Vorräte möglichst bald verwendet werden. Sie stellen sich also folgende Frage:

Beispielfrage:

Gibt es (eindeutige) *Produktionsmengen*, die *gegebene Rohstoffmengen* aufbrauchen?

An den Rezepten hat sich nichts geändert, also bleibt es bei der Rohstoff-Endprodukt-Tabelle wie oben:

	Frankfurter Kranz	Eierkuchen	Vanille-Creme
Mehl/ME	2	2	0
Eier/ME	4	6	2
Pudding/ME	2	0	4

Unbekannt ist nun die Produktionsmengen-Tabelle:

	Produktion
Frankfurter Kranz/ME	x_1
Eierkuchen/ME	x_2
Vanille-Creme/ME	x_3

Bekannt ist aber nun die Rohstoffverbrauchs-Tabelle, denn diese Rohstoffe wollen wir ja räumen:

	Verbrauch
Mehl/ME	1 025
Eier/ME	345
Pudding/ME	425

Wir werden sehen, dass wir uns mit Hilfe der Lösungstheorie linearer Gleichungssysteme die Antwort verschaffen können. (Allerdings müssen wir dazu etwas Glück haben. Wie man die verbleibende Schwierigkeit elegant in den Griff bekommt, das lernen Sie erst mit der Linearen Optimierung in Kapitel 3.)

2.2 Vektoren und Matrizen

Zunächst wollen wir die Tabellen, mit denen wir rechnen wollen, entschlacken. Wir können uns eigentlich merken, dass die erste Zeile der Rohstoff-Endprodukt-Tabelle zu »Mehl« gehört etc. Daher lassen wir die Überschriften weg. Was bleibt sind die eigentlichen Daten; Zahlen, die in einer genau festgelegten Ordnung in ein rechteckiges Schema geschrieben sind: Eine Matrix. Und mit diesen Objekten wollen wir rechnen. Zur Sprachregelung merken wir uns ein paar Vokabeln.

Definition 2.2.1 (Spaltenvektor, Zeilenvektor, Matrix).

- Ein m-dimensionaler Spaltenvektor oder kurz m-dimensionaler Vektor ist ein Zahlenschema
$$X = \begin{pmatrix} x_1 \\ x_2 \\ \vdots \\ x_m \end{pmatrix} \text{ mit Zahlen } x_1, x_2, \ldots, x_m \in \mathbb{R}.$$

   Der Vektor $\mathbf{e}_i$ mit einer Eins in Zeile i und Nullen sonst heißt i-ter Einheitsspaltenvektor oder kurz i-ter Einheitsvektor.

- Ein n-dimensionaler Zeilenvektor ist ein Zahlenschema
$$C = \begin{pmatrix} c_1 & c_2 & \ldots & c_n \end{pmatrix} \text{ mit Zahlen } c_1, c_2, \ldots, c_n \in \mathbb{R}.$$

   Der Vektor $\mathbf{e}_j^T$ mit einer Eins in Spalte j und Nullen sonst heißt j-ter Einheitszeilenvektor.

- Eine $(m \times n)$-Matrix (oder: Matrix vom Format $m \times n$) ist ein Zahlenschema
$$A := (a_{ij})_{\substack{i=1,2,\ldots,m \\ j=1,2,\ldots,n}}$$
$$:= \begin{pmatrix} a_{11} & a_{12} & \ldots & a_{1n} \\ a_{11} & a_{22} & \ldots & a_{2n} \\ \vdots & \vdots & & \vdots \\ a_{11} & a_{m2} & \ldots & a_{mn} \end{pmatrix} \text{ mit } a_{ij} \in \mathbb{R} \text{ für } i = 1, 2, \ldots, m, j = 1, 2, \ldots, n.$$

   Die Zahl a_{ij} ist der Eintrag von A mit Zeilenindex i und Spaltenindex j. Ist das Format klar aus dem Zusammenhang oder nicht wichtig, so schreibt man auch kurz: $A = (a_{ij})$.

- Die Menge aller $(m \times n)$-Matrizen wird mit $\mathbb{R}^{m \times n}$ bezeichnet.

- Die Menge $\mathbb{R}^{m \times 1}$ wird kurz mit $\mathbb{R}^m$ bezeichnet.

- Mit $\mathbf{0}^{m \times n}$ (auch kurz: $\mathbf{0}$) bezeichnen wir die $(m \times n)$-Matrix mit nur Nullen, mit $\mathbf{1}^{m \times n}$ (auch kurz: $\mathbf{1}$) die $(m \times n)$-Matrix mit nur Einsen.

2.2 Vektoren und Matrizen

- Die zu $A \in \mathbb{R}^{m \times n}$ transponierte Matrix A^T mit $A^T = (a_{ij}^T) \in \mathbb{R}^{n \times m}$ hat die Einträge $a_{ij}^T = a_{ji}$ für $i = 1, 2, \ldots, m$ und $i = 1, 2, \ldots, n$.

- Falls $A^T = A$, so heißt A symmetrisch.

- Matrizen mit der gleichen Anzahl Zeilen wie Spalten heißen quadratisch; die Elemente a_{ii} heißen Diagonalelemente. Eine Diagonalmatrix ist eine quadratische Matrix, deren Nicht-Diagonalelemente allesamt null sind.

- Mit $\mathbf{E}^n$ (auch kurz: $\mathbf{E}$) bezeichnen wir die Einheitsmatrix mit n Zeilen und n Spalten bestehend aus den n-dimensionalen Einheitsspaltenvektoren

$$\mathbf{E}^n := \begin{pmatrix} 1 & 0 & \ldots & 0 \\ 0 & 1 & \ldots & 0 \\ \vdots & & \ddots & \vdots \\ 0 & 0 & \ldots & 1 \end{pmatrix}.$$

Es ist wichtig, sich klarzumachen, dass die Auswahl der Symbole m, n, i, j, X, x_i, C, c_j, A, a_{ij}, die in mathematischen Definitionen nur als Platzhalter für unbestimmte Zahlen fungieren, nicht wichtig ist. Man hätte auch andere nehmen können, und manchmal tun wir das auch.

Wir weisen noch auf eine Besonderheit unserer Notation hin: Wir machen keinen Unterschied in der Notation zwischen Vektoren und Matrizen (Großbuchstaben), da Spalten- und Zeilenvektoren auch als spezielle Matrizen aufgefasst werden können. Sonstige übliche Notationen für einen Vektor X sind ein Kleinbuchstabe mit Pfeil $\vec{x}$ oder ein fettgedruckter Kleinbuchstabe $\boldsymbol{x}$. Wir machen ein paar Ausnahmen: Konstante Vektoren und Matrizen wie $\mathbf{0}, \mathbf{1}, \mathbf{e}_i$ schreiben wir fett. Die Einheitsmatrix $\mathbf{E}^n$ vom Format $(n \times n)$ wird oft auch E_n oder I oder I_n (von englisch: *identity matrix*) genannt.

Beispiel 2.2.2. Einige Spaltenvektoren:

$$\begin{pmatrix} 1 \\ 2 \\ 3 \end{pmatrix} \in \mathbb{R}^3, \quad \begin{pmatrix} \sqrt{2} \\ \pi \end{pmatrix} \in \mathbb{R}^2, \quad \mathbf{e}_2 = \begin{pmatrix} 0 \\ 1 \\ 0 \\ 0 \end{pmatrix} \in \mathbb{R}^4, \quad \mathbf{0} = \begin{pmatrix} 0 \\ 0 \\ 0 \end{pmatrix} \in \mathbb{R}^3, \quad \mathbf{1} = \begin{pmatrix} 1 \\ 1 \\ 1 \end{pmatrix} \in \mathbb{R}^3.$$

Einige Matrizen: die erste ist nicht quadratisch, die zweite ist symmetrisch und daher notwendig quadratisch, die dritte ist eine Einheitsmatrix.

$$\begin{pmatrix} 1 & 2 \\ 3 & 4 \\ 5 & 6 \\ 7 & 8 \end{pmatrix} \in \mathbb{R}^{4 \times 2}, \quad \begin{pmatrix} 1 & 2 & 3 \\ 2 & 3 & 4 \\ 3 & 4 & 5 \end{pmatrix} \in \mathbb{R}^{3 \times 3}, \quad \mathbf{E}^3 = \begin{pmatrix} 1 & 0 & 0 \\ 0 & 1 & 0 \\ 0 & 0 & 1 \end{pmatrix} \in \mathbb{R}^{3 \times 3}.$$

Um mit Matrizen (und damit mit Tabellen) rechnen zu können, muss man wissen, was Gleichheit von Matrizen bedeutet, denn wir wollen für Matrizen Aussagen machen wie »Diese Matrix plus jene Matrix gleich Ergebnismatrix«.

Definition 2.2.3 (Gleichheit von Matrizen)**.** Zwei Matrizen $A = (a_{ij}) \in \mathbb{R}^{m \times n}$ und $A' = (a'_{ij}) \in \mathbb{R}^{m' \times n'}$ heißen gleich, wenn

$$m = m', n = n', a_{ij} = a'_{ij} \text{ für alle } i = 1, 2, \ldots, m,\ j = 1, 2, \ldots, n,$$

wenn also sowohl Format als auch Einträge übereinstimmen.

Angenommen, unser Catering-Service braucht zur Herstellung der Belieferung einer Veranstaltung 30 Eier, 10 kg Mehl und 10 Päckchen Backpulver; für eine andere Veranstaltung werden 100 Eier, 20 kg Mehl und 45 Päckchen Backpulver benötigt. Dann müssen insgesamt $30 + 100 = 130$ Eier, $10 + 20 = 30$ kg Mehl und $10 + 45 = 55$ Päckchen Backpulver eingekauft werden. Es ist sinnvoll, diese resultierende Rohstoffverbrauchs-Tabelle in einheitenfreier Vektorschreibweise $\binom{130}{30\ 55}$ als die Summe der beiden Ausgangsvektoren $\binom{30}{10\ 10}$ und $\binom{100}{20\ 45}$ zu bezeichnen. Es ist *sehr* wichtig, dass von vornherein festgelegt wird, in welcher Zeile welcher Rohstoff in welcher Einheit steht. Allgemein ist die Summe von Matrizen wie folgt definiert:

Definition 2.2.4 (Summe von Matrizen)**.** Für zwei Matrizen $A = (a_{ij})$ und $B = (b_{ij})$ vom gleichen Format $(m \times n)$ ist die Summe $A + B$ definiert als die $(m \times n)$-Matrix $C = (c_{ij})$ mit $c_{ij} = a_{ij} + b_{ij}$ für alle $i = 1, 2, \ldots, m$ und $j = 1, 2, \ldots, n$. Kurz: Ein Eintrag der Summe von zwei Matrizen gleichen Formats ist die Summe der entsprechenden Einträge der Ausgangsmatrizen.

Ähnlich natürlich und wenig überraschend verhält es sich mit einem skalaren Vielfachen einer Matrix: Stellen wir uns vor, die nächste Veranstaltung benötigt doppelt so viel Rohstoffe wie die vorige. Dann muss jeder einzelne Rohstoff in doppelter Menge eingekauft werden. Es macht also Sinn, die Multiplikation einer Matrix mit einer Zahl wie folgt zu definieren:

Definition 2.2.5 (Skalares Vielfaches einer Matrix)**.** Sei $A = (a_{ij}) \in \mathbb{R}^{m \times n}$ eine Matrix. Für eine beliebige Zahl $r \in \mathbb{R}$ heißt die Matrix $r \cdot A = (r \cdot a_{ij}) \in \mathbb{R}^{m \times n}$ r-Vielfaches von A oder ein skalares Vielfaches von A. Kurz: Ein Eintrag des r-Vielfachen von einer Matrix ist der Eintrag multipliziert mit r.

Natürlich kann man auch Dinge sagen wie: Die neue Veranstaltung erfordert den Einkauf doppelt so vieler Rohstoffe wie die letzen beiden zusammen, also eine Vermischung von Summe und skalarem Vielfachen. Der folgende Satz listet die wichtigsten Rechenregeln dafür auf, die allesamt aus den entsprechenden Rechenregeln für reelle Zahlen folgen, denn Summe und skalare Vielfache von Matrizen sind ja nichts weiter als komponentenweise, untereinander unabhängige Berechnungen mit reellen Zahlen (die Rohstoffverbrauchsrechnung für Eier hat nichts mit der Rohstoffverbrauchsrechnung für Mehl zu tun).

2.2 Vektoren und Matrizen

Satz 2.2.6. *Sei $V = \mathbb{R}^{m \times n}$. Ferner seien $A, B \in V$ und $r, s \in \mathbb{R}$. Dann gilt: Es gibt Funktionen*

$$+: \begin{cases} V \times V & \to & V, \\ (A, B) & \mapsto & +(A, B) := A + B, \end{cases} \tag{VR+}$$

(nämlich die Summe) und

$$\cdot : \begin{cases} \mathbb{R} \times V & \to & V, \\ (r, A) & \mapsto & \cdot(r, A) := r \cdot A, \end{cases} \tag{VR·}$$

(nämlich das skalare Vielfache) mit den folgenden Rechenregeln:

$$A + B = B + A, \tag{VR1}$$
$$(A + B) + C = A + (B + C), \tag{VR2}$$
$$r(A + B) = rA + rB, \tag{VR3}$$
$$(r + s)A = rA + sA, \tag{VR4}$$
$$(rs)A = r(sA), \tag{VR5}$$
$$1 \cdot A = A. \tag{VR6}$$

Ferner gilt:

(VR7) *Es gibt genau eine Matrix $O \in V$ mit $A + O = A$ für alle $A \in V$ (nämlich $O = \mathbf{0}$).*

(VR8) *Zu jedem $A \in V$ gibt es genau ein $X \in V$ mit $A + X = O$ (nämlich $X = -A := (-1) \cdot A$).*

Wir legen soviel Gewicht auf die wenig überraschenden Rechenvorschriften für Summe und skalares Vielfaches, da schon allein mit diesen beiden die Menge aller $(m \times n)$-Matrizen eine sehr nützliche Struktur bekommt: Sie bildet mit der Summe und dem skalaren Vielfachen einen Vektorraum. Vektorräume sind Mengen von Elementen, für die man *vernünftige* Summen und skalare Vielfache definiert hat. Vernünftig bedeutet, dass die Rechenregeln aus Satz 2.2.6 gelten. Daher nennen wir die acht Regeln die Vektorraumrechenregeln.

Allgemeine Vektorräume bilden einen so zentralen Begriff in der Mathematik, dass wir wenigstens kurz darauf eingehen wollen, um Ihnen dieses Bildungserlebnis nicht vorzuenthalten.

Definition 2.2.7 (Reeller Vektorraum)**.** Sei V eine beliebige Menge mit »+« und »·«, für die alle acht Vektorraumrechenregeln gelten. Dann heißt $(V, +, \cdot)$, kurz V, reeller Vektorraum. Die Elemente dieser Menge heißen dann *Vektoren*.

Will also irgendeine Menge das »Prädikat« Vektorraum »beantragen«, so muss sie »+« und »·« als »Antragsunterlagen« einreichen; der »Antrag« wird nur genehmigt, wenn die Antragsunterlagen den Anforderungen genügen, d. h. die eingereichten »+« und »·« sind wirklich Funktionen, und es gelten dafür die acht Vektorraumrechenregeln. Wird der »Antrag« genehmigt, kommt die Menge automatisch in den Genuss vieler nützlicher Vorteile (Rechenregeln und andere Erkenntnisse, und zwar wesentlich mehr als die acht Vektorraumrechenregeln); diese Vorteile gelten nämlich für *alle* Vektorräume.

Einer dieser Vorteile ist: Man kann in allen Vektorräumen alles, was uns interessiert, über Koordinaten mit Hilfe von Matrizen und Spaltenvektoren berechnen. Das ist der Grund, warum wir im Rahmen dieses Buchs nicht auf exotischere Beispiele für Vektorräume eingehen, da konkrete Berechnungen am Ende doch über Matrizen abgewickelt werden.

Was jedoch auch für uns wichtig ist, sind Teilmengen von Vektorräumen, die wieder Vektorräume sind. Mit diesem Aspekt werden wir aber den Ausflug in die Theorie allgemeiner Vektorräume schon wieder abschließen.

Definition 2.2.8. Eine Teilmenge U eines Vektorraums V, die selbst wieder ein Vektorraum ist, heißt *Untervektorraum* von V.

Interessant bei dieser Definition ist, dass eigentlich die Rechenregeln allesamt von V auf U »vererbt« werden. Sind also etwa alle Teilmengen Untervektorräume? Nein! Zum Beispiel ist die einelementige Teilmenge $U := \{\binom{1}{0}\}$ des $\mathbb{R}^2$ *kein* Untervektorraum, denn $2 \cdot \binom{1}{0} = \binom{2}{0}$, und das liegt gar nicht im geforderten Wertebereich U der Funktion »·«.

Nach Kapitel 1 ist also »·« gar keine Funktion, und (VR·) ist schon allein dadurch verletzt! Wir müssen also darauf achten, dass »+« und »·« *Funktionen* mit den angegebenen Definitions- und Wertebereichen sind!

Ein wenig Nachdenken ergibt: Die Verletzung der Funktionsbedingung in (VR+) und (VR·) sind die einzigen Chancen für eine Teilmenge eines Vektorraums, selbst *kein* Vektorraum zu sein.

Satz 2.2.9. *Eine Teilmenge U eines Vektorraums V ist genau dann ein Untervektorraum von V, wenn alle Summen und alle skalaren Vielfachen von Elementen in U wieder in U liegen. Kurz: $U \subseteq V$ ist ein Untervektorraum eines Vektorraums V, wenn U* bezüglich »+« und »·« abgeschlossen *ist.*

Der für uns wichtigste Untervektorraum wird die Lösungsmenge eines homogenen Linearen Gleichungssystems sein: Das Objekt, das uns die Frage nach einer Produktionsmenge, die unser Rohstoff-Lager räumt, beantwortet (und vieles andere auch). Aber dazu später mehr.

2.3 Das Matrixprodukt

Kommen wir zu unserer ersten Beispielfrage zurück: Wieviel *Rohstoffe* werden für *gegebene Produktionsmengen* gebraucht? Um uns klar zu machen, was wir dazu rechnen müssen, schauen wir auf das Beispiel vom Anfang des Kapitels. Ausgehend von den verwendeten »Rezepten« für die Endprodukte Frankfurter

2.3 Das Matrixprodukt

Kranz (FK), Eierkuchen (EK) und Vanille-Creme (VC) – wir nannten das Rohstoff-Endprodukt-Tabelle –, im Beispiel

	Frankfurter Kranz	Eierkuchen	Vanille-Creme
Mehl/ME	2	2	0
Eier/ME	4	6	2
Pudding/ME	2	0	4

und einer Bestellung von Endprodukten – der Produktionsmengen-Tabelle –, im Beispiel

	Produktion
Frankfurter Kranz/ME	40
Eierkuchen/ME	58
Vanille-Creme/ME	23

wollen wir die Rohstoffbedarfe y_1 für Mehl, y_2 für Eier und y_3 für Puddingpulver ermitteln (in ME). Zerlegen wir das Problem nach den Rohstoffen und betrachten wir zunächst Mehl. Der Gesamtmehlbedarf ergibt sich offenbar informell wie folgt (alles in ME):

$$\begin{aligned}
\text{Mehl gesamt} &= \text{Mehl für 40 FK} + \text{Mehl für 58 EK} + \text{Mehl für 23 VC} \\
&= (\text{Mehl pro FK}) \cdot 40 + (\text{Mehl pro EK}) \cdot 58 + (\text{Mehl pro VC}) \cdot 23 \\
&= 2 \cdot 40 + 2 \cdot 58 + 0 \cdot 23 \\
&= 196.
\end{aligned}$$

Wir merken uns die Tabellenbeschriftungen der Rohstoff-Endprodukt-Tabelle und schreiben die Daten kurz als Matrix:

$$A = \begin{pmatrix} 2 & 2 & 0 \\ 4 & 6 & 2 \\ 2 & 0 & 4 \end{pmatrix}$$

Die erste Zeile für Mehl ist einfach ein Zeilenvektor (wir benutzen die suggestive Schreibweise »A_{1*}« für die erste Zeile der Matrix A; der Index »1« steht für die erste Zeile, und der »$*$« bedeutet eine Art »wild-card«, durchläuft also alle Spaltenindizes).

$$A_{1*} := \begin{pmatrix} a_{11} & a_{12} & a_{13} \end{pmatrix} = \begin{pmatrix} 2 & 2 & 0 \end{pmatrix}.$$

Die Produktionsmengen-Tabelle ist der Spaltenvektor

$$X = \begin{pmatrix} x_1 \\ x_2 \\ x_3 \end{pmatrix} = \begin{pmatrix} 40 \\ 58 \\ 23 \end{pmatrix}.$$

Und was wir berechnet haben als den Gesamtbedarf y_1 für Mehl ist:

$$y_1 = a_{11}x_1 + a_{12}x_2 + a_{13}x_3 = 2 \cdot 40 + 2 \cdot 58 + 0 \cdot 23 = 196.$$

Die erste Zeile A_{1*} von A ist also mit dem Vektor X so verrechnet worden, dass genau der Gesamtbedarf des Rohstoffs der ersten Zeile herauskommt. Das ist praktisch. Wir nennen das Ergebnis das Produkt der (1×3)-Matrix A_{1*} und der (3×1)-Matrix X, und wir schreiben dafür kurz:

$$y_1 = A_{1*}X := A_{1*} \cdot X = \begin{pmatrix} a_{11} & a_{12} & a_{13} \end{pmatrix} \cdot \begin{pmatrix} x_1 \\ x_2 \\ x_3 \end{pmatrix} := a_{11}x_1 + a_{12}x_2 + a_{13}x_3.$$

Und das ist auch schon der einfachste Fall eines nicht-trivialen Matrixprodukts: $A_{1*} \cdot X$ gibt den Gesamtbedarf des ersten Rohstoffs bei Produktionsmengen X an.

Was man für einen Rohstoff machen kann, kann man für die anderen auch machen. Was ändert sich? Richtig: Nur die Zeile von A. Analog zu oben gilt also für die Rohstoffbedarfe an Eiern und Puddingpulver:

$$y_2 = A_{2*}X = a_{21}x_1 + a_{22}x_2 + a_{23}x_3 = 4 \cdot 40 + 6 \cdot 58 + 2 \cdot 23 = 554$$
$$y_3 = A_{3*}X = a_{31}x_1 + a_{32}x_2 + a_{33}x_3 = 2 \cdot 40 + 0 \cdot 58 + 4 \cdot 23 = 172.$$

Der *erste* Eintrag y_1 des Rohstoffverbrauchs-Vektors Y ist also das Produkt der *ersten* Zeile von A mit X, der *zweite* Eintrag y_2 von Y ist das Produkt der *zweiten* Zeile von A mit X, und der *dritte* Eintrag y_3 von Y ist das Produkt der *dritten* Zeile von A mit X. Hätte A noch mehr Zeilen für mehr verschiedene Rohstoffe, dann gäbe es entsprechend viele zu bestimmende Einträge von Y, und der i-te Eintrag von Y wäre dann das Produkt der i-ten Zeile von A mit X.

Wir bezeichnen den so berechneten Vektor Y als das Produkt von A mit X, und schreiben kurz:

$$Y = AX = \begin{pmatrix} a_{11}x_1 + a_{12}x_2 + a_{13}x_3 \\ a_{21}x_1 + a_{22}x_2 + a_{23}x_3 \\ a_{31}x_1 + a_{32}x_2 + a_{33}x_3 \end{pmatrix} = \begin{pmatrix} 196 \\ 554 \\ 172 \end{pmatrix}.$$

Stellen wir uns nun noch vor, wir hätten mehr als eine Produktionsstätte, sagen wir Bayreuth (BT) und Nürnberg (N). Wir haben also eine Produktionsmengentabelle der Form

	Produktion BT	Produktion N
Frankfurter Kranz/ME	40	10
Eierkuchen/ME	58	12
Vanille-Creme/ME	23	3

Wir fragen uns, wie die Rohstoffbedarfe an den jeweiligen Produktionsstätten aussehen. Wir suchen also eine Rohstoffverbrauchs-Tabelle der Form

	Verbrauch BT	Verbrauch N
Mehl/ME	y_{11}	y_{12}
Eier/ME	y_{21}	y_{22}
Pudding/ME	y_{31}	y_{32}

2.3 Das Matrixprodukt

Wir schreiben wieder X für die (bekannte) Matrix der Produktionsmengen und Y für die (gesuchte) Matrix der Rohstoffverbräuche. Die Produktionen in Nürnberg und Bayreuth laufen unabhängig voneinander. Daher kann man die erste Spalte Y_{*1} von Y als Produkt von A mit der ersten Spalte X_{*1} von X berechnen, die zweite Spalte Y_{*2} von Y als das Produkt von A mit der zweiten Spalte X_{*2} von X. Das Endergebnis nennen wir Produkt von A mit X, und schreiben kurz:

$$AX = \begin{pmatrix} a_{11}x_{11}+a_{12}x_{21}+a_{13}x_{31} & a_{11}x_{12}+a_{12}x_{22}+a_{13}x_{32} \\ a_{21}x_{11}+a_{22}x_{21}+a_{23}x_{31} & a_{21}x_{12}+a_{22}x_{22}+a_{23}x_{32} \\ a_{31}x_{11}+a_{32}x_{21}+a_{33}x_{31} & a_{31}x_{12}+a_{32}x_{22}+a_{33}x_{32} \end{pmatrix} = \begin{pmatrix} 196 & 44 \\ 554 & 118 \\ 172 & 32 \end{pmatrix}.$$

Um die Übersicht nicht zu verlieren, kann man sich die Matrizen, deren Produkt man berechnen möchte, in das sogenannte Falksche Schema schreiben. In diesem Schema sieht man schön, wie der Eintrag in Zeile i und Spalte j der Ergebnismatrix Y aus der i-ten Zeile von A und der j-ten Spalte von X berechnet wird.

$$
\begin{array}{c|c}
\cdot & X \\ \hline
A & Y
\end{array}
\quad
\begin{array}{ccc|cc}
 & & & 40 & 10 \\
 & & & 58 & 12 \\
\cdot & & & 23 & 3 \\ \hline
2 & 2 & 0 & (2\;2\;0)\begin{pmatrix}40\\58\\23\end{pmatrix} & (2\;2\;0)\begin{pmatrix}10\\12\\3\end{pmatrix} \\
4 & 6 & 2 & (4\;6\;2)\begin{pmatrix}40\\58\\23\end{pmatrix} & (4\;6\;2)\begin{pmatrix}10\\12\\3\end{pmatrix} \\
2 & 0 & 4 & (2\;0\;4)\begin{pmatrix}40\\58\\23\end{pmatrix} & (2\;0\;4)\begin{pmatrix}10\\12\\3\end{pmatrix}
\end{array}
\rightsquigarrow
\begin{array}{ccc|cc}
 & & & 40 & 10 \\
 & & & 58 & 12 \\
\cdot & & & 23 & 3 \\ \hline
2 & 2 & 0 & 196 & 44 \\
4 & 6 & 2 & 554 & 118 \\
2 & 0 & 4 & 172 & 32
\end{array}.
$$

Allgemein wird ein Matrixprodukt AB einer Matrix A mit n Spalten und einer Matrix B mit n Zeilen berechnet aus lauter Produkten von Zeilen von A mit Spalten von B:

Definition 2.3.1 (Matrixprodukt)**.** Das Produkt einer Matrix A mit n-dimensionalen Zeilen A_{i*}, $i = 1, 2, \ldots, m$, und einer Matrix B mit n-dimensionalen Spalten B_{*j}, $j = 1, 2, \ldots, k$ berechnet sich nach dem folgenden Schema:

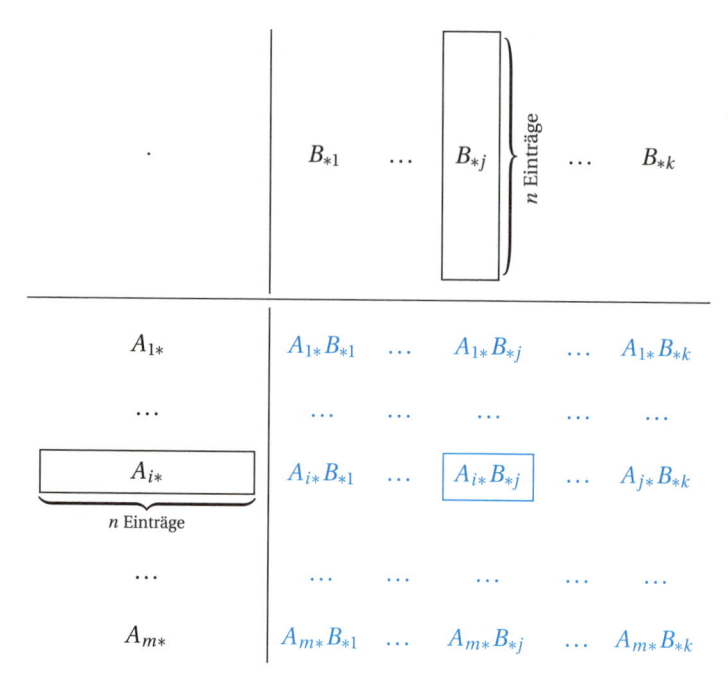

	B_{*1}	$\ldots$	B_{*j}	$\ldots$	B_{*k}
A_{1*}	$A_{1*}B_{*1}$	$\ldots$	$A_{1*}B_{*j}$	$\ldots$	$A_{1*}B_{*k}$
$\ldots$	$\ldots$	$\ldots$	$\ldots$	$\ldots$	$\ldots$
A_{i*}	$A_{i*}B_{*1}$	$\ldots$	$A_{i*}B_{*j}$	$\ldots$	$A_{j*}B_{*k}$
$\ldots$	$\ldots$	$\ldots$	$\ldots$	$\ldots$	$\ldots$
A_{m*}	$A_{m*}B_{*1}$	$\ldots$	$A_{m*}B_{*j}$	$\ldots$	$A_{m*}B_{*k}$

(Die Spalte B_{*j} hat n Einträge; die Zeile A_{i*} hat n Einträge.)

Dabei ist das spezielle Matrixprodukt $A_{i*}B_{*j}$ gegeben durch

$$A_{i*}B_{*j} := a_{i1}b_{1j} + a_{i2}b_{2j} + \ldots + a_{in}b_{nj}.$$

Letzteres Matrixprodukt wird auch Standard-Skalarprodukt oder inneres Produkt von A_{i*} und B_{*j} genannt.

Damit das Produkt also Sinn macht, müssen in der abstrakten Matrizenrechnung die Zeilen von A also genau so viele Einträge haben wie die Spalten von B. Diese Antwort ist rein durch *Anzahlen* von Zahlen (auch wenn wir deren Bedeutung komplett vergessen) gegeben. Was passiert, wenn wir die *Bedeutung* der Zahlen auch in der Praxis vergessen, sehen wir, wenn wir mal die folgende Tabelle mit dem Produktionsmengen-Vektor multiplizieren:

	Mehl/ME	Eier/ME	Puddingpulver/ME
Frankfurter Kranz	2	4	2
Eierkuchen	2	6	0
Vanille-Creme	0	2	4

Eigentlich von der Bedeutung her die gleiche Tabelle wie die Rohstoff-Endprodukt-Tabelle. Nur transponiert aufgeschrieben. Der Fallstrick: Schreiben wir diese

2.3 Das Matrixprodukt

Tabelle als Matrix, dann erhalten wir die zur Rohstoff-Endprodukt-Matrix transponierte Matrix *vom selben Format* (3 × 3), die wir natürlich rein formal auch mit der Produktionsmengen-Matrix X multiplizieren können:

$$\begin{array}{rrr|rr}
 & & & 40 & 10 \\
 & & & 58 & 12 \\
 & & \cdot & 23 & 3 \\
\hline
2 & 4 & 2 & 358 & 74 \\
2 & 6 & 0 & 428 & 92 \\
0 & 2 & 4 & 208 & 36 \\
\end{array}$$

Achtung, die Mathematik sagt Ihnen hier nicht, dass Sie Unsinn rechnen. Die Formate sind in Ordnung. Aber das Rechenergebnis hat *keinerlei* sinnvolle Bedeutung. Denn die Zahlen, die Sie im Verlauf der Rechnung addiert haben, haben gar nichts miteinander zu tun: Der Eintrag des Rechenergebnisses ganz oben links ist folgende Summe:

$$\begin{aligned}
\text{Summe} &= \text{Mehl pro FK} \cdot \text{Menge FK} \\
&+ \text{Eier pro FK} \cdot \text{Menge EK} \\
&+ \text{Pudding pro FK} \cdot \text{Menge VC} \\
&= 358?
\end{aligned}$$

Ja, 358 »was denn eigentlich«? Was ist »Pudding pro FK« mal »Menge VC«? Richtig: Quatsch!

In der Praxis müssen also, damit das Rechenergebnis einen Sinn ergibt, die Objekte in den Spaltenüberschriften von A den Objekten in den Zeilenüberschriften von B entsprechen. In unserem Catering-Beispiel sind das die Endprodukte Frankfurter Kranz, Eierkuchen und Vanille-Creme.

Für die Bedeutung von Zeilen und Spalten in Stücklisten mag es noch anerkannte Standards geben, so dass Sie sich darauf einstellen können. Für nichtstandardisierte Tabellen könnte es aber sein, dass man auf eine Tabelle mal in der transponierten Form stößt, mal nicht. Vor allem dann ist Vorsicht angesagt, wenn die Tabelle quadratisch ist.

> **Merksatz:**
> Damit das Matrixprodukt AB Sinn macht, müssen die Objekte in den Spaltenüberschriften von A den Objekten in den Zeilenüberschriften von B eins-zu-eins entsprechen (inklusive Reihenfolge).

Hier ist ein kleiner Trick für Unsichere: Fügen Sie bei einer quadratischen Tabelle einfach ein Dummy-Objekt hinzu. In unserem Beispiel: Einen Dummy-Rohstoff, sagen wir »Nägel«. (Da keine Nägel für unsere Endprodukte gebraucht werden, stehen in der entsprechenden Zeile oder Spalte nur Nullen; also entsteht kein zusätzlicher Rechenaufwand.) Aber nun können Sie, egal, ob die Rohstoffdaten in Zeilen oder Spalten stehen, nur noch *eine* Matrix aufstellen, die sich mit der Produktionsmengen-Matrix multiplizieren lässt; die transponierte Matrix funktioniert jetzt auch aus mathematischen Gründen nicht mehr (Formate passen nicht!).

Mathematisch lässt sich das übrigens auch ganz exakt formulieren, wenn man die Zeilen und Spalten einer Matrix nicht einfach durchnummeriert, sondern die Zeilen- und Spaltenindizes aus disjunkten, geordneten Indexmengen I bzw. J bezieht. In unserem Falle würde man sagen: Die Zeilen der Rohstoff-Endprodukt-Matrix sind mit der geordneten Menge $I := \{M, E, P\}$ der Rohstoffe M = Mehl, E = Eier, P = Pudding indiziert, die Spalten sind mit der geordneten Menge $J := \{FK, EK, VC\}$ der Endprodukte FK = Frankfurter Kranz, EK = Eierkuchen, VC = Vanille-Creme indiziert. Dementsprechend sind die Zeilen der Produktionsmengen-Matrix ebenfalls mit J indiziert. Man kann nun ein sinnvolles Matrixprodukt AB genau dann berechnen, wenn die geordnete Spaltenindexmenge von A gleich der geordneten Zeilenindexmenge von B ist. Unser Fehler von oben würde nun auch auffliegen, da I zwar genau so viele Elemente wie J hat, aber die geordneten Mengen I und J nicht gleich sind.

Es gibt nun eine Reihe praktischer Rechenregeln für das Matrixprodukt, die interessierte Leser leicht anhand der Definition nachprüfen können.

Satz 2.3.2 (Rechenregeln Matrixprodukt). *Seien A, B, C Matrizen mit passenden Formaten. Dann gilt:*

$$(AB)C = A(BC),$$
$$(A+B)C = AC + BC,$$
$$A(B+C) = AB + AC,$$
$$\mathbf{E}A = A\mathbf{E} = A,$$
$$(AB)^T = B^T A^T.$$

Da scheint doch noch eine Regel zu fehlen. Was ist denn mit $AB = BA$? Vorsicht! Schauen Sie auf die folgenden Beispiele.

Beispiel 2.3.3.

$$\begin{pmatrix} 0 & 1 \\ 0 & 0 \end{pmatrix} \begin{pmatrix} 0 & 0 \\ 0 & 1 \end{pmatrix} = \begin{pmatrix} 0 & 1 \\ 0 & 0 \end{pmatrix}, \tag{2.1}$$

$$\begin{pmatrix} 0 & 0 \\ 0 & 1 \end{pmatrix} \begin{pmatrix} 0 & 1 \\ 0 & 0 \end{pmatrix} = \begin{pmatrix} 0 & 0 \\ 0 & 0 \end{pmatrix}, \tag{2.2}$$

$$\begin{pmatrix} 0 & 1 \\ 0 & 0 \end{pmatrix} \begin{pmatrix} 0 & 1 \\ 0 & 0 \end{pmatrix} = \begin{pmatrix} 0 & 0 \\ 0 & 0 \end{pmatrix}, \tag{2.3}$$

2.4 Lineare Gleichungssysteme

$$\begin{pmatrix} 0 & 0 \\ 0 & 1 \end{pmatrix} \begin{pmatrix} 0 & 0 \\ 0 & 1 \end{pmatrix} = \begin{pmatrix} 0 & 0 \\ 0 & 1 \end{pmatrix}. \tag{2.4}$$

Diese Beispiele zeigen, dass Matrixprodukte sich von Produkten reeller Zahlen doch unterscheiden:

1. Nicht immer gilt $AB = BA$, selbst wenn die Formate in beide Richtungen passen sollten; das Kommutativgesetz gilt *nicht* (gilt aber für Zahlen).

2. Aus $AB = A$ mit $A \neq \mathbf{0}$ folgt nicht, dass $B = \mathbf{E}$; man kann also nicht in Matrixgleichungen durch $A \neq \mathbf{0}$ kürzen (durch Zahlen $a \neq 0$ aber doch: Aus $ab = a$ mit $a \neq 0$ folgt, dass $b = 1$).

3. Aus $AB = \mathbf{0}$ folgt nicht, dass $A = \mathbf{0}$ oder $B = \mathbf{0}$; es gibt sogenannte Nullteiler (gibt es unter den Zahlen nicht: Aus $ab = 0$ folgt $a = 0$ oder $b = 0$ oder beides).

4. Es gibt sogar Matrizen ungleich $\mathbf{0}$, deren Produkt mit sich selbst null ergibt, sogenannte nilpotente Matrizen (bei Zahlen hat nur 0 diese Eigenschaft).

5. Es gibt Matrizen ungleich $\mathbf{0}$ und ungleich $\mathbf{E}$, deren Produkt mit sich selbst wieder die Ausgangsmatrix ergibt, sogenannte idempotente Matrizen (bei den Zahlen haben nur $0 = \mathbf{0}^1$ und $1 = \mathbf{E}^1$ diese Eigenschaft).

Nullteiler lassen sich sogar in der Produktionsplanung prima veranschaulichen: Stellen Sie sich vor, ein Endprodukt aus der Menge $J = \{\text{Kuchen}, \text{Tische}\}$, nämlich Tische, benötigt Rohstoffe aus der Menge $I = \{\text{Schrauben}, \text{Nägel}\}$. Aber nur Kuchen werden in den Produktionsstätten aus $K = \{\text{Bayreuth}, \text{Nürnberg}\}$ überhaupt produziert. Dann ist der Gesamtrohstoffbedarf für Schrauben und Nägel null in Bayreuth und Nürnberg (man braucht weder Schrauben noch Nägel für die Kuchenproduktion), obwohl weder die Rohstoff-Endprodukt-Tabelle (man braucht Schrauben und Nägel für Tische) noch die Produktionsmengen-Tabelle (man produziert Kuchen) null sind. Das heißt: Damit das Matrixprodukt den Rohstoffbedarf auch in diesem Fall korrekt berechnet, *muss* es Nullteiler geben! Nullteiler für das Matrixprodukt sind also doch keine gemeine Erfindung der Mathematiker, um Studierende der Wirtschaftswissenschaften hereinzulegen, sondern eine *notwendige Eigenschaft* des Matrixprodukts, wenn es *nützlich* sein soll!

2.4 Lineare Gleichungssysteme

Wir befassen uns im Folgenden mit der weiter oben angesprochenen zweiten Leitfrage, auf die man mit Methoden der Linearen Algebra eine fundierte Antwort geben kann. Zur Erinnerung:

> **Beispielfrage:**
>
> Gibt es (eindeutige) *Produktionsmengen*, die *gegebene Rohstoffmengen* aufbrauchen?

Als Beispiel bleiben wir bei unserer Frankfurter-Kranz-Manufaktur. Wir haben die Rohstoff-Endprodukt-Tabelle:

	Frankfurter Kranz	Eierkuchen	Vanille-Creme
Mehl/ME	2	2	0
Eier/ME	4	6	2
Pudding/ME	2	0	4

Unbekannt ist die Produktionsmengen-Tabelle:

	Produktion
Frankfurter Kranz/ME	x_1
Eierkuchen/ME	x_2
Vanille-Creme/ME	x_3

Bekannt ist die Tabelle mit dem gewünschten Rohstoffverbrauch:

	Verbrauch
Mehl/ME	1 025
Eier/ME	345
Pudding/ME	425

Nennen wir wie oben die Rohstoff-Endprodukt-Tabelle A und die Produktionsmengen-Tabelle X. Wegen einer gebräuchlichen Konvention nennen wir die Rohstoffverbrauchs-Tabelle B. Wir wissen aus dem Abschnitt über das Matrixprodukt, dass der Rohstoffverbrauch B gleich dem Matrixprodukt AX ist. (Es ist dabei ganz egal, dass wir X noch nicht kennen – die Formel $B = AX$ gibt die Struktur stets richtig wider, egal ob wir feste Zahlen oder Variablen einsetzen. Es ist eine wesentliche Stärke mathematischer Strukturen, dass man mit Unbekannten rechnen kann!)

Mathematisch lautet die Frage also: Für welche X gilt $AX = B$? Und im Beispiel:

$$\text{Für welche } X = \begin{pmatrix} x_1 \\ x_2 \\ x_3 \end{pmatrix} \text{ gilt } \begin{pmatrix} 2 & 2 & 0 \\ 4 & 6 & 2 \\ 2 & 0 & 4 \end{pmatrix} \cdot \begin{pmatrix} x_1 \\ x_2 \\ x_3 \end{pmatrix} = \begin{pmatrix} 1\,025 \\ 345 \\ 425 \end{pmatrix} ?$$

Mit ausgeschriebenem Matrixprodukt ist das ein System von drei linearen Gleichungen. Wir fassen das System mit senkrechten Strichen ein, damit man genau sieht, dass die x_1, x_2, x_3 gesucht sind, die *alle Gleichungen gleichzeitig* erfüllen:

$$\left| \begin{array}{rcrcrcr} 2x_1 & + & 2x_2 & & & = & 1\,025 \\ 4x_1 & + & 6x_2 & + & 2x_3 & = & 345 \\ 2x_1 & & & + & 4x_3 & = & 425 \end{array} \right| .$$

2.4 Lineare Gleichungssysteme

So etwas heißt ein Lineares Gleichungssystem, kurz: LGS.

Wir wollen uns dem Ganzen anhand von ein paar einfachen Beispielen nähern, in denen wir schon die Antwort ablesen können, ohne zu rechnen.

Wir starten mit dem wohl einfachsten Fall eines LGSs: einem, das schon in Form von Lösungen dasteht:

$$\left| \begin{array}{rcl} x_1 & = & 7 \\ x_2 & = & 2 \\ x_3 & = & 5 \end{array} \right|.$$

Wir schreiben das mal in Matrixform und sehen, dass man der Koeffizientenmatrix ansieht, dass das LGS schon gelöst ist:

$$\left| \begin{array}{l} 1 \cdot x_1 + 0 \cdot x_2 + 0 \cdot x_3 = 7 \\ 0 \cdot x_1 + 1 \cdot x_2 + 0 \cdot x_3 = 2 \\ 0 \cdot x_1 + 0 \cdot x_2 + 1 \cdot x_3 = 5 \end{array} \right| \iff \underbrace{\begin{pmatrix} 1 & 0 & 0 \\ 0 & 1 & 0 \\ 0 & 0 & 1 \end{pmatrix}}_{\text{Einheitsmatrix } \mathbf{E}^3} \cdot \begin{pmatrix} x_1 \\ x_2 \\ x_3 \end{pmatrix} = \begin{pmatrix} 7 \\ 2 \\ 5 \end{pmatrix}.$$

Kurz: Ein LGS der Form $\mathbf{E}X = B$ hat die eindeutige Lösung $X = B$. Das liegt daran, dass dann jede Variable in genau einer Zeile und in jeder Zeile nur eine Variable vorkommt.

Es muss aber nicht immer eine Lösung geben. Im folgenden LGS sieht man sofort, dass es keine Lösung geben kann:

$$\left| \begin{array}{rcl} x_1 & = & 7 \\ x_2 & = & 2 \\ 0 \cdot x_3 & = & 5 \end{array} \right|.$$

Klar: Die letzte Gleichung hat schon für sich genommen keine Lösung. Wie sieht man das an der Matrixschreibweise?

$$\left| \begin{array}{l} 1 \cdot x_1 + 0 \cdot x_2 + 0 \cdot x_3 = 7 \\ 0 \cdot x_1 + 1 \cdot x_2 + 0 \cdot x_3 = 2 \\ 0 \cdot x_1 + 0 \cdot x_2 + 0 \cdot x_3 = 5 \end{array} \right| \iff \underbrace{\begin{pmatrix} 1 & 0 & 0 \\ 0 & 1 & 0 \\ 0 & 0 & 0 \end{pmatrix} \cdot \begin{pmatrix} x_1 \\ x_2 \\ x_3 \end{pmatrix} = \begin{pmatrix} 7 \\ 2 \\ 5 \end{pmatrix}}_{\text{Koeffizientenmatrix hat Null-Zeile mit rechter Seite} \neq 0}.$$

Die Koeffizientenmatrix A hat also eine Null-Zeile, obwohl die rechte Seite B in dieser Zeile einen Eintrag ungleich null hat.

Eindeutig muss die Lösung – selbst wenn eine existiert – auch nicht immer sein. Das zeigt sich schon, wenn man nur eine Gleichung hat.

$$\left| \; x_1 + x_2 = 4 \; \right|.$$

Wir sehen, dass sowohl $x_1 = 4, x_2 = 0$ als auch $x_1 = 0, x_2 = 4$ mögliche Lösungen sind. Nur diese beiden? Nein: Sie könnten auch einen Freiwilligen aus dem

Publikum das x_2 beliebig wählen lassen – immer können Sie ein x_1 nennen mit $x_1 + x_2 = 4$, nämlich $x_1 := 4 - x_2$. Das heißt: es gibt so viele Lösungen wie reelle Zahlen! Insbesondere gibt es unendlich viele Lösungen.

Das Finden eines passenden x_1 zu jedem möglichen x_2 funktioniert, weil x_1 in nur einer Gleichung mit Koeffizient $\neq 0$ vorkommt, so dass man diese Gleichung nach x_1 auflösen kann. In Vektorsprache ausgedrückt: in der Koeffizientenspalte zu x_1 steht der erste Koordinateneinheitsvektor $\mathbf{e}_1 = (1)$ im $\mathbb{R}^1$.

Wie schreibt man denn nun unendlich viele Lösungen auf? Nun, wir dürfen offenbar x_2 frei auf ein beliebiges $t \in \mathbb{R}$ setzen. Diesen frei wählbaren Wert t nennt man Parameter. Man muss ihn nicht t nennen, das ist hier eine willkürlichen Auswahl. Die Lösungsmenge $L(A|B)$ lässt sich damit schreiben als

$$L(A|B) = \left\{ \begin{pmatrix} x_1 \\ x_2 \end{pmatrix} \in \mathbb{R}^2 : x_2 = t, x_1 = 4 - t, t \in \mathbb{R} \right\}$$
$$= \left\{ \begin{pmatrix} 4-t \\ t \end{pmatrix} : t \in \mathbb{R} \right\}$$
$$= \left\{ \begin{pmatrix} 4 \\ 0 \end{pmatrix} + t \begin{pmatrix} -1 \\ 1 \end{pmatrix} : t \in \mathbb{R} \right\}.$$

Wie können wir diesen Fall von unendlich vielen Lösungen an der Matrixschreibweise ablesen? Die Matrixschreibweise lautet:

$$\left| 1 \cdot x_1 + 1 \cdot x_2 = 4 \right| \iff \underbrace{\begin{pmatrix} 1 & 1 \end{pmatrix}}_{\text{Matrix mit weniger Zeilen als Spalten(?)}} \cdot \begin{pmatrix} x_1 \\ x_2 \end{pmatrix} = \begin{pmatrix} 4 \end{pmatrix}.$$

Dass man nach x_1 auflösen kann, sieht man daran, dass in der »Koeffizientenspalte« zu x_1 der Einheitsvektor $\mathbf{e}_1 = (1) \in \mathbb{R}^1$ steht. Dazu mehr im nächsten Beispiel.

Es sieht so aus, als läge die Uneindeutigkeit der Lösung daran, dass die Koeffizientenmatrix weniger Zeilen als Spalten hat, dass es also mehr Variablen als Gleichungen gibt. Aber das folgende LGS

$$\left| \begin{array}{rcl} x_1 + x_2 + x_3 & = & 4 \\ 0 \cdot x_3 & = & 1 \end{array} \right|$$

hat drei Variablen, nur zwei Gleichungen und offenbar keine Lösung! Oder, provozierend einfach:

$$\left| \begin{array}{rcl} x_1 & = & 7 \\ x_2 & = & 2 \\ x_3 & = & 5 \\ x_3 & = & 5 \end{array} \right|.$$

Dieses LGS hat mehr Gleichungen als Variablen, und hat doch offenbar eine eindeutige Lösung.

2.4 Lineare Gleichungssysteme

Wir sehen, dass es nicht nur darum geht, wie viele Gleichungen wir haben, sondern auch, wie viel Information in den Gleichungen steckt. Hier liefert die vierte Gleichung einfach nichts Neues, und »zählt daher irgendwie nicht mit« (mehr dazu später, wenn wir etwas Vektorraumtheorie offenlegen).

Ein weiterer grundlegender Fall zeigt sich in folgendem Beispiel:

$$\left| \begin{array}{rcl} x_1 & + & x_3 = 7 \\ x_2 & + & x_3 = 2 \\ & & 0 \cdot x_3 = 0 \end{array} \right|.$$

Klar: Die letzte Gleichung ist überflüssig und wäre nie durch eine Modellierungsüberlegung so hingeschrieben worden. Der Fall ist aber trotzdem wichtig, denn ein solches LGS wird uns später als Ergebnis von Rechenmanipulationen an einem sinnvollen LGS begegnen.

Da x_1 und x_2 nur in jeweils einer Gleichung vorkommen, können wir diese Gleichungen nach x_1 bzw. x_2 umstellen und erhalten:

$$\left| \begin{array}{rcl} x_1 & = & 7 - x_3 \\ x_2 & = & 2 - x_3 \end{array} \right|.$$

Wieder können wir für jeden beliebigen Wert von x_3 passende Werte von x_1 und x_2 finden, so dass alle Gleichungen erfüllt sind. Analog zum vorigen Beispiel findet man:

$$L(A|B) = \left\{ \begin{pmatrix} x_1 \\ x_2 \\ x_3 \end{pmatrix} \in \mathbb{R}^3 : x_3 = t, x_1 = 7 - t, x_2 = 2 - t, t \in \mathbb{R} \right\}$$

$$= \left\{ \begin{pmatrix} 7-t \\ 2-t \\ t \end{pmatrix} : t \in \mathbb{R} \right\}$$

$$= \left\{ \begin{pmatrix} 7 \\ 2 \\ 0 \end{pmatrix} + t \begin{pmatrix} -1 \\ -1 \\ 1 \end{pmatrix} : t \in \mathbb{R} \right\}.$$

Was gibt es Besonderes an der Matrixschreibweise?

$$\left| \begin{array}{rcl} 1 \cdot x_1 + 0 \cdot x_2 + 1 \cdot x_3 & = & 7 \\ 0 \cdot x_1 + 1 \cdot x_2 + 1 \cdot x_3 & = & 2 \\ 0 \cdot x_1 + 0 \cdot x_2 + 0 \cdot x_3 & = & 0 \end{array} \right| \iff \underbrace{\begin{pmatrix} 1 & 0 & 1 \\ 0 & 1 & 1 \\ 0 & 0 & 0 \end{pmatrix}}_{\text{Koeffizientenmatrix hat Null-Zeile mit rechter Seite auch null}} \cdot \begin{pmatrix} x_1 \\ x_2 \\ x_3 \end{pmatrix} = \begin{pmatrix} 7 \\ 2 \\ 0 \end{pmatrix}.$$

Wir sehen, dass eine Null-Zeile in der Koeffizientenmatrix bei einer Null auf der rechten Seite redundant ist und weggelassen werden kann. Wir sehen ferner, dass in den Koeffizientenspalten von x_1 und x_2 die Einheitsvektoren $\mathbf{e}_1$ und $\mathbf{e}_2$ des $\mathbb{R}^3$

stehen: Daran liest man also ab, dass x_1 und x_2 jeweils nur in einer Gleichung vorkommen und daher nach ihnen aufgelöst werden kann.

Alle Besonderheiten der Beispiele kann man noch besser direkt ablesen, wenn man die sogenannte erweiterte Koeffizientenmatrix zum LGS $AX = B$ hinschreibt: Das ist die Koeffizientenmatrix A mit dem Vektor der rechten Seiten B als zusätzliche Spalte, geschrieben in der Form $(A|B)$.

Für unsere einfachen Beispiele ergibt sich:

- Wenn $(A|B) = (\mathbf{E}|B)$, dann ist $X = B$ die eindeutige Lösung von $AX = B$. Der Fall lag vor im ersten Beispiel mit

$$(A|B) = \begin{pmatrix} 1 & 0 & 0 & | & 7 \\ 0 & 1 & 0 & | & 2 \\ 0 & 0 & 1 & | & 5 \end{pmatrix}.$$

- Wenn in einer Zeile von $(A|B)$ der erste Eintrag ungleich null in B steht, dann gibt es keine Lösung von $AX = B$. Diesen Fall hatten wir im zweiten Beispiel mit

$$(A|B) = \begin{pmatrix} 1 & 0 & 0 & | & 7 \\ 0 & 1 & 0 & | & 2 \\ 0 & 0 & 0 & | & 5 \end{pmatrix}.$$

- Wenn in einer Spalte j von A der k-te Einheitsvektor steht, dann kann man für die zugehörige Variable x_j immer einen passenden Wert finden, egal wie die anderen Variablen belegt sind, denn x_j kommt in diesem Fall nur in der k-ten Gleichung vor, und die kann man nach x_j umstellen. Wenn alle möglichen Einheitsvektoren als Spalten vorkommen, dann kann man *alle* Gleichungen nach jeweils einer Variablen auflösen. Alle übrigen Variablen (nun auf der rechten Seite) kann man auf beliebige Werte setzen; setzt man davon abhängig die Werte der (auf der linken Seite) isolierten Variablen, so erhält man stets eine Lösung. Insbesondere kann man die Variablen auf der rechten Seite alle auf null setzen und die Variablen auf der linken Seite durch die Gleichungen bestimmen. Dies liefert eine spezielle Lösung von $AX = B$, eine sogenannte Basislösung.

Das bedeutet: Finden wir Strukturen vor wie in der obigen Liste in einem LGS, dann kann man die Lösungsmenge hinschreiben. (Wie genau, wird weiter unten nochmal gezeigt.)

Es ist also unser Wunsch, dass alle LGSe so aussehen. Tun sie aber im Allgemeinen nicht. Die mathematische Idee ist nun wie folgt: wir formen LGSe so um (ohne die Lösungsmenge zu ändern), dass sie am Ende die gewünschte Form haben! Und weil wir nicht immer alle Variablennamen hinschreiben wollen, formen wir die erweiterte Koeffizientenmatrix um. Genau das werden wir weiter unten auch tun – genau genommen werden wir sogar eine noch angenehmere Form erreichen.

2.4 Lineare Gleichungssysteme

Um die zu beschreiben, brauchen wir jedoch vorher ein paar neue Vokabeln.

Definition 2.4.1. Sei $A \in \mathbb{R}^{m \times n}$. Der Kopf einer Zeile von A ist der von links erste Eintrag ungleich null in der Zeile.

A ist in Zeilenstufenform, kurz: in ZSF, wenn

- die Köpfe von tieferen Zeilen in A stets weiter rechts stehen und
- unter jedem Kopf in A nur Nullen stehen.

A ist in Normierter Zeilenstufenform, kurz: in NZSF, wenn A

- in ZSF ist und
- über jedem Kopf nur Nullen stehen und
- jeder Kopf gleich eins (man sagt dazu: normiert) ist.

Ist A in NZSF, so heißt eine Spalte mit Kopf Basisspalte, kurz: BS, eine Spalte ohne Kopf Nichtbasisspalte, kurz: NBS.

Ist die k-te Spalte von A, $k = 1, \ldots, n$, eine BS, so heißt x_k Basisvariable, kurz: BV, sonst Nichtbasisvariable, kurz: NBV.

Ist eine Matrix in NZSF, so ist nicht nur jeder Einheitsvektor bis zur Anzahl der Nicht-Nullzeilen als Spalte enthalten, sondern auch noch so, dass von links der erste Einheitsvektor zuerst kommt, dann der zweite, der dritte etc. Das ist zur Lösung eigentlich gar nicht notwendig, bringt aber etwas Ordnung in die von uns angestrebten Umformungen von allgemeinen LGSen in diese Form.

Wir hatten weiter oben versucht, die Nichteindeutigkeit der Lösung eines LGSs mit der Anzahl der Gleichungen, also der Anzahl der Zeilen in $(A|B)$ in Zusammenhang zu bringen. Das hat nicht geklappt. Aber wenn $(A|B)$ in ZSF ist, dann geht das.

Definition 2.4.2. Der Rang Rang(A) einer Matrix A in ZSF ist die Anzahl der Nicht-Null-Zeilen in A.

Insbesondere ist der Rang nie größer als die Anzahl der Zeilen von A, aber auch nie größer als die Anzahl der Spalten in A (weil jede Nicht-Null-Zeile eine neue Stufe aufmacht!).

Der Rang ist auch für allgemeine Matrizen definiert; er beschreibt, wie restriktiv die durch die Matrix beschriebenen Gleichungen als Ganzes wirklich sind. Aber soweit sind wir noch nicht.

Alles, was wir qualitativ an den Beispielen gesehen haben, fasst der folgende Satz mit Hilfe der neuen Begriffe zusammen.

Satz 2.4.3. *Sei $AX = B$ ein LGS mit $(A|B)$ in ZSF. Dann gilt: Es gibt*

(i) keine Lösung, falls B eine BS in $(A|B)$ ist (dann ist Rang(A) < Rang($A|B$));

(ii) genau eine Lösung, falls B die einzige NBS in $(A|B)$ ist, und falls $(A|B)$ in NZSF, ist diese Lösung $X = B$ (dann ist Rang$(A) = n$);

(iii) unendlich viele Lösungen sonst (dann ist Rang$(A) < n$), und die Lösungsmenge kann ermittelt werden durch Auflösen aller Gleichungen nach den BVn und Umbenennung der NBVn in Parameter.

Wir schauen mal ein komplizierteres Beispiel mit $(A|B)$ in NZSF an, um das bisher nur oberflächlich erklärte Aufschreiben der Lösungsmenge zu systematisieren. Wir wünschen, das LGS $AX = B$ zu lösen mit folgender erweiterter Koeffizientenmatrix $(A|B)$ in NZSF (die möglicherweise nach vielen Umformungen aus einer allgemeinen Koeffizientenmatrix entstanden ist):

$$(A|B) = \begin{pmatrix} 1 & 0 & 2 & 1 & 0 & | & 11 \\ 0 & 1 & 1 & 3 & 0 & | & 5 \\ 0 & 0 & 0 & 0 & 1 & | & 3 \end{pmatrix}.$$

Die Lösungsmenge des LGSs zu dieser erweiterter Koeffizientenmatrix kann man nun (fast) ohne Rechnen in eine praktische Parameterdarstellung umwandeln. Wir erklären das anhand der Gleichungs-Schreibweise. Es gibt eine Abkürzung direkt in der erweiterten Koeffizientenmatrix, aber das versteht man nur, wenn man es an den Gleichungen gesehen hat. Folgende sieben Schritte liefern eine schöne parametrische Darstellung der Lösungsmenge.

1. In Gleichungen umwandeln:

$$\begin{vmatrix} x_1 & + 2x_3 + & x_4 & & = 11 \\ & x_2 + & x_3 + 3x_4 & & = 5 \\ & & & x_5 & = 3 \end{vmatrix}.$$

2. Umstellen aller Gleichungen nach den BVn, wobei gleiche NBVn und die rechten Seiten jeweils ordentlich in Spalten angeordnet werden (da die BVn in anderen Zeilen nicht vorkommen, können diese Gleichungen also durch entsprechende Belegung der BVn immer erfüllt werden; hier wird die Eigenschaft der NZSF verwendet, dass unter und über jedem Kopf nur Nullen vorkommen, also in der BS ein Einheitsvektor steht; die schöne Reihenfolge der Einheitsvektoren in der NZSF ist hier unwichtig):

$$\begin{vmatrix} x_1 = & 11 - 2x_3 - & x_4 \\ x_2 = & 5 - & x_3 - 3x_4 \\ x_5 = & 3 & \end{vmatrix}.$$

3. Einfügen von trivialen Gleichungen $x_j = x_j$ für alle NBVn x_j und Auffüllen von Nullen (alle Zeilen sollten nun so geordnet sein, dass auf der linken Seite die Komponenten des Lösungsvektors in der richtigen Reihenfolge

2.4 Lineare Gleichungssysteme ———————————————————— 41

auftauchen; das machen wir, um die Lösung im folgenden Schritt leichter in Vektorschreibweise umwandeln zu können):

$$\begin{vmatrix} x_1 = 11 - 2x_3 - 1x_4 \\ x_2 = 5 - 1x_3 - 3x_4 \\ x_3 = 0 + 1x_3 + 0x_4 \\ x_4 = 0 + 0x_3 + 1x_4 \\ x_5 = 3 + 0x_3 + 0x_4 \end{vmatrix}.$$

4. In Vektorschreibweise umwandeln, so dass auf der rechten Seite jeweils ein Vektor für die rechten Seiten und für jede NBV auftaucht:

$$X = \begin{pmatrix} x_1 \\ x_2 \\ x_3 \\ x_4 \\ x_5 \end{pmatrix} = \begin{pmatrix} 11 \\ 5 \\ 0 \\ 0 \\ 3 \end{pmatrix} + \begin{pmatrix} -2x_3 \\ -1x_3 \\ 1x_3 \\ 0x_3 \\ 0x_3 \end{pmatrix} + \begin{pmatrix} -1x_4 \\ -3x_4 \\ 0x_4 \\ 1x_4 \\ 0x_4 \end{pmatrix}.$$

5. Die NBVn aus den Vektoren herausziehen:

$$X = \begin{pmatrix} x_1 \\ x_2 \\ x_3 \\ x_4 \\ x_5 \end{pmatrix} = \begin{pmatrix} 11 \\ 5 \\ 0 \\ 0 \\ 3 \end{pmatrix} + x_3 \begin{pmatrix} -2 \\ -1 \\ 1 \\ 0 \\ 0 \end{pmatrix} + x_4 \begin{pmatrix} -1 \\ -3 \\ 0 \\ 1 \\ 0 \end{pmatrix}.$$

6. Umbenennung der NBVn in freie Parameter (Namen egal, aber im Index durchnummerieren macht Sinn):

$$X = \begin{pmatrix} x_1 \\ x_2 \\ x_3 \\ x_4 \\ x_5 \end{pmatrix} = \begin{pmatrix} 11 \\ 5 \\ 0 \\ 0 \\ 3 \end{pmatrix} + t_1 \begin{pmatrix} -2 \\ -1 \\ 1 \\ 0 \\ 0 \end{pmatrix} + t_2 \begin{pmatrix} -1 \\ -3 \\ 0 \\ 1 \\ 0 \end{pmatrix}.$$

7. Lösungsmenge ablesen, abgeleitet von der Menge aller möglichen Parameterbelegungen:

$$L(A|B) = \left\{ \begin{pmatrix} 11 \\ 5 \\ 0 \\ 0 \\ 3 \end{pmatrix} + t_1 \begin{pmatrix} -2 \\ -1 \\ 1 \\ 0 \\ 0 \end{pmatrix} + t_2 \begin{pmatrix} -1 \\ -3 \\ 0 \\ 1 \\ 0 \end{pmatrix} : t_1, t_2 \in \mathbb{R} \right\}$$

$$=: \underbrace{\begin{pmatrix} 11 \\ 5 \\ 0 \\ 0 \\ 3 \end{pmatrix}}_{\substack{\text{Eine} \\ \text{spezielle} \\ \text{Lösung}}} + \underbrace{\left\langle \begin{pmatrix} -2 \\ -1 \\ 1 \\ 0 \\ 0 \end{pmatrix}, \begin{pmatrix} -1 \\ -3 \\ 0 \\ 1 \\ 0 \end{pmatrix} \right\rangle}_{\substack{\text{Menge aller} \\ \text{Differenzen} \\ \text{von Lösungen}}}.$$

Im letzten Schritt haben wir eine praktische Kurzschreibweise für die Lösungsmenge eingeführt; darauf werden wir später zurückkommen – für den Moment ist es nur eine Abkürzung. Allgemein schreiben wir für Vektoren $X_1, X_2, \ldots, X_k \in \mathbb{R}^n$

$$\langle X_1, X_2, \ldots, X_k \rangle := \{ t_1 X_1 + t_2 X_2 + \ldots + t_k X_k : t_1, t_2, \ldots, t_k \in \mathbb{R} \}.$$

Dies ist die Menge aller sogenannten Linearkombinationen $t_1 X_1 + t_2 X_2 + \ldots + t_k X_k$, die das Erzeugnis der $X_1, X_2, \ldots, X_k$ heißt. Ferner benutzen wir für ein $X \in \mathbb{R}^n$ und eine Teilmenge $S \subseteq \mathbb{R}^n$ die Abkürzung

$$X + S := \{ X + Y : Y \in S \}.$$

Zurück zum Beispiel: Der erste Vektor $\begin{pmatrix} 11 \\ 5 \\ 0 \\ 0 \\ 3 \end{pmatrix}$ in unserer Darstellung der Lösungsmenge beschreibt also eine spezielle Lösung, die durch Nullsetzen der Parameter entsteht. Zwei Lösungen unterscheiden sich stets durch einen Vektor aus $\left\langle \begin{pmatrix} -2 \\ -1 \\ 1 \\ 0 \\ 0 \end{pmatrix}, \begin{pmatrix} -1 \\ -3 \\ 0 \\ 1 \\ 0 \end{pmatrix} \right\rangle$. Was haben diese Differenzen für eine Eigenschaft?

Das überlegen wir kurz systematisch. Wenn X_1, X_2 Lösungen von $AX = B$ sind, so gilt

$$A(X_1 - X_2) = AX_1 - AX_2 = B - B = \mathbf{0}.$$

Also sind die Differenzen von Lösungen von $AX = B$ genau die Lösungen von $AX = \mathbf{0}$! Letzteres heißt das homogene Lineare Gleichungssystem zu $AX = B$. »Homogen« bedeutet in der Mathematik meistens, dass beliebige Vielfache einer Lösung wieder Lösungen sind. Sie machen sich schnell selbst klar, dass die Lösungsmenge von $AX = \mathbf{0}$ abgeschlossen bzgl. Summe und skalarem Vielfachen von Vektoren ist. Damit ist sie ein *Untervektorraum* des $\mathbb{R}^n$, und zwar ein so zentraler, dass es dafür einen Namen gibt: Dieser Untervektorraum heißt der Kern von A und wird mit Kern(A) bezeichnet.

Wir haben also die Lösungen von $AX = B$ dargestellt als Summe einer speziellen Lösung von $AX = B$ mit allen *(manchmal unendlich vielen)* möglichen Lösungen von $AX = \mathbf{0}$, welche wir wiederum als Erzeugnis einer *endlichen* Menge von Vektoren dargestellt haben. Das heißt: Wir haben davon profitiert, dass wir eine möglicherweise *unendliche* Menge dadurch hinschreiben können, dass wir

2.4 Lineare Gleichungssysteme

eine *endliche* Menge von Vektoren angeben, deren Erzeugnis sie ist. Das geht bei Vektorräumen immer. Aber das wollen wir später noch einmal systematisch aufgreifen.

Und noch ein Beispiel:
$$(A|B) = \begin{pmatrix} 1 & 2 & 0 & 1 & 0 & 7 & | & 1 \\ 0 & 0 & 1 & 2 & 0 & 1 & | & 2 \\ 0 & 0 & 0 & 0 & 1 & 3 & | & 3 \end{pmatrix}.$$

Wir gehen wieder in sieben Schritten vor:

1. In Gleichungen umwandeln:
$$\left| \begin{array}{l} x_1 + 2x_2 + x_4 + 7x_6 = 1 \\ x_3 + 2x_4 + x_6 = 2 \\ x_5 + 3x_6 = 3 \end{array} \right|.$$

2. Umstellen nach BVn:
$$\left| \begin{array}{l} x_1 = 1 - 2x_2 - x_4 - 7x_6 \\ x_3 = 2 - 2x_4 - x_6 \\ x_5 = 3 - 3x_6 \end{array} \right|.$$

3. Triviale Gleichungen für NBVn einfügen:
$$\left| \begin{array}{l} x_1 = 1 - 2x_2 - 1x_4 - 7x_6 \\ x_2 = 0 + 1x_2 + 0x_4 + 0x_6 \\ x_3 = 2 + 0x_2 - 2x_4 - 1x_6 \\ x_4 = 0 + 0x_2 + 1x_4 + 0x_6 \\ x_5 = 3 + 0x_2 + 0x_4 - 3x_6 \\ x_6 = 0 + 0x_2 + 0x_4 + 1x_6 \end{array} \right|.$$

4. In Vektorschreibweise umwandeln:
$$X = \begin{pmatrix} x_1 \\ x_2 \\ x_3 \\ x_4 \\ x_5 \\ x_6 \end{pmatrix} = \begin{pmatrix} 1 \\ 0 \\ 2 \\ 0 \\ 3 \\ 0 \end{pmatrix} + \begin{pmatrix} -2x_2 \\ 1x_2 \\ 0x_2 \\ 0x_2 \\ 0x_2 \\ 0x_2 \end{pmatrix} + \begin{pmatrix} -1x_4 \\ 0x_4 \\ -2x_4 \\ 1x_4 \\ 0x_4 \\ 0x_4 \end{pmatrix} + \begin{pmatrix} -7x_6 \\ 0x_6 \\ -1x_6 \\ 0x_6 \\ -3x_6 \\ 1x_6 \end{pmatrix}.$$

5. NBVn aus Vektoren herausziehen:
$$X = \begin{pmatrix} x_1 \\ x_2 \\ x_3 \\ x_4 \\ x_5 \\ x_6 \end{pmatrix} = \begin{pmatrix} 1 \\ 0 \\ 2 \\ 0 \\ 3 \\ 0 \end{pmatrix} + x_2 \begin{pmatrix} -2 \\ 1 \\ 0 \\ 0 \\ 0 \\ 0 \end{pmatrix} + x_4 \begin{pmatrix} -1 \\ 0 \\ -2 \\ 1 \\ 0 \\ 0 \end{pmatrix} + x_6 \begin{pmatrix} -7 \\ 0 \\ -1 \\ 0 \\ -3 \\ 1 \end{pmatrix}.$$

6. NBVn in Parameter umbenennen:
$$X = \begin{pmatrix} x_1 \\ x_2 \\ x_3 \\ x_4 \\ x_5 \\ x_6 \end{pmatrix} = \begin{pmatrix} 1 \\ 0 \\ 2 \\ 0 \\ 3 \\ 0 \end{pmatrix} + t_1 \begin{pmatrix} -2 \\ 1 \\ 0 \\ 0 \\ 0 \\ 0 \end{pmatrix} + t_2 \begin{pmatrix} -1 \\ 0 \\ -2 \\ 1 \\ 0 \\ 0 \end{pmatrix} + t_3 \begin{pmatrix} -7 \\ 0 \\ -1 \\ 0 \\ -3 \\ 1 \end{pmatrix}.$$

7. Lösungsmenge hinschreiben:
$$L(A|B) = \begin{pmatrix} 1 \\ 0 \\ 2 \\ 0 \\ 3 \\ 0 \end{pmatrix} + \left\langle \begin{pmatrix} -2 \\ 1 \\ 0 \\ 0 \\ 0 \\ 0 \end{pmatrix}, \begin{pmatrix} -1 \\ 0 \\ -2 \\ 1 \\ 0 \\ 0 \end{pmatrix}, \begin{pmatrix} -7 \\ 0 \\ -1 \\ 0 \\ -3 \\ 1 \end{pmatrix} \right\rangle.$$

So, ganz schön viel Schreibarbeit. Aber wie gesagt: Es gibt eine Abkürzung, wie man die Lösungsmenge direkt an der erweiterten Koeffizientenmatrix in NZSF ablesen kann. Stellen wir mal die erweiterte Koeffizientenmatrix und die Lösungsmenge aus dem vorigen Beispiel übereinander, und markieren wir die Spalten der NBVn/rechten Seiten in $(A|B)$ und die Zeilen der BVn in der Lösungsmenge farbig. In suggestiver Sortierung und Ausrichtung ergibt sich:

$$(A|B) = \left(\begin{array}{cccccc|c} 1 & 2 & 0 & 1 & 0 & 7 & 1 \\ 0 & 0 & 1 & 2 & 0 & 1 & 2 \\ 0 & 0 & 0 & 0 & 1 & 3 & 3 \end{array} \right)$$

$$L(A|B) = \left\langle \begin{pmatrix} -2 \\ 1 \\ 0 \\ 0 \\ 0 \\ 0 \end{pmatrix}, \begin{pmatrix} -1 \\ 0 \\ -2 \\ 1 \\ 0 \\ 0 \end{pmatrix}, \begin{pmatrix} -7 \\ 0 \\ -1 \\ 0 \\ -3 \\ 1 \end{pmatrix} \right\rangle + \begin{pmatrix} 1 \\ 0 \\ 2 \\ 0 \\ 3 \\ 0 \end{pmatrix}$$

Mit etwas Suchen kann man Folgendes beobachten:

1. Die Werte der BVn in der speziellen Lösung sind gleich den rechten Seiten B.

2. Die Werte der NBVn in der speziellen Lösung sind gleich null.

3. Die Werte der BVn in den speziellen Differenzen sind das Negative der NBSn in A.

2.4 Lineare Gleichungssysteme

4. Die Werte der NBVn in den speziellen Differenzen sind eins für die NBV zur entsprechenden NBS und null sonst.

Es ist nicht schwer zu verifizieren, dass das immer so herauskommt. Man muss einfach nur die Manipulationen aus den sieben Schritten in der erweiterten Koeffizientenmatrix verfolgen: Die NBSn werden negativ, weil in den sieben Schritten die NBVn auf die andere Seite gebracht wurden; die Einsen auf den NBV-Positionen der NBSn kommen von den trivialen Gleichungen für die NBVn; die Nullen kommen von all den Nullen, die diese trivialen Gleichungen in Matrixschreibweise erzeugen.

Dies ist sicher die schnellste Art, die Lösungsmenge von $AX = B$ für $(A|B)$ in NZSF abzulesen.

Nun müssen wir uns aber damit auseinandersetzen, wie man verfährt, wenn $(A|B)$ nicht in NZSF ist. Wir haben bereits angedeutet, dass wir $(A|B)$ in diese Form bringen wollen, ohne die Lösungsmenge von $AX = B$ zu ändern. Dazu brauchen wir elementare Operationen, die das leisten.

Merksatz:

Multiplikation einer Gleichung mit $a \neq 0$ ändert die Lösungsmenge eines LGS nicht. Man kann diese Operation durch Multiplikation mit $1/a$ rückgängig machen. *Notation:* $(Z_i \| aZ_i) =$ »Z_i wird ersetzt durch aZ_i«.

Merksatz:

Vertauschen von Gleichungen ändert die Lösungsmenge eines LGS nicht. Man kann diese Operation durch erneutes Vertauschen rückgängig machen. *Notation:* $(Z_i \rightleftarrows Z_k) =$ »Z_i wird getauscht mit Z_k«.

Merksatz:

Addieren eines Vielfachen einer Gleichung zu einer anderen ändert die Lösungsmenge eines LGS nicht. Diese Operation kann durch Subtrahieren desselben Vielfachen derselben Gleichung rückgängig machen. *Notation:* $(Z_i \| Z_i + aZ_k) =$ »Zu Z_i wird aZ_k addiert«.

Beispiele:

$$|x+y=3| \stackrel{(Z_1\|2Z_1)}{\Longrightarrow} |2x+2y=6| \stackrel{(Z_1\|Z_1/2)}{\Longrightarrow} |x+y=3|.$$

$$\left|\begin{array}{rcl} x & = & 2 \\ y & = & 5 \end{array}\right| \stackrel{(Z_1\rightleftarrows Z_2)}{\Longrightarrow} \left|\begin{array}{rcl} y & = & 5 \\ x & = & 2 \end{array}\right| \stackrel{(Z_1\rightleftarrows Z_2)}{\Longrightarrow} \left|\begin{array}{rcl} x & = & 2 \\ y & = & 5 \end{array}\right|.$$

$$\begin{vmatrix} x+y &=& 1 \\ x-y &=& 2 \end{vmatrix} \stackrel{(Z_1\|Z_1+Z_2)}{\Longrightarrow} \begin{vmatrix} 2x &=& 3 \\ x-y &=& 2 \end{vmatrix} \stackrel{(Z_1\|Z_1-Z_2)}{\Longrightarrow} \begin{vmatrix} x+y &=& 1 \\ x-y &=& 2 \end{vmatrix}.$$

Mit diesen Operationen, den sogenannten erlaubten Zeilenoperationen, kommen wir schon aus. Aber man muss systematisch vorgehen. Wir gehen von der erweiterten Koeffizientenmatrix $(A|B)$ des LGSs $AX = B$ aus. Der zugehörige Algorithmus heißt *Gauß-Elimination*, und funktioniert wie folgt (dabei sei Z_i die i-te Zeile, S_j die j-te Spalte des jeweils aktuellen Systems):

Merksatz:

Gauß-Elimination Phase I (ZSF):

(a) »Kopf hoch«: Tausche ggf. Zeilen, so dass der linkeste Kopf (das Pivotelement oder salopper: der »Putz-Kopf«) oben steht.

(b) »Unten putzen«: Addiere Vielfache von Z_1 (die Pivotzeile oder salopper: die »Putzlappen-Zeile«) zu $Z_2, Z_3, \ldots, Z_n$, bis unter dem Kopf von Z_1 nur Nullen stehen.

(c) »Rekursion«: Z_1 und S_1 bleiben ab jetzt stehen; mit den restlichen, neu nummerierten Zeilen (sofern vorhanden) starte wieder bei (a).

Wir bezeichnen die durch dieses Verfahren enstandene erweiterte Koeffizientenmatrix mit $(\tilde{A}|\tilde{B})$. Sie ist nun in ZSF.

Wie geben ein Beispiel:

$$\begin{vmatrix} x+y+z &=& 3 \\ x-y+z &=& 1 \\ x+y-z &=& 1 \end{vmatrix} \leadsto \left(\begin{array}{ccc|c} 1 & 1 & 1 & 3 \\ 1 & -1 & 1 & 1 \\ 1 & 1 & -1 & 1 \end{array} \right).$$

(a) »Kopf hoch«: nichts zu tun

(b) »Unten putzen« (»Putz-Kopf« ist farbig):

$$\left(\begin{array}{ccc|c} 1 & 1 & 1 & 3 \\ 1 & -1 & 1 & 1 \\ 1 & 1 & -1 & 1 \end{array} \right) \stackrel[(Z_3\|Z_3-Z_1)]{(Z_2\|Z_2-Z_1)}{\leadsto} \left(\begin{array}{ccc|c} 1 & 1 & 1 & 3 \\ 0 & -2 & 0 & -2 \\ 0 & 0 & -2 & -2 \end{array} \right).$$

(c) »Rekursion«: Bleibender Teil grau, neuer Putz-Kopf farbig:

$$\left(\begin{array}{ccc|c} 1 & 1 & 1 & 3 \\ 0 & -2 & 0 & -2 \\ 0 & 0 & -2 & -2 \end{array} \right).$$

Nichts mehr zu tun, da schon in ZSF.

2.4 Lineare Gleichungssysteme

Wir sehen, wir arbeiten uns von links nach rechts und von oben nach unten durch. Das Verfahren ist endlich, weil die »Rest-Matrix«, auf der wir im Schritt »Rekursion« noch etwas ändern müssen, immer eine Zeile weniger hat als die vorige.

Nachdem wir aus $(A|B)$ die ZSF $(\tilde{A}|\tilde{B})$ berechnet haben, testen wir jetzt, ob $AX = B$ bzw. $\tilde{A}X = \tilde{B}$ lösbar ist mit der Unterstützung von Satz 2.4.3: Falls $\tilde{B}$ eine Basisspalte ist, sind die äquivalenten LGSe unlösbar ($L(A|B) = \emptyset$) und wir sind fertig. Andernfalls müssen wir nun die NZSF berechnen.

Merksatz:

Gauß-Elimination Phase II (NZSF):

(a) »Oben putzen«: Addiere Vielfache der letzten Zeile ungleich null Z_r (die *Pivotzeile* oder salopper: die »Putz-Zeile«) zu den anderen Zeilen $Z_{r-1}, \ldots, Z_1$, bis über dem Kopf von Z_r (das Pivotelement oder salopper: der »Putz-Kopf«) nur Nullen stehen.

(b) »Rekursion«: Z_r und Basisspalte von Z_r bleiben ab jetzt stehen; mit den restlichen, neu nummerierten Zeilen (sofern vorhanden) starte wieder bei (a).

(c) »Normieren«: Dividiere jede Zeile durch ihren Kopf.

Die dadurch entstandene erweiterte Koeffizientenmatrix $(\hat{A}|\hat{B})$ ist in NZSF. Noch einmal zurück zu Beispiel 1:

(a) »Oben putzen«:

$$\begin{pmatrix} 1 & 1 & 1 & | & 3 \\ 0 & -2 & 0 & | & -2 \\ 0 & 0 & -2 & | & -2 \end{pmatrix} \xrightarrow{(Z_1 || Z_1 + Z_3/2)} \begin{pmatrix} 1 & 1 & 0 & | & 2 \\ 0 & -2 & 0 & | & -2 \\ 0 & 0 & -2 & | & -2 \end{pmatrix}.$$

(b) »Rekursion«:

$$\begin{pmatrix} 1 & 1 & 0 & | & 2 \\ 0 & -2 & 0 & | & -2 \\ 0 & 0 & -2 & | & -2 \end{pmatrix} \xrightarrow{(Z_1 || Z_1 + Z_2/2)} \begin{pmatrix} 1 & 0 & 0 & | & 1 \\ 0 & -2 & 0 & | & -2 \\ 0 & 0 & -2 & | & -2 \end{pmatrix}.$$

Damit ist die NZSF bis auf die Normierung erreicht.

(c) »Normieren«:

$$\begin{pmatrix} 1 & 1 & 0 & | & 2 \\ 0 & -2 & 0 & | & -2 \\ 0 & 0 & -2 & | & -2 \end{pmatrix} \xrightarrow[(Z_3 || -Z_3/2)]{(Z_2 || -Z_2/2)} \begin{pmatrix} 1 & 0 & 0 & | & 1 \\ 0 & 1 & 0 & | & 1 \\ 0 & 0 & 1 & | & 1 \end{pmatrix}.$$

Wir beobachten, dass wir uns von rechts nach links und von unten nach oben durcharbeiten.

Zum Abschluss des Algorithmus brauchen wir nun nur noch die Lösungsmenge von $\hat{A}X = \hat{B}$ abzulesen, um die Lösungsmenge unseres Ausgangs-LGS $AX = B$ zu erhalten, denn die Lösungsmenge hat sich bei all den Operationen nicht verändert. In unserem Beispiel ergibt sich

$$L(A|B) = \left\{ \begin{pmatrix} 1 \\ 1 \\ 1 \end{pmatrix} \right\}.$$

Damit haben wir den sogenannten Gaußalgorithmus zur Lösung von LGSen komplett. In Kurzform:

Merksatz:

Gaußalgorithmus zur Lösung von $AX = B$:

1. Matrixschreibweise: Erweiterte Koeffizientenmatrix $(A|B)$ aufstellen.

2. Elimination Phase I: Bringe $(A|B)$ in ZSF $(\tilde{A}|\tilde{B})$.

3. Lösbarkeit prüfen: Falls $\tilde{B}$ Basisspalte in $(\tilde{A}|\tilde{B})$, so $L(A|B) = \emptyset$.

4. Elimination Phase II: Bringe $(\tilde{A}|\tilde{B})$ in NZSF $(\hat{A}|\hat{B})$.

5. Lösungsmenge: Lies $L(A|B)$ an $(\hat{A}|\hat{B})$ ab.

Wir wollen das gesamte Verfahren nun noch einmal an Beispielen demonstrieren. Wir starten mit einem lösbaren Beispiel (wie sich bei der Rechnung herausstellen wird):

$$\begin{vmatrix} x_1 + x_2 + x_3 + x_4 + x_5 = 5 \\ x_1 - x_2 + x_3 - x_4 + x_5 = 1 \\ x_1 + x_2 - x_3 - x_4 + x_5 = 1 \end{vmatrix}.$$

Los geht's:

1. Matrixschreibweise:

$$\begin{pmatrix} 1 & 1 & 1 & 1 & 1 & | & 5 \\ 1 & -1 & 1 & -1 & 1 & | & 1 \\ 1 & 1 & -1 & -1 & 1 & | & 1 \end{pmatrix}.$$

2. Elimination Phase I:

$$\begin{pmatrix} 1 & 1 & 1 & 1 & 1 & | & 5 \\ 1 & -1 & 1 & -1 & 1 & | & 1 \\ 1 & 1 & -1 & -1 & 1 & | & 1 \end{pmatrix} \quad \begin{matrix} (Z_2 \| Z_2 - Z_1) \\ (Z_3 \| Z_3 - Z_1) \end{matrix}$$

2.4 Lineare Gleichungssysteme ─────────────────────────────────── 49

$$\rightsquigarrow \begin{pmatrix} 1 & 1 & 1 & 1 & 1 & | & 5 \\ 0 & -2 & 0 & -2 & 0 & | & -4 \\ 0 & 0 & -2 & -2 & 0 & | & -4 \end{pmatrix}.$$

ist in ZSF.

3. Lösbarkeit prüfen:

$$\begin{pmatrix} 1 & 1 & 1 & 1 & 1 & | & 5 \\ 0 & -2 & 0 & -2 & 0 & | & -4 \\ 0 & 0 & -2 & -2 & 0 & | & -4 \end{pmatrix}.$$
$$\text{BS} \quad \text{BS} \quad \text{NBS} \quad \text{NBS} \quad \text{NBS} \quad \text{NBS}$$

Also ist B keine Basisspalte: lösbar.

4. Elimination Phase II:

$$\rightsquigarrow \begin{pmatrix} 1 & 1 & 1 & 1 & 1 & | & 5 \\ 0 & -2 & 0 & -2 & 0 & | & -4 \\ 0 & 0 & -2 & -2 & 0 & | & -4 \end{pmatrix} \begin{matrix} (Z_2 \| Z_2/2) \\ (Z_3 \| Z_3/2) \end{matrix}$$

$$\rightsquigarrow \begin{pmatrix} 1 & 1 & 1 & 1 & 1 & | & 5 \\ 0 & -1 & 0 & -1 & 0 & | & -2 \\ 0 & 0 & -1 & -1 & 0 & | & -2 \end{pmatrix} \quad (Z_1 \| Z_1 + Z_3)$$

$$\rightsquigarrow \begin{pmatrix} 1 & 1 & 0 & 0 & 1 & | & 3 \\ 0 & -1 & 0 & -1 & 0 & | & -2 \\ 0 & 0 & -1 & -1 & 0 & | & -2 \end{pmatrix} \quad (Z_1 \| Z_1 + Z_2)$$

$$\rightsquigarrow \begin{pmatrix} 1 & 0 & 0 & -1 & 1 & | & 1 \\ 0 & -1 & 0 & -1 & 0 & | & -2 \\ 0 & 0 & -1 & -1 & 0 & | & -2 \end{pmatrix} \begin{matrix} (Z_2 \| -Z_2) \\ (Z_3 \| -Z_3) \end{matrix}$$

$$\rightsquigarrow \begin{pmatrix} 1 & 0 & 0 & -1 & 1 & | & 1 \\ 0 & 1 & 0 & 1 & 0 & | & 2 \\ 0 & 0 & 1 & 1 & 0 & | & 2 \end{pmatrix}$$

ist in NZSF.

5. Lösungsmenge:

$$L(A|B) = \begin{pmatrix} 1 \\ 2 \\ 2 \\ 0 \\ 0 \end{pmatrix} + \left\langle \begin{pmatrix} 1 \\ -1 \\ -1 \\ 1 \\ 0 \end{pmatrix}, \begin{pmatrix} -1 \\ 0 \\ 0 \\ 0 \\ 1 \end{pmatrix} \right\rangle.$$

Beim nächsten Beispiel wird sich herausstellen, dass die Lösungsmenge leer ist:
$$\begin{vmatrix} x_1 + x_2 + x_3 + x_4 = 4 \\ x_1 + x_2 - x_3 + x_4 = 2 \\ x_1 - x_2 + x_3 + x_4 = 2 \\ x_1 + x_4 = 0 \end{vmatrix}.$$

1. Matrixschreibweise:

$$\left(\begin{array}{cccc|c} 1 & 1 & 1 & 1 & 4 \\ 1 & 1 & -1 & 1 & 2 \\ 1 & -1 & 1 & 1 & 2 \\ 1 & 0 & 0 & 1 & 0 \end{array}\right).$$

2. Elimination Phase I:

$$\left(\begin{array}{cccc|c} 1 & 1 & 1 & 1 & 4 \\ 1 & 1 & -1 & 1 & 2 \\ 1 & -1 & 1 & 1 & 2 \\ 1 & 0 & 0 & 1 & 0 \end{array}\right) \begin{array}{l} (Z_2 \| Z_2 - Z_1) \\ (Z_3 \| Z_3 - Z_1) \\ (Z_4 \| Z_4 - Z_1) \end{array}$$

$$\rightsquigarrow \left(\begin{array}{cccc|c} 1 & 1 & 1 & 1 & 4 \\ 0 & 0 & -2 & 0 & -2 \\ 0 & -2 & 0 & 0 & -2 \\ 0 & -1 & -1 & 0 & -4 \end{array}\right) \quad (Z_2 \rightleftarrows Z_3)$$

$$\rightsquigarrow \left(\begin{array}{cccc|c} 1 & 1 & 1 & 1 & 4 \\ 0 & -2 & 0 & 0 & -2 \\ 0 & 0 & -2 & 0 & -2 \\ 0 & -1 & -1 & 0 & -4 \end{array}\right) \quad (Z_4 \| -2 Z_4)$$

$$\rightsquigarrow \left(\begin{array}{cccc|c} 1 & 1 & 1 & 1 & 4 \\ 0 & -2 & 0 & 0 & -2 \\ 0 & 0 & -2 & 0 & -2 \\ 0 & 2 & 2 & 0 & 8 \end{array}\right) \quad (Z_4 \| Z_4 + Z_2)$$

$$\rightsquigarrow \left(\begin{array}{cccc|c} 1 & 1 & 1 & 1 & 4 \\ 0 & -2 & 0 & 0 & -2 \\ 0 & 0 & -2 & 0 & -2 \\ 0 & 0 & 2 & 0 & 6 \end{array}\right) \quad (Z_4 \| Z_4 + Z_3)$$

$$\rightsquigarrow \left(\begin{array}{cccc|c} 1 & 1 & 1 & 1 & 4 \\ 0 & -2 & 0 & 0 & -2 \\ 0 & 0 & -2 & 0 & -2 \\ 0 & 0 & 0 & 0 & 4 \end{array}\right)$$

ist in ZSF.

2.4 Lineare Gleichungssysteme _____ 51

3. Lösbarkeit prüfen:
$$\leadsto \begin{pmatrix} 1 & 1 & 1 & 1 & | & 4 \\ 0 & -2 & 0 & 0 & | & -2 \\ 0 & 0 & -2 & 0 & | & -2 \\ 0 & 0 & 0 & 0 & | & 4 \end{pmatrix}.$$
$$\ \text{BS}\quad\text{BS}\quad\text{BS}\quad\text{NBS}\quad\text{BS}$$

Da $\tilde{B}$ eine Basisspalte ist, ist das LGS nicht lösbar, und daher ist $L(A|B) = \emptyset$.

Noch ein Beispiel, kompakter aufgeschrieben. Mit etwas Übung muss man immer weniger schreiben (Vorsicht: am Anfang lieber mehr aufschreiben!). Start ist gleich die erweiterte Koeffizientenmatrix:

$$\begin{pmatrix} 1 & 0 & 1 & 1 & | & 2 \\ 0 & 1 & 1 & 0 & | & 1 \\ 2 & 1 & 0 & 1 & | & 2 \\ 3 & 2 & 2 & 2 & | & 5 \end{pmatrix} \begin{array}{l} \\ \\ (Z_3\|Z_3 - 2Z_1) \\ (Z_4\|Z_4 - 3Z_1) \end{array}$$

$$\leadsto \begin{pmatrix} 1 & 0 & 1 & 1 & | & 2 \\ 0 & 1 & 1 & 0 & | & 1 \\ 0 & 1 & -2 & -1 & | & -2 \\ 0 & 2 & -1 & -1 & | & -1 \end{pmatrix} \begin{array}{l} \\ \\ (Z_3\|Z_3 - Z_2) \\ (Z_4\|Z_4 - 2Z_2) \end{array}$$

$$\leadsto \begin{pmatrix} 1 & 0 & 1 & 1 & | & 2 \\ 0 & 1 & 1 & 0 & | & 1 \\ 0 & 0 & -3 & -1 & | & -3 \\ 0 & 0 & -3 & -1 & | & -3 \end{pmatrix} \begin{array}{l} \\ \\ \\ (Z_4\|Z_4 - Z_3) \end{array}$$

$$\leadsto \begin{pmatrix} 1 & 0 & 1 & 1 & | & 2 \\ 0 & 1 & 1 & 0 & | & 1 \\ 0 & 0 & -3 & -1 & | & -3 \\ 0 & 0 & 0 & 0 & | & 0 \end{pmatrix} \begin{array}{l} \\ \\ \\ (Z_4\|-) \end{array}$$

$$\leadsto \begin{pmatrix} 1 & 0 & 1 & 1 & | & 2 \\ 0 & 1 & 1 & 0 & | & 1 \\ 0 & 0 & -3 & -1 & | & -3 \end{pmatrix} \begin{array}{l} (Z_1\|Z_1 + Z_3/3) \\ (Z_2\|Z_2 + Z_3/3) \\ (Z_3\|-Z_3/3) \end{array}$$

$$\leadsto \begin{pmatrix} 1 & 0 & 0 & 2/3 & | & 1 \\ 0 & 1 & 0 & -1 & | & 0 \\ 0 & 0 & 1 & 1/3 & | & 1 \end{pmatrix}$$

$$\leadsto L(A|B) = \begin{pmatrix} 1 \\ 0 \\ 1 \\ 0 \end{pmatrix} + \left\langle \begin{pmatrix} -2/3 \\ 1 \\ -1/3 \\ 1 \end{pmatrix} \right\rangle.$$

Zum Abschluss berechnen wir die Lösungsmenge für die Rohstoffräumung in unserer Frankfurter-Kranz-Manufaktur. Die Aufgabe lautet mathematisch: Löse

$$\begin{vmatrix} 2x_1 + 2x_2 & = 1\,025 \\ 4x_1 + 6x_2 + 2x_3 & = 345 \\ 2x_1 + 4x_3 & = 425 \end{vmatrix}.$$

Während der Berechnung werden wir einige eigentlich nicht unbedingt notwendige Skalierungen vornehmen, um Bruchrechnen zu vermeiden.

$$\begin{pmatrix} 2 & 2 & 0 & | & 1\,025 \\ 4 & 6 & 2 & | & 345 \\ 2 & 0 & 4 & | & 425 \end{pmatrix} \begin{matrix} (Z_1\|2Z_1) \\ \rightsquigarrow \\ (Z_3\|2Z_3) \end{matrix} \begin{pmatrix} 4 & 4 & 0 & | & 2\,050 \\ 4 & 6 & 2 & | & 345 \\ 4 & 0 & 8 & | & 850 \end{pmatrix} \begin{matrix} \rightsquigarrow \\ (Z_2\|Z_2-Z_1) \\ (Z_3\|Z_3-Z_1) \end{matrix}$$

$$\begin{pmatrix} 4 & 4 & 0 & | & 2\,050 \\ 0 & 2 & 2 & | & -1\,705 \\ 0 & -4 & 8 & | & -1\,200 \end{pmatrix} \begin{matrix} \rightsquigarrow \\ (Z_3\|Z_3/2) \end{matrix} \begin{pmatrix} 4 & 4 & 0 & | & 2\,050 \\ 0 & 2 & 2 & | & -1\,705 \\ 0 & -2 & 4 & | & -600 \end{pmatrix} \begin{matrix} \rightsquigarrow \\ (Z_3\|Z_3+Z_2) \end{matrix}$$

$$\begin{pmatrix} 4 & 4 & 0 & | & 2\,050 \\ 0 & 2 & 2 & | & -1\,705 \\ 0 & 0 & 6 & | & -2\,305 \end{pmatrix} \text{ZSF: lösbar}$$

$$\begin{pmatrix} 4 & 4 & 0 & | & 2\,050 \\ 0 & 2 & 2 & | & -1\,705 \\ 0 & 0 & 6 & | & -2\,305 \end{pmatrix} \begin{matrix} (Z_2\|3Z_2) \\ \rightsquigarrow \end{matrix} \begin{pmatrix} 4 & 4 & 0 & | & 2\,050 \\ 0 & 6 & 6 & | & -5\,115 \\ 0 & 0 & 6 & | & -2\,305 \end{pmatrix} \begin{matrix} (Z_2\|Z_2-Z_3) \\ \rightsquigarrow \end{matrix}$$

$$\begin{pmatrix} 4 & 4 & 0 & | & 2\,050 \\ 0 & 6 & 0 & | & -2\,810 \\ 0 & 0 & 6 & | & -2\,305 \end{pmatrix} \begin{matrix} (Z_1\|3Z_1) \\ (Z_2\|2Z_2) \\ \rightsquigarrow \end{matrix} \begin{pmatrix} 12 & 12 & 0 & | & 6\,150 \\ 0 & 12 & 0 & | & -5\,620 \\ 0 & 0 & 6 & | & -2\,305 \end{pmatrix} \begin{matrix} (Z_1\|Z_1-Z_2) \\ \rightsquigarrow \end{matrix}$$

$$\begin{pmatrix} 12 & 0 & 0 & | & 11\,770 \\ 0 & 12 & 0 & | & -5\,620 \\ 0 & 0 & 6 & | & -2\,305 \end{pmatrix} \begin{matrix} (Z_1\|Z_1/12) \\ (Z_2\|Z_2/12) \\ (Z_3\|Z_3/6) \end{matrix} \rightsquigarrow \begin{pmatrix} 1 & 0 & 0 & | & 5\,885/6 \\ 0 & 1 & 0 & | & -2\,810/6 \\ 0 & 0 & 1 & | & -2\,305/6 \end{pmatrix} \text{NZSF}$$

$$\rightsquigarrow L(A|B) = \left\{ \begin{pmatrix} 5\,885/6 \\ -2\,810/6 \\ -2\,305/6 \end{pmatrix} \right\}.$$

Da die spezielle Lösung negative Einträge enthält, ist sie ökonomisch nicht zu verwerten. Da diese Lösung die einzige Lösung ist, heißt das, es gibt keine Produktion, die das Lager räumt. In Kapitel 3 werden wir sehen, dass wir eine etwas andere Frage stellen können, die es uns erlaubt, mit erweiterten Methoden eine »bestmögliche« Produktion unter diesen Umständen zu bestimmen.

2.5 Erzeugnis, Lineare Unabhängigkeit, Basis und Dimension

Wir haben im letzten Abschnitt ein recht schematisches Verfahren zur Lösung von LGSen kennengelernt. Dies beinhaltet eine kompakte Schreibweise für die

2.5 Erzeugnis, Lineare Unabhängigkeit, Basis und Dimension

Lösungsmenge, auch wenn diese unendlich viele Elemente enthalten sollte. Das liegt daran, dass man, sobald man eine beliebige Lösung X' zu $AX = B$ hat, jede Lösung von $AX = B$ schreiben kann als die Summe $X'+X''$, wobei X'' eine Lösung von $AX = \mathbf{0}$ ist. Die Lösungen von $AX = \mathbf{0}$ bilden nun wiederum einen Untervektorraum, den Kern von A, und Untervektorräume kann man als Erzeugnis (= Menge aller Linearkombinationen) von endlich vielen Vektoren hinschreiben.

Trotzdem bleiben noch ein paar Fragen offen: Sind die Vektoren, die wir zur Beschreibung von Kern(A) hingeschrieben haben, vielleicht manchmal unnötig viele? Kann man, wenn man es schlau anstellt, mit weniger auskommen? In unserem Verfahren hatten wir genau so viele Vektoren zur Beschreibung von Kern(A) gebraucht wie wir Nichtbasisspalten in der NZSF von A hatten. Hängt diese Zahl vielleicht davon ab, wie wir die Elimination genau durchführen?

Dies sind sehr grundlegende Fragen, auf die die Mathematik erschöpfende Antworten gibt, die von allgemeinerem Interesse sind. Im Folgenden werden wir ein wenig in die Vektorraumtheorie abtauchen, denn diese Fragen lassen sich übersichtlicher in abstrakter Form behandeln.

Da wir diese Abstraktion nicht gewohnt sind, wenden wir uns einem Beispiel zu, das uns begleitet, um die Begriffe mit Leben zu füllen. Dieses Beispiel ist nicht aus der Luft gegriffen: Es handelt sich um die vereinfachte Fassung aus einem echten Anwendungsfall.

Betrachten wir einen Quarzsandproduzenten, der aus den Sanden verschiedener Sandgruben, die ihm selber nicht gehören, Sande für seine Kunden mischt bzw. diese aufbereitet. Jeder Sand besteht aus unterschiedlichen Zusammensetzungen charakteristischer Körnergrößen, z. B.:

Sorte	Anteil
fein	30 %
mittel	40 %
grob	30 %

bzw. in Vektorschreibweise $\begin{pmatrix} 3 \\ 4 \\ 3 \end{pmatrix}$,

wobei hierbei die Einträge in dem Spaltenvektor in absoluten Mengeneinheiten (ME) gelesen werden sollen. (Die Anteile ergeben sich, wenn man jeden Eintrag durch die Summe der Einträge dividiert.)

Nehmen wir nun an, dass wir die drei verschiedenen Sande

$$A_1 := \begin{pmatrix} 3 \\ 4 \\ 3 \end{pmatrix}, \qquad A_2 := \begin{pmatrix} 3 \\ 2 \\ 0 \end{pmatrix}, \qquad A_3 := \begin{pmatrix} 0 \\ 2 \\ 3 \end{pmatrix},$$

zur Verfügung haben bzw. von unseren Lieferanten bestellen können. Einer unserer Kunden wünscht sich nun den Sand

$$Y := \begin{pmatrix} 12 \\ 20 \\ 18 \end{pmatrix}.$$

Natürlich wollen wir diesen Kundenwunsch erfüllen, wenn es irgendwie möglich ist. Wir versuchen also den Kundenwunsch durch unsere gegebenen Sande zu mischen. Wenn wir also jeweils x_i ME von Sand A_i zusammenschütten, so erhalten wir einen Sand des Typs

$$\underbrace{x_1 A_1 + x_2 A_2 + x_3 A_3 = x_1 \begin{pmatrix} 3 \\ 4 \\ 3 \end{pmatrix} + x_2 \begin{pmatrix} 3 \\ 2 \\ 0 \end{pmatrix} + x_3 \begin{pmatrix} 0 \\ 2 \\ 3 \end{pmatrix}}_{\text{Linearkombination}}.$$

Sei A die Matrix mit den Spalten A_1, A_2, A_3. Wir hätten gerne $X = \begin{pmatrix} x_1 \\ x_2 \\ x_3 \end{pmatrix}$ so, dass

$$x_1 A_1 + x_2 A_2 + x_3 A_3 = AX = Y = \begin{pmatrix} 12 \\ 20 \\ 18 \end{pmatrix}. \tag{2.5}$$

Unsere Aufgabe sieht aus wie ein LGS. Das passt aber nicht ganz, denn was ist mit negativen x_i? Die eigentlich notwendige Nichtnegativität der Koeffizienten x_i können wir erst in Kapitel 3 systematisch berücksichtigen. Damit wir hier aber erst einmal weiterkommen, nehmen wir der Einfachheit halber an: Durch Siebtechnik ist es möglich, eine beliebige Menge unserer Lagersande auch wieder aus dem Ergebnissand zu entfernen. (In der Realität stimmt das natürlich nur bedingt.)

Wir haben eine neue Interpretation: Eine Lösung des LGS liefert die Koeffizienten für eine Darstellung von Y als Linearkombination der Vektoren A_1, A_2, A_3.

Abstrakt:

Definition 2.5.1. V sein ein reeller Vektorraum. Für Vektoren $\boldsymbol{v}_1, \boldsymbol{v}_2, \ldots, \boldsymbol{v}_k \in V$ und Zahlen $t_1, t_2, \ldots, t_k \in \mathbb{R}$ heißt

$$t_1 \boldsymbol{v}_1 + t_2 \boldsymbol{v}_2 + \ldots + t_k \boldsymbol{v}_k \tag{2.6}$$

eine Linearkombination der $\boldsymbol{v}_1, \boldsymbol{v}_2, \ldots, \boldsymbol{v}_k$. Die $t_1, t_2, \ldots, t_k$ heißen Koeffizienten der Linearkombination.

Wenn für einen Vektor $\boldsymbol{v} \in V$ gilt

$$\boldsymbol{v} = t_1 \boldsymbol{v}_1 + t_2 \boldsymbol{v}_2 + \ldots + t_k \boldsymbol{v}_k, \tag{2.7}$$

so heißt $t_1 \boldsymbol{v}_1 + t_2 \boldsymbol{v}_2 + \ldots + t_k \boldsymbol{v}_k$ eine Darstellung von $\boldsymbol{v}$ als Linearkombination der $\boldsymbol{v}_1, \boldsymbol{v}_2, \ldots, \boldsymbol{v}_k$.

Die Menge aller Vektoren, die man als Linearkombination der $\boldsymbol{v}_1, \boldsymbol{v}_2, \ldots, \boldsymbol{v}_k$ darstellen kann, heißt Erzeugnis der $\boldsymbol{v}_1, \boldsymbol{v}_2, \ldots, \boldsymbol{v}_k$ und wird mit

$$\langle \boldsymbol{v}_1, \boldsymbol{v}_2, \ldots, \boldsymbol{v}_k \rangle \tag{2.8}$$

bezeichnet.

2.5 Erzeugnis, Lineare Unabhängigkeit, Basis und Dimension

Die Frage, ob sich ein Kundenwunsch erfüllen lässt, kann man nun formulieren als: Kann man den Kundenwunsch Y darstellen als Linearkombination unserer Sande A_1, A_2, A_3? Oder: Liegt Y im Erzeugnis der A_1, A_2, A_3?

Diese Frage können wir im Zahlenbeispiel mit ja beantworten, da es z. B. folgende Lösung gibt:

$$0 \begin{pmatrix} 3 \\ 4 \\ 3 \end{pmatrix} + 4 \begin{pmatrix} 3 \\ 2 \\ 0 \end{pmatrix} + 6 \begin{pmatrix} 0 \\ 2 \\ 3 \end{pmatrix} = \begin{pmatrix} 12 \\ 20 \\ 18 \end{pmatrix}.$$

Die drei Sande von unseren Zulieferern besitzen in der Regel unterschiedliche Preise, so dass für uns die Frage interessant ist, ob es auch weitere Lösungen von Gleichung (2.5) gibt, so dass wir ggf. eine auswählen können, die besonders preisgünstig ist. Auch diese Frage lässt sich mit ja beantworten, da es z. B. folgende weitere Lösung gibt:

$$4 \begin{pmatrix} 3 \\ 4 \\ 3 \end{pmatrix} + 0 \begin{pmatrix} 3 \\ 2 \\ 0 \end{pmatrix} + 2 \begin{pmatrix} 0 \\ 2 \\ 3 \end{pmatrix} = \begin{pmatrix} 12 \\ 20 \\ 18 \end{pmatrix}.$$

In Abschnitt 2.4 haben wir bereits gelernt, wie wir die komplette Lösungsmenge von Gleichung (2.5) effizient ausrechnen und kompakt aufschreiben können. Wie wir systematisch eine preisgünstigste Mischung finden können, werden wir uns in Kapitel 3 überlegen.

Wir wollen uns nun erst mal mit strategischen Fragen bzgl. der von uns gelagerten Sande beschäftigen. Uns interessiert nämlich beim Kauf der Sande für unser Lager, wie flexibel wir in Bezug auf Kundenwünsche damit sind.

> **Beispielfrage:**
>
> Haben wir genug Sande auf Lager, um durch Mischen und Aussieben alle denkbaren Kundenwünsche erfüllen zu können?

Abstrakt formuliert: Gegeben Vektoren $v_1, v_2, \ldots, v_k \in V$. Lässt sich jeder Vektor $v \in V$ darstellen als Linearkombination der $v_1, v_2, \ldots, v_k$?

Mengen von Vektoren, für die diese Frage mit ja beantwortet werden kann, heißen Erzeugendensystem:

Definition 2.5.2. Eine Menge von Vektoren $\{v_1, v_2, \ldots, v_k\} \subseteq V$ heißt Erzeugendensystem von V, falls

$$\langle v_1, v_2, \ldots, v_k \rangle = V. \tag{2.9}$$

Das sieht unhandlich aus, da wir für jeden der (möglicherweise unendlich vielen) Vektoren aus V prüfen müssen, ob er eine Darstellung als Linearkombination der $v_1, v_2, \ldots, v_k$ hat. Aber keine Sorge: Die Mathematik hat da was parat.

Wir kommen darauf später zurück. Stattdessen wenden wir uns zunächst einer anderen interessanten Frage zu: Können wir ein paar Sandsilos sparen?

Beispielfrage:

Haben wir überflüssige Sande auf Lager, die aus den anderen schon gemischt werden können?

Abstrakt formuliert: Gegeben Vektoren $v_1, v_2, \ldots, v_k \in V$. Lässt sich einer der Vektoren als Linearkombination der verbleibenden darstellen, ist also in Bezug auf das Erzeugnis überflüssig?

Mengen von Vektoren, für die die Antwort auf diese Frage nein lautet, heißen linear unabhängig:

Definition 2.5.3. Eine Menge von Vektoren $\{v_1, v_2, \ldots, v_k\} \subseteq V$ heißt linear unabhängig, falls für alle $i = 1, 2, \ldots, k$ gilt:

$$v_i \notin \langle v_1, \ldots, v_{i-1}, v_{i+1}, \ldots, v_k \rangle. \tag{2.10}$$

Vektoren, die nicht linear unabhängig sind, heißen linear abhängig.

Das wirkt auch unhandlich: Es scheint, als müsse man zur Prüfung der linearen Unabhängigkeit für jeden der k Vektoren v_i einzeln prüfen, ob er eine Darstellung als Linearkombination der anderen hat. Müssen wir also k LGSe lösen?

Wir überlegen uns, was passiert, wenn tatsächlich einer der Vektoren im Erzeugnis der anderen liegt. Nehmen wir an, der überflüssige Vektor ist v_i. Dann gilt:

$$v_i = t_1 v_1 + \ldots + t_{i-1} v_{i-1} \quad + t_{i+1} v_{i+1} \ldots + t_k v_k$$
$$\iff 0 = t_1 v_1 + \ldots + t_{i-1} v_{i-1} - 1 v_i + t_{i+1} v_{i+1} \ldots + t_k v_k.$$

Das heißt, wann immer die Vektoren nicht linear abhängig sind, findet man eine Darstellung des Nullvektors als Linearkombination der Vektoren, in der mindestens ein Koeffizient ungleich null ist (hier: die Eins als Koeffizient von v_i).

Umgekehrt: Hat man eine Darstellung des Nullvektors als Linearkombination der Vektoren gefunden mit mindestens einem Koeffizienten t_i ungleich null, so kann man die ganze Linearkombination durch t_i dividieren und nach v_i umstellen. Dies liefert eine Darstellung von v_i als Linearkombination der anderen Vektoren.

Das praktische Ergebnis dieser abstrakten mathematischen Überlegung ist: Um zu prüfen, ob eine Menge von Vektoren linear unabhängig ist, (ob also alle Vektoren gebraucht werden für das Erzeugnis) muss nur ein einziges LGS gelöst werden! Daher ist das folgende Kriterium handlicher und wird meistens gleich als Definition verwendet.

Satz 2.5.4. *Eine Menge von Vektoren* $\{v_1, v_2, \ldots, v_k\} \subseteq V$ *ist* linear unabhängig, *falls*

$$t_1 v_1 + t_2 v_2 \ldots + t_k v_k = 0 \tag{2.11}$$

nur die triviale Lösung $t_1 = t_2 = \ldots = t_k = 0$ *hat.*

Betrachten wir als Beispiel die drei Vektoren $\begin{pmatrix} 1 \\ 1 \\ 0 \end{pmatrix}$, $\begin{pmatrix} 1 \\ 1 \\ 1 \end{pmatrix}$ und $\begin{pmatrix} 1 \\ 0 \\ 0 \end{pmatrix}$. Um die Frage zu beantworten, ob sie linear unabhängig oder linear abhängig sind, müssen wir das LGS

$$\begin{vmatrix} 1x_1 + 1x_2 + 1x_3 = 0 \\ 1x_1 + 1x_2 + 0x_3 = 0 \\ 0x_1 + 1x_2 + 0x_3 = 0 \end{vmatrix}$$

betrachten. Dieses lösen wir entweder schematisch mit dem Gaußalgorithmus oder direkt mit etwas Grips: Aus der dritten Zeile folgt $x_2 = 0$. Damit folgt aus der zweiten Zeile $x_1 = 0$ und letztlich aus der ersten Zeile $x_3 = 0$. Also sind die drei Vektoren linear unabhängig.

Wenn $AX = \mathbf{0}$ nur die triviale Lösung $X = \mathbf{0}$ hat, dann kann $AX = B$ höchstens eine Lösung haben, denn als Differenz zwischen zwei Lösungen von $AX = B$ ist ja dann nur $\mathbf{0}$ möglich. Also gilt:

Satz 2.5.5. *Die Spaltenvektoren $A_1, A_2, \ldots, A_n$ einer Matrix $A \in \mathbb{R}^{m \times n}$ sind genau dann linear unabhängig, wenn* $\mathrm{Kern}(A) = \{\mathbf{0}\}$, *also wenn $AX = B$ für jedes B höchstens eine Lösung besitzt.*

Ein nützliches hinreichendes Kriterium für lineare Unabhängigkeit im $\mathbb{R}^n$ ist das Folgende: Wenn in einer Menge von Vektoren jeder Vektor eine spezielle »Privatkomponente« hat, die nur bei ihm selbst ungleich null ist, bei allen anderen aber null, dann kann man den Nullvektor nicht als nicht-triviale Linearkombination der Vektoren darstellen. Das liegt daran, dass man mit einem Koeffizienten ungleich null sich eine der »Privatkomponenten« einhandelt und nicht wieder auf null bekommt, da sie in keinem anderen Vektor vorkommt. Formeller gilt:

Hilfssatz 2.5.6. *Seien $A_1, A_2, \ldots, A_n \in \mathbb{R}^m$ die Spaltenvektoren einer Matrix $A \in \mathbb{R}^{m \times n}$. Ferner gelte: Zu jedem Vektor A_j gibt es genau eine Zeile in A mit einem Eintrag ungleich null in Spalte A_j und sonst nur Nullen.*
Dann sind $A_1, A_2, \ldots, A_n$ linear unabhängig.

Dies beantwortet nun endlich eine unserer Ausgangsfragen zur Darstellung der Lösungsmenge eines LGSs. Die Vektoren in unserer Darstellung, deren Erzeugnis Kern(A) ist, haben eine Eins in der Komponente zu »ihrer« NBVn und Nullen in den Komponenten zu den anderen NBVn. Damit sind die Vektoren linear unabhängig, und keiner ist überflüssig.

Ferner sind die Basisspalten in einer Matrix in NZSF linear unabhängig. Und die Nicht-Null-Zeilen in einer Matrix in NZSF auch.

Wir kommen nun noch einmal auf den Rang einer Matrix zurück: Der Rang einer Matrix A in NZSF ist nach Definition 2.4.2 gleich der Anzahl der Nicht-Null-Zeilen. Diese stimmt in NZSF überein mit der maximalen Anzahl linear unabhängiger Zeilen und der maximalen Anzahl linear unabhängiger Spalten in A. Letztere Begriffe sind nicht mehr abhängig von der NZSF. Es macht also Sinn, den Rang einer allgemeinen Matrix A über die Anzahl linear unabhängiger Zeilen bzw. Spalten zu definieren.

Definition 2.5.7. Der Rang einer Matrix A ist die maximale Anzahl linear unabhängiger Zeilen (Spalten) von A.

Die Matrix A hat vollen Zeilenrang, wenn alle Zeilen linear unabhängig sind. Sie hat vollen Spaltenrang, wenn alle Spalten linear unabhängig sind. Sie hat vollen Rang, wenn sie vollen Zeilen- oder vollen Spaltenrang hat.

Es gilt z. B.
$$\operatorname{Rang}\begin{pmatrix} 1 & 0 & 0 & 3 \\ 0 & 1 & 0 & 4 \\ 0 & 0 & 1 & 3 \end{pmatrix} = 3,$$
da die ersten 3 Spalten linear unabhängig sind, alle 4 Spalten zusammen aber linear abhängig sind. Die Matrix hat ferner vollen Zeilenrang und daher vollen Rang. Sie hat aber nicht vollen Spaltenrang.

Erlaubte Zeilenoperationen haben nun die Eigenschaft, dass Linearkombinationen der neuen Zeilen als Linearkombinationen der alten Zeilen darstellbar sind und umgekehrt: Beim Skalieren einer Zeile mit $a \neq 0$ muss in der neuen Linearkombination der entsprechende Koeffizient nur durch a geteilt werden; beim Tauschen von Zeilen ist nichts zu zeigen; bei der Addition eines Vielfachen einer Zeile zu einer anderen ist die modifizierte Zeile eine Linearkombination von alten Zeilen.

Daher gilt:

Satz 2.5.8. *Erlaubte Zeilenoperationen ändern den Rang nicht.*

Damit kann man den Rang bestimmen durch Umformung auf ZSF und Zählen der Nicht-Null-Zeilen.

Was hat der Rang mit unserer Frage nach überflüssigen Sanden zu schaffen? Nun: Kein Sand ist überflüssig, wenn die Matrix aus den Sandvektoren vollen Spaltenrang hat.

Kehren wir zurück zur vertrakten Frage, ob eine Menge von Vektoren ein Erzeugendensystem eines Vektorraums ist. Diese Frage kann man im $\mathbb{R}^n$ beantworten, ohne unendlich viele LGSe zu lösen.

Manchmal ist die Antwort sogar offensichtlich: Als Beispiel betrachten wir die Vektoren $\begin{pmatrix} 1 \\ 0 \\ 0 \end{pmatrix}$, $\begin{pmatrix} 0 \\ 1 \\ 0 \end{pmatrix}$, $\begin{pmatrix} 0 \\ 0 \\ 1 \end{pmatrix}$ und $\begin{pmatrix} 3 \\ 4 \\ 3 \end{pmatrix}$. Diese bilden ein Erzeugendensystem des $\mathbb{R}^3$, da
$$\begin{pmatrix} y_1 \\ y_2 \\ y_3 \end{pmatrix} = y_1 \begin{pmatrix} 1 \\ 0 \\ 0 \end{pmatrix} + y_2 \begin{pmatrix} 0 \\ 1 \\ 0 \end{pmatrix} + y_3 \begin{pmatrix} 0 \\ 0 \\ 1 \end{pmatrix} + 0 \begin{pmatrix} 3 \\ 4 \\ 3 \end{pmatrix}$$
gilt. Aber so offensichtlich ist es nicht immer. Der Schlüssel zur Lösung sind unsere Erkenntnisse bei der Lösung LGSe. Griffig kann man dies mit folgendem Begriff formulieren.

Definition 2.5.9. Die Menge aller B, für die $AX = B$ lösbar ist, heißt Bild von A und wird mit Bild(A) bezeichnet.

2.5 Erzeugnis, Lineare Unabhängigkeit, Basis und Dimension _____ 59

Für ein spezielles LGS $AX = B$ hat man also eine Lösung genau dann, wenn $B \in \text{Bild}(A)$. In der Sprache der LGSe lautet die Eigenschaft »Erzeugendensystem« daher:

Satz 2.5.10. *Die Spaltenvektoren $A_1, A_2, \ldots, A_n$ einer Matrix $A \in \mathbb{R}^{m \times n}$ bilden genau dann ein Erzeugendensystem von $\mathbb{R}^m$, wenn $\text{Bild}(A) = \mathbb{R}^m$, wenn also $AX = B$ für jedes B mindestens eine Lösung besitzt.*

Uns interessiert also nur die Lösbarkeit von $AX = B$ für beliebiges B, nicht die Lösungsmenge. Beschränken wir uns für den Moment auf den Fall, das $(A|B)$ in ZSF ist. Dann hat $AX = B$ genau dann keine Lösung, wenn B eine Basisspalte in $(A|B)$ ist. Wenn A auch nur eine Null-Zeile am Ende hat, dann ist $AX = B$ schonmal nicht lösbar für ein B ohne Nullkomponenten. Das heißt, die Spalten von A können nur dann ein Erzeugendensystem sein, wenn A keine Null-Zeile hat. Umgekehrt kann B nicht Basisspalte sein, wenn A (in ZSF) keine Null-Zeile hat. Dann ist also $AX = B$ immer lösbar. Ausgedrückt mit dem Rang von A: Es gibt genau dann ein B, für das $AX = B$ keine Lösung hat, wenn A nicht vollen Zeilenrang hat.

Da sich bei den erlaubten Zeilenoperationen der Rang nicht ändert, gilt:

Satz 2.5.11. *Die Spaltenvektoren $A_1, A_2, \ldots, A_n$ einer Matrix $A \in \mathbb{R}^{m \times n}$ bilden genau dann ein Erzeugendensystem von $\mathbb{R}^m$, wenn A vollen Zeilenrang hat.*

Damit haben wir auch die Frage nach der Flexibilität der Sande auf dem Lager beantwortet: Wenn die Matrix aus Sandvektoren vollen Zeilenrang hat, dann kann jeder Kundenwunsch erfüllt werden.

Nun will man meistens am liebsten alle Wünsche erfüllen ohne überflüssige Ressourcen. Mathematisch will man also Sandmischungen auf Lager haben, die gleichzeitig linear unabhängig und ein Erzeugendensystem sind. So etwas heißt Basis.

Definition 2.5.12. Eine Menge von Vektoren $\{v_1, v_2, \ldots, v_k\} \subseteq V$ ist eine Basis von V, falls sie

(i) linear unabhängig und

(ii) ein Erzeugendensystem von V

ist.

Das einfachste Beispiel: Die Vektoren $\begin{pmatrix} 1 \\ 0 \\ 0 \end{pmatrix}$, $\begin{pmatrix} 0 \\ 1 \\ 0 \end{pmatrix}$ und $\begin{pmatrix} 0 \\ 0 \\ 1 \end{pmatrix}$ bilden eine Basis des $\mathbb{R}^3$, da sie eine Matrix mit vollem Zeilen- und Spaltenrang bilden, nämlich $\mathbf{E}^3$, und daher sowohl linear unabhängig als auch ein Erzeugendensystem sind. Diese Basis heißt die Standardbasis des $\mathbb{R}^3$. Basen des $\mathbb{R}^n$ entsprechen also genau den Matrizen mit vollem Zeilen- und vollem Spaltenrang. Die haben einen Namen.

Definition 2.5.13. Eine Matrix mit vollem Zeilen- und vollem Spaltenrang heißt regulär. Eine quadratische Matrix, die nicht regulär ist, heißt singulär.

Dass die Koeffizientenspalten eines LGSs eine Basis bilden, hängt wie folgt mit der Lösbarkeit zusammen:

Satz 2.5.14. *Die Spaltenvektoren $A_1, A_2, \ldots, A_n$ einer Matrix $A \in \mathbb{R}^{m \times n}$ bilden genau dann eine Basis des $\mathbb{R}^m$, wenn $AX = B$ genau eine Lösung hat. Dies ist genau dann der Fall, wenn A regulär ist. Insbesondere ist dann $m = n$.*

Wir bemerken, dass die eindeutige Lösbarkeit eine Eigenschaft der Spaltenvektoren $A_1, A_2, \ldots, A_n$ ist, die nicht von der rechten Seite B abhängt, siehe auch Abschnitt 2.6 über die Inverse einer Matrix.

Ein wichtiges Beispiel für eine Basis eines *Untervektorraums* des $\mathbb{R}^n$ haben wir bereits gesehen: Unsere Darstellung der Lösungsmenge eines LGSs enthält ein linear unabhängiges Erzeugendensystem, also eine Basis von Kern(A). In diesem Sinne haben wir somit nachträglich unsere Darstellung der Lösungsmenge als besonders effizient gerechtfertigt. Wir wissen insbesondere, wie wir eine Basis von Kern(A) berechnen. Wir sehen an dem Beispiel auch, dass die Basen von Untervektorräumen nicht unbedingt die Spalten quadratischer geschweige denn regulärer Matrizen sein müssen.

Es gibt noch einen anderen interessanten Untervektorraum des $\mathbb{R}^m$, und zwar Bild(A). Es ist sehr leicht anhand von Satz 2.2.9 zu prüfen, dass Bild(A) wirklich ein Untervektorraum ist. Im Sandmischbeispiel ist Bild(A) die Menge aller Kundenwünsche, die mit der Sandmatrix A gemischt/gesiebt werden können. Da das i. d. R. wieder unendlich viele sind, stellt sich die Frage, wie man das hinschreibt. Und mathematisch lautet die Frage daher: Wie bekommen wir eine Basis von Bild(A)?

Wir brauchen eine linear unabhängige Menge von Spalten A' von A, die das gleiche Erzeugnis hat, wie alle Spalten von A. Wir brauchen also Rang(A)-viele linear unabhängige Spalten von A. Dies sind zum Beispiel alle den Basisspalten einer ZSF von A entsprechenden Spalten. Hier muss man die Zeilenoperationen unbedingt rückgängig machen, da offensichtlich die erreichbaren rechten Seiten mit umgeformt werden und sich daher das Erzeugnis der Spalten ändert. (Das sieht man schon allein daran, dass die Basisspalten der NZSF immer Koordinateneinheitsvektoren sind, die Information über Bild(A) also gar nicht mehr drinstecken kann.)

Es gibt noch eine Methode: Wenn man analog erlaubte Spaltenoperationen durchführt, bis man Spaltenstufenform, kurz: SSF, erreicht hat, so ändern sich dadurch nicht die Linearkombinationen der Spalten. Man kann also einfach die Nicht-Null-Spalten einer SSF als Basis von Bild(A) hernehmen. Dies sind im Allgemeinen gar keine Spalten von A, aber das heißt ja nicht, dass sie nicht eine Basis von Bild(A) bilden können.

Hier ein Beispiel: Wir wollen eine Basis haben für die Menge aller Kundenwünsche, die wir mit den Sanden $\begin{pmatrix} 1 \\ 2 \\ 3 \end{pmatrix}$, $\begin{pmatrix} 5 \\ 6 \\ 7 \end{pmatrix}$ und $\begin{pmatrix} 3 \\ 2 \\ 1 \end{pmatrix}$ erfüllen können.

2.5 Erzeugnis, Lineare Unabhängigkeit, Basis und Dimension

Erste Methode: Die Sandmatrix wird mit Zeilenoperationen in ZSF gebracht:

$$A := \begin{pmatrix} 1 & 5 & 3 \\ 2 & 6 & 2 \\ 3 & 7 & 1 \end{pmatrix} \rightsquigarrow \begin{pmatrix} 1 & 5 & 3 \\ 0 & -4 & -4 \\ 0 & -8 & -8 \end{pmatrix} \rightsquigarrow \begin{pmatrix} 1 & 5 & 3 \\ 0 & -4 & -4 \\ 0 & 0 & 0 \end{pmatrix}.$$

Also sind die ersten zwei Spalten Basisspalten und die dritte eine Nichtbasisspalte. Also ist $\{\begin{pmatrix} 1 \\ 2 \\ 3 \end{pmatrix}, \begin{pmatrix} 5 \\ 6 \\ 7 \end{pmatrix}\}$ eine Basis von Bild(A).

Zweite Methode: Die Sandmatrix wird mit Spaltenoperationen in SSF gebracht:

$$A := \begin{pmatrix} 1 & 5 & 3 \\ 2 & 6 & 2 \\ 3 & 7 & 1 \end{pmatrix} \rightsquigarrow \begin{pmatrix} 1 & 0 & 0 \\ 2 & -4 & -4 \\ 3 & -8 & -8 \end{pmatrix} \rightsquigarrow \begin{pmatrix} 1 & 0 & 0 \\ 2 & -4 & 0 \\ 3 & -8 & 0 \end{pmatrix}.$$

Also ist $\{\begin{pmatrix} 1 \\ 2 \\ 3 \end{pmatrix}, \begin{pmatrix} 0 \\ -4 \\ -8 \end{pmatrix}\}$ auch eine Basis von Bild(A). (Der negative Vektor ist natürlich kein sinnvoller Kundenwunsch, aber man kann mit ihm durchaus mehr nichtnegative Kundenwünsche erfüllen als ohne ihn!)

Mit etwas Mühe kann man nun das folgende, absolut grundlegende weitreichende Resultat zeigen (wir begnügen uns hier mit der Aussage):

Satz 2.5.15. *Jeder Vektorraum V besitzt eine Basis. Gibt es eine Basis mit endlich vielen Elementen, so heißt V* endlichdimensional. *In diesem Falle ist die Anzahl der Basisvektoren in jeder Basis gleich, und diese Anzahl heißt* Dimension dim(V) *von V.*

Für die Dimension des Vektorraums

$$V = \left\langle \begin{pmatrix} 1 \\ 0 \\ 0 \end{pmatrix}, \begin{pmatrix} 0 \\ 1 \\ 0 \end{pmatrix}, \begin{pmatrix} 0 \\ 0 \\ 1 \end{pmatrix}, \begin{pmatrix} 3 \\ 4 \\ 3 \end{pmatrix} \right\rangle = \mathbb{R}^3$$

gilt z. B. dim(V) = 3.

Die Dimension interpretiert man häufig als Anzahl der *Freiheitsgrade* in einem Vektorraum; man fragt dabei, durch wieviele voneinander unabhängige Parameter ein Vektor bestimmt ist. Diese Parameter sind in unserer Sprache die Koeffizienten einer Linearkombination von Vektoren aus einer Basis.

Für ein LGS $AX = B$ ist $\dim(\text{Kern}(A))$ die Anzahl freier Parameter in einer Parameterdarstellung der Lösungsmenge. Die Dimension des Bildes von einer Sandmatrix A gibt an, wieviel Freiheitsgrade in den erfüllbaren Kundenwünschen möglich sind.

Da alle Basen gleiche Kardinalität haben, gilt noch folgende Beobachtung:

Beobachtung 2.5.16. *Mehr als* dim(V) *Vektoren sind immer linear abhängig.*

Und die Standardbasis $\mathbf{e}_1, \ldots, \mathbf{e}_n$ impliziert:

Satz 2.5.17.
$$\dim(\mathbb{R}^n) = n.$$

Fassen wir zum Abschluss nochmal zusammen, wie die neuen Begriffe in diesem Abschnitt mit LGSen zusammenhängen.

> **Merksatz:**
>
> Die Spaltenvektoren von A sind genau dann linear unabhängig, wenn $AX = B$ stets *höchstens* eine Lösung besitzt. Sie bilden genau dann ein Erzeugendensystem, wenn $AX = B$ stets *mindestens* eine Lösung besitzt. Und die Spaltenvektoren von A bilden genau dann eine Basis, wenn $AX = B$ stets *genau* eine Lösung besitzt.

2.6 Die Inverse einer Matrix

Aus der Schule sind uns lineare Gleichungen der Form $ax = b$ geläufig. Wollen wir diese nach x auflösen, so teilen wir einfach beide Seiten der Gleichung durch a und erhalten $x = b/a$. In etwas anderer Schreibweise können wir dies auch als $x = a^{-1} \cdot b$ notieren. Wir müssen allerdings eine kleine technische Feinheit beachten. Das Ganze funktioniert nur, wenn $a \neq 0$ ist. Das Auflösen nach x hat man zum einen gemacht, um die Lösung ausrechnen zu können, zum anderen wollte man aber auch einfach eine explizite Lösungsformel für x haben, z. B. um sie in eine andere Formel einsetzen zu können.

Die im letzten Abschnitt ausführlich behandelten LGSe $AX = B$ sind eigentlich nur eine Verallgemeinerung dieser linearen Gleichungen. Man hat nun einfach mehrere davon, die simultan erfüllt werden müssen. Es stellt sich die Frage, ob wir auch in diesem verallgemeinerten Fall eine explizite Lösungsformel für den Vektor X angeben können.

Modifizieren wir nun einmal unsere alte Lösungsformel $x = a^{-1} \cdot b$ zu $X = A^{-1} \cdot B$ und fragen uns, welche Bedeutung dies haben soll. Als erstes stellen wir fest, dass so eine explizite Lösungsformel immer nur einen einzigen Vektor als Lösung liefern kann. Eine solche Formel kann also nur existieren, wenn $AX = B$ eindeutig lösbar ist. Mit der Sprechweise aus dem vorherigen Abschnitt geht dies also nur, wenn A regulär ist, insbesondere quadratisch. Dies entspricht in einem gewissen Sinne unserer vorherigen technischen Bedingung $a \neq 0$. Was soll nun A^{-1} bedeuten?

Erinnern wir uns wieder an die Schule, wo wir gelernt haben, was $1/a = a^{-1}$ für eine Bedeutung hat: a^{-1} ist die Zahl, die, wenn man sie mit a multipliziert, 1 ergibt. Also, falls $c \cdot a = 1$ oder $a \cdot c = 1$, so gilt $c = a^{-1}$. Wollen wir das Ganze auf den Matrixfall übertragen, so brauchen wir zunächst ein Matrixäquivalent für die reelle Zahl 1. Was charakterisiert die 1? Wir haben $1 \cdot c = c \cdot 1$ für alle reellen

2.6 Die Inverse einer Matrix

Zahlen c. Die analoge Eigenschaft hat genau die Einheitsmatrix:

$$\mathbf{E} = \begin{pmatrix} 1 & 0 & \cdots & 0 \\ 0 & 1 & \ddots & \vdots \\ \vdots & \ddots & \ddots & 0 \\ 0 & \cdots & 0 & 1 \end{pmatrix}, \text{ z. B. im Falle des } \mathbb{R}^4 \colon \mathbf{E}^4 = \begin{pmatrix} 1 & 0 & 0 & 0 \\ 0 & 1 & 0 & 0 \\ 0 & 0 & 1 & 0 \\ 0 & 0 & 0 & 1 \end{pmatrix}.$$

Die Spaltenvektoren der Einheitsmatrix $\mathbf{E}$ sind die Einheitsvektoren $\mathbf{e}_1, \ldots, \mathbf{e}_n$. Mit Hilfe dieser Einheitsmatrix können wir nun definieren, was wir unter der Inversen A^{-1} einer $(n \times n)$-Matrix A verstehen.

Definition 2.6.1. Sei $A \in \mathbb{R}^{m \times n}$. Falls eine Matrix C existiert mit $C \cdot A = \mathbf{E}$ und $A \cdot C = \mathbf{E}$, so heißt C inverse Matrix, kurz: Inverse, zu A und wird mit A^{-1} bezeichnet. Matrizen, zu denen eine Inverse existiert, heißen invertierbar.

Wir sagten schon, dass nur reguläre Matrizen eine Chance haben, eine Inverse zu haben. Wir werden sehen, dass alle regulären Matrizen eine Inverse haben. Ferner kann es maximal eine Inverse geben: Sind C, C' Inverse zu A, so gilt

$$C = C \cdot \mathbf{E} = C \cdot (A \cdot C') = (C \cdot A) \cdot C' = \mathbf{E} \cdot C' = C'.$$

An der Definition sieht man sofort, dass die Inverse der Inversen von A wieder A ist.

Nun müssen wir nur noch eine weitere technische Feinheit beachten. Im Fall reeller Zahlen macht es keinen Unterschied, ob wir $x = a^{-1} \cdot b$ oder $x = b \cdot a^{-1}$ schreiben. Bei der Matrixmultiplikation haben wir aber gelernt, dass $A \cdot B$ häufig zu einer anderen Matrix als $B \cdot A$ führt. Um herauszufinden, welche Reihenfolge der Faktoren nun die richtige ist, lösen wir die Matrixgleichung $AX = B$ nun noch einmal in einzelnen kleinen Schritten. Zunächst multiplizieren wir beide Seiten von links mit A^{-1} und erhalten $A^{-1} \cdot AX = A^{-1}B$. Die linke Seite lässt sich umformen zu $A^{-1}AX = (A^{-1}A)X = \mathbf{E}X = X$, so dass wir, wie anfangs angegeben, $X = A^{-1}B$ erhalten.

Nachdem wir verstanden haben, was die Inverse einer Matrix ist, wenden wir uns nun dem Problem zu, wie wir sie ausrechnen können. Schauen wir auf die Definition von $C = A^{-1} \colon \iff AC = \mathbf{E}$, so ist C die genau Matrix, die $AC = \mathbf{E}$ erfüllt. Die entscheidende Beobachtung aus der Definition des Matrixprodukts ist, dass diese Matrixgleichung auf n LGSe $AC_1 = \mathbf{e}_1, AC_2 = \mathbf{e}_2, \ldots, AC_n = \mathbf{e}_n$ führt. Diese könnten wir nun alle jeweils einzeln mit Hilfe des Gaußalgorithmus lösen und damit $A^{-1} = (C_1, \ldots, C_n)$ bestimmen.

Etwas schneller geht es jedoch, wenn wir alle diese n LGS simultan lösen. Hierzu betrachten wir die erweiterte Koeffizientenmatrix $(A|\mathbf{E})$. Mit Hilfe des Gaußalgorithmus können wir sie auf ZSF $(\tilde{A}|\tilde{B})$ bringen. Wie auch beim Lösen eines gewöhnlichen LGS müssen wir uns nun wieder die Frage stellen, ob das System überhaupt lösbar ist.

Auch hier gilt wieder: Falls es nach dem senkrechten Strich »|« keine neue Stufe in der ZSF mehr gibt, ist das System lösbar, sonst nicht. Im letzteren Fall ist dann die Matrix A nicht invertierbar. Die Basiseigenschaft der Spaltenvektoren von A brauchen wir also nicht zusätzlich vorher zu testen.

Ist das System $(\tilde{A}|\tilde{B})$ nun lösbar, so fahren wir einfach mit dem Gaußalgorithmus fort und bringen das System auf NZSF $(\hat{A}|\hat{B})$. Wenn A regulär ist, das System also eindeutig lösbar ist, weil die Spaltenvektoren von A eine Basis bilden, gibt es keine Nichtbasisspalten und es gilt $\hat{A} = \mathbf{E}$.

Damit ist die Lösung eindeutig für jede rechte Seite nach Satz 2.4.3, und wir erhalten $A^{-1} = \hat{B}$. Wir können die Inverse von A also direkt als rechte Seite $\hat{B}$ unserer erweiterten Koeffizientenmatrix in NZSF ablesen.

Beispiel: Die Matrix
$$A = \begin{pmatrix} 1 & 1 & 0 \\ 0 & 1 & 1 \\ 1 & 0 & 1 \end{pmatrix}$$

schreiben wir um zur erweiterten Koeffizientenmatrix

$$\begin{pmatrix} 1 & 1 & 0 & | & 1 & 0 & 0 \\ 0 & 1 & 1 & | & 0 & 1 & 0 \\ 1 & 0 & 1 & | & 0 & 0 & 1 \end{pmatrix} \quad (Z_3 \| Z_3 - Z_1)$$

$$\leadsto \begin{pmatrix} 1 & 1 & 0 & | & 1 & 0 & 0 \\ 0 & 1 & 1 & | & 0 & 1 & 0 \\ 0 & -1 & 1 & | & -1 & 0 & 1 \end{pmatrix} \quad (Z_3 \| Z_3 + Z_2)$$

$$\leadsto \begin{pmatrix} 1 & 1 & 0 & | & 1 & 0 & 0 \\ 0 & 1 & 1 & | & 0 & 1 & 0 \\ 0 & 0 & 2 & | & -1 & 1 & 1 \end{pmatrix}.$$

Nun ist unsere Matrix in ZSF, und nach einem kurzen Blick auf die Stufen erkennen wir, dass das System lösbar ist. Also fahren wir fort (wir vermeiden wieder Brüche durch geschicktes Skalieren):

$$\leadsto \begin{pmatrix} 1 & 1 & 0 & | & 1 & 0 & 0 \\ 0 & 1 & 1 & | & 0 & 1 & 0 \\ 0 & 0 & 2 & | & -1 & 1 & 1 \end{pmatrix} \quad (Z_2 \| 2Z_2)$$

$$\leadsto \begin{pmatrix} 1 & 1 & 0 & | & 1 & 0 & 0 \\ 0 & 2 & 2 & | & 0 & 2 & 0 \\ 0 & 0 & 2 & | & -1 & 1 & 1 \end{pmatrix} \quad (Z_2 \| Z_2 - Z_3)$$

$$\leadsto \begin{pmatrix} 1 & 1 & 0 & | & 1 & 0 & 0 \\ 0 & 2 & 0 & | & 1 & 1 & -1 \\ 0 & 0 & 2 & | & -1 & 1 & 1 \end{pmatrix} \quad (Z_1 \| 2Z_1)$$

2.7 Die Determinante einer Matrix

$$\rightsquigarrow \begin{pmatrix} 2 & 2 & 0 & | & 2 & 0 & 0 \\ 0 & 2 & 0 & | & 1 & 1 & -1 \\ 0 & 0 & 2 & | & -1 & 1 & 1 \end{pmatrix} \quad (Z_1 || Z_1 - Z_2)$$

$$\rightsquigarrow \begin{pmatrix} 2 & 0 & 0 & | & 1 & -1 & 1 \\ 0 & 2 & 0 & | & 1 & 1 & -1 \\ 0 & 0 & 2 & | & -1 & 1 & 1 \end{pmatrix} \quad \begin{matrix}(Z_1 || Z_1/2) \\ (Z_2 || Z_2/2) \\ (Z_3 || Z_3/2)\end{matrix}$$

$$\rightsquigarrow \begin{pmatrix} 1 & 0 & 0 & | & 1/2 & -1/2 & 1/2 \\ 0 & 1 & 0 & | & 1/2 & 1/2 & -1/2 \\ 0 & 0 & 1 & | & -1/2 & 1/2 & 1/2 \end{pmatrix}.$$

Wir erhalten somit

$$A^{-1} = \begin{pmatrix} 1/2 & -1/2 & 1/2 \\ 1/2 & 1/2 & -1/2 \\ -1/2 & 1/2 & 1/2 \end{pmatrix} = \frac{1}{2}\begin{pmatrix} 1 & -1 & 1 \\ 1 & 1 & -1 \\ -1 & 1 & 1 \end{pmatrix}.$$

Mit Hilfe einer Matrixmultiplikation $A \cdot A^{-1} \stackrel{?}{=} \mathbf{E}$ überprüfen wir noch einmal, ob wir uns nicht verrechnet haben.

2.7 Die Determinante einer Matrix

Wir haben im letzten Abschnitt gesehen, dass die Existenz von A^{-1} der eindeutigen Lösbarkeit von $AX = B$ entspricht. Für (1×1)-Matrizen $A = (a)$ existiert $a^{-1} = 1/a$ genau dann, wenn $ax = b$ stets eindeutig lösbar ist. Allerdings ist das nun wieder äquivalent dazu, dass $a \neq 0$ ist. Nun gibt es aber eine Menge Matrizen ungleich der Null-Matrix $\mathbf{0}$, die nicht invertierbar sind (jede beliebige Matrix mit einer Null-Zeile zum Beispiel). Also ist $A \neq \mathbf{0}$ nicht äquivalent zur Existenz von A^{-1}.

Es gibt aber eine Zahl, die man einer quadratischen Matrix A zuordnen kann, die eine Art Lackmus-Test für die Invertierbarkeit liefert: A ist invertierbar genau dann, wenn diese Zahl für A nicht null ist. Diese Zahl ist die Determinante det(A) von A.

Falls die Matrix A eine (1×1)-Matrix ist und somit nur aus einer reelen Zahl a besteht, also $A = (a)$ gilt, so fordern wir det$(A) = a$. Damit gilt in diesem Spezialfall automatisch, dass $A = (a)$ invertiertbar genau dann ist, wenn det$(A) = a \neq 0$.

Wie kann man die Determinante nun im Allgemeinen definieren, so dass die gewünschte Lackmus-Eigenschaft für Invertierbarkeit gilt? Dazu erinnern wir uns an Folgendes: A ist invertierbar genau dann, wenn A regulär ist, also vollen Zeilen- und vollen Spaltenrang hat, wenn also die Menge der Zeilen und die Menge der Spalten jeweils linear unabhängig sind. Was bedeutet das geometrisch?

Eine Anzahl von zwei linear abhängigen Vektoren erzeugt stets einen Vektorraum der Dimension höchstens Eins. Damit ist der Flächeninhalt des von den Vektoren aufgespannten Parallelogramms notwendig null! Sind die beiden Vektoren linear unabhängig, so entsteht automatisch ein positiver Flächeninhalt.

Betrachten wir hierzu als Beispiel die zwei Vektoren $\binom{1}{1}$ und $\binom{2}{1}$. Hängt man diese Vektoren in allen denkbaren Reihenfolgen vom Ursprung $\binom{0}{0}$ aus hintereinander, siehe Zeichnung 2.1, so ergibt sich ein Parallelogramm

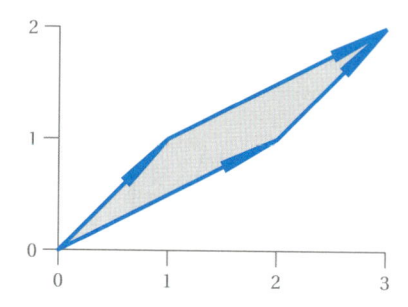

$$P = \left\{ x_1 \binom{1}{1} + x_2 \binom{2}{1} : 0 \leq x_1 \leq 1, 0 \leq x_2 \leq 1 \right\}.$$

Abb. 2.1: Durch die Vektoren $\binom{1}{1}$ und $\binom{2}{1}$ aufgespanntes Parallelogramm

Sind es drei linear abhängige Vektoren, so ist das Volumen des von ihnen aufgespannten Parallelotops ebenfalls null, denn alle Vektoren liegen dann ja in einer Ebene (das Parallelotop ist »platt«). Für drei linear unabhängige Vektoren ist das Volumen des aufgespannten Parallelotops anschaulich stets nicht null.

Allgemeiner betrachten wir die geometrische Figur

$$P(A_1, \ldots, A_n) = \{ x_1 A_1 + \ldots + x_n A_n : 0 \leq x_i \leq 1, x_i \in \mathbb{R} \},$$

auch Parallelepiped genannt. Fassen wir die Vektoren $A_1, \ldots, A_n$ zu einer Matrix A zusammen, so soll die Determinante $\det(A)$ das (vorzeichenbehaftete) n-dimensionale Volumen von $P(A) = P$ angeben.

$$A = (A_1, \ldots, A_n) \qquad \mathrm{vol}\bigl(P(A)\bigr) = |\det(A)| \in \mathbb{R}.$$

Aber wie groß ist dieses Volumen? Man kann nun (auf recht komplizierte Art und Weise) sich überlegen, wie man über geschickte Zerlegungen das gesuchte Volumen berechnen kann. Das auszu-x-en ist nicht unsere Aufgabe. Ihre Mathematiker haben das für Sie bereits getan.

In Dimension zwei können Sie es aber nachvollziehen: Das Volumen des von $\binom{a_{11}}{a_{21}}$, $\binom{a_{12}}{a_{22}}$ aufgepannten Parallelogramms lässt sich aus einer Zerlegung eines Quadrats ermitteln (siehe Abb. 2.2):

$$\begin{aligned}\mathrm{vol} &= (a_{11} + a_{12})(a_{21} + a_{22}) - a_{21} a_{12} - a_{12} a_{21} - a_{21} a_{11} - a_{12} a_{22} \\ &= a_{11} a_{22} - a_{12} a_{21}.\end{aligned}$$

2.7 Die Determinante einer Matrix

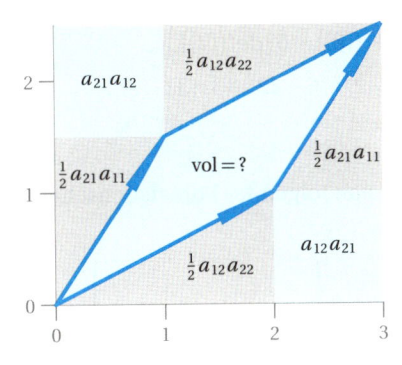

Abb. 2.2: Das Volumen eines Parallelogramms aufgespannt von zwei Vektoren

Für den allgemeinen Fall brauchen wir zu einer Matrix $A \in \mathbb{R}^{n \times n}$ eine Streichungsmatrix $A_{ij} \in \mathbb{R}^{(n-1)\times(n-1)}$, die aus A durch Streichen der i-ten Zeile und Streichen der j-ten Spalte hervorgeht.
Beispiel:

$$A = \begin{pmatrix} 1 & 2 & 3 \\ 4 & 5 & 6 \\ 7 & 8 & 9 \end{pmatrix}, \quad A_{11} = \begin{pmatrix} 5 & 6 \\ 8 & 9 \end{pmatrix}, \quad A_{32} = \begin{pmatrix} 1 & 3 \\ 4 & 6 \end{pmatrix}.$$

Mit Hilfe der Streichungsmatrizen können wir für eine beliebige Zeile $1 \leq i \leq n$ definieren:

$$\det(A) = \sum_{j=1}^{n} (-1)^{i+j} a_{ij} \det(A_{ij}). \qquad (2.12)$$

In Dimension n wird das Volumen unseres Parallelepipeds also berechnet durch Zusammenzählen und Subtrahieren von Volumina von n-dimensionalen Objekten. Deren Volumen kann man sich durch das Prinzip »Grundfläche mal Höhe« berechnet vorstellen. (Das wird natürlich schnell ganz schön kompliziert ... gut, dass wir das Ergebnis nun kennen!) Aber für Dimension zwei stimmt das Ergebnis mit dem aus Abb. 2.2 überein.

Welche Zeile i man für die Formel benutzt, macht keinen Unterschied im Endergebnis. Wir sagen auch, dass wir die Determinante $\det(A)$ nach der i-ten Zeile entwickelt haben, wenn wir Gleichung (2.12) verwenden.
Beispiel: (Entwickeln nach der ersten Zeile)

$$\det(A) = \begin{vmatrix} 1 & 2 & 3 \\ 4 & 5 & 6 \\ 7 & 8 & 9 \end{vmatrix} = +1 \cdot \begin{vmatrix} 5 & 6 \\ 8 & 9 \end{vmatrix} - 2 \cdot \begin{vmatrix} 4 & 6 \\ 7 & 9 \end{vmatrix} + 3 \cdot \begin{vmatrix} 4 & 5 \\ 7 & 8 \end{vmatrix}$$

$$= 1 \cdot \Big(+5 \cdot \det((9)) - 6 \cdot \det((8)) \Big) - 2 \cdot \Big(+4 \cdot \det((9)) - 6 \cdot \det((7)) \Big)$$

$$+3 \cdot \Big(+4 \cdot \det((8)) - 5 \cdot \det((7)) \Big)$$
$$= 1 \cdot (45-48) - 2 \cdot (36-42) + 3 \cdot (32-35)$$
$$= -3 + 12 - 9 = 0.$$

Beim Entwickeln muss man folgendes Vorzeichenschachbrett

$$\begin{pmatrix} + & - & + & - & \cdots \\ - & + & - & + & \cdots \\ + & - & + & - & \cdots \\ - & + & - & + & \cdots \\ \vdots & \vdots & \vdots & \vdots & \ddots \end{pmatrix}$$

beachten, um die Koeffizienten der entsprechenden Zeile mit den richtigen Vorzeichen zu versehen.

Für kleine Matrizen gibt es Abkürzungen in Form besonderer Formeln, um die Determinanten auszurechnen. Für (2 × 2)-Determinanten ergibt die Ausformulierung der Entwicklungsformel:

$$\begin{vmatrix} a_{11} & a_{12} \\ a_{21} & a_{22} \end{vmatrix} = a_{11} \cdot a_{22} - a_{12} \cdot a_{21}.$$

In Worten bedeutet dies, dass wir die Elemente der Matrix entlang ihrer Diagonalen aufmultiplizieren. Läuft die Diagonale von links oben nach rechts unten, so multiplizieren wir den sich ergebenden Wert mit $+1$, läuft sie hingegen von rechts oben nach links unten, so multiplizieren wir mit -1. Zum Schluss addieren wir nur noch die zwei entstehenden Werte. Dieses Ergebnis stimmt erfreulicherweise mit unserer Volumenbetrachtung in Abb. 2.2 überein.

Rechenbeispiel:

$$\begin{vmatrix} 1 & 2 \\ 3 & 4 \end{vmatrix} = 1 \cdot 4 - 2 \cdot 3 = -2.$$

Für 3 × 3-Matrizen funktioniert ein ähnliches, etwas komplizierteres Schema, genannt Sarrus-Regel: als kleinen Trick, um unserer Vorstellungskraft etwas zu helfen, wollen wir die ersten zwei Spalten noch einmal künstlich an die (3 × 3)-Matrix hängen:

$$\begin{vmatrix} 1 & 2 & 3 \\ 4 & 5 & 6 \\ 7 & 8 & 9 \end{vmatrix} \begin{matrix} 1 & 2 \\ 4 & 5 \\ 7 & 8 \end{matrix} \quad \rightarrow \quad (1 \cdot 5 \cdot 9 + 2 \cdot 6 \cdot 7 + 3 \cdot 4 \cdot 8)$$

2.7 Die Determinante einer Matrix

$$\begin{vmatrix} 1 & 2 & 3 \\ 4 & 5 & 6 \\ 7 & 8 & 9 \end{vmatrix} \begin{matrix} 1 & 2 \\ 4 & 5 \\ 7 & 8 \end{matrix} \rightarrow (7\cdot 5\cdot 3 + 8\cdot 6\cdot 1 + 9\cdot 4\cdot 2)$$

$$\Longrightarrow \det(A) = (1\cdot 5\cdot 9 + 2\cdot 6\cdot 7 + 3\cdot 4\cdot 8)$$
$$- (7\cdot 5\cdot 3 + 8\cdot 6\cdot 1 + 9\cdot 4\cdot 2).$$

Es ist zuweilen praktisch, dass man auch nach Spalten entwickeln kann. Die entsprechende Formel lautet dann

$$\det(A) = \sum_{i=1}^{n} (-1)^{i+j} \det(A_{ij}),$$

falls man nach der j-ten Spalte entwickelt.

Beispiel:
$$\begin{vmatrix} 1 & 0 & 3 \\ 4 & 0 & 6 \\ 7 & 1 & 9 \end{vmatrix} = -0\cdot \star + 0\cdot \star - 1\cdot \begin{vmatrix} 1 & 3 \\ 4 & 6 \end{vmatrix} = 6.$$

Dieses Beispiel zeigt, dass man, wenn man entwickelt, immer nach der Zeile bzw. der Spalte mit den meisten Nullen entwickeln sollte, weil man sich dadurch einiges an Rechenarbeit sparen kann.

Für das Rechnen mit Determinanten gelten ein paar nützliche Rechenregeln:

Merksatz:

Es seinen $A, B \in \mathbb{R}^{n\times n}$.

(Det1) $\det(A) \neq 0 \iff A$ invertierbar $\iff A_1, \ldots, A_n$ Basis

(Det2) $\det(A \cdot B) = \det(A) \cdot \det(B)$

(Det3) $\det(c \cdot A) = c^n \cdot \det(A)$ für $c \in \mathbb{R}$

(Det4) A invertierbar: $\det(A^{-1}) = \det(A)^{-1} = \frac{1}{\det(A)}$

(Det5) enthält A eine Null-Zeile, so gilt $\det(A) = 0$

(Det6) $\det(A^T) = \det(A)$.

Punkt (Det5) sieht man direkt, wenn man nach dieser Zeile entwickelt.

Unter einer Dreiecksmatrix verstehen wir eine Matrix, bei der ober- oder unterhalb der Hauptdiagonale nur Nullen stehen. Entwickelt man nun rekursiv so eine

Dreiecksmatrix möglichst geschickt, also immer nach der Zeile bzw. der Spalte mit den meisten Nullen, so erhält man:

Merksatz:

(Det7) Ist A eine Dreiecksmatrix, so ist die Determinante $\det(A)$ als Produkt der Hauptdiagonalenelemente gegeben.

Beispiel:
$$\begin{vmatrix} 2 & 3 & 9 & 1 \\ 0 & 1 & 9 & 3 \\ 0 & 0 & 3 & 7 \\ 0 & 0 & 0 & 1 \end{vmatrix} = 2 \cdot 1 \cdot 3 \cdot 1 = 6.$$

Dreiecksmatrizen sind also unsere Freunde. Und sie sind uns bereits über den Weg gelaufen: Eine quadratische Matrix in ZSF ist insbesondere immer eine Dreiecksmatrix!

Wir fassen folgenden Plan: Wir bringen die Matrix A in ZSF unter Beachtung der Auswirkungen der drei Zeilenoperationen auf die Determinante.

Folgende drei Rechenregeln lassen sich allgemein für $(n \times n)$-Matrizen zeigen:

Merksatz:

(Det8) $A \xrightarrow{(Z_i \| Z_i \cdot a)} A' \Longrightarrow \det(A') = a \cdot \det(A)$

(Det9) $A \xrightarrow{(Z_i \| Z_i + a \cdot Z_j)} A' \Longrightarrow \det(A') = \det(A)$

(Det10) $A \xrightarrow{(Z_i \rightleftarrows Z_j)} A' \Longrightarrow \det(A') = -\det(A)$

Kombinieren wir nun die Punkte (Det5) und (Det9) erhalten wir noch

Merksatz:

(Det11) Enthält A zwei gleiche Zeilen, so gilt $\det(A) = 0$.

Die Punkte (Det5) sowie (Det8)–(Det11) gelten entsprechend auch für Spalten. Weiter gilt $\det(A) = 0$ genau dann, wenn die Spaltenvektoren oder die Zeilenvektoren von A linear abhängig sind. Mit Hilfe der Rechenregeln (Det8)–(Det10) können wir unsere Idee nun verwirklichen, mit Hilfe von Gaußtransformationen eine gegebene Matrix auf ZSF zu bringen, um anschließend Rechenregel (Det7)

2.7 Die Determinante einer Matrix

anwenden zu können. Demonstrieren wir dies an zwei Beispielen:

$$\begin{vmatrix} 1 & 0 & 1 & 0 \\ 0 & 1 & 0 & 1 \\ 1 & 1 & 1 & 0 \\ 0 & 1 & 1 & 1 \end{vmatrix} \quad (Z_3 \| Z_3 - Z_1)$$

$$= \begin{vmatrix} 1 & 0 & 1 & 0 \\ 0 & 1 & 0 & 1 \\ 0 & 1 & 0 & 0 \\ 0 & 1 & 1 & 1 \end{vmatrix} \quad \begin{matrix} (Z_3 \| Z_3 - Z_2) \\ (Z_4 \| Z_4 - Z_2) \end{matrix}$$

$$= \begin{vmatrix} 1 & 0 & 1 & 0 \\ 0 & 1 & 0 & 1 \\ 0 & 0 & 0 & -1 \\ 0 & 0 & 1 & 0 \end{vmatrix} \quad Z_3 \rightleftarrows Z_4$$

$$= - \begin{vmatrix} 1 & 0 & 1 & 0 \\ 0 & 1 & 0 & 1 \\ 0 & 0 & 1 & 0 \\ 0 & 0 & 0 & -1 \end{vmatrix} = -(1 \cdot 1 \cdot 1 \cdot (-1)) = 1.$$

Zweites Beispiel:

$$\begin{vmatrix} 1 & 2 & 3 \\ 4 & 5 & 6 \\ 7 & 8 & 9 \end{vmatrix} \quad \begin{matrix} (Z_2 \| Z_2 - Z_1) \\ (Z_3 \| Z_3 - Z_2) \end{matrix} = \begin{vmatrix} 1 & 2 & 3 \\ 3 & 3 & 3 \\ 3 & 3 & 3 \end{vmatrix} = 0.$$

Wir haben nun zwei komplett unterschiedliche Verfahren zur Berechnung einer Determinante kennengelernt. Welches sollte man nun verwenden? Also welches Verfahren sollte man auf einem Computer implementieren, wenn man reale Beispiele mit großen Matrizen durchrechnen möchte? Ein Kriterium für so eine Entscheidung ist immer die Laufzeit von Algorithmen. Auch wenn Computer heute billig sind und mit der Zeit immer schneller werden, spielt dieses Kriterium dennoch eine große Rolle. Betrachten wir zunächst das Transformieren einer $(n \times n)$-Matrix auf Dreiecksform. Geht man noch einmal durch den zugehörigen Algorithmus, so ergibt sich, dass die Anzahl der notwendigen Rechenschritte etwa proportional zu n^3 ist.

Wie sieht es beim Entwickeln aus? Entwickelt man eine $(n \times n)$-Matrix nach einer Zeile, entsteht das Problem, n-mal eine $((n-1) \times (n-1))$-Determinante zu berechnen. Entwickelt man diese n Determinanten wieder nach der ersten Zeile, so reduziert sich unser Problem darauf $n \cdot (n-1)$ Determinanten von $((n-2) \times (n-2))$-Matrizen auszurechnen. Führt man diese Rekursion fort, bis man bei (1×1)-Matrizen angekommen ist, so erhält man insgesamt $n \cdot (n-1) \cdot (n-2) \cdot \ldots \cdot 2 = n!$

Determinanten von (1×1)-Matrizen, die man aufaddieren muss. Unser Aufwand beträgt bei diesem Verfahren also mindestens $n!$ Rechenschritte.

In Tabelle 2.1 haben wir die Anzahl der Rechenschritte und die zugehörige Laufzeit, hierbei nehmen wir als Beispiel an, dass unser Computer 10^9 (eine Milliarde) Rechenschritte in der Sekunde ausführen kann, für verschiedene Matrixgrößen n aufgelistet.

n	# Op. Gauß	Laufz. Gauß	# Op. Entw.	Laufz. Entw.	
3	27	0 s	6	0	s
10	1 000	0 s	$\approx 3{,}62 \cdot 10^6$	0	s
15	3 375	0 s	$\approx 1{,}31 \cdot 10^{12}$	22	min
20	8 000	0 s	$\approx 2{,}43 \cdot 10^{18}$	77	J
25	15 625	0 s	$\approx 1{,}55 \cdot 10^{25}$	$5 \cdot 10^8$	J
50	125 000	0 s	$\approx 3{,}04 \cdot 10^{64}$	$1 \cdot 10^{48}$	J
100	$1 \cdot 10^6$	0,001 s	$\approx 9{,}33 \cdot 10^{157}$	$3 \cdot 10^{141}$	J
200	$8 \cdot 10^6$	0,008 s	$\approx 7{,}89 \cdot 10^{374}$	$2 \cdot 10^{358}$	J
500	$1{,}25 \cdot 10^8$	0,125 s	$\approx 1{,}22 \cdot 10^{1134}$	$3 \cdot 10^{1117}$	J
1 000	$1 \cdot 10^9$	1 s	$\approx 4{,}02 \cdot 10^{2567}$	$1 \cdot 10^{2551}$	J
10 000	$1 \cdot 10^{12}$	17 m	$\approx 2{,}85 \cdot 10^{35659}$	$9 \cdot 10^{35642}$	J

Tabelle 2.1: Laufzeiten bei unterschiedlichen Verfahren der Determinantenberechnung

Schon bei einer (20×20)-Matrix wird man wahrscheinlich keine Lust haben, 77 Jahre auf ein Ergebnis zu warten. Supercomputer oder Rechencluster lösen dieses Problem auch nicht, da der Aufwand beim Entwickeln exponentiell steigt.

2.8 Einige populäre ökonomische Anwendungen

Betrachten wir nun wichtige Standard-Beispiele zur Anwendung von LGSen in den Wirtschaftswissenschaften.

Zunächst ein Beispiel zur Verrechnung interner Leistungen verschiedener Abteilungen. Stellen Sie sich vor, Sie arbeiten in der Kostenrechnung eines Unternehmens mit mehreren Hilfsbetrieben. Diese liefern sich gegenseitig Zwischenerzeugnisse. Wie lassen sich nun die Leistungen gegenseitig fair verrechnen?

Hilfsbetrieb	e. v.* H_1	e. v.* H_2	e. v.* H_3	Gesamtprod.	primäre Kosten
H_1	0 ME	50 ME	20 ME	200 ME	80 GE
H_2	110 ME	0 ME	50 ME	420 ME	600 GE
H_3	20 ME	90 ME	0 ME	190 ME	200 GE

*erhält von

2.8 Einige populäre ökonomische Anwendungen

Wir können nun mit Hilfe des folgenden LGS die Antwort geben:

$$\begin{vmatrix} 200x_1 = & 80 & & + 50x_2 & + 20x_3 \\ 420x_2 = & 600 & + 110x_1 & & + 50x_3 \\ 190x_3 = & 200 & + 20x_1 & + 90x_2 & \end{vmatrix},$$

wobei die Variablen die folgende Bedeutung haben: x_i ist der zu ermittelnde Verrechnungswert je ME in Hilfsbetrieb H_i. Löst man das LGS, z. B. mit dem Gaußalgorithmus, so erhält man die gesuchten Verrechnungswerte:

$$x = \begin{pmatrix} x_1 \\ x_2 \\ x_3 \end{pmatrix} \approx \begin{pmatrix} 1{,}10\,\text{GE/ME} \\ 1{,}97\,\text{GE/ME} \\ 2{,}10\,\text{GE/ME} \end{pmatrix}.$$

Häufig geht der Output einer Produktion nicht ausschließlich in die Endnachfrage; es wird auch etwas für die Produktion anderer Produkte davon verwendet. Dann muss man die Produktionsmengen so festlegen, dass interne und externe Nachfrage bedient werden können. Das ist das Stücklistenproblem (auch: die Teilbedarfsrechnung).

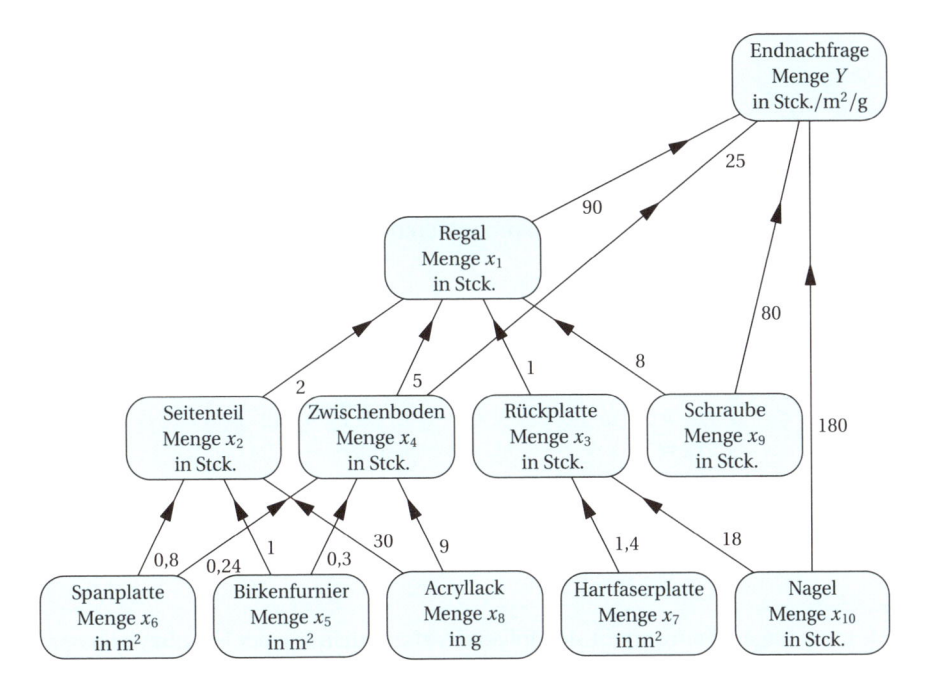

Abb. 2.3: Teilebedarf für ein Regal dargestellt als Gozintograph

In Abbildung 2.3 haben wir den Teilebedarf eines Regals `Bolle` eines nordeuropäischen Möbelmarktes als Gozintograph dargestellt.[1] Die Bewertung an den Pfeilen des Graphen ist die Menge des untergeordneten Teils, das für die Produktion einer Einheit des übergeordneten Teils benötigt wird. In Tabelle 2.2 ist dieselbe Information noch mal in einer anderen Darstellung angegeben.

Produktbezeichnung	Einheit	Bed. ges.	Bed. ext.	1 ME benötigt
Regal	Stk.	x_1	90	2 S.t.; 5 Z.b..; 1 R.pl.; 8 Schr.
Rückplatte	Stk.	x_2	0	1,4 m^2 H.f.pl.;18 Nägel
Seitenteil	Stk.	x_3	0	0,8 m^2 Sp.pl.;1 m^2 B.f.;30 g A.l.
Zwischenboden	Stk.	x_4	25	0,24 m^2 Sp.pl.;0,3 m^2 B.f.;9 g A.l
Birkenfunier	m^2	x_5	0	
Spanplatte	m^2	x_6	0	
Hartfaserplatte	m^2	x_7	0	
Acryllack	g	x_8	0	
Nagel	Stk.	x_9	180	
Schraube	Stk.	x_{10}	80	

Tabelle 2.2: Stücklistentabelle mit vorgeordneten Produkten

Verwendet man für den Gesamtbedarf die Variablen x_1 (Anzahl Regale), x_2 (Anzahl Rückplatten), x_3 (Anzahl Seitenteile) usw. und berücksichtigt, dass sich der gesamte Bedarf aus dem internen und dem externen Bedarf zusammensetzt, lässt sich folgendes LGS für die zu produzierenden Mengen aufstellen:

$$\begin{vmatrix} x_1 = & 90 & & & & \\ x_2 = & 0 & + & x_1 & & \\ x_3 = & 0 & + & 2x_1 & & \\ x_4 = & 25 & + & 5x_1 & & \\ x_5 = & 0 & & & + & 1x_3 & + & 0{,}3\ x_4 \\ x_6 = & 0 & & & + & 0{,}8x_3 & + & 0{,}24x_4 \\ x_7 = & 0 & + & 1{,}4x_2 & & \\ x_8 = & 0 & & & + & 30x_3 & + & 9x_4 \\ x_9 = & 180 & + & 18x_2 & & \\ x_{10} = & 80 & + & 8x_1 & & \end{vmatrix}.$$

Als eindeutige Lösung ergibt sich folgende, zur Bedienung der Nachfrage passen-

---

[1]Der Name dieses Graphen ist ein Scherz des Mathematikers Andrew Vazsonyi: Er erfand den italienischen Mathematiker *Zepartzet Gozinto*, dessen Name englisch ausgesprochen »the part that goes into« andeuten soll (*Quelle*: Wikipedia).

2.8 Einige populäre ökonomische Anwendungen

de Gesamtproduktion:

$$X = \begin{pmatrix} x_1 \\ x_2 \\ x_3 \\ x_4 \\ x_5 \\ x_6 \\ x_7 \\ x_8 \\ x_9 \\ x_{10} \end{pmatrix} = \begin{pmatrix} 90 \\ 90 \\ 180 \\ 475 \\ 322{,}5 \\ 258 \\ 126 \\ 9675 \\ 1800 \\ 800 \end{pmatrix}.$$

Betrachten wir schließlich ein besonders prominentes Anwendungsbeispiel für LGSe: die Input-Output-Analyse. Sie ist ein Verfahren der empirischen Wirtschaftsforschung, das für volkswirtschaftliche Analysen eingesetzt wird. Hauptsächlich wurde sie von Wassily Leontief entwickelt, der dafür 1973 den Nobelpreis für Wirtschaftswissenschaften erhielt. Wir werden sehen, dass unser Matrixkalkül schon alleine zur *prägnanten Formulierung* der Gesetzmäßigkeiten nützlich ist, die in der Input-Output-Analyse angewendet werden.

Mit Hilfe einer einzigen Input-Output-Tabelle werden die Verflechtungen von Inputs und Outputs einer Volkswirtschaft dargestellt. Die Methode der Input-Output-Analyse gestattet dann die Untersuchung von Auswirkungen von Änderungen in verschiedenen Positionen.

Stellen Sie sich vor, wir befinden uns im Kleinstaat Wellnesien. Das dortige statistische Bundesamt hat uns die Input-Output-Tabelle für das Jahr 2008 geliefert. In Tabelle 2.3 ist aufgeführt (jeweils dargestellt als Wert der Leistung in GE)

1. wieviel Output der Sektoren Landwirtschaft, Industrie und Dienstleistungen als Input in die Sektoren geht;

2. wieviel Output der Primärfaktoren (Rohstoffe, Kapital, Arbeit) als Input in die Produktion der einzelnen Sektoren geht;

3. wieviel der Output der Sektoren als Input in den Endverbrauch geht.

Also haben die Sektoren sowohl Input (Verbrauch von Gütern) als auch Output (Produktion von Gütern), während der Endverbrauch nur Input hat (Endverbrauch produziert nichts) und die Primärfaktoren nur Output haben (sie verbrauchen nichts).

Der hohe Rohstoffimport für Dienstleistungen lässt sich dadurch erklären, dass die Haupteinnahmequelle im Dienstleistungssektor Mäusemilchmassagen in Wellnesszentren sind. Die Mäusemilch muss aber komplett importiert werden.

Jeder der Einträge in der Tabelle kann einzeln erhoben werden. Es handelt sich dann um eine Bestandsaufnahme. Die Mathematik kommt erst ins Spiel,

Output aus \ Input in	Landw.	Industr.	Dienstl.	*Sekt. ges.*	Konsum	*Ges.-Prod.*
Landwirtschaft	10	25	5	*40*	60	*100*
Industrie	20	10	20	*50*	55	*105*
Dienstleistungen	15	20	20	*55*	50	*105*
Sektoren gesamt	*45*	*55*	*45*	*145*	*165*	*310*
Rohstoffimport	5	15	30	*50*		
Kapital	5	15	5	*25*		
Arbeit	45	20	25	*90*		
Gesamtwertschöpfung	*55*	*50*	*60*	*165*		
Gesamtaufwendungen	*100*	*105*	*105*	*310*		

Tabelle 2.3: Inputs und Outputs der Volkswirtschaft von Wellnesien in Mio €

Output aus \ Input in	Sektoren	*Sektoren gesamt*	Konsum	*Ges.-Prod.*
Sektoren	$\bar{A}$	$\bar{A}\mathbf{1}=P$	Y	X
Sektoren gesamt	$\mathbf{1}^T\bar{A}$	$\mathbf{1}^T\bar{A}\mathbf{1}=\mathbf{1}^T P$	$\mathbf{1}^T Y$	$\mathbf{1}^T X$
Wertschöpfung	$\bar{R}$	$\bar{R}\mathbf{1}=Z$		
Gesamtwertschöpfung	$\mathbf{1}^T\bar{R}$	$\mathbf{1}^T\bar{R}\mathbf{1}=\mathbf{1}^T Z$		
Gesamtaufwendungen	$\mathbf{1}^T\bar{R}+\mathbf{1}^T\bar{A}$	$\mathbf{1}^T P+\mathbf{1}^T Z$		

Tabelle 2.4: Allgemeine Struktur einer Input-Output-Tabelle

2.8 Einige populäre ökonomische Anwendungen

wenn man ein mathematisches Modell aufstellt, das die Zahlen erklärt. Um das zu erläutern, verwenden wir die Bezeichnungen aus Tabelle 2.4: Die Matrix $\bar{A}$ gibt die internen Verflechtungen in absoluten Zahlen an, die Matrix $\bar{R}$ die Wertschöpfung aus Primärfaktoren in absoluten Zahlen. Ferner ist Y der Konsumvektor und X der Produktionsvektor. Der interne Inputvektor P enthält die Produktionsanteile der Sektoren, die intern verwertet werden, der Wertschöpfungsvektor Z beschreibt die Gesamtwertschöpfung der Sektoren getrennt nach Primärfaktoren. Spalten- und Zeilensummen von Matrizen und Vektoren sind jeweils mit Hilfe des Matrixprodukts notiert: **1** ist ein jeweils passender Spaltenvektor mit nur Einsen; damit ist $\mathbf{1}^T\bar{A}$ z. B. die Summe aller Zeilen von $\bar{A}$ und $\bar{A}\mathbf{1}$ die Summe aller Spalten von $\bar{A}$.

Im Falle der Input-Output-Analyse nach Leontief wird angenommen, dass die notwendigen Inputs der Produktion eines Sektors linear von den gewünschten Outputs abhängen (Leontief-Produktionsfunktion). Also sind die Zusammenhänge zwischen Inputs und Outputs bestimmt durch die Input-Output-Koeffizienten $a_{ij} := \bar{a}_{ij}/x_j$, die besagen, wieviel Input aus Sektor i pro GE Output des Sektors j benötigt wird, und die Wertschöpfungskoeffizienten $r_{kj} := \bar{r}_{kj}/x_j$, die besagen, wieviel Input an Wertschöpfung aus dem Primärfaktor k pro GE Output des Sektors j benötigt wird. Diese Koeffizienten werden in den Matrizen A und R zusammengefasst, die Technologiematrix und die Wertschöpfungsmatrix. Denn: Die Werte P und Z aus der Input-Output-Tabelle kann man zurückgewinnen über $P = AX$ und $Z = RX$. Das ist das, was wir in Abschnitt 2.3 über das Matrixprodukt und Rohstoffverbrauch gelernt haben. Diese Voraussetzung ist ganz gut erfüllt für Produktion nach Rezepten, also wie für unser Frankfurter-Kranz-Beispiel.

Dieses Leontief-Modell besagt nun, dass eine erhöhte Produktion X' zu einem neuen Verbrauch führt, und zwar AX' an internen Outputs und RX' an externen Outputs. Auch die Auswirkungen einer Veränderung von A, R oder Y können mit Hilfe einfacher Gesetzmäßigkeiten nachverfolgt werden. Dazu erinnern wir daran, dass der interne Verbrauch P der Produktion durch das Matrixprodukt AX gegeben ist. Der externe Verbrauch ist gerade der Konsumvektor Y. Beides zusammen muss mit der Gesamtproduktion X übereinstimmen. Die Wertschöpfung Z ergibt sich stets aus dem Matrixprodukt RX. Also gelten die Gleichungen:

$$AX + Y = X, \quad RX = Z.$$

Probieren wir das Instument mal aus. Im Wellnesien finden wir die folgenden Zahlenwerte für die Situation in 2008:

$$A = \begin{pmatrix} 10/100 & 25/105 & 5/105 \\ 20/100 & 10/105 & 20/105 \\ 15/100 & 20/105 & 20/105 \end{pmatrix}, \qquad X = \begin{pmatrix} 100 \\ 105 \\ 105 \end{pmatrix}, \qquad Y = \begin{pmatrix} 60 \\ 55 \\ 50 \end{pmatrix},$$

$$R = \begin{pmatrix} 5/100 & 15/105 & 30/105 \\ 5/100 & 15/105 & 5/105 \\ 45/100 & 20/105 & 25/105 \end{pmatrix}, \quad P = \begin{pmatrix} 40 \\ 40 \\ 55 \end{pmatrix}, \quad Z = \begin{pmatrix} 50 \\ 25 \\ 90 \end{pmatrix}.$$

Mit den oben genannten Gesetzmäßigkeiten ergibt sich, dass sich bei Änderung einer Position in den Daten A, R, Y, X, P, Z andere Daten mitändern müssen. Damit kann man z. B. untersuchen, wie sich Subventionen auswirken.

Nehmen wir z. B. an, der Regierungschef von Wellnesien möchte ein Konjunkturprogramm vom Volumen 10 Mio € auflegen. Es ist sein Wunsch, einen möglichst großen Effekt auf dem Arbeitsmarkt zu erzielen. Zur Wahl stehen öffentliche Aufträge an die Industrie (Ausstattung der Schulen mit Computern) oder öffentliche Aufträge im Dienstleistungsbereich (Mäusemilchmassagen für alle Regierungsangestellten).

Das bedeutet, wir brauchen die Input-Output-Tabelle für einen anderen Konsumvektor

$$Y' = Y + \begin{pmatrix} 0 \\ 10 \\ 0 \end{pmatrix} \text{ bzw. } Y'' = Y + \begin{pmatrix} 0 \\ 0 \\ 10 \end{pmatrix}.$$

Der Regierungschef überlegt kurzsichtig und bemerkt, dass die direkten Arbeitsmarkteffekte im Dienstleistungsbereich größer sind als im Industriebereich. Das sieht man an den Wertschöpfungskoeffizienten $r_{32} < r_{33}$ in der Wertschöpfungsmatrix. Also, pro GE Produktion braucht der industrielle Sektor nur 80 % der Arbeitsleistung des Dienstleistungssektors. Konkreter: Wenn man nur den *direkten* Einfluss auf den Arbeitsmarkt berücksichtigt, also nur die Produktionssteigerung durch die höhere Nachfrage aber nicht die durch Verflechtung, dann kommt heraus, dass der Industrieauftrag bzw. der Dienstleistungsauftrag folgende neue Wertschöpfung bewirkt:

$$Z'_{\text{direkt}} = \begin{pmatrix} 51{,}42 \\ 26{,}43 \\ 91{,}90 \end{pmatrix} \text{ bzw. } Z''_{\text{direkt}} = \begin{pmatrix} 52{,}86 \\ 25{,}48 \\ 92{,}38 \end{pmatrix}.$$

Also: Die Milchmädchenrechnung ergibt Mäusemilchmassagen für die Regierung!

Mit den erlernten mathematischen Methoden sind wir in der Lage, die *indirekten* Einflüsse mit auszurechnen, wobei wir die numerischen Ergebnisse mit einem Computer-Algebra-System erzeugt haben (mit der Hand ist das sehr mühsam). Wir möchten gern den Eintrag zum Primärfaktor »Arbeit« des Wertschöpfungsvektors Z bestimmen aus den neuen Nachfragevektoren Y' bzw. Y''. Um diese neuen Nachfragen zu befriedigen, brauchen wir einen neuen Produktionsvektor X. Dies kann man wie folgt als LGS formulieren:

$$AX + Y = X \iff (\mathbf{E} - A)X = Y.$$

Die Matrix $(\mathbf{E} - A)$ heißt übrigens Leontief-Matrix. Wir finden heraus, dass es für $Y = Y'$ und $Y = Y''$ jeweils eine eindeutige Lösung X' bzw. X'' gibt (das ist kein Zufall; wir können das aber mit unseren Mitteln hier nicht begründen):

$$X' \approx \begin{pmatrix} 113{,}52 \\ 117{,}59 \\ 108{,}62 \end{pmatrix} \text{ bzw. } X'' \approx \begin{pmatrix} 101{,}54 \\ 108{,}16 \\ 118{,}38 \end{pmatrix}.$$

Wegen der eindeutigen Lösbarkeit ist hier $\mathbf{E} - Y$ invertierbar. Die Inverse heißt dann Leontief-Inverse. Wir können die eindeutigen Lösungen der beiden LGSe also wie folgt darstellen:

$$X' = (\mathbf{E} - A)^{-1} Y', \quad X'' = (\mathbf{E} - A)^{-1} Y''.$$

Nun können wir mit Hilfe des Matrixprodukts RX' bzw. RX'' die Wertschöpfungsvektoren Z' bzw. Z'' berechnen. Im Allgemeinen können wir im Falle eindeutiger Lösbarkeit eine Formel hinschreiben, die die Gesetzmäßigkeit kompakt darstellt:

$$Z' = RX' = R(\mathbf{E} - A)^{-1} Y', \quad Z'' = RX'' = R(\mathbf{E} - A)^{-1} Y''.$$

Im speziellen Zahlenbeispiel rechnen wir nicht mit der Formel (die Inverse zu berechnen ist viel zu aufwendig!), sondern wir benutzen die bereits berechneten Lösungen des LGSs. Heraus kommt:

$$Z' \approx \begin{pmatrix} 53{,}01 \\ 27{,}15 \\ 94{,}84 \end{pmatrix} \text{ bzw. } Z'' \approx \begin{pmatrix} 54{,}35 \\ 26{,}17 \\ 94{,}48 \end{pmatrix}.$$

Überraschung! Die Auswirkungen der verschiedenen Konjunkturprogramme auf den Arbeitsmarkt mit indirekten Effekten ist genau umgekehrt wie ohne indirekte Effekte! Mit etwas Wühlen in der Input-Output-Tabelle findet man heraus, dass der interne Bedarf der Industrie an landwirtschaftlichen Produkten sehr hoch ist (haben wir erwähnt, dass die Maschinen in Wellnesien mit Bioethanol aus landeseigenem Raps betrieben werden?), und der landwirtschaftliche Sektor ist noch arbeitsintensiver als der Dienstleistungssektor.

Man kann mit der Input-Output-Analyse auch andere Einflussgrößen verändern und die Auswirkungen berechnen. Zum Beispiel könnte die Industrie rationalisieren, wodurch die direkte Wertschöpfung aus dem Faktor Arbeit sinkt (der Eintrag r_{32} ändert sich und liefert eine neue Wertschöpfungsmatrix R'). Allerdings muss man auch hier genau die indirekten Effekte berechnen, denn Rationalisierung erzeugt wieder Bedarf an Industrie- und Dienstleistungen. Also ist vermutlich auch die Technologiematrix zu modifizieren. Bei unverändertem Konsum Y muss dann also zur Berechnung der direkten und indirekten Arbeitsmarkteffekte der Rationalisierung

1. die Lösung X' von $(\mathbf{E} - A')X = Y$ bestimmt werden;

2. das Matrixprodukt $Z' = R'X'$ berechnet werden;

3. Z' mit Z verglichen werden.

Man kann übrigens mit dem Matrizenkalkül, das wir gelernt haben, auch die gesamte Input-Output-Tabelle aus den Wirtschaftsstrukturdaten A, R und X rekonstruieren. Der Konsumvektor Y oben rechts ist natürlich gleich $(\mathbf{E} - A)X$ und der Wertschöpfungsvektor ist $Z = RX$. Aber auch die anderen absoluten Input-Output-Werte in $\bar{A}$ und $\bar{R}$ kann man leicht als Matrixprodukte hinschreiben. Dazu schreibt man den Produktionsvektor X auf die Diagonale einer Matrix

$$\mathrm{diag}(X) := \begin{pmatrix} x_1 & 0 & 0 \\ 0 & x_2 & 0 \\ 0 & 0 & x_3 \end{pmatrix}.$$

Damit sind die absoluten Vorleistungsverflechtungen $\bar{A}$ links oben in der Input-Output-Tabelle gegeben durch das Matrixprodukt

$$\bar{A} = A \cdot \mathrm{diag}(X).$$

Ferner sind die absoluten Wertschöpfungen P unten links gleich

$$\bar{R} = R \cdot \mathrm{diag}(X).$$

Warum das so ist, können Sie sich inzwischen selbst aus den Definitionen von A und R leicht überlegen.

Zum Üben können Sie sich ja die veröffentlichten Input-Output-Tabellen des deutschen statistischen Bundesamtes mal vornehmen und eigene »Was-wäre-wenn«-Rechnungen durchführen.

Übrigens gibt es Verflechtungen nicht nur auf der Skala ganzer Volkswirtschaften sondern auch auf betrieblicher Ebene, wenn verschiedene Produktionssektoren sich gegenseitig beliefern. Das Modell für die Verrechnung interner Leistungen, das wir in der ersten Anwendung in diesem Abschnitt betrachtet haben, kommt genau daher.

Ferner ist natürlich prinzipiell auch eine feinere Aufteilung des betrachteten Wirtschaftssystems möglich. Die ersten Untersuchungen von Leontief enthielten z. B. alle Inputs und Outputs von 42 Branchen der US-Industrie um 1930.

Übungsaufgaben

Aufgabe 2.1. Gegeben sind die Matrizen

$$A = \begin{pmatrix} 2 & 0 & 1 \\ 3 & -1 & 1 \\ 2 & 1 & 0 \end{pmatrix}, \quad B = \begin{pmatrix} -1 & 3 & 2 \\ 4 & 1 & 5 \end{pmatrix}, \quad C = \begin{pmatrix} 0 & 1 \\ 1 & 0 \\ 2 & 2 \end{pmatrix}, \quad D = \begin{pmatrix} 2 & -1 \\ 1 & 0 \end{pmatrix},$$

$$E = \begin{pmatrix} -1 & 3 & 2 \end{pmatrix}, \quad F = \begin{pmatrix} 2 \\ 3 \\ 2 \end{pmatrix} \quad \text{und} \quad G = \begin{pmatrix} -1 & 1 \\ -1 & 1 \end{pmatrix}.$$

Ermitteln Sie folgende Matrizen (sofern sie existieren):

a) AB b) $A^T B$ c) BA d) $3BC + 2D^2$ e) DC f) CD
g) EF h) FE i) G^2 j) AF k) G^3 l) E^2

Aufgabe 2.2. Die Stick-Together OHG montiert die Einzelteile $T_1, \ldots, T_6$ zu Baugruppen $B_1, \ldots, B_4$ und fertigt aus diesen Baugruppen Enderzeugnisse E_1, E_2, E_3. Die beiden folgenden Tabellen zeigen, wieviele Einzelteile für die Montage einer Baugruppe und wieviele Baugruppen für die Fertigung eines Endprodukt benötigt werden:

	B_1	B_2	B_3	B_4
T_1	1	3	2	1
T_2	3	1	4	0
T_3	4	6	0	3
T_4	1	0	5	2
T_5	1	2	2	1
T_6	2	4	3	1

	E_1	E_2	E_3
B_1	7	3	5
B_2	1	2	4
B_3	5	3	0
B_4	0	0	6

1. Die Stick-Together OHG soll von Endprodukt E_1 300, von E_2 100 und von E_3 300 Stück an einen Kunden liefern. Fassen Sie diese Nachfragemengen in einem Vektor N zusammen. Wie lässt sich mit Hilfe von Matrizenrechnung der Vektor $B = (\ b_1 \quad b_2 \quad b_3 \quad b_4\ )^T$ der benötigten Baugruppen bestimmen?

2. Gesucht ist weiter der Bedarfsvektor $X = (\ x_1 \quad x_2 \quad x_3 \quad x_4 \quad x_5 \quad x_6\ )^T$, der für den vorgegebenen Nachfragevektor N den Gesamtbedarf an Einzelteilen angibt. Bestimmen Sie X

    (a) mit Hilfe des zuvor ermittelten Produktionsvektors B der Baugruppen,
    (b) direkt mit Hilfe einer noch zu ermittelnden Matrix C, deren Elemente c_{ik} angeben, wieviele Einzelteile der Art T_i in eine Einheit des Enderzeugnisses E_k eingehen.

Aufgabe 2.3. Bei der Gesamtwertung aller Rennen einer Saison in der Formel 1 werden pro Rennen, abhängig von der Platzierung eines Fahrers, Punkte vergeben. Der Einfachheit halber wollen wir annehmen, dass jeweils nur die drei erstplatzierten Fahrer Punkte erhalten und zwar deren fünf für Platz eins, drei Punkte für Platz zwei und zwei für Platz drei. Ein Podestplatz bringt aber auch noch andere Dinge mit sich: Ein Sieg wird zusätzlich mit 400 000 € versüßt, der Zweite bekommt 200 000 € und der Dritte darf immerhin noch 100 000 € mitnehmen. Wo Erfolg ist, da gibt es aber auch Neider: Auf den Gewinner sind nach jedem Rennen 9 Personen mehr als vorher nicht mehr gut zu sprechen, der zweite verscherzt es sich mit 3 Personen; dem Dritten dagegen gönnt jeder den Erfolg (ja, es ist nur ein Modell …).

1. Es bezeichne
$$P := \begin{pmatrix} p_1 \\ p_2 \\ p_3 \end{pmatrix}$$

den Vektor, dessen Koordinaten die Platzierungen eines Fahrers über eine Saison hinweg repräsentieren (d. h., $p_1 \cong$ Zahl der Siege, $p_2 \cong$ Zahl der zweiten Plätze, $p_3 \cong$ Zahl der dritten Plätze). Stellen Sie den von P abhängigen Vektor

$$V := \begin{pmatrix} w \\ g \\ n \end{pmatrix},$$

der die Wertungspunkte w, die Geldeinnahmen g (in Hunderttausend €) und die Zahl der Neider n des Fahrers nach der Saison wiedergibt, als Produkt einer Matrix mit p dar.

2. Jeder Fahrer bewertet sein Ergebnis nach einer (individuellen) Bewertungsfunktion $b: \mathbb{R}^3 \to \mathbb{R}$, deren Wert $b(V)$ ein Maß dafür sein soll, wie zufrieden der Fahrer mit dem Saisonverlauf war (je höher $b(V)$, desto besser schätzt er die Saison ein). Wir nehmen an, dass b eine lineare Funktion in w, g und n ist, d. h. b hat die Gestalt $b(V) = b_w \cdot w + b_g \cdot g + b_n \cdot n$, mit Konstanten $b_w, b_g, b_n \in \mathbb{R}$, die den persönlichen Gewichtungen des jeweiligen Fahrers entsprechen. Hier sind drei Beispiele ausgewählter Fahrer:

Gernot Geldgeil:	$b_w = 1$	$b_g = 10$	$b_n = 0$
Norbert Neidermeider:	$b_w = 1$	$b_g = 1$	$b_n = -10$
Werner Wurstig:	$b_w = 10$	$b_g = 5$	$b_n = -5$

Geben Sie ein Produkt von Matrizen an, dessen Endergebnis eine 3×3-Matrix ist, die für jeden der drei Fahrer zu jedem der drei Platzierungsvektoren

$$r_1 := \begin{pmatrix} 1 \\ 2 \\ 3 \end{pmatrix}, \quad r_2 := \begin{pmatrix} 2 \\ 2 \\ 2 \end{pmatrix}, \quad r_3 := \begin{pmatrix} 0 \\ 0 \\ 6 \end{pmatrix}$$

die Bewertung des jeweiligen Fahrers enthält.

Aufgabe 2.4. Die zwei Vektoren $\begin{pmatrix} 2 \\ 3 \end{pmatrix}, \begin{pmatrix} 1 \\ 1 \end{pmatrix}$ bilden eine Basis des $\mathbb{R}^2$. Jeder Vektor $x \in \mathbb{R}^2$ läßt sich auf *eindeutige* Weise als Linearkombination dieser zwei Basisvektoren darstellen. Überprüfen Sie dies an den Beispielen $x = \begin{pmatrix} 1 \\ 0 \end{pmatrix}, \begin{pmatrix} 0 \\ 1 \end{pmatrix}, \begin{pmatrix} 17 \\ 22 \end{pmatrix}$ und $\begin{pmatrix} 3 \\ 0 \end{pmatrix}$.

Aufgabe 2.5. Sind folgende Mengen von Vektoren linear unabhängig?

a) $\left\{ \begin{pmatrix} 0 \\ 0 \\ 4 \end{pmatrix}, \begin{pmatrix} -2 \\ -1 \\ 1 \end{pmatrix}, \begin{pmatrix} 0 \\ 2 \\ 1 \end{pmatrix} \right\}$,

b) $\left\{ \begin{pmatrix} -3 \\ 12 \\ \sin(3) \\ \pi \end{pmatrix}, \begin{pmatrix} 13 \\ \cos(5) \\ \pi^2 \\ 4 \end{pmatrix}, \begin{pmatrix} -3 \\ -12 \\ 7 \\ 0 \end{pmatrix}, \begin{pmatrix} 0 \\ 0 \\ 0 \\ 1 \end{pmatrix}, \begin{pmatrix} \pi + \pi^2 \\ \tan(5) \\ \sin^2(3) + \cos^2(3) \\ \pi \end{pmatrix} \right\}$,

c) $\left\{ \begin{pmatrix} 1 \\ 2 \\ 0 \\ 0 \end{pmatrix}, \begin{pmatrix} 0 \\ 0 \\ 0 \\ 0 \end{pmatrix}, \begin{pmatrix} 0 \\ 0 \\ 1 \\ 0 \end{pmatrix} \right\}$.

Übungsaufgaben

Aufgabe 2.6. Die Silica Quarzsand AG mischt für ihre Kunden Sand aus verschiedenen Sandgruben zusammen. Vereinfacht besteht ein Quarzsand aus drei Komponenten: Sand feiner, mittlerer oder grober Körnung. Ein Quarzsand S_1 kann also als ein Vektor $(3,4,1)$ beschrieben werden, mit der Bedeutung, dass er aus 3 Teilen feinem, 4 Teilen mittlerem und 1 Teil grobem Sand besteht. Von ihren Lieferanten kann sie die Quarzsande $S_1 = (3,4,1)$, $S_2 = (5,2,3)$ und $S_3 = (4,3,2)$ jeweils zu den Preisen 50 €, 60 € und 40 € pro Tonne beziehen. Als Bestellungen sind die Kundenwünsche $K_1 = (7,7,3)$, $K_2 = (1,1,1)$, $K_3 = (2, {}^3\!/\!_2, 1)$ und $K_4 = ({}^{18}\!/\!_5, 2, 2)$ eingegangen.

Welche Kundenwünsche können wie erfüllt werden? Beschreiben Sie alle möglichen Mischungsverhältnisse. Was ist jeweils die kostenminimale Kombination?

Aufgabe 2.7. Betrachten Sie folgendes LGS:

$$\begin{vmatrix} 1x_1 + 5x_2 & & & & & & & = 17 \\ & & 1x_3 - 7x_4 + 5x_5 + 3x_6 & & = -4 \\ & & & & & & + 1x_7 & = 13 \end{vmatrix}.$$

1. Schreiben Sie LGSe (2.7) in Matrixschreibweise ($Ax = b$).
2. Bestimmen Sie eine spezielle Lösung des LGSs (2.7).
3. Bestimmen Sie eine *Basis* des *Kerns* von A.
4. Beschreiben Sie die Lösungsgesamtheit des LGSs (2.7).
5. Welche *Dimension* besitzt der Lösungsraum?
6. Welchen Rang besitzt die Matrix A?

Aufgabe 2.8. Bringen Sie folgende Matrizen zunächst auf Zeilenstufen- und im Anschluß auf *normierte* Zeilenstufenform.

a) $\begin{pmatrix} 4 & 3 & 1 & 2 \\ 8 & 7 & 1 & 0 \\ -4 & 0 & -4 & 7 \\ 0 & 2 & -2 & -1 \end{pmatrix}$, b) $\begin{pmatrix} 0 & 0 & -1 & 0 & 0 & 0 & -1 \\ 2 & -1 & 1 & -2 & 1/2 & 0 & 1 \\ 4 & -2 & -4 & 2 & 3 & 1 & 0 \\ -2 & 1 & 2 & -1 & 3/2 & 1 & 1 \\ 4 & -2 & 2 & -4 & 1 & 0 & 3 \end{pmatrix}.$

Aufgabe 2.9. Ermitteln Sie mit Hilfe des Gauß-Algorithmus die Lösungsmengen folgender LGSe:

a) $\begin{vmatrix} x_1 + 4x_2 + 3x_3 = 1 \\ 2x_1 + 5x_2 + 4x_3 = 4 \\ x_1 - 3x_2 - 2x_3 = 5 \end{vmatrix}$, b) $\begin{vmatrix} x_1 + x_3 + x_4 = 1 \\ x_1 + x_2 + x_4 = 2 \\ x_1 + x_2 + x_3 = 3 \\ x_2 + x_3 + x_4 = 4 \end{vmatrix}$, c) $\begin{vmatrix} 2x_1 - x_2 + 3x_3 = 2 \\ 3x_1 + 2x_2 - x_3 = 1 \\ x_1 - 4x_2 + 7x_3 = 6 \end{vmatrix}.$

Aufgabe 2.10. Ein volkswirtschaftliches Modell eines Marktes für drei Güter werde durch folgendes Gleichungssytem beschrieben:

$$\begin{vmatrix} - cp_2 + bp_3 = 7 \\ cp_1 - ap_3 = 5 \\ -bp_1 + ap_2 = 2 \end{vmatrix}.$$

Dabei sind $p_1, p_2, p_3 \in \mathbb{R}$ die Preise für diese Güter und $a, b, c \in \mathbb{R} \setminus \{0\}$ Konstanten.

1. Verwenden Sie den Gaußalgorithmus, um zu zeigen, dass das System genau dann lösbar ist, wenn die Beziehung $7a + 5b + 2c = 0$ gilt.
2. Warum existiert für keine Wahl der Konstanten $a, b, c \in \mathbb{R}\setminus\{0\}$ eine eindeutige Lösung des obigen LGSs? (Eine solche Lösung $P = (p_1, p_2, p_3)$ könnte man im Falle der Existenz auch als Gleichgewichtsvektor bezeichnen.)

Aufgabe 2.11. Sind die folgenden Aussagen für LGSe über den *reellen* Zahlen korrekt?

1. Hat das LGS mehr als eine Lösung, so gibt es unendlich viele Lösungen.
2. Hat das LGS mehr Variablen als Gleichungen
    - so besitzt es immer unendlich viele Lösungen.
    - kann es eindeutig lösbar sein.
    - kann es unlösbar sein.
3. Bei *jedem* LGS kann die rechte Seite so modifiziert werden, dass
    - das System unendlich viele Lösungen hat.
    - das System lösbar ist.
    - das System unlösbar ist.

Aufgabe 2.12. Sind die folgenden Aussagen über eine Menge M von *reellwertigen* Vektoren korrekt?

1. Ist M linear abhängig[2], so auch jede Obermenge $M' \supseteq M$.
2. Sind je zwei Vektoren aus M linear unabhängig, so ist auch M linear unabhängig.
3. Sind zwei Vektoren $v_1, v_2 \in M$ linear abhängig und beide vom Nullvektor verschieden, so ist v_2 ein lineares Vielfaches von v_1, d. h. $\exists r \in \mathbb{R}$, so dass $v_2 = r \cdot v_1$ gilt.
4. Bezeichnet A die Matrix, deren Spalten gerade die Vektoren aus M sind, so ist M genau dann linear unabhängig, wenn A keine Nichtbasisspalte besitzt.
5. Hat M mindestens zwei Elemente und ist linear abhängig, so lässt sich jeder Vektor aus M als Linearkombination der anderen darstellen.
6. Enthält M den Nullvektor, so ist M linear abhängig.

Aufgabe 2.13. Sind die folgenden Aussagen korrekt?

1. Ist $A \in \mathbb{R}^{m \times n}$ und $m < n$, so hat A mindestens $n - m$ Nichtbasisspalten.
2. Ist $A \in \mathbb{R}^{m \times n}$ und $m > n$, so besitzt A keine Nichtbasisspalte.
3. Ist $A \in \mathbb{R}^{m \times n}$ und $m > n$, so hat A mindestens $m - n$ Basisspalten.
4. Eine Nichtbasisspalte einer Matrix lässt sich als Summe geeigneter Vielfacher aller links stehenden Basisspalten darstellen.

---

[2] Die Menge M heißt linear abhängig, wenn die in ihr enthaltenen Vektoren linear abhängig sind; entsprechend heißt M linear unabhängig, wenn die enthaltenen Vektoren linear unabhängig sind.

5. Sei $AX = B$ mit $A \in \mathbb{R}^{m \times n}$ und $b \in \mathbb{R}^m$ ein LGS. Ist $\bar{A}$ die Matrix, die durch Vertauschen der i-ten Spalte von A mit der j-ten Spalte entsteht, so erhält man alle Lösungen von $AX = B$, indem man bei den Lösungen $X = \begin{pmatrix} x_1 \\ x_2 \\ \vdots \\ x_n \end{pmatrix}$ von $\bar{A}X = B$ die Werte der Variablen x_i und x_j vertauscht.

Aufgabe 2.14. Ein Kaufmann will zwei Sorten Kaffee mischen. Nimmt er 48 Pfund der besseren Sorte und 32 Pfund der anderen, so kostet das Pfund 9,20 €. Mischt er aber 32 Pfund der ersten Sorte mit 48 Pfund der zweiten zusammen, so kostet das Pfund 8,80 €.

Wie viel würde ein Pfund Kaffee kosten, wenn der Kaufmann 20 Pfund der besseren Sorte mit 20 Pfund der schlechteren Sorte mischen würde?

Aufgabe 2.15. Der Schokoladenfabrikant Bittersweet möchte den Standort wechseln. Deshalb soll der noch vorhandene Restlagerbestand an Rohstoffen *komplett* aufgebraucht werden. Die wesentlichen Zutaten für die Schokolade sind Kakaobutter (b), Kakaomasse (k), Zucker (z) und Milchpulver (m). Es werden vier Sorten produziert: dunkel, zartbitter, Vollmilch und Kinderschokolade. Die Zusammensetzung einer 100g-Tafel ist bei den einzelnen Sorten wie folgt:

	dunkel	zartbitter	Vollmilch	Kinderschokolade
Kakaobutter	4 g	8 g	20 g	8 g
Kakaomasse	48 g	36 g	12 g	8 g
Zucker	48 g	48 g	48 g	56 g
Milchpulver	0 g	8 g	20 g	28 g

Bestimmen Sie, abhängig vom Restbestandsvektor $\begin{pmatrix} b \\ k \\ z \\ m \end{pmatrix}$ (in Gramm), den Produktionsplan zum vollständigen Lagerabbau. Ist er immer durchführbar?

Aufgabe 2.16. Bestimmen Sie die Determinanten folgender Matrizen:

$$A = \begin{pmatrix} 1 & 2 & 3 \\ 5 & -1 & 2 \\ 7 & 1 & 0 \end{pmatrix}, B = \begin{pmatrix} 3 & 1 & 3 & 6 \\ -5 & -1 & 2 & 2 \\ 1 & -1 & 1 & 8 \\ 0 & 1 & 4 & 1 \end{pmatrix}, C = \begin{pmatrix} 2 & 4 & -4 & 3 & 7 \\ 3 & 1 & -1 & 4 & 2 \\ 2 & 4 & 2 & 9 & -3 \\ 2 & 4 & -4 & 3 & 7 \\ -1 & 6 & 3 & 2 & 1 \end{pmatrix}.$$

Aufgabe 2.17. Gegeben sind folgende Matrizen:

$$A = \begin{pmatrix} 7 & -9 & 1 \end{pmatrix}, B = \begin{pmatrix} 2 & -1 \\ 2 & 1 \end{pmatrix}, C = \begin{pmatrix} 0 \\ 1 \\ 2 \end{pmatrix}, D = \begin{pmatrix} -1 & 1 & 2 \\ 1 & 2 & 4 \\ 0 & 4 & 8 \end{pmatrix},$$

$$E = \begin{pmatrix} 3 & 2 \\ 6 & 4 \end{pmatrix}, F = \begin{pmatrix} 1 & -2 & 2 \\ 5 & 0 & 3 \\ 1 & 0 & -2 \end{pmatrix}, G = \begin{pmatrix} 1 & -1 \\ 7 & 5 \\ 5 & 3 \end{pmatrix}$$

$$\text{und} \quad H = \begin{pmatrix} 7 & 1 & 5 \\ -1 & 2 & 4 \end{pmatrix}.$$

Sind sie invertierbar?

Aufgabe 2.18. Invertierbare Matrizen sind auch zum Chiffrieren von Nachrichten einsetzbar. Der Verschlüsselungsvorgang kann dabei z. B. so ablaufen: Man denkt sich eine invertierbare Matrix $A \in \mathbb{R}^{m \times m}$ aus, schreibt seine Nachricht in Großbuchstaben und zerlegt sie in m Zeilen gleicher Länge n, wobei n möglichst klein sein sollte und die letzte Zeile ggf. mit Leerzeichen aufgefüllt wird. Dann ersetzt man die Buchstaben durch die natürliche Zahl, die ihrer Position im Alphabet entspricht – also $A \mapsto 1$, $B \mapsto 2, \ldots, Z \mapsto 26$. Das Leerzeichen wird auf 0 abgebildet. Ist also beispielsweise A eine 3×3-Matrix, so würde der Satz: »DIESER TEXT IST GEHEIM« (22 Zeichen) zerlegt in drei Zeilen der Länge acht und wie folgt in Zahlen umgewandelt:

$$\begin{pmatrix} D & I & E & S & E & R & & T \\ E & X & T & & I & S & T & \\ G & E & H & E & I & M & & \end{pmatrix} \mapsto \underbrace{\begin{pmatrix} 4 & 9 & 5 & 19 & 5 & 18 & 0 & 20 \\ 5 & 24 & 20 & 0 & 9 & 19 & 20 & 0 \\ 7 & 5 & 8 & 5 & 9 & 13 & 0 & 0 \end{pmatrix}}_{=:N}.$$

Die eigentliche Verschlüsselung erfolgt dann durch Linksmultiplikation dieser Zahlenmatrix mit der vorher gewählten Matrix A. Ist etwa

$$A = \begin{pmatrix} 1 & -2 & -1 \\ 4 & 3 & -1 \\ -1 & 9 & 3 \end{pmatrix},$$

so ergibt sich:

$$A \cdot N = \begin{pmatrix} 1 & -2 & -1 \\ 4 & 3 & -1 \\ -1 & 9 & 3 \end{pmatrix} \cdot \begin{pmatrix} 4 & 9 & 5 & 19 & 5 & 18 & 0 & 20 \\ 5 & 24 & 20 & 0 & 9 & 19 & 20 & 0 \\ 7 & 5 & 8 & 5 & 9 & 13 & 0 & 0 \end{pmatrix}$$

$$= \begin{pmatrix} -13 & -44 & -43 & 14 & -22 & -33 & -40 & 20 \\ 24 & 103 & 72 & 71 & 38 & 116 & 60 & 80 \\ 62 & 222 & 199 & -4 & 103 & 192 & 180 & -20 \end{pmatrix} =: N'.$$

N' kann dann an den Empfänger verschickt werden, mit dem natürlich die Verwendung der Matrix A zur Verschlüsselung vorher abgesprochen worden sein muss.

1. Berechnen Sie die Inverse von A.

2. Wie kann der Empfänger mit Ihrer Hilfe aus der versandten Botschaft N' auf die ursprüngliche Nachricht N schließen? Probieren Sie dies am Beispiel aus.

3. Wie viele verschiedene Möglichkeiten gibt es bei Verwendung einer 3×3-Matrix A für das Aussehen einer Spalte in N bzw. N'? Wie könnte damit ein Angreifer, der einen sehr langen verschlüsselten Text mitgehört hat (z. B. eine Million Zeichen), versuchen, die Nachricht zu entschlüsseln? *Tipp:* Denken Sie statistisch.

4. Bei der Verwendung einer ganzzahligen Matrix A und der Null als Codierung für das Leerzeichen wird sich das Verfahren mit 3×3-Verschlüsselungsmatrizen in der Regel schon mit wesentlich weniger mitgehörtem Text knacken lassen. Sehen Sie sich im Beispiel die letzten beiden Spalten der Matrix N an: Welche extreme Schwachstelle, die einen sehr einfachen Rückschluß auf die Matrix A erlaubt, offenbart sich hier? Nach welchen Spalten in der Matrix N' sollte ein Angreifer also gezielt suchen, um (zumindest mit einer guten Chance) eine Spalte von A herausfinden zu können?

5. Die folgende Nachricht wurde ebenfalls mit einer (anderen) 3 × 3-Matrix chiffriert. Versuchen Sie sie mithilfe der vorherigen Beobachtung (oder was Ihnen sonst noch so einfällt) zu entschlüsseln.

$$\begin{pmatrix} 151 & 130 & -8 & 160 & 84 & 156 & 11 & 175 & 25 & 92 & 205 & 70 & 120 & 76 & 48 & 81 & 103 & 110 & 139 & 113 & 21 & 70 \\ -133 & -35 & 48 & -113 & 31 & -33 & 109 & -54 & -35 & -103 & -142 & -75 & -94 & -5 & -33 & 11 & 12 & -154 & -83 & -2 & 49 & 70 \\ 84 & 66 & -8 & 87 & 38 & 78 & -4 & 89 & 15 & 53 & 111 & 40 & 66 & 37 & 26 & 38 & 49 & 66 & 74 & 55 & 6 & 28 \end{pmatrix}.$$

Aufgabe 2.19. Sei A eine $\mathbb{R}^{m \times n}$ Matrix und $f_A \colon \mathbb{R}^n \to \mathbb{R}^m, X \mapsto AX$ die zugehörige lineare Abbildung, die jedem Vektor des $\mathbb{R}^n$ einen Vektor des $\mathbb{R}^m$ zuordnet. Ist $K \subseteq \mathbb{R}^n$ die Punktmenge eines n-dimensionalen Körpers, so wollen wir mit $f_A(K)$ das Bild des Körpers unter f_A, also die Menge der Bilder seiner Punkte bezeichnen.

Das n-dimensionale Volumen (im m-Dimensionalen) von $f_A(K)$ lässt sich durch folgende Formel aus dem Volumen vol(K) des ursprünglichen Körpers errechnen:

$$\mathrm{vol}_n(f_A(K)) = \sqrt{\det(A^T A)} \cdot \mathrm{vol}(K).$$

Nun sei A durch

$$A := \begin{pmatrix} 2 & 0 \\ -3 & 1 \\ -2 & 1 \end{pmatrix}$$

gegeben und vol(K) = 3. Bestimmen Sie mit Hilfe der obigen Formel das zweidimensionale Volumen von $f_A(K)$ im Dreidimensionalen.

3 Lineare Optimierung

Wir haben bereits gesehen: Bei der Beantwortung der zweiten Beispielfrage zur Lagerräumung (»Wie viel muss ich produzieren, um alle Rohstoffe aufzubrauchen?«) mit Hilfe von LGSen kann es zu Problemen kommen, wenn die ermittelten Lösungen ökonomisch unsinnig sind (z. B. negativ). Genau genommen beantworten LGSe die Frage nach der Lagerräumung ökonomisch sinnvoll nur, wenn man Glück hat. Ist die Mathematik nicht hundertprozentig richtig? Doch, mit der Mathematik ist alles in Ordnung. Es liegt daran, dass wir die Frage ungenau gestellt haben. Man sagt, das Modell war nicht praxistauglich.

Eine vernünftige Lösung nur im Glücksfall reicht uns nicht. Daher werden wir in diesem Kapitel vorstellen, wie es richtig geht: Wir stellen eine genauere Frage und finden eine Lösung mit Hilfe der Linearen Optimierung. Eigentlich bräuchte man in den meisten Beispielen ganzzahlige Werte für die Variablenbelegungen; wie das systematisch geht, ist Thema der hier nicht behandelten Ganzzahligen Linearen Optimierung.

3.1 Wozu Lineare Optimierung?

Schauen wir noch einmal die Frage nach der Lagerräumung für Ihre Frankfurter-Kranz-Manufaktur als LGS formuliert an.

Zur Erinnerung: Wir haben die Rohstoff-Endprodukt-Tabelle:

	Frankfurter Kranz	Eierkuchen	Vanille-Creme
Mehl/ME	2	2	0
Eier/ME	4	6	2
Pudding/ME	2	0	4

Unbekannt ist die Produktionsmengen-Tabelle:

	Produktion
Frankfurter Kranz/ME	x_1
Eierkuchen/ME	x_2
Vanille-Creme/ME	x_3

Bekannt ist die Tabelle mit dem gewünschten Rohstoffverbrauch:

	Verbrauch
Mehl/ME	1 025
Eier/ME	345
Pudding/ME	425

Als LGS formuliert erhalten wir:

$$\left| \begin{array}{rcrcrcr} 2x_1 & + & 2x_2 & & & = & 1025 \\ 4x_1 & + & 6x_2 & + & 2x_3 & = & 345 \\ 2x_1 & & & + & 4x_3 & = & 425 \end{array} \right|.$$

3.1 Wozu Lineare Optimierung?

Mit den Methoden aus dem vorigen Kapitel ergibt sich eine eindeutige Lösung:

$$X = \begin{pmatrix} 5885/6 \\ -1405/3 \\ -2305/6 \end{pmatrix}.$$

Sechstel bzw. Drittel Frankfurter Kränze, Eierkuchen und Cremes kann man evtl. noch produzieren, aber negative Mengen nicht. Wir müssten sozusagen aus $1405/3$ Eierkuchen und $2305/6$ Cremes die Rohstoffe Mehl, Eier und Puddingpulver zurückgewinnen und für die Produktion von $5885/6$ Frankfurter Kränzen verwenden, damit die Rohstoffbilanz aufgeht.

Hier ist die Lösung eindeutig. Das heißt: Es gibt keine nicht-negative Produktionsmenge, die alle Rohstoffe aufbraucht. Aber was ist, wenn wir unendlich viele Lösungen haben? Wie finden wir in einer solch großen Menge von Lösungen eine ökonomisch sinnvolle oder – was noch schwieriger ist – wie findet man heraus, dass es keine ökonomisch sinnvolle Lösung gibt?

Nehmen wir an, wir hätten unsere Rezepte geändert (in Richtung Premium-Frankfurter-Kranz und Discount-Eierkuchen). Ferner wäre der Rohstofflagerbestand ein anderer:

	Frankfurter Kranz	Eierkuchen	Vanille-Creme
Mehl/ME	2	2	0
Eier/ME	6	4	2
Pudding/ME	4	0	4

	Verbrauch
Mehl/ME	0
Eier/ME	1 000
Pudding/ME	2 000

Als LGS formuliert erhalten wir:

$$\begin{vmatrix} 2x_1 + 2x_2 & = & 0 \\ 6x_1 + 4x_2 + 2x_3 & = & 1\,000 \\ 2x_1 + 4x_3 & = & 2\,000 \end{vmatrix}.$$

Mit den Methoden aus dem vorigen Kapitel ergibt sich, dass jede Lösung X von der Form

$$X = \begin{pmatrix} 500 \\ -500 \\ 0 \end{pmatrix} + t \begin{pmatrix} -1 \\ 1 \\ 1 \end{pmatrix}$$

für ein $t \in \mathbb{R}$ ist. Damit haben wir sofort eine spezielle Lösung (für $t=0$) $\begin{pmatrix} 500 \\ -500 \\ 0 \end{pmatrix}$. Leider hat die negative Einträge und ist somit ökonomisch unsinnig. Aber es gibt ja viele Lösungen. Es bleibt damit die Aufgabe, einen Parameter t so zu finden, dass die zugehörige Lösung wenigstens mal nicht-negativ ist. Mit Probieren finden Sie, dass für $t = 500$ die Produktion $\begin{pmatrix} 0 \\ 0 \\ 500 \end{pmatrix}$ herauskommt, die alle Rohstoffe aufbraucht. Aber wie geht man hier systematisch vor?

Die Antwort besteht darin, das mathematische Modell von Beginn an zu erweitern um etwas, das bisher keine Rolle gespielt hat, in der Ökonomie aber enorm wichtig ist: Ungleichungen. Man kann sagen, dass die Mathematik der Linearen Optimierung die der LGSe ist, erweitert um die Berücksichtigung von Linearen Ungleichungssystemen (Nicht-Negativität, Budget-Restriktionen, ...).

Warum wollen wir die Rohstoffe überhaupt aufbrauchen? In der Regel, weil wir Geld damit verdienen wollen. Aber verdienen wir überhaupt das meiste Geld mit den Rohstoffen genau dann, wenn wir sie alle aufbrauchen? Stellen wir doch einfach die Frage von Beginn an orientiert an unseren wahren Zielen:

> **Beispielfrage:**
>
> Bei welcher *Produktion* erwirtschaften wir mit dem gegebenen *Rohstoffbestand* den höchsten *Ertrag*?

Die Theorie der Linearen Optimierung wird unsere Frage befriedigend beantworten.

3.2 Die Standard-Maximierungsaufgabe

Die erste Konsequenz unserer neuen Leitfrage ist: Wir müssen zwar auskommen mit den Rohstoffen, aber es dürfen auch welche übrigbleiben. Hauptsache, die Kasse stimmt.[1] Damit werden aus den Rohstoffgleichungen plötzlich Rohstoffungleichungen, und Nicht-Negativitätsbedingungen kommen hinzu:

$$\left| \begin{array}{rcl} 2x_1 + 2x_2 & \leq & 1\,025 \\ 4x_1 + 6x_2 + 2x_3 & \leq & 345 \\ 2x_1 + 4x_3 & \leq & 425 \\ x_1,\ x_2,\ x_3 & \geq & 0 \end{array} \right|.$$

Ein X, dass alle Ungleichungen simultan erfüllt, heißt zulässige Lösung, z. B. $X = \mathbf{0}$.

Die zweite Konsequenz ist, dass wir mehr Daten brauchen: Was verdienen wir denn mit Produktion von Gütern überhaupt? Nehmen wir folgende Endprodukt-Ertragstabelle mal an:

	Frankfurter Kranz	Eierkuchen	Vanille-Creme
Ertrag/(GE/ME)	15	5	7

---

[1] Man kann auch andere als monetäre Ziele mitmodellieren – Umweltschutz, Arbeitsbedingungen, langfristige Überlegungen, ... – dann wird die Sache aber für den Anfang zu kompliziert, ohne dass sich mathematisch viel ändert.

Dann können wir den erwirtschafteten Ertrag $z = z(X)$ in Abhängigkeit von der Produktion $X = \begin{pmatrix} x_1 \\ x_2 \\ x_3 \end{pmatrix}$ wie folgt berechnen:

$$z(X) = 15x_1 + 5x_2 + 7x_3 = \begin{pmatrix} 15 & 5 & 7 \end{pmatrix} \begin{pmatrix} x_1 \\ x_2 \\ x_3 \end{pmatrix} = C^T X,$$

wenn $C^T = \begin{pmatrix} 15 & 5 & 7 \end{pmatrix}$ ein Zeilenvektor mit den Ertragskoeffizienten ist. Die Funktion $z(X)$ heißt Zielfunktion und ist in diesem Falle mal wieder eine lineare Funktion.

Ziel ist es, ein zulässiges X zu finden, für das der Ertrag $z(X)$ maximal ist unter allen zulässigen Lösungen. So ein X heißt optimale Lösung.

Allgemein untersuchen wir Folgendes:

Definition 3.2.1. Sei $B \geq 0$, d.h. B habe keine negativen Einträge. Dann heißt

$$\left| \begin{array}{rl} \max & C^T X \\ & AX \leq B \\ & X \geq 0 \end{array} \right. \qquad \begin{array}{l} \text{(Zielfunktion ZF)} \\ \text{(Nebenbedingungen NB)} \\ \text{(Nicht-Negativitätsbedingungen NN)} \end{array} \qquad (3.1)$$

Standard-Maximierungsaufgabe der Linearen Optimierung.

Ein Modell wie dieses wird auch als Lineares Programm, kurz: LP, bezeichnet.

Jedes System von linearen Gleichungen und Ungleichungen mit einer linearen Zielfunktion kann in die obige Form gebracht werden mit der einzigen Ausnahme, dass man $B \geq 0$ nicht erzwingen kann. Alles andere kriegt man hin: Wenn eine Ungleichung »in die falsche Richtung geht«, dann multipliziert man sie einfach mit (-1). Eine Gleichung $s = t$ kann man beispielsweise durch eine Ungleichung und ihr Negatives $\left| \begin{array}{l} s \leq t \\ -s \leq -t \end{array} \right|$ ersetzen. Variablen x, die nicht nicht-negativ sein müssen, kann man schreiben als Differenz $x = x^+ - x^-$ von zwei nicht-negativ geforderten Variablen x^+ und x^-. Die Minimierung einer Zielfunktion z kann man ersetzen durch die Maximierung des Negativen $-z$ der Zielfunktion.

Bevor wir mit einem Lösungsverfahren beginnen, wollen wir im folgenden Abschnitt noch eine interessante weitere Frage aufwerfen, die mit unserer Beispielfrage erstaunlich eng verwandt ist.

3.3 Die Standard-Minimierungsaufgabe und Dualität

Stellen Sie sich vor, jemand hat es auf Ihre Rohstoffe abgesehen. Er möchte Ihren Lagerbestand aufkaufen. Natürlich möchte er möglichst wenig bezahlen. Auf der anderen Seite ist er nicht blöd: Er weiß, dass Sie nur dann verkaufen, wenn Sie mit eigener Produktion nicht mehr Ertrag erwirtschaften können, als er Ihnen bietet. Er muss also für die Zutaten, die Sie für die Produktion eines Frankfurter Kranzes benötigen, mindestens 15 GE bieten, also den Ertrag für einen Frankfurter Kranz.

Er fragt sich also:

> **Beispielfrage:**
>
> Mit welchen *Preisangeboten* für Rohstoffe kann ich bei einem rationalen Produzenten den *Lagerbestand* am *billigsten* aufkaufen?

Ein »rationaler Produzent« ist jemand, der nicht verkauft, wenn der Verkauf von Rohstoffen weniger einbringt als Produktion. Die Rohstoffe für einen Frankfurter Kranz werden also nur verkauft, wenn der Verkauf mindestens so viel einbringt wie der Frankfurter Kranz, also 15 GE. Ebenso werden die Rohstoffe, mit denen man einen Eierkuchen herstellen kann, nur verkauft, wenn der Verkauf mindestens 5 GE erzielt. Analog verhält es sich mit dem Verkauf der Rohstoffe, mit denen man eine Creme produzieren kann.

Also muss der Aufkäufer, der es mit einem rationalen Produzenten zu tun hat, darauf achten, dass seine nicht-negativen Angebotspreise u_1 für eine ME Mehl, u_2 für eine ME Eier und u_3 für eine ME Puddingpulver die folgenden Bedingungen erfüllen:

$$\left| \begin{array}{rcl} 2u_1 + 4u_2 + 2u_3 & \geq & 15 \\ 2u_1 + 6u_2 + 2u_3 & \geq & 5 \\ 2u_2 + 4u_3 & \geq & 7 \\ u_1, \quad u_2, \quad u_3 & \geq & 0 \end{array} \right|.$$

Ein $U = \begin{pmatrix} u_1 \\ u_2 \\ u_3 \end{pmatrix}$, dass alle Ungleichungen simultan erfüllt, heißt wieder zulässige Lösung. Im Unterschied zum vorigen Abschnitt ist $U = \mathbf{0}$ kein Beispiel für eine zulässige Lösung. Da aber alle Koeffizienten nicht-negativ sind, findet man leicht eine zulässige Lösung, wenn man u_1, u_2, u_3 nur groß genug macht (sprich: viel Geld bietet).

Schauen wir uns nun die Rohstoff-Mengentabelle an:

	Mehl	Eier	Puddingpulver
Bestand/ME	1 025	345	425

Wenn der Rohstoffhändler also alles kauft, dann ist der zu minimierende Gesamtpreis gegeben durch

$$z^*(U) := 1\,025 u_1 + 345 u_2 + 425 u_3 = \begin{pmatrix} 1\,025 & 345 & 425 \end{pmatrix} \begin{pmatrix} u_1 \\ u_2 \\ u_3 \end{pmatrix} = B^T U.$$

Ziel ist es, ein zulässiges U zu finden, für das der Preis $z^*(U)$ minimal ist unter allen zulässigen Lösungen. So ein U heißt wieder optimale Lösung.

Wir können hier leicht ein U angeben, das sicher nicht unterboten werden kann, nämlich $U = \mathbf{0}$ (weniger als nichts kann's nun wirklich nicht kosten). Leider ist das aber nicht zulässig. Es wird sich aber noch als praktisch erweisen, so eine billige, unzulässige Lösung zu kennen.

3.3 Die Standard-Minimierungsaufgabe und Dualität

Wir haben also wieder ein Lineares Optimierungsproblem, allerdings eines, in dem wir minimieren wollen.

Definition 3.3.1. Sei $B \geq \mathbf{0}$, d. h. B habe keine negativen Einträge. Dann heißt

$$
\begin{aligned}
\min \quad & B^T U & & \text{(Zielfunktion ZF)} \\
& A^T U \geq C & & \text{(Nebenbedingungen NB)} \\
& U \geq \mathbf{0} & & \text{(Nicht-Negativitätsbedingungen NN)}
\end{aligned}
\quad (3.2)
$$

Standard-Minimierungsaufgabe der Linearen Optimierung.

Ein Modell wie dieses wird auch als Lineares Programm, kurz: LP, bezeichnet.

Das Produktionsplanungsproblem und das Rohstoffaufkaufproblem sind eng miteinander verwandt: Man nennt sie auch Primal-Duales Standardpaar von Linearen Optimierungsaufgaben, oder kurz zueinander duale LPs.

Definition 3.3.2. Das Paar aus Standard-Maximierungsaufgabe und Standard-Minimierungsaufgabe zu gemeinsamen Daten A, B, C heißt Primal-Duales Standardpaar von Linearen Optimierungsaufgaben.

Eine wichtige Verbindung zwischen den LPs eines Primal-Dualen Paars ist die sogenannte schwache Dualität. Sie besagt in unserem Beispiel, dass der Gesamtpreis jedes vernünftigen Preisangebots des Rohstoffaufkäufers mindestens so hoch sein muss wie der Profit einer beliebigen realisierbaren Produktion. Klar: Es kann ja nicht sein, dass er uns für den Rohstoffbedarf jedes möglichen Produktes immer mindestens den Produktionsertrag bietet und insgesamt dabei aber ein geringerer Ertrag für uns herauskommt als bei einer Produktion.

Satz 3.3.3 (Schwache Dualität)**.** *Sei $((P),(D))$ ein Primal-Duales Standardpaar von LPs und sei X eine zulässige Lösung zu (P) und U eine zulässige Lösung zu (D). Dann gilt*

$$C^T X \leq B^T U. \quad (3.3)$$

Die schwache Dualität ist ein Beispiel für eine nicht-triviale Gesetzmäßigkeit, für die eine plausible Erklärung aufwendiger ist als ein formeller Beweis. Glauben Sie nicht? Sehen Sie selbst.

Beweis.

$$
\begin{aligned}
C^T X &\leq (A^T U)^T X & & (A^T U \leq C, X \geq \mathbf{0}) \\
&= (U^T A) X & & \text{(Transponieren von Matrixprodukten)} \\
&= U^T (A X) & & \text{(Matrixprodukt assoziativ)} \\
&\leq U^T B & & (A X \leq B, U \geq \mathbf{0}) \\
&= (U^T B)^T & & (a^T = a \text{ für Zahlen}) \\
&= B^T U. & & \text{(Transponieren von Matrixprodukten)}
\end{aligned}
$$

□

Schwerer zu zeigen ist der folgende starke Dualitätssatz, den wir hier nur für Primal-Duale Standardpaare zitieren. Er besagt im Beispiel, dass der minimale Gesamtkaufpreis für ein vernünftiges Angebot gleich dem maximalen Profit aus einer möglichen Produktion ist.

Satz 3.3.4 (Starker Dualitätssatz). *Sei $((P),(D))$ ein Primal-Duales Standardpaar von LPs. Dann gilt:*

(i) *Wenn (P) eine Optimallösung hat, dann hat (D) auch eine, und beide Optimalwerte stimmen überein.*

(ii) *Wenn (P) keine Optimallösung hat, also unbeschränkt ist, dann hat (D) keine zulässige Lösung.*

Beachte, dass der Fall »(P) hat keine zulässige Lösung« hier nicht vorkommen kann, da für die Standard-Maximierungsaufgabe immer $X = \mathbf{0}$ zulässig ist. Lässt man die Bedingung $B \geq \mathbf{0}$ weg, so gilt: Wenn (P) keine zulässige Lösung hat, so hat (D) entweder auch keine oder (D) ist unbeschränkt.

3.4 Beispiel für einen Modellierungsprozess

Wir kennen nun die Standardmaximierungsaufgabe der Linearen Optimierung:

$$\begin{aligned} \max \quad & C^T X & & \text{(Zielfunktion ZF)} \\ & AX \leq B & & \text{(Nebenbedingungen NB)} \\ & X \geq \mathbf{0} & & \text{(Nicht-Negativitätsbedingungen NN)} \end{aligned}$$

Dabei ist $X \in \mathbb{R}^n$ und $B \in \mathbb{R}^m_{\geq 0}$. Dieses Lineare Programm hat immer eine zulässige Lösung: $X = \mathbf{0}$ ist wegen $A \cdot \mathbf{0} = \mathbf{0} \leq B$ eine zulässige Lösung mit zugehörigem Zielfunktionswert $C^T \cdot \mathbf{0} = 0$.

In diesem Abschnitt wollen wir nochmals beleuchten, wie man die Daten A, B, C für so eine Optimierungsaufgabe aus einem Anwendungsproblem generiert. Diesen Prozess nennt man mathematische Modellierung, und diese Modellierung zielführend zu Stande zu bringen, ist in der Praxis oft viel schwieriger als die eigentliche Lösung (Ausnahmen bestätigen die Regel). Für die Frankfurter-Kranz-Manufaktur am Beginn des Kapitels haben wir das eigentlich schon getan. Wir wollen hier aber nochmal systematisch das Vorgehen an einem anderen Beispiel erläutern.

Ein (für die Verhältnisse in der realen Welt schon ungewöhnlich genau formuliertes) Anwendungsproblem könnte wie folgt aussehen.

Die Athletic Liquor GmbH & Co KG stellt »Ausdauersaft« und »Spritzigtrunk« mit variablen Kosten von $8 \, €/\ell$ bzw. $4 \, €/\ell$ her. Die beiden Produkte werden durch einen Destillationsprozess gewonnen, der täglich nur bis zu $7 \, \ell$ liefert. Zur Herstellung des Ausdauersaftes werden pro Liter 1 kg Proteintrauben benötigt, pro Liter Spritzigtrunk 2 kg. Insgesamt stehen pro Tag 10 kg Proteintrauben zur Verfügung. Vom Ausdauersaft können täglich höchstens $5 \, \ell$ verkauft werden.

3.4 Beispiel für einen Modellierungsprozess

Ausdauersaft kann zu 10 €/ℓ und Spritzigtrunk zu 5 €/ℓ verkauft werden. Wir wollen durch Produktion möglichst viel verdienen.

Wir formulieren nun ein mathematisches Modell, das unsere Aufgabe durch mathematische Strukturen repräsentiert, d. h. eine mathematische Lösung des Modells kodiert eine bestmögliche Produktion.

Die erste Frage, die man sich beim Modellieren stellt, ist: Was sind meine Entscheidungsmöglichkeiten, also: An welchen Stellschrauben kann ich drehen? Diese Stellschrauben müssen dann durch geeignete unabhängige Entscheidungsvariablen dargestellt werden. In unserem Fall können wir nur darüber entscheiden, wieviel Liter Ausdauersaft und wieviel Liter Spritzigtrunk täglich produziert werden sollen. Also führen wir die unabhängigen Entscheidungsvariablen x_A für die täglich zu produzierende Menge an Ausdauersaft, gemessen in Litern, und x_S für die täglich zu produzierende Menge an Spritzigtrunk, ebenfalls gemessen in Litern, ein.

Als nächstes machen wir uns klar, was das Ziel sein soll und wie man die Erreichung des Ziels als Funktion der Entscheidungsvariablen x_A und x_S darstellen kann. Das Resultat ist eine Zielfunktion. Sollten wir in einem praktischen Beispiel feststellen, dass wir zur Formulierung der Zielfunktion noch weitere abhängige Variablen (gemessene Größen) benötigen, so fügen wir diese just in diesem Moment hinzu. Wir wollen aber erst einmal ein einfaches Modell bauen. Unser Ziel ist ein möglichst hoher Deckungsbeitrag. Da der Deckungsbeitrag als Differenz zwischen Erlösen und variablen Kosten gegeben ist, erhalten wir

$$z\begin{pmatrix}x_A\\x_S\end{pmatrix} = (10-8)\cdot x_A + (5-4)\cdot x_S = 2x_A + x_S \quad (3.4)$$

als Zielfunktion, die in unserem Fall zu maximieren ist. Wir beobachten, dass diese Zielfunktion linear ist. Dies ist eine sehr wünschenswerte Eigenschaft, die aber nicht immer angenommen werden kann. Im Bereich vorhandener Produktionskapazitäten ist die Annahme aber oft genau genug.

Der nächste Schritt ist die Extraktion aller relevanten Nebenbedingungen aus dem Anwendungsproblem. Rein praktisch lesen wir uns Satz für Satz durch und fragen uns, ob hinter dem jeweiligem Satz nicht eine Restriktion an unsere Entscheidungsvariablen steckt (eventuell stellen wir auch fest, dass wir noch weitere abhängige Variablen benötigen). Gäbe es keine Nebenbedingungen, dann würden wir umso mehr verdienen, je mehr wir produzieren würden: Die Zielfunktion wäre unbeschränkt. Da aber aus technischen Gründen (Stichwort Destillationsprozess) täglich insgesamt nur 7 ℓ produziert werden können, erhalten wir die Ungleichung

$$x_A + x_S \leq 7. \quad (3.5)$$

Die Knappheit der Proteintrauben führt zu

$$x_A + 2x_S \leq 10. \quad (3.6)$$

Die eingeschränkte Absatzmöglichkeit für Ausdauersaft führt zu

$$x_A \leq 5. \tag{3.7}$$

Diese Nebenbedingungen sind wie die Zielfunktion alle linear (keine Produkte von Variablen tauchen auf): sehr angenehm.

Gerne vergessen, aber absolut notwendig sind noch die sogenannten Nicht-Negativitätsbedingungen

$$x_A, x_S \geq 0. \tag{3.8}$$

Denn wie sollte man z. B. $-7\,\ell$ Spritzigtrunk produzieren? In unserem Beispiel nehmen wir an, dass jede Kombination $(x_A, x_S)^T \geq 0$ aus reellen Zahlen Sinn macht, produzier- und vor allem absetzbar ist (sofern die genannten Nebenbedingungen eingehalten werden). Natürlich kann man sich fragen, ob unsere Säfte nicht eigentlich in $0{,}5\,\ell$-Flaschen verkauft werden, so dass x_A und x_S eigentlich ganze Zahlen in der Einheit »halbe Liter« sein müssten. Der Einfachheit halber lassen wir das Problem der Ganzzahligkeit der Entscheidungsvariablen aber unter den Tisch fallen.

Durch die Linearität von Zielfunktion und Nebenbedingungen wird unser Modell ein Lineares Programm. Fassen wir unsere Zielfunktion (3.4), die Nebenbedingungen (3.5), (3.6), (3.7) und die Nichtnegativitätsbedingung (3.8) zusammen, so erhalten wir schließlich das folgende LP als Modell:

$$\left| \begin{array}{rrrl} \max 2x_A & + & x_S & \\ x_A & + & x_S & \leq 7 \\ x_A & + & 2x_S & \leq 10 \\ x_A & & & \leq 5 \\ x_A, & & x_S & \geq 0 \end{array} \right|.$$

3.5 Graphische Lösung eines zweidimensionalen LPs

Bevor wir nun damit beginnen, LPs allgemein zu lösen, wollen wir uns die Grundidee für den Spezialfall von LPen mit zwei Variablen graphisch veranschaulichen. Als Beispiel dient das Modell des letzten Abschnitts.

Die Menge der Paare $\binom{x_A}{x_S}$, die alle Ungleichungen erfüllen, nennen wir den zulässigen Bereich des LPs. (Dieser hängt nicht von der Zielfunktion ab.) Der zulässige Bereich wird, in geometrischer Sprechweise, durch die drei Geraden $x_A + x_S = 7$, $x_A + 2x_S = 10$ und $x_A = 5$ sowie die zwei Koordinatenachsen $x_A = 0$ und $x_S = 0$ begrenzt, siehe Abbildung 3.1.

Betrachten wir nun die Zielfunktion $z(x_A, x_S) := z\binom{x_A}{x_S} = 2x_A + x_S$. Für jedes $c \in \mathbb{R}$ definiert $z(x_A, x_S) = c$ eine Gerade, die die Punkte mit Zielfunktionswert c enthält. Beispielsweise ist das für $c = 1$ die Gerade $x_S = 1 - 2x_A$ oder für $c = 12$ die Gerade $x_S = 12 - 2x_A$. All diese Geraden sind parallel zueinander. In Abbildung 3.2 haben wir die zwei Geraden für $c = 7$ und $c = 12$ dargestellt.

Graphisch kann man das LP nun wie folgt lösen:

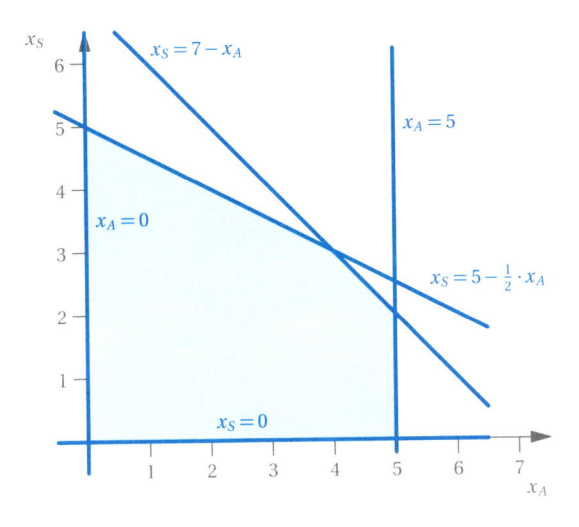

3.5 Graphische Lösung eines zweidimensionalen LPs

Abb. 3.1: Zulässiger Bereich eines Linearen Programms

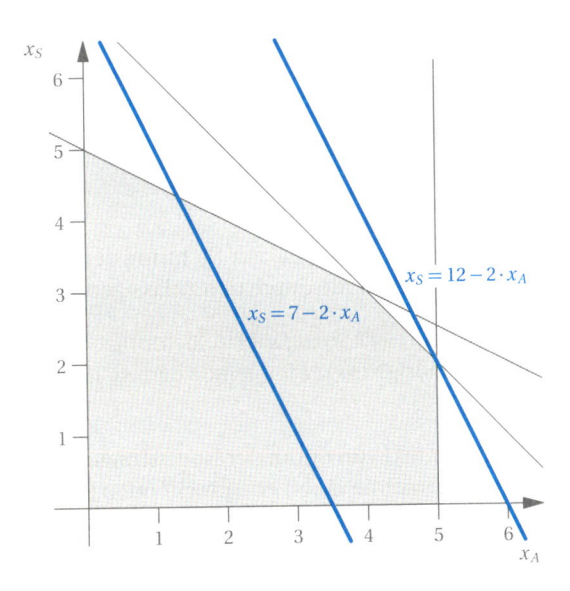

Abb. 3.2: Geraden gleichen Ertrags (Isogewinngeraden)

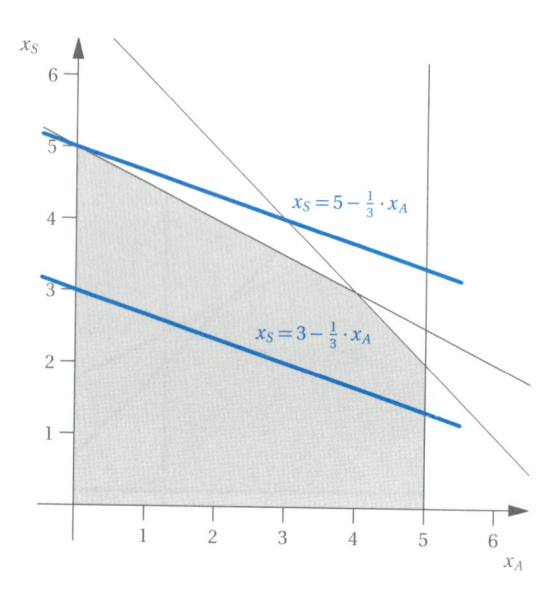

Abb. 3.3: Zwei Isogewinngeraden für die Zielfunktion $z(x_A, x_S) = x_A + 3x_S$.

Merksatz:

Graphische Lösung eines LPs:

1. Zeichne mit Lineal den zulässigen Bereich.
2. Zeichne die Richtung der Zielfunktion.
3. Richte ein Geodreieck orthogonal zur Richtung der Zielfunktion aus, so dass es eine Isogewinngerade durch den zulässigen Bereich beschreibt.
4. Verschiebe das Geodreieck so parallel in Richtung besserer Zielfunktionswerte, bis die zugehörige Isogewinngerade den zulässigen Bereich gerade noch berührt.
5. Lies einen Schnittpunkt von optimaler Isogewinngerade und zulässigem Bereich ab (oder berechne einen entsprechenden Schnittpunkt von Begrenzungsgeraden aus einem LGS).

Im Beispiel ergibt sich ein eindeutiger optimaler Punkt bei $x_A = 5$ und $x_S = 2$ mit einem Deckungsbeitrag von 12 GE.

Neben der (in der Praxis außerhalb von Ökonomieklausuren vollständig irrelevanten) graphischen Lösungsmethode für zweidimensionale Standard-Maximierungsaufgaben, kann man aber einige viel wichtigere geometrische Fakten in Dimension zwei beobachten: Der zulässige Bereich hat eine Struktur; es gibt Ecken und Kanten. Ferner ist in der Menge optimaler Lösungen (falls welche existieren) immer eine Ecke dabei.

In höherdimensionalen Räumen gibt es geometrische Entsprechungen für Ecken (heißen wieder Ecken), Geraden (heißen Hyperebenen) und Kanten (heißen wieder Kanten, wenn man die Verbindungen von Ecken meint, und Facetten, wenn man die Begrenzungshyperflächen des zulässigen Bereichs meint – nur in Dimension zwei fallen diese Dinge zusammen!). Ein graphisches Verfahren, das man mit Zeichnung und Lineal wirklich durchführen könnte, gibt es in höheren Dimensionen aber nicht. Und einen Computer kann man damit sowieso nicht beauftragen.

Daher reiten wir jetzt auf dem graphischen Verfahren nicht weiter herum. Stattdessen wollen wir im Folgenden ein rein algebraisches Lösungsverfahren für Standard-Maximierungsaufgaben mit Hilfsmitteln aus der Linearen Algebra vorstellen, der in der Praxis sehr effizient auf dem Computer ausgeführt werden kann: den Simplexalgorithmus.

3.6 Der Simplexalgorithmus mit Verzeichnissen

Wir wollen nun das Modell des vorigen Abschnitts lösen. Wir halten uns zunächst an unsere bekannte zulässige Lösung $X = \mathbf{0}$: nichts produzieren. Dann verdienen wir auch nichts. Wir versuchen diese schlechte Lösung mit einem möglichst kleinen Eingriff zu verbessern. Nehmen wir daher an, wir steigern die Produktion von Ausdauersaft, produzieren aber weiterhin keinen Spritzigtrunk. Dann sind unsere Produktionskapazitäten beschränkt durch folgende drei Restriktionen:

$$x_A \leq 7, \quad x_A \leq 10, \quad x_A \leq 5$$

und die Nicht-Negativitätsbedingung $x_A \geq 0$. Diese Ungleichungen sind nun nicht alle gleich »einschränkend«. Welches ist nun die Restriktion, die uns am meisten einschränkt, der sogenannte Engpass? Hier ist es die Ungleichung $x_A \leq 5$. Aufgrund unserer Zielfunktion gilt »je mehr x_A, desto mehr Deckungsbeitrag«. Also schöpfen wir unsere Möglichkeiten vollständig aus, wenn wir $x_A = 5$ setzen, was uns zu einem Zielfunktionswert $z(5,0) = 10$ führt.

Dieselbe Überlegung führen wir auch für die Produktion von Spritzigtrunk mit $x_A = 0$ durch. Hier sind die Restriktionen durch

$$x_S \leq 7, \quad 2x_S \leq 10$$

gegeben. Die zweite Ungleichung ist hier der Engpass, denn Division der rechten Seite 10 durch den Koeffizienten 2 von x_S auf der linken Seite ergibt $x_S \leq 5$. Wir können also $x_S = 5$ setzen, was uns einen Zielfunktionswert von $z(0,5) = 5$ einbringt.

Aber vielleicht ist es ja besser, nicht die ganze Produktionskapazität auf ein Produkt zu konzentrieren. Also müssen noch weitere Änderungen untersucht werden. Der Simplexalgorithmus ist eine Methode, wie man die obigen Überlegungen systematisch weiter anwendet, um den besten Produktionsmix zu ermitteln. Das Prinzip bleibt: Wir ziehen den Einstieg in die Produktion eines Guts in Erwägung, wenn sich das lohnt. Dann wird davon soviel wie möglich produziert, d. h. so dass alle Ungleichungen gerade noch erfüllt sind. Dafür muss ggf. die Produktion eines anderen Gutes gedrosselt werden.

Folgendes ist dabei zu klären:

1. Woran sieht man, für welches bislang nicht produzierte Gut sich der Einstieg in die Produktion lohnt? Denn die Beschränkung der Produktionskapazitäten wird ja die Drosselung einer anderen Produktion (Produktionssenkung) evtl. erforderlich machen.

2. Woran sieht man, für welches Gut man die Produktion wegen des neu zu produzierenden Guts drosseln oder gar einstellen muss?

Die Technik, wie man diese Informationen erhalten kann, basiert auf der Theorie der LGSe. Erinnern Sie sich daran, wie beim Sieben-Schritte-Verfahren zum Ablesen der Lösungsmenge die Belegung der BVn auf der linken Seite abhängt von der Belegung der NBVn auf der rechten Seite. Daher haben wir ja auch die NBVn in freie Parameter umbenannt. Setzt man alle NBVn (= Parameter) auf null, so erhält man eine spezielle Lösung, die sogenannte Basislösung zur Menge der BVn. Ändert man die Werte der NBVn, so gibt die Darstellung der Lösungsmenge an, wie sich die Werte der BVn ändern müssen, damit alle Gleichungen erfüllt bleiben.

Das ist genau das, was wir brauchen: Die NBVn gehören zu den Gütern, die sicher nicht produziert werden, die BVn zu den Gütern, die möglicherweise produziert werden. Wenn wir die bislang nicht produzierten Güter doch produzieren wollen, so sagt uns die Darstellung der Lösungsmenge, wie die Produktionen der bereits produzierten Güter zu drosseln sind.

Um das in unserem Kontext ausnutzen zu können, müssen wir uns erst mal ein LGS beschaffen. Das geht mit einem Trick: Kapazitätsüberschüsse werden neuen Variablen zugeordnet, den sogenannten Schlupfvariablen.

$$\left| \begin{array}{l} \max 2x_A + x_S \\ x_A + x_S + s_1 = 7 \\ x_A + 2x_S + s_2 = 10 \\ x_A + s_3 = 5 \\ x_A, \quad x_S, \quad s_1, \quad s_2, \quad s_3 \geq 0 \end{array} \right|.$$

Dies ist nur eine etwas andere Darstellung unseres Ausgangsproblems. Unsere Zielfunktion hängt nun formal von fünf nicht-negativen Variablen ab und lautet $z(x_A, x_S, s_1, s_2, s_3) = 2x_A + x_S$. Eine Optimallösung des Ausgangsproblems erhält

3.6 Der Simplexalgorithmus mit Verzeichnissen

man aus einer Optimallösung des neuen Problems durch Ignorieren der Schlupfvariablen. Umgekehrt lassen sich die Schlupfvariablen bei gegebener Produktion leicht aus den Rohstoffgleichungen berechnen, da jede Gleichung höchstens eine Schlupfvariable hat: also jeweils eine Gleichung für eine Unbekannte, und man kann alle Schlupfvariablen durch Umstellen dieser Gleichungen berechnen.

Es ist nützlich, sich vorzustellen, dass Variablen/Spalten zu Produktionsmöglichkeiten gehören (Schlupfvariablen produzieren Kapazitätsüberschuss) und Nebenbedingungen/Zeilen zu Ressourcenbilanzen, deren rechte Seiten den Ressourcenvorrat angeben.

In Abschnitt 2.4 über LGSe haben wir erwähnt, dass Auflösen nach einer Variablen immer möglich ist, wenn sie in genau einer Gleichung vorkommt. Auch dies ist hier für alle Schlupfvariablen der Fall. Also können wir nach den Schlupfvariablen auflösen, die dadurch zu BVn werden.[2] Auch die Zielfunktion soll nun mit ins Kalkül genommen werden: Dazu verwenden wir eine weitere Variable $z = 2x_A + x_S$, die den Zielfunktionswert »speichert«.

$$\begin{array}{|rrrrr|}
\hline
s_1 = & 7 & - & x_A & - & x_S \\
s_2 = & 10 & - & x_A & - & 2x_S \\
s_3 = & 5 & - & x_A & & \\
\hline
z = & 0 & + & 2x_A & + & x_S \\
\hline
\end{array}.$$

Wir nennen die obige Darstellung unseres LGSs Verzeichnis zur Basis (s_1, s_2, s_3, z) oder auch zur Basis (s_1, s_2, s_3), denn z muss man nicht explizit betrachten, weil es immer in der Basis bleiben wird. Die Koeffizienten der NBVn in letzte Zeile heißen reduzierte Profite. Die spezielle Lösung, die sich durch Nullsetzen der Nichbasisvariablen x_A, x_S ergibt, nennen wir die Basislösung zur Basis (s_1, s_2, s_3). Sie lautet hier:

$$\begin{array}{|rl|l|}
\hline
x_A = & 0 & (\text{NBV}) \\
x_S = & 0 & (\text{NBV}) \\
\hline
s_1 = & 7 & (\text{BV}) \\
s_2 = & 10 & (\text{BV}) \\
s_3 = & 5 & (\text{BV}) \\
\hline
z = & 0 & (\text{BV}) \\
\hline
\end{array}.$$

Ein Verzeichnis (und damit die Basis) heißt primal zulässig, wenn alle BVn in der zugehörigen Basislösung nicht-negativ sind.

Uns interessiert nun, was sich bei einem Einstieg in die Produktion von Ausdauersaft oder Spritzigtrunk ändern würde. Das heißt: Wir stellen die gleichen Überlegungen an wie zu Beginn dieses Abschnitts. Allerdings benutzen wir nun

---

[2] Beim Gaußalgorithmus wären die Schlupfvariablen bei dieser Anordnung der Variablen nicht BVn geworden. Aber bei einer Anordnung mit den Schlupfvariablen ganz links wäre die NZSF schon erreicht, und die Schlupfvariablen wären die BVn.

systematisch die Information, die im Verzeichnis zur aktuellen Basis enthalten ist.

Ein positives x_A, wie auch ein positives x_S würde offenbar einen positiven Beitrag zu unserer Zielfunktion leisten. Bringen wir sie doch auf die linke Seite, d. h. lösen wir eine Gleichung nach x_A oder x_S auf und machen damit x_A bzw. x_S zu einer BV. Aber welche Variable nehmen wir und welche Gleichung?

Den meisten zusätzlichen Profit pro Einheit machen wir mit dem Einstieg in die Produktion von Ausdauersaft. Daher entscheiden wir, eine Gleichung nach x_A aufzulösen. Diese (im Moment rein willkürlich und gierig getroffene) Entscheidung heißt Spaltenpivot.

Welche Gleichung muss aber nun nach x_A aufgelöst werden? An dieser Stelle müssen wir uns daran erinnern, dass alle BVn nicht-negativ sein müssen. Erhöhen wir die Produktion von Ausdauersaft, so werden Ressourcen aufgebraucht. Hier bedeutet das, dass die Werte der Schlupfvariablen (Kapazitätsüberschüsse!) sinken (im Allgemeinen ist das nur so, falls der Koeffizient von x_A in der entsprechenden Zeile kleiner als null ist; im Beispiel ist das in allen Zeilen so).

Unter null dürfen die BVn natürlich nicht sinken. Also können wir x_A nur so lange erhöhen, bis die erste BV null wird.

$$\begin{vmatrix} s_1 = & 7 - x_A - x_S & \stackrel{!}{\geq} 0 \\ s_2 = & 10 - x_A - 2x_S & \stackrel{!}{\geq} 0 \\ s_3 = & 5 - x_A & \stackrel{!}{\geq} 0 \end{vmatrix} \iff \begin{vmatrix} x_A \stackrel{!}{\leq} & 7 - x_S & = 7 \\ x_A \stackrel{!}{\leq} & 10 - 2x_S & = 10 \\ x_A \stackrel{!}{\leq} & 5 & = 5 \end{vmatrix}.$$

Das erinnert uns an die Engpassbestimmung, als wir nur ein Produkt produzieren wollten! Offenbar schränkt uns die Nichtnegativität von s_3 am meisten ein. Also ist die entsprechende Gleichung der Engpass. Sind mehrere Zeilen gleich restriktiv, so muss man hier eine Auswahl treffen, den sogenannten Zeilenpivot.

Allgemein gilt: Bei welchem Wert irgend einer aktuellen NBV x_j eine der aktuellen BVn null wird, kann man leicht im Verzeichnis direkt berechnen: Wieviel Ressourcen zu Zeile i pro Einheit Produktion des Guts j verbraucht wird, sieht man am aktuellen Koeffizienten $-\bar{a}_{ij}$ von x_j in Zeile i des Verzeichnisses. Es wird natürlich nur dann etwas verbraucht, wenn $-\bar{a}_{ij} < 0$. Im Falle $-\bar{a}_{ij} = 0$ wird nichts verbraucht, im Falle $-\bar{a}_{ij} > 0$ fällt sogar etwas von Ressource i bei der Produktion von j ab!

Zur Verfügung steht höchstens so viel von Ressource i, wie in Zeile i des aktuellen Verzeichnisses als Konstante $\bar{b}_i$ steht. Die größtmögliche Erhöhung von x_j bzgl. Ressource i ergibt sich also aus dem Betrag des Quotienten

$$\bar{q}_i := \begin{cases} \bar{b}_i/\bar{a}_{ij} & \text{falls } \bar{a}_{ij} > 0, \\ \infty & \text{sonst.} \end{cases}$$

Diesen Quotienten $\bar{q}_i$ nennen wir den Engpassquotienten von Zeile i (zum Spaltenpivot x_j). Die Zeilen mit dem kleinstmöglichen Engpassquotienten kommen

3.6 Der Simplexalgorithmus mit Verzeichnissen

als Zeilenpivot in Frage. Da in jeder Zeile genau eine BV vorkommt, kann man den Engpassquotienten einer Zeile auch als den Engpassquotienten der entsprechenden BVn auffassen.

Zurück zum Beispiel: Erhöhen wir x_A so weit wie möglich, so wird s_3 auf null sinken. Aber dann kann s_3 auch genausogut NBV werden (Ausstieg aus der Produktion). Der Vorgang, eine NBV in die Basis aufzunehmen und eine BV herauszuwerfen, heißt Basisaustausch.

Die gewünschte neue Basis lautet nun (s_1, s_2, x_A). Nun müssen wir das Verzeichnis umformen auf ein Verzeichnis zu genau dieser Basis. Wir müssen also die Pivotzeile nach der neuen BVn x_A auflösen und in den anderen Zeilen die neue BV auf der rechten Seite entfernen, z. B. durch Einsetzen der resultierenden Gleichung $x_A = 5 - s_3$.

$$
\begin{array}{|rrrrrrrr|}
\hline
s_1 &=& 7 &-& (5-s_3) &-& x_S &=& 2 + s_3 - x_S \\
s_2 &=& 10 &-& (5-s_3) &-& 2x_S &=& 5 + s_3 - 2x_S \\
x_A &=& 5 &-& s_3 & & &=& 5 - s_3 \\
\hline
z &=& 0 &+& 2(5-s_3) &+& x_S &=& 10 - 2s_3 + x_S \\
\hline
\end{array}
$$

Man beachte: Die Lösungsmenge des LGSs bleibt unverändert, nur die Darstellung verändert sich. Und mit der Darstellung verbunden ist die Basislösung, also die Auswahl einer speziellen Lösung aus der unveränderten Lösungsmenge. Die Basislösung zur Basis (s_1, s_2, x_A) lautet:

$$
\begin{array}{|rcll|}
\hline
s_3 &=& 0 & \text{(NBV)} \\
x_S &=& 0 & \text{(NBV)} \\
\hline
s_1 &=& 2 & \text{(BV)} \\
s_2 &=& 5 & \text{(BV)} \\
x_A &=& 5 & \text{(BV)} \\
\hline
z &=& 10 & \text{(BV)} \\
\hline
\end{array}
$$

Soweit waren wir schon einmal am Beginn dieses Abschnitts: Wenn wir nur Ausdauersaft produzieren, dann höchstens $5\,\ell$, und wir verdienen $10\,€$ damit. Der Vorteil der Verzeichnisverwaltung ist nun, dass wir das gleiche systematisch noch einmal machen können, und das konnten wir vorher nicht. Das aktuelle Verzeichnis sieht wie folgt aus:

$$
\begin{array}{|rcrrr|}
\hline
s_1 &=& 2 &+& s_3 - 1x_S \\
s_2 &=& 5 &+& s_3 - 2x_S \\
x_A &=& 5 &-& s_3 \\
\hline
z &=& 10 &-& 2s_3 + 1x_S \\
\hline
\end{array}
$$

Schauen wir auf die reduzierten Profite zur aktuellen Basis (s_1, s_2, x_A): Der reduzierte Profit von x_S (farbig) ist $+1$, also positiv, d. h. wieder, dass sich der Einstieg in die Produktion von Spritzigsaft lohnen würde. Also ist x_S der Spaltenpivot und soll in die Basis hinein. Der Engpassquotient ist in der ersten Zeile minimal. Also muss die zugehörige BV s_1 die Basis verlassen:

$$\begin{array}{|lrrrll|}\hline s_1 = & 2 + & s_3 & - 1x_S & & (x_S \leq 2/1) \\ s_2 = & 5 + & s_3 & - 2x_S & & (x_S \leq 5/2) \\ x_A = & 5 - & s_3 & & & \text{(keine Beschränkung für } x_S\text{)} \\ \hline z = & 10 - & 2s_3 & + 1x_S & & \\ \hline \end{array}.$$

Das Verzeichnis zur Basis (x_S, s_2, x_A) lautet nun:

$$\begin{array}{|lrrrrrrr|}\hline x_S = & 2 + & s_3 & - & & s_1 & = & 2 + s_3 - s_1 \\ s_2 = & 5 + & s_3 & - 2(2 + s_3 - s_1) & = & & & 1 - s_3 + 2s_1 \\ x_A = & 5 - & s_3 & & & & = & 5 - s_3 \\ \hline z = & 10 - & 2s_3 & + & (2 + s_3 - s_1) & = & & 12 - s_3 - s_1 \\ \hline \end{array}.$$

Und die zugehörige Basislösung ist:

$$\begin{array}{|ll|}\hline s_3 = 0 & \text{(NBV)} \\ s_1 = 0 & \text{(NBV)} \\ \hline x_S = 2 & \text{(BV)} \\ s_2 = 1 & \text{(BV)} \\ x_A = 5 & \text{(BV)} \\ \hline z = 12 & \text{(BV)} \\ \hline \end{array}.$$

Am Verzeichnis sieht man, dass man durch Erhöhung der NBVn nichts mehr gewinnen kann: Alle reduzierten Profite sind nicht-positiv. Wir sagen, das Simplex-Optimalitätskriterium ist erfüllt. Es besagt, dass eine zulässige Basislösung optimal ist, wenn keine positiven reduzierten Profite im Verzeichnis zur Basislösung existieren. In diesem Fall heißt das Verzeichnis (und damit die Basis) optimal.

Fassen wir das, was wir gerade gemacht haben noch einmal zusammen. Wir erhalten den sogenannten Simplexalgorithmus mit Verzeichnissen:

Merksatz:

Simplexalgorithmus mit Verzeichnissen für $\max\{C^T X : AX \leq B, X \geq 0\}$, $B \geq 0$:

1. Schlupfvariablen: Ungleichungen durch nicht-negative Schlupfvariablen in Gleichungen überführen.
2. Startverzeichnis: Jede Gleichung nach ihrer Schlupfvariablen auflösen und eine Gleichung für die Zielfunktionsvariable $z = C^T X$ hinzufügen.
3. Optimalitätscheck: Falls alle reduzierten Profite nicht positiv, so ist die aktuelle Basislösung optimal mit Zielfunktionswert z: STOP.

3.6 Der Simplexalgorithmus mit Verzeichnissen _____ 105

> 4. Sonst Spaltenpivot: Wähle NBV mit positivem reduzierten Profit.
> 5. Unbeschränktheitscheck: Falls alle Engpassquotienten gleich ∞, so ist das Problem unbeschränkt: STOP.
> 6. Sonst Zeilenpivot: Wähle BV mit minimalem Engpassquotienten.
> 7. Basisaustausch: Stelle Engpasszeile nach Spaltenpivotvariable um und setze diese Gleichung in allen anderen Gleichungen für die Spaltenpivotvariable ein.
> 8. Iteration: Gehe zu 3.

Punkt 5 des Simplexalgorithmus behandelt einen Aspekt, der uns so noch nicht untergekommen ist. Betrachten wir hierzu das folgende Beispiel, das dem zweiten Verzeichnis von oben entspricht, außer dass das Vorzeichen vor x_S sich umgedreht hat.

$$\begin{array}{|rrrr|} s_1 =& 2 +& s_3 +& 1x_S \\ s_2 =& 5 +& s_3 +& 2x_S \\ x_A =& 5 -& s_3 & \\ \hline z =& 10 -& 2s_3 +& 1x_S \end{array}.$$

Da x_S die einzige NBV mit positivem reduzierten Profit ist, müssen wir sie, wenn wir uns verbessern wollen, in die Basis hineinnehmen. Versuchen wir nun, den Engpass zu bestimmen. Aus der ersten Zeile erhalten wir $-x_S \leq 2 \iff x_S \geq -2$ und aus der zweiten Zeile erhalten wir $-2x_S \leq 5 \iff x_S \geq \frac{5}{2}$. Die dritte Zeile stellt keinerlei Einschränkung an x_S dar. Also nur lauter *untere* Schranken für x_S, da durch das Vorzeichen des Koeffizienten von x_S alle Ungleichungen nunmal zwangsläufig in diese Richtung wirken.

Insgesamt ergibt sich keine obere Schranke für x_S, das damit beliebig groß werden kann. Also ist ein beliebig großer Zielfunktionswert möglich, und wir sagen, das LP ist unbeschränkt.

Dass der Algorithmus bei geeigneten Regeln für Spalten- und Zeilenpivot endlich und korrekt ist, besagt der folgende, zentrale Satz, den Ihre Mathematiker für Sie bewiesen haben.

Satz 3.6.1 (Hauptsatz der Linearen Optimierung)**.** *Für die Standard-Maximierungsaufgabe* $\max\{C^T X : AX \leq B, X \geq \mathbf{0}\}$ *mit* $B \geq \mathbf{0}$ *der Linearen Optimierung gilt:*

(i) $X = \mathbf{0}$ ist eine zulässige Basislösung zur Basis aus Schlupfvariablen.

(ii) Wenn es eine Optimallösung gibt, dann auch eine optimale Basislösung.

(iii) Wenn für die Basis $\mathcal{B}$ das Simplex-Optimalitätskriterium erfüllt ist, wenn es also keine positiven reduzierten Profite im Verzeichnis zur Basis $\mathcal{B}$ gibt, dann ist die Basislösung zur Basis $\mathcal{B}$ optimal.

(iv) Es gibt Spalten- und Zeilenpivotregeln, für die der Algorithmus nach endlich vielen Basisaustauschen terminiert, z. B. die Bland-Regel: Wähle immer die Spalte/Zeile mit dem kleinsten Index.

Dass die Betrachtung von Basislösungen ausreichend ist, haben wir uns in Dimension zwei bereits plausibel gemacht: Geometrisch entsprechen Basislösungen den Ecken des zulässigen Bereichs. In Dimension zwei heißt das: Ecken sind Schnittpunkte von je zwei nicht-parallelen Begrenzungsgeraden, also eindeutige Lösung des Systems der beiden Geradengleichungen. Wir haben in Dimension zwei bereits beobachtet, dass unter den optimalen Lösungen (falls es welche gibt) immer auch Ecken sind. Der Satz sagt, dass das auch in höheren Dimensionen der Fall ist.

Glauben wir den Satz, so ist damit die Basislösung $x_A = 5$, $x_S = 2$ zur Basis (x_A, s_2, x_S) tatsächlich bewiesenermaßen optimal für unser Ausgangsproblem.

3.7 Der Simplexalgorithmus mit Tableaus

Der Simplex-Algorithmus mit Verzeichnissen aus dem letzten Abschnitt hat ähnliche Eigenschaften wie das Ablesen der Lösungsmenge eines LGSs über die Umformung der Gleichungen in sieben Schritten: Die Schritte sind plausibel, erfordern aber eine Menge unnötiger Schreibarbeit. Hier ist es noch etwas schlimmer, da das mitverwendete Einsetzungsverfahren erfahrungsgemäß recht fehleranfällig für Handrechnungen ist.

Für LGSe haben wir dann den Gaußalgorithmus verwendet, der die LGSe löst durch erlaubte Zeilenumformungen in der erweiterten Koeffizientenmatrix.

Wir hatten schon dort festgestellt: Eine Variable kommt in genau einer Gleichung vor, man kann also nach dieser Variable auflösen, wenn ihre Koeffizientenspalte genau eine Zahl ungleich null enthält. Ist diese Zahl die Eins, so muss man die entsprechende Gleichung nur noch nach der Variablen umstellen.

Dieses Umstellen haben wir letztendlich im Gaußalgorithmus nicht mehr explizit durchgeführt, denn die Lösungsmenge kann ja auch so direkt abgelesen werden. Insbesondere ist die spezielle Lösung auf den Komponenten der BVn stets gegeben durch die rechte Spalte in der NZSF der erweiterten Koeffizientenmatrix. Wichtig ist dafür nur, dass in den Koeffizientenspalten zu den BVn die Einheitsvektoren stehen.

Auch hier können wir auf einer (noch etwas mehr erweiterten) Matrix arbeiten: Es handelt sich um die erweiterte Koeffizientenmatrix des LGSs nach Einführung von Schlupfvariablen, erweitert um eine Zeile für die Zielfunktion. Umstellen nach den BVn wird ersetzt durch das Erzeugen von Einheitsvektoren in den Koeffizientenspalten zu den BVn.

Ausnahmsweise hat es sich hier bewährt, Zeilen- und Spaltenüberschriften mitzuschleppen, denn wir müssen uns merken, was Basis- und was NBVn sind.

Betrachten wir zunächst einmal unser Beispiel aus dem letzten Abschnitt. Das

3.7 Der Simplexalgorithmus mit Tableaus _____ 107

Startverzeichnis zur Basis aus Schlupfvariablen lautete:

$$\begin{array}{|rrrrr|}
\hline
s_1 = & 7 & - & x_A & - & x_S \\
s_2 = & 10 & - & x_A & - & 2x_S \\
s_3 = & 5 & - & x_A & & \\
\hline
z = & 0 & + & 2x_A & + & x_S \\
\hline
\end{array}.$$

Schauen wir uns die erweiterte Koeffizientenmatrix dieses LGSs bzgl. der Variablenreihenfolge $x_A, x_S, s_1, s_2, s_3, z$ an:

$$\left(\begin{array}{rrrrrr|r}
1 & 1 & 1 & 0 & 0 & 0 & 7 \\
1 & 2 & 0 & 1 & 0 & 0 & 10 \\
1 & 0 & 0 & 0 & 1 & 0 & 5 \\
\hline
2 & 1 & 0 & 0 & 0 & -1 & 0
\end{array}\right).$$

Dabei steht die letzte Zeile für die Gleichung

$$C^T X - z = 2x_A + x_s - z = 0,$$

wodurch z stets auf den Wert der aktuellen Zielfunktion von X gezwungen wird.

Wenn die Werte der NBVn x_A, x_S auf null festgelegt werden, so kann man die ersten beiden Spalten vergessen, und man liest ab, dass $s_1 = 7, s_2 = 10, s_3 = 5$, also genau die Basislösung zur aktuellen Basis. Das liegt daran, dass die Einheitsvektoren in den Spalten zu den BVn stehen. Wollen wir also in der erweiterten Koeffizientenmatrix die Basislösung zu einer Basis ablesen, so müssen wir in den Koeffizientenspalten der BVn die Einheitsvektoren durch erlaubte Zeilenumformungen erzeugen. Bei der Basis aus Schlupfvariablen ist nichts mehr zu tun. Aber wir wollen ja die Basis im Verlauf des Lösungsverfahrens ändern.

Nun führen wir im Simplexalgorithmus immer nur einen *Basisaustausch* durch, d. h. in der erweiterten Koeffizientenmatrix wird immer nur die Spalte der neu hinzugenommenen BV nicht der Einheitsvektor sein. Wir müssen also pro Iteration des Algorithmus in genau einer Spalte den Einheitsvektor erzeugen.

Wo muss denn die Eins des Einheitsvektors hin? Nun, ein Blick auf die Verzeichnismethode zeigt: Die Engpasszeile wird nach der neuen BV umgestellt. Also muss die Eins am Ende des Basisaustauschs in der Engpasszeile stehen.

Beim ersten Basisaustausch wurde x_A in die Basis aufgenommen, und s_3 musste die Basis verlassen. Um in der erweiterten Koeffizientenmatrix die zugehörige Basislösung ablesen zu können, müssen wir also durch erlaubte Zeilenumformungen in der Spalte zu x_A (also der ersten Spalte) den dritten Einheitsvektor generieren. Das Element in der Pivotspalte und Pivotzeile, also der Eintrag in Zeile drei und Spalte eins, heißt Pivotelement; dieses Element wird zum »Putzen«

verwendet:
$$\left(\begin{array}{ccccc|c} 1 & 1 & 1 & 0 & 0 & 0 & 7 \\ 1 & 2 & 0 & 1 & 0 & 0 & 10 \\ 1 & 0 & 0 & 0 & 1 & 0 & 5 \\ \hline 2 & 1 & 0 & 0 & 0 & -1 & 0 \end{array}\right) \begin{array}{l} (Z_1 \| Z_1 - Z_3) \\ (Z_2 \| Z_2 - Z_3) \\ \\ (Z_4 \| Z_4 - 2Z_3) \end{array}$$

$$\leadsto \left(\begin{array}{cccccc|c} 0 & 1 & 1 & 0 & -1 & 0 & 2 \\ 0 & 2 & 0 & 1 & -1 & 0 & 5 \\ 1 & 0 & 0 & 0 & 1 & 0 & 5 \\ \hline 0 & 1 & 0 & 0 & -2 & -1 & -10 \end{array}\right).$$

Nun dürfen wir keinen Denkfehler machen: Wir können zwar die Basislösung ablesen aus der rechten Spalte, aber die Zuordnung zu den BVn ist wichtig: In der Spalte zu x_A steht die Eins in der *dritten* Zeile; daher ist in der Basislösung x_A festgelegt durch die *dritte* Gleichung (nicht etwa durch die erste!). Also ist in der Basislösung $x_A = 5$. Die Eins in der Koeffizientenspalte zu s_1 steht in der ersten Zeile, daher ist $s_1 = 2$. Schließlich ist $s_2 = 5$ und $-z = -10$, also $z = 10$ in der Basislösung zur Basis (x_A, s_1, s_2).

Das heißt: Zum Ablesen ist es wichtig, *welcher* Einheitsvektor in der Koeffizientenspalte zu einer BV steht.

Es hat sich bewährt, über die Zuordnung Spalten zu Variablennamen und Zeilen zu BVn explizit buchzuführen, auch wenn es nicht unbedingt notwendig ist. Heraus kommt das sogenannte Simplex-Tableau, in dem man auch noch eine Spalte am Ende für die Berechnung der Engpassquotienten (EQ) vorsieht.

Für die Startbasis (s_1, s_2, s_3) sieht das Simplex-Tableau wie folgt aus:

BV	x_A	x_S	s_1	s_2	s_3	z	RS	EQ
s_1	1	1	1	0	0	0	7	
s_2	1	2	0	1	0	0	10	
s_3	1	0	0	0	1	0	5	
z	2	1	0	0	0	−1	0	

Und nach dem Basiswechsel zur Basis (s_1, s_2, x_A) (Zeilenumformungen wie oben) sieht es so aus:

BV	x_A	x_S	s_1	s_2	s_3	z	RS	EQ
s_1	0	1	1	0	−1	0	2	
s_2	0	2	0	1	−1	0	5	
x_A	1	0	0	0	1	0	5	
z	0	1	0	0	−2	−1	−10	

Die Verwaltung des Basiswechsels haben wir nun geklärt. Was ist mit den übrigen Schritten? Nun, die reduzierten Profite findet man in der letzten Zeile wie im

3.7 Der Simplexalgorithmus mit Tableaus

Verzeichnis. Und die Erhöhung einer NBV ist wie vorher beschränkt durch die Engpassquotienten der Zeilen. Hier spielen nur die Zeilen mit, in denen der Koeffizient zur ausgewählten Nichbasisvariable positiv ist. Das ist ein Unterschied zur Verzeichnismethode (da waren die Zeilen mit negativen Koeffizienten die Wichtigen). Das ist aber klar, denn dort wurden ja die NBVn auf die rechte Seite gebracht, hier nicht. In jedem Falle kann man alle Daten sofort im Tableau ablesen.

Hier ist das Tableau mit positiven reduziertem Profit in Spalte x_A, Engpass in Zeile s_1 und Pivotelement farbig markiert:

BV	x_A	x_S	s_1	s_2	s_3	z	RS	EQ
s_1	0	1	1	0	−1	0	2	$^2/_1$
s_2	0	2	0	1	−1	0	5	$^5/_2$
x_A	1	0	0	0	1	0	5	−
z	0	1	0	0	−2	−1	−10	

Nun müssen wir also mit dem »Putzlappen« in Zeile s_1 und Spalte x_S lauter Nullen in Spalte x_S erzeugen. Das geht mit den Operationen $(Z_2 \| Z_2 - 2Z_1)$ sowie $(Z_4 \| Z_4 - Z_1)$, und wir erhalten:

BV	x_A	x_S	s_1	s_2	s_3	z	RS	EQ
x_S	0	1	1	0	−1	0	2	
s_2	0	0	−2	1	1	0	1	
x_A	1	0	0	0	1	0	5	
z	0	0	−1	0	−1	−1	−12	

Es gibt keine positiven reduzierten Profite mehr, das Simplex-Optimalitätskriterium ist also erfüllt, und die aktuelle Basis (und damit die Basislösung) ist optimal. Ablesen kann man sie wieder sofort als $x_S = 2$, $s_2 = 1$, $x_A = 5$ sowie $z = 12$. Alle anderen Variablen sind NBVn und daher null in dieser Basislösung.

Zusammengefasst ergibt sich für die Verwaltung der Einträge im Tableau:

Merksatz:

Simplexalgorithmus mit Tableaus für $\max\{C^T X : AX \le B, X \ge \mathbf{0}\}$, $B \ge \mathbf{0}$:

1. Schlupfvariablen: Ungleichungen durch nicht-negative Schlupfvariablen in Gleichungen überführen.
2. Starttableau: Zielfunktionsvariable z und Gleichung $C^T X - z = 0$ hinzufügen; trage in Tableau erweiterte Koeffizientenmatrix zum resultierenden LGS ein.

3. **Optimalitätscheck:** Falls alle reduzierten Profite nicht positiv, so ist die aktuelle Basislösung optimal mit Zielfunktionswert z: STOP.
4. Sonst **Spaltenpivot:** Wähle NBV mit positivem reduzierten Profit.
5. **Unbeschränktheitscheck:** Falls alle Engpassquotienten gleich ∞, so ist das Problem unbeschränkt: STOP.
6. Sonst **Zeilenpivot:** Wähle BV mit minimalem Engpassquotienten.
7. **Basisaustausch:** Erzeuge durch Zeilenumformungen über und unter dem Pivotelement Nullen und normiere die Pivotzeile so, dass Pivotelement gleich eins ist.
8. **Iteration:** Gehe zu 3.

Wir lösen nun das Eingangsbeispiel der Produktionplanung in unserer Frankfurter-Kranz-Manufaktur. Die Aufgabe lautet:

$$\begin{array}{rl} \max 15x_1 + 5x_2 + 7x_3 & \\ 2x_1 + 2x_2 & \leq 1\,025 \\ 4x_1 + 6x_2 + 2x_3 & \leq 345 \\ 2x_1 + 4x_3 & \leq 425 \\ x_1,\ x_2,\ x_3 & \geq 0 \end{array}.$$

Schritt 1: Schlupfvariablen

$$\begin{array}{rl} \max 15x_1 + 5x_2 + 7x_3 & \\ 2x_1 + 2x_2 + s_1 & \leq 1\,025 \\ 4x_1 + 6x_2 + 2x_3 + s_2 & \leq 345 \\ 2x_1 + 4x_3 + s_3 & \leq 425 \\ x_1,\ x_2,\ x_3,\ s_1,\ s_2,\ s_3 & \geq 0 \end{array}.$$

Schritt 2: Starttableau

BV	x_1	x_2	x_3	s_1	s_2	s_3	z	RS	EQ
s_1	2	2	0	1	0	0	0	1 025	
s_2	4	6	2	0	1	0	0	345	
s_3	2	0	4	0	0	1	0	425	
z	15	5	7	0	0	0	-1	0	

Schritt 3: Optimalitätscheck

BV	x_1	x_2	x_3	s_1	s_2	s_3	z	RS	EQ
s_1	2	2	0	1	0	0	0	1 025	
s_2	4	6	2	0	1	0	0	345	
s_3	2	0	4	0	0	1	0	425	
z	15	5	7	0	0	0	-1	0	

3.7 Der Simplexalgorithmus mit Tableaus

⟶ Nicht optimal.

Schritt 4: Spaltenpivot

BV	x_1	x_2	x_3	s_1	s_2	s_3	z	RS	EQ
s_1	2	2	0	1	0	0	0	1025	
s_2	4	6	2	0	1	0	0	345	
s_3	2	0	4	0	0	1	0	425	
z	15	5	7	0	0	0	-1	0	

⟶ Wir wählen x_1 als neue BV.

Schritt 5: Unbeschränktheitscheck

BV	x_1	x_2	x_3	s_1	s_2	s_3	z	RS	EQ
s_1	2	2	0	1	0	0	0	1025	$1025/2$
s_2	4	6	2	0	1	0	0	345	$345/4$
s_3	2	0	4	0	0	1	0	425	$425/2$
z	15	5	7	0	0	0	-1	0	

⟶ Nicht unbeschränkt.

Schritt 6: Zeilenpivot

BV	x_1	x_2	x_3	s_1	s_2	s_3	z	RS	EQ
s_1	2	2	0	1	0	0	0	1025	$1025/2$
s_2	4	6	2	0	1	0	0	345	$345/4$
s_3	2	0	4	0	0	1	0	425	$425/2$
z	15	5	7	0	0	0	-1	0	

⟶ Die BV s_2 ist eindeutiger Engpass.

Schritt 7: Basisaustausch

Wir vermeiden Bruchrechnen weitgehend durch Skalieren. Beachten Sie, dass wir auch die Zielfunktionszeile skalieren. Damit wir uns das merken können und am Ende rückgängig machen können, haben wir die z-Spalte.

BV	x_1	x_2	x_3	s_1	s_2	s_3	z	RS	EQ
s_1	2	2	0	1	0	0	0	1025	$(Z_1 \| 2Z_1)$
x_1	4	6	2	0	1	0	0	345	
s_3	2	0	4	0	0	1	0	425	$(Z_3 \| 2Z_3)$
z	15	5	7	0	0	0	-1	0	$(Z_4 \| 4Z_4)$

BV	x_1	x_2	x_3	s_1	s_2	s_3	z	RS	EQ
s_1	4	4	0	2	0	0	0	2050	$(Z_1\|\|Z_1-Z_2)$
⤳ x_1	4	6	2	0	1	0	0	345	
s_3	4	0	8	0	0	2	0	850	$(Z_3\|\|Z_3-Z_2)$
z	60	20	28	0	0	0	-4	0	$(Z_4\|\|Z_4-15Z_2)$

BV	x_1	x_2	x_3	s_1	s_2	s_3	z	RS	EQ
s_1	0	-2	-2	2	-1	0	0	1705	$(Z_1\|\|Z_1/2)$
⤳ x_1	4	6	2	0	1	0	0	345	$(Z_2\|\|Z_2/4)$
s_3	0	-6	6	0	-1	2	0	505	$(Z_3\|\|Z_3/2)$
z	0	-70	-2	0	-15	0	-4	-5175	$(Z_4\|\|Z_4/4)$

BV	x_1	x_2	x_3	s_1	s_2	s_3	z	RS	EQ
s_1	0	-1	-1	1	$-1/2$	0	0	$1705/2$	
⤳ x_1	1	$3/2$	$1/2$	0	$1/4$	0	0	$345/4$	
s_3	0	-3	3	0	$-1/2$	1	0	$505/2$	
z	0	$-35/2$	$-1/2$	0	$-15/4$	0	-1	$-5175/4$	

Schritt 8: Iteration
Schritt 3: Optimalitätscheck
⟶ Optimal mit Basislösung $x_1 = {}^{345}/_4$, $x_2 = x_3 = 0$.

Wir verdienen also so viel mehr an einem Frankfurter Kranz als an den anderen Produkten, dass es sich lohnt, alle Eier dafür einzusetzen und in Kauf zu nehmen, dass $s_1 = 852{,}5$ ME Mehl und $s_3 = 252{,}5$ ME Puddingpulver übrigbleiben.

3.8 Die duale Basislösung

Wir haben nun also einen Algorithmus, um Standard-Maximierungsaufgaben der Linearen Optimierung zu lösen. Man kann jede Lineare Optimierungsaufgabe auf die Form der Standard-Maximierungsaufgabe bringen *mit einer Ausnahme*: Wir können nicht immer garantieren, dass die rechten Seiten nicht-negativ sind. Schauen wir z. B. auf die Standard-Minimierungsaufgabe des Rohstoffaufkaufs in unserer Frankfurter-Kranz-Manufaktur:

$$\left| \begin{array}{rrrrr} \min 1025u_1 & + & 345u_2 & + & 425u_3 \\ 2u_1 & + & 4u_2 & + & 2u_3 \geq 15 \\ 2u_1 & + & 6u_2 & + & 2u_3 \geq 5 \\ & & 2u_2 & + & 4u_3 \geq 7 \\ u_1, & & u_2, & & u_3 \geq 0 \end{array} \right|.$$

Die Zielfunktion minimieren kann man durch Maximieren des Negativen, und die Richtung der Ungleichungen kann man durch Multiplikation mit -1 umkehren.

3.8 Die duale Basislösung

Heraus kommt:

$$\begin{array}{rrrrr} \max -1\,025u_1 & - & 345u_2 & - & 425u_3 \\ -2u_1 & - & 4u_2 & - & 2u_3 \leq -15 \\ -2u_1 & - & 6u_2 & - & 2u_3 \leq -5 \\ & & -2u_2 & - & 4u_3 \leq -7 \\ u_1, & & u_2, & & u_3 \geq 0 \end{array}.$$

Die rechten Seiten sind negativ, und damit haben wir keine Standard-Maximierungsaufgabe. Wir haben keine Startlösung geschweige denn eine Startbasis. Es gibt nun eine sogenannte Phase 1 des Simplex-Algorithmus, mit der man sich eine Startbasis beschaffen kann oder beweist, dass es keine zulässige Lösung gibt. Die zu erläutern, würde den Rahmen des Buchs aber sprengen.

Wir könnten aber auch folgendes tun: Die obige Standard-Minimierungsaufgabe ist dual zu einer Standard-Maximierungsaufgabe. Die können wir lösen und hätten somit nach dem starken Dualitätssatz wenigstens mal den Optimalwert. Aber wie kommen wir an eine optimale Lösung der Ausgangsaufgabe?

Schauen wir einmal allgemein die Zielfunktionsgleichung eines Tableaus zu irgendeiner Basis an, wobei $\bar{C} = (\bar{c}_1, \ldots, \bar{c}_n)$ die reduzierten Profite der Originalvariablen X sein sollen und $\bar{U}^T = (\bar{u}_1, \ldots, \bar{u}_m)$ die reduzierten Profite der Schlupfvariablen S.

Was ist im Tableau bei all den Zeilenumformungen passiert? Uns interessiert die Gesamtwirkung aller Zeilenumformungen auf das Tableau:

BV	Originalvariablen	Schlupfvariablen	z	RS	EQ
SV	A	$\begin{matrix}1 & \ldots & 0 \\ \vdots & \ddots & \vdots \\ 0 & \ldots & 1\end{matrix}$	**0**	B	
z	$c_1 \ldots\ldots c_n$	$0 \ldots 0$	-1	0	

$\downarrow$

Zeilenumformungen

$\downarrow$

BV	Originalvariablen	Schlupfvariablen	z	RS	EQ
BV	$\begin{matrix}* & \ldots\ldots & * \\ \vdots & & \vdots \\ * & \ldots\ldots & *\end{matrix}$	$\begin{matrix}* & \ldots & * \\ \vdots & \ddots & \vdots \\ * & \ldots & *\end{matrix}$	**0**	$\bar{B}$	
z	$\bar{c}_1 \ldots\ldots \bar{c}_n$	$\bar{u}_1 \ldots \bar{u}_m$	-1	$-\gamma$	

Wir haben nur Zeilenumformungen ausgeführt. Da z immer in der Basis bleibt, wird die letzte Zeile nur durch Addieren von Vielfachen der Zeilen darüber geändert, und an der Stelle steht im Bereich der Schlupfvariablen am Start die Einheitsmatrix. Wie kann nun $\bar{u}_1$ als reduzierter Profit der ersten Schlupfvariable bei den Umformungen zu Stande kommen? Über $\bar{u}_1$ stand nur in der ersten Zeile am Start eine Eins, sonst nur Nullen. Also muss per Saldo insgesamt das $\bar{u}_1$-fache der ersten Zeile zur letzten Zeile hinzuaddiert worden sein. Analog muss das $\bar{u}_2$-fache der zweiten Zeile zur letzten Zeile hinzuaddiert worden sein. Und so weiter.

Also haben alle Zeilenumformungen zusammen per Saldo genau $\bar{u}_1$ mal die erste Zeile, $\bar{u}_2$ mal die zweite Zeile etc. von $(A|\mathbf{E}|\mathbf{0}|B)$ zur Zielfunktionszeile hinzugezählt.

Mit etwas Übung geht es im Matrixkalkül leichter: Setze $C^T = \begin{pmatrix} c & \ldots & c_m \end{pmatrix}$, $\bar{C}^T = \begin{pmatrix} \bar{c}_1 & \ldots & \bar{c}_m \end{pmatrix}$ und $\bar{U}^T = \begin{pmatrix} \bar{u}_1 & \ldots & \bar{u}_m \end{pmatrix}$. Ferner sei W der Koeffizientenvektor der Linearkombination von Zeilen, die insgesamt zur Zielfunktionszeile addiert worden sind. Dann gilt folgende Gesamtbilanz der Zeilenumformungen:

nachher		vorher		Umformungen
$\bar{C}^T$	=	C^T	+	$W^T A$
$\bar{U}^T$	=	$\mathbf{0}^T$	+	$W^T \mathbf{E}$
-1	=	-1	+	$W^T \mathbf{0}$
$-\gamma$	=	0	+	$W^T B$

Betrachten wir nun ein Tableau zu einer optimalen Basis. Aus den obigen Gleichungen lesen wir Folgendes ab (ggf. muss mal eine Ungleichung transponiert werden):

1. Wegen $\bar{U}^T = \mathbf{0}^T + W^T \mathbf{E}$ muss $W = \bar{U}$ sein (wie wir oben schon begründet hatten).

2. Da wegen der Optimalität der Basis alle Komponenten von $\bar{C}$ nicht-positiv sind, erfüllt $-\bar{U}$ alle Nebenbedingungen der dualen Standard-Minimierungsaufgabe, also $A^T(-\bar{U}) = C - \bar{C} \geq C$.

3. Da $\bar{U}$ nicht positiv ist, ist $-\bar{U}$ nicht-negativ.

4. $-\bar{U}$ hat optimalen Zielfunktionswert $B^T(-\bar{U}) = \gamma$ für die duale Standard-Minimierungsaufgabe.

Dies beweist das folgende, zunächst etwas überaschende Resultat:

Satz 3.8.1. *Sei $((P),(D))$ ein Primal-Duales Standardpaar von LPs. Dann bilden die mit -1 multiplizierten reduzierten Profite der Schlupfvariablen in einem optimalen Tableau zu (P) eine Optimallösung für (D).*

Interessant ist, dass das Simplex-Optimalitätskriterium für (P) haargenau garantiert, dass $-\bar{U}$ zulässig ist für (D). Wenn es noch positive reduzierte Profite gibt, so ist $\bar{U}$ unzulässig für (D), aber wegen schwacher Dualität hat es immerhin einen Zielfunktionswert, der höchstens so groß ist wie das Optimum. Und überhaupt handelt es sich um eine Variablenbelegung für (D). Daher definiert man:

Definition 3.8.2. Es sei $\mathscr{B}$ eine Basis für eine Standard-Maximierungsaufgabe. Dann heißen die mit -1 multiplizierten reduzierten Profite der Schlupfvariablen im Tableau zur Basis $\mathscr{B}$ die duale Basislösung der dualen Standard-Minimierungsaufgabe zur Basis $\mathscr{B}$. Die duale Basislösung ist zulässig, wenn sie nicht-negativ ist. Die Basis $\mathscr{B}$ heißt in diesem Falle dual zulässige Basis.

Damit gibt es eine griffige Formulierung für die Optimalität einer Basis:

Merksatz:

Eine Basis für eine Standard-Maximierungsaufgabe (P) ist optimal, wenn sie sowohl primal als auch dual zulässig ist. Die zugehörige Basislösung ist dann optimal für (P), und die zugehörige duale Basislösung ist optimal für die zu (P) duale Standard-Minimierungsaufgabe.

Wenden wir das gleich mal an. Im vorigen Abschnitt hatten wir die Standard-Maximierungsaufgabe zur Frankfurter-Kranz-Produktion mit der Tableau-Methode gelöst. Das Tableau zur optimalen Basis (man sagt auch: das optimale Tableau) lautet:

BV	x_1	x_2	x_3	s_1	s_2	s_3	z	RS	EQ
s_1	0	-1	-1	1	$-1/2$	0	0	$1705/2$	
x_1	1	$3/2$	$1/2$	0	$1/4$	0	0	$345/4$	
s_3	0	-3	3	0	$-1/2$	1	0	$505/2$	
z	0	$-35/2$	$-1/2$	0	$-15/4$	0	-1	$-5175/4$	

An den markierten Zahlen lesen wir nun ab: Die optimalen Preise, die ein Rohstoffhändler einem rationalen Produzenten bieten sollte, sind $u_1 = u_3 = 0$ GE/ME für Mehl bzw. Puddingpulver und 3,75 GE/ME für Eier. Damit bezahlt er 1 293,75 GE insgesamt. Für diesen Preis ist der rationale Produzent indifferent gegenüber dem Verkauf von einer ME Eier, wenn er einen optimalen Produktionsplan kennt, denn Produktion bringt dann genau so viel ein wie Verkauf.

3.9 Der duale Simplexalgorithmus

Wir haben im vorigen Abschnitt gesehen, dass man eine Standard-Minimierung in eine Maximierungsaufgabe umformen kann, dass aber evtl. bei diesem Prozess negative rechte Seiten herauskommen. Die praktische Startbasis aus Schlupfvariablen ist also leider unzulässig.

Aber warum stört uns das eigentlich? Wir wollen am Ende eine primal und dual zulässige Basis haben. Bislang waren die Basen im Simplex-Algorithmus stets primal zulässig, denn durch die Engpassbetrachtung haben wir immer darauf geachtet, dass keine Variable in der Basislösung negative Werte annehmen konnte. Die duale Zulässigkeit (keine positiven reduzierten Profite) musste hingegen noch hergestellt werden.

Schauen wir nochmal auf die Maximierungsaufgabe, die aus der Standard-Minimierungsaufgabe zum Rohstoffaufkaufsproblem entstanden ist:

$$\left|\begin{array}{rrrrl} \max -1\,025 u_1 & - & 345 u_2 & - & 425 u_3 \\ -2 u_1 & - & 4 u_2 & - & 2 u_3 \leq -15 \\ -2 u_1 & - & 6 u_2 & - & 2 u_3 \leq -5 \\ & & -2 u_2 & - & 4 u_3 \leq -7 \\ u_1, & & u_2, & & u_3 \geq 0 \end{array}\right|.$$

Ignorieren wir zunächst einmal, dass die Startbasis aus Schlupfvariablen primal unzulässig ist und stellen wir das Tableau zur Basis aus Schlupfvariablen auf:

BV	u_1	u_2	u_3	s_1	s_2	s_3	z	RS	EQ
s_1	−2	−4	−2	1	0	0	0	−15	
s_2	−2	−6	−2	0	1	0	0	−5	
s_3	0	−2	−4	0	0	1	0	−7	
z	−1 025	−345	−425	0	0	0	−1	0	

Wir sehen an den negativen Werte in der RS-Spalte, dass die Basis primal unzulässig ist, aber an den reduzierten Profiten sehen wir, dass die Basis dafür dual zulässig ist, da die Zielfunktionskoeffizienten allesamt nicht-positiv sind!

Warum also nicht einfach die duale Zulässigkeit erhalten und die primale Zulässigkeit durch Basisaustausch herstellen? Genau das werden wir im Folgenden tun.

Wie machen wir einen Fortschritt? Wir müssen den Wert irgendeiner BV auf mindestens null anheben. Sagen wir, wir nehmen die »negativste«, nämlich s_1. Damit haben wir die Pivotzeile diesmal zuerst ausgewählt.

Angenommen, wir möchten s_1 auf null anheben. Dazu muss, wie bei der Engpassbetrachtung, irgendeine BV auf den Wert des Engpassquotienten zur Pivotzeile angehoben werden. Also entweder muss u_1 auf $15/2$, u_2 auf $15/4$ oder u_3 auf $15/2$. Wichtig ist: NBVn, die einen nicht-negativen Koeffizienten in der Pivotzeile haben, können der BV nicht helfen, auf null zu kommen, denn sie müssen ja selber nicht-negativ bleiben. Also spielen nur die NBVn mit, deren Koeffizient negativ ist. In unserem Beispiel ist dieser Koeffizient für alle NBVn negativ. Das muss aber nicht immer so sein.

3.9 Der duale Simplexalgorithmus

Was passiert aber dabei mit den reduzierten Profiten, denn wir möchten ja dual zulässig bleiben? Das ist nicht so einfach an den Gleichungen zu verfolgen. Viel klarer geht es über die Zeilenumformungen zum entsprechenden Basisaustausch. Die neue BV wird nämlich im neuen Tableau einen Einheitsvektor in ihrer Spalte haben mit einer Eins in der s_1-Zeile. Insbesondere wird der reduzierte Profit auf null steigen. Wie bekommt man diese Null dahin?

Wir setzen für feste Pivotzeile i den Profitquotienten von Spalte j fest als Quotient aus aktuellem Koeffizienten $\bar{a}_{ij}$ und reduzierten Profiten $\bar{c}_j$:

$$\bar{q}_j^* := \begin{cases} \bar{c}_j / \bar{a}_{ij} & \text{falls } \bar{a}_{ij} < 0, \\ \infty & \text{sonst}. \end{cases}$$

Dann bekommt man die reduzierten Profite von Variable j auf null, indem man das $\bar{q}_j^*$-fache der Pivotzeile von der Zielfunktionszeile abzieht. In allen Spalten k mit $\bar{a}_{ik} \geq 0$ wird der reduzierte Profit $\bar{c}_k$ nicht erhöht, kann also nicht positiv werden. In allen anderen Spalten k wird er um $\bar{q}_j^* \bar{a}_{ik}$ erhöht. Dort bleibt er nicht-positiv genau dann, wenn $\bar{q}_k^* \geq \bar{q}_j^*$.

Das heißt: Alle reduzierten Profite bleiben genau dann nicht-positiv, wenn man eine von den NBVn mit minimalem Profitquotienten auswählt.

Die Profitquotienten in unserem Beispiel zur Pivotzeile s_1 sind $1025/2$ für u_1, $345/4$ für u_2 und $425/2$ für u_3. Es macht wieder Sinn, sich etwas Platz für die Profitquotienten zu lassen, z. B. in einer Extrazeile ganz unten. Dafür braucht man die Spalte für den Engpassquotienten nicht mehr.

BV	u_1	u_2	u_3	s_1	s_2	s_3	z	RS
s_1	-2	-4	-2	1	0	0	0	-15
s_2	-2	-6	-2	0	1	0	0	-5
s_3	0	-2	-4	0	0	1	0	-7
z	-1025	-345	-425	0	0	0	-1	0
PQ	$1025/2$	$345/4$	$425/2$					

Zur Verdeutlichung der Bedeutung des Profitquotienten zeigen wir die resultierenden Tableaus zu allen drei möglichen neuen BVn. Die Verwaltung des Basisaustauschs im Tableau ist unverändert zum (primalen) Simplexalgorithmus: Durch Zeilenumformungen wird in der Pivotspalte ein Einheitsvektor erzeugt mit einer Eins auf dem Pivotelement.

Zunächst das Tableau zur Basis (u_1, s_2, s_3):

BV	u_1	u_2	u_3	s_1	s_2	s_3	z	RS
u_1	1	2	1	$-1/2$	0	0	0	$15/2$
s_2	0	-2	0	-1	1	0	0	10
s_3	0	-2	-4	0	0	1	0	-7
z	0	1705	625	$-1025/2$	0	0	-1	$-15375/2$
PQ	$1025/2$	$345/4$	$425/2$					

Die duale Zulässigkeit ist futsch. Als Tableau zur Basis (u_2, s_2, s_3) erhalten wir:

BV	u_1	u_2	u_3	s_1	s_2	s_3	z	RS
u_2	$1/2$	1	$1/2$	$-1/4$	0	0	0	$15/4$
s_2	1	0	1	$3/2$	1	0	0	10
s_3	1	0	-3	$1/2$	0	1	0	$1/2$
z	$-1705/2$	0	$-505/2$	$-345/4$	0	0	-1	$-5175/4$
PQ	$1025/2$	$345/4$	$425/2$					

Also sind wir weiterhin dual zulässig. Auch ist keine BV mehr negativ. Wir haben also eine primal und dual zulässige Basis vor uns und sind fertig. Zuletzt das Tableau zur Basis (u_3, s_2, s_3):

BV	u_1	u_2	u_3	s_1	s_2	s_3	z	RS
u_3	1	2	1	$-1/2$	0	0	0	$15/2$
s_2	0	-2	0	-1	1	0	0	10
s_3	0	6	0	-2	0	1	0	23
z	-600	505	0	$-425/2$	0	0	-1	$-6375/2$
PQ	$1025/2$	$345/4$	$425/2$					

Auch hier ist die duale Zulässigkeit verletzt.

Also: Nur wenn man die Spalte als Pivotspalte auswählt, die einen minimalen Profitquotienten hat, dann bleibt man dual zulässig.

Und was ist, wenn es keine NBVn gibt, deren Koeffizient in der Pivotzeile negativ ist? Dann ist offenbar der BV nicht zu helfen, und es gibt keine primal zulässige Lösung: Das Problem ist unzulässig.

Zusammengefasst lautet der Algorithmus:

3.9 Der duale Simplexalgorithmus

Merksatz:

Dualer Simplexalgorithmus für $\max\{C^T X : AX \leq B, X \geq \mathbf{0}\}$, $C \leq \mathbf{0}$:

1. Schlupfvariablen: Ungleichungen durch nicht-negative Schlupfvariablen in Gleichungen überführen.
2. Starttableau: Zielfunktionsvariable z und Gleichung $C^T X - z = 0$ hinzufügen; trage in Tableau erweiterte Koeffizientenmatrix zum resultierenden LGS ein.
3. Dualer Optimalitätscheck: Falls alle BVn nicht negativ, so ist die aktuelle Basislösung optimal mit Zielfunktionswert z: STOP.
4. Sonst Zeilenpivot: Wähle NBV mit negativem Wert.
5. Unzulässigkeitscheck: Falls alle Profitquotienten gleich ∞, so ist das Problem unzulässig: STOP.
6. Sonst Spaltenpivot: Wähle NBV mit minimalem Profitquotienten.
7. Basisaustausch: Erzeuge durch Zeilenumformungen über und unter dem Pivotelement Nullen und normiere die Pivotzeile so, dass Pivotelement gleich eins ist.
8. Iteration: Gehe zu 3.

Wenn Sie das optimale Tableau anschauen, dann sehen Sie, dass dieselben Zahlen drinstehen wie im optimalen Tableau zur Produktionsplanungsaufgabe. Es ist nur quasi »transponiert«. Auch alle Rechnungen sind im Prinzip dieselben. Das ist natürlich kein Zufall. Warum nimmt man dann aber überhaupt den dualen Simplexalgorithmus statt zu dualisieren und den primalen Simplexalgorithmus zu nehmen?

Nun, der Gesamtaufwand für den dualen Simplexalgorithmus kann echt kleiner sein. In praktischen Problemen gibt es sehr oft viel mehr Variablen als Nebenbedingungen. Nehmen wir also an, wir hätten eine Standard-Minimierungsaufgabe mit 100 Variablen und 10 Nebenbedingungen zu lösen. Nach Einführung von Schlupfvariablen entsteht ein Tableau mit etwa 110 Spalten und 10 Zeilen (einzelne Zeilen und Spalten zählen wir mal nicht mit). Der duale Simplexalgorithmus hat also etwa 1 100 Zahlen zu verwalten.

Beim Aufstellen der dualen Standard-Maximierungsaufgabe entsteht ein LP mit 100 Nebenbedingungen und 10 Variablen. Nach Einführung von Schlupfvariablen sind das 100 Zeilen und 110 Variablen. Der primale Simplexalgorithmus hat nun etwa 11 000 Zahlen (also etwa 10 mal so viel!) zu verwalten.

Daher ist bei einer Aufgabe mit mehr Variablen als Nebenbedingungen das Dualisieren zu vermeiden. Man nimmt dann besser den jeweils passenden Simplexalgorithmus, um in kleineren Tableaus zu arbeiten.

Professionelle Computer-Implementierungen arbeiten nicht mit Tableaus. Sie arbeiten mit Darstellungen der Basisinversen. Aber auch hier bedeuten mehr Zeilen größere Basen und Basisinverse und daher mehr Aufwand.

Man kann auch primale und duale Simplex-Schritte abwechseln. Dieses unter dem Namen Criss-Cross-Methode bekannte Verfahren erfordert aber ein dickeres Buch.

3.10 Interpretation von optimalen Tableaus

Tableaus haben nicht nur den Vorteil, dass man mit ihrer Hilfe den Simplexalgorithmus recht schnell durchführen kann. Alle Einträge in einem optimalen Tableau sind darüber hinaus ökonomisch interpretierbar.

Schauen wir auf das optimale Tableau zur Frankfurter-Kranz-Produktion:

BV	x_1	x_2	x_3	s_1	s_2	s_3	z	RS	EQ
s_1	0	-1	-1	1	$-1/2$	0	0	$1705/2$	
x_1	1	$3/2$	$1/2$	0	$1/4$	0	0	$345/4$	
s_3	0	-3	3	0	$-1/2$	1	0	$505/2$	
z	0	$-35/2$	$-1/2$	0	$-15/4$	0	-1	$-5175/4$	

Wir behaupten: Es gibt außer in den Spalten der BVn (inkl. z) keine Zahl, die nicht nützliche Informationen enthält. Die Spalten der BVn können keine wichtigen Informationen enthalten, da dort immer nur die Einheitsvektoren (negativ für z) stehen. Zunächst einmal haben wir eine primale Optimallösung sowie den zugehörigen Optimalwert.

BV	x_1	x_2	x_3	s_1	s_2	s_3	z	RS	EQ
s_1	0	-1	-1	1	$-1/2$	0	0	$1705/2$	
x_1	1	$3/2$	$1/2$	0	$1/4$	0	0	$345/4$	
s_3	0	-3	3	0	$-1/2$	1	0	$505/2$	
z	0	$-35/2$	$-1/2$	0	$-15/4$	0	-1	$-5175/4$	

Im optimalen Produktionsplan produzieren wir also 86,25 ME Frankfurter Kränze und verdienen damit 1 293,75 GE. Übrig bleiben 852,5 ME Mehl und 252,5 ME Puddingpulver.

Was bedeuten denn die reduzierten Profite? Das haben wir schon im Simplexalgorithmus ausgenutzt: Bei den reduzierten Profiten der Originalvariablen handelt es sich um die Grenzprofite für die Güterproduktion. Sie geben für NBVn an, wie der Ertrag sich ändert, wenn eine Einheit des Guts mehr produziert wird. Die reduzierten Profite von BVn sind immer null, da sie durch die NBVn festgelegt sind.

Bei den reduzierten Profiten der Schlupfvariablen handelt es sich um Schattenpreise. Sie geben an, wieviel Geld wir für eine zusätzliche Einheit der entsprechenden Ressource gerade noch bezahlen würden, um die Produktion zu steigern.

3.10 Interpretation von optimalen Tableaus

Umgekehrt ist es der Preis, zu dem wir gerade noch eine Einheit dieser Ressource verkaufen würden.

BV	x_1	x_2	x_3	s_1	s_2	s_3	z	RS	EQ
s_1	0	-1	-1	1	$-1/2$	0	0	$1705/2$	
x_1	1	$3/2$	$1/2$	0	$1/4$	0	0	$345/4$	
s_3	0	-3	3	0	$-1/2$	1	0	$505/2$	
z	0	$-35/2$	$-1/2$	0	$-15/4$	0	-1	$-5175/4$	

Würden wir eine Einheit Eierkuchen produzieren wollen, so würde unser Profit um 17,5 GE sinken. Wollten wir eine Einheit Creme produzieren, so würde die Gesamtproduktion 0,5 GE weniger abwerfen. Das kann interessant sein, wenn jemand anderes uns zu dieser Produktion bewegen will: Wir wissen dann, was er uns dafür zahlen muss. So etwas wäre z. B. die volkswirtschaftlich gewünschte Produktion von Energiesparlampen zu moderaten Preisen oder die Bedienung von unrentablen Bahnstrecken.

Der Rohstoffpreis für Eier, für den wir gerade noch eine ME Eier verkaufen würden statt zu produzieren, beträgt 3,75 GE/ME. Es ist sozusagen der Preis, den uns ein Ei wert ist. Man kann das auch anders herum sehen und sagen: Wenn der Kaufpreis pro Ei nicht höher ist als 3,75 GE/ME, dann würde es sich für uns lohnen, Eier zu kaufen, um mehr produzieren zu können. Diese Betrachtung gilt aber nur solange, wie die aktuell optimale Basis optimal bleibt. Irgendwann wird nämlich etwas anderes knapp, und dann sind uns die Eier nicht mehr so viel wert. Die anderen Rohstoffe sind aktuell aber nicht knapp und sind daher für uns nichts wert in dem Sinne, dass wir für keinen noch so niedrigen Preis welche dazu kaufen würden. Oder andersherum: Egal, wie wenig ein Rohstoffhändler dafür bietet – wir verkaufen eine ME.

Für unsere Controlling-Abteilung sind diese Zahlen auch interessant: Wenn es Anbieter gibt, die mehr für Ressourcen zahlen als die Schattenpreise, dann heißt das, die Produktion lohnt sich nicht, und unser Unternehmen sollte die Preise erhöhen oder mit Rohstoffen handeln, statt zu produzieren.

Bleiben noch die inneren Koeffizienten. Da handelt es sich um die sogenannten Verdrängungskoeffizienten. Sie geben an, um wieviel eine BV sinkt, wenn man die NBV um eine Einheit erhöht.

BV	x_1	x_2	x_3	s_1	s_2	s_3	z	RS	EQ
s_1	0	-1	-1	1	$-1/2$	0	0	$1705/2$	
x_1	1	$3/2$	$1/2$	0	$1/4$	0	0	$345/4$	
s_3	0	-3	3	0	$-1/2$	1	0	$505/2$	
z	0	$-35/2$	$-1/2$	0	$-15/4$	0	-1	$-5175/4$	

Im Beispiel sieht man, dass die Erhöhung der Produktion von Eierkuchen um eine Einheit (x_3 steigt) zur Folge hat, dass $3/2$ Frankfurter Kränze weniger produziert werden müssen (x_1 sinkt) und dass eine Einheit mehr Mehl und drei Einheiten Puddingpulver übrig bleiben (s_1 und s_3 steigen). Der Wunsch, dass eine Einheit Eier übrigbleibt (s_2 steigt) führt zu einer Drosselung der Frankfurter-Kranz-Produktion um $1/4$ (x_1 sinkt) sowie zu einem um jeweils eine halbe Einheit größeren Rest an Mehl und Puddingpulver (s_1 und s_3 steigen).

Alle Informationen im Tableau beschreiben quantitativ die sogenannte Sensitivität der Optimallösung gegenüber Änderungen der Voraussetzungen. Sie gelten in dem Parameterbereich, in dem die aktuell optimale Basis immer noch optimal, also primal und dual zulässig ist.

Übungsaufgaben

Aufgabe 3.1. Ein in m Depots gelagertes homogenes Gut wird von n Kunden bestellt. Der Transport der bestellten Mengen ist so zu organisieren, dass die insgesamt entstehenden Transportkosten möglichst klein werden.

Bezeichnungen: a_i = Lagerbestand des i-ten Depots, b_j = Anzahl der vom j-ten Kunden bestellten Einheiten, $c_{i,j}$ = Kosten für den Transport einer Einheit vom i-ten Depot zum j-ten Kunden, $x_{i,j}$ = Anzahl der vom i-ten Depot zum j-ten Kunden transportierten Einheiten.

Stellen Sie ein lineares Programm auf, welches die gesamten Transportkosten minimiert. Hierbei sollen alle bestellten Mengen ausgeliefert werden und die in den Depots vorhandenen Bestände nicht überschritten werden.

Aufgabe 3.2. Die Potage and Leftover Limited stellt zwei verschiedene Sorten Soljanka A und B her. Neben den Standartzutaten Gewürzgurken, Pilzen und Fleischbrühe werden die Zutaten Speck, Paprika und Tomatenmark in unterschiedlichen Mengenverhältnissen verwendet. Eine Einheit von Soljanka A enthält zwei Einheiten Paprika, 4 E Speck und 1 E Tomatenmark. Eine Einheit von Soljanka B enthält 3 E Paprika, 1 E Speck und 1 E Tomatenmark. Beim Verkauf einer Einheit Soljanka A erzielt die Firma einen Gewinn von 5 €, der Verkauf von einer Einheit B bringt 4 € Gewinn. Die Firma kann maximal 12 000 E Paprika, 16 000 E Speck und 4 300 E Tomamtenmark beschaffen. Bei den weiteren Zutaten gibt es keinerlei Beschränkung im Einkauf.

Formulieren Sie das Problem, einen Produktionsplan mit maximalem Gewinn zu bestimmen, als lineares Programm.

Aufgabe 3.3. Eine Großmolkerei wird monatlich mit 24 Millionen Liter Milch beliefert, die zu Quark und Käse verarbeitet werden. Für die Herstellung von 1 kg Quark werden 4 Liter, für die von 1 kg Käse 12 Liter Milch benötigt. Ferner dürfen aus technischen Gründen die produzierten Massen an Quark und Käse zusammen 4 000 Tonnen nicht übersteigen. Außerdem müssen aufgrund von Lieferverpflichtungen mindestens 1 000 Tonnen Quark und 500 Tonnen Käse produziert werden. Pro Kilogramm Quark verdient die Molkerei nach Abzug aller Produktionskosten 10 Cent, bei einem Kilo Käse sind es 20 Cent.

1. Formulieren Sie ein lineares Programm, das den monatlichen Gewinn der Molkerei maximiert.
2. Zeichnen Sie in ein zweidimensionales Koordinatensystem den zulässigen Bereich, den Zielfunktionsvektor und eine Isogewinngerade ein. (Platzbedarf etwa 8 cm

3.10 Interpretation von optimalen Tableaus

× 6 cm, wenn 1 cm Tausend Tonnen entspricht und die „Quarkvariable" auf der x-Achse abgetragen wird)

3. Ermitteln Sie die Optimallösung aus der Zeichnung.

Aufgabe 3.4. Um seine angespannte Finanzlage zu verbessern, möchte ein Arbeitnehmer besserbezahlte Nacht- und Sonntagsschichten übernehmen. Der Mehrverdienst pro Stunde beträgt bei einer Nachtschicht 4 €, bei einer Sonntagsschicht 3 €. Von Gesetzes wegen darf er wöchentlich aber höchstens 9 Stunden in Sonderschicht arbeiten. Außerdem schreibt eine betriebsinterne Regelung vor, dass pro Woche nicht mehr als 24 Sonderbelastungspunkte anfallen dürfen, wobei eine Stunde Nachtschicht mit 3 und eine Stunde Sonntagsarbeit mit 2 Sonderbelastungspunkten angerechnet wird.

1. Stellen Sie ein lineares Programm auf, dessen Lösung angibt, wieviele Stunden der Arbeitnehmer wöchentlich in Nacht- und Sonntagsschicht arbeiten sollte, um seine Zusatzeinnahmen unter Einhaltung der genannten Regelungen zu maximieren.
2. Zeichnen Sie in ein zweidimensionales Koordinatensystem den zulässigen Bereich, den Zielfunktionsvektor und eine Isogewinngerade ein. (Platzbedarf etwa 13 cm × 9 cm, wenn 1 cm einer Stunde entspricht und die Sonntagsschichten auf der x-Achse angetragen werden)
3. Ermitteln Sie die Optimallösung aus der Zeichnung.

Aufgabe 3.5. Die Slip Rollers OHG, ein Papierfabrikant, stellt Papierrollen mit einer Standardbreite von 105 cm und einer Länge von L cm her. Die Kunden verlangen jedoch Rollen mit geringerer Breite (aber derselben Länge L). Es liegen folgende Aufträge vor:

$$\begin{array}{lll} 100 & \text{Rollen mit Breite} & 25\,\text{cm}, \\ 125 & \text{Rollen mit Breite} & 30\,\text{cm}, \\ 80 & \text{Rollen mit Breite} & 35\,\text{cm}. \end{array}$$

Zur Erledigung der Aufträge werden Standardrollen zerschnitten. Z. B. kann der Fabrikant aus einer Papierrolle mit Standardbreite zwei Rollen von je 35 cm Breite und eine Rolle von 30 cm Breite schneiden. Ziel des Fabrikanten ist die Minimierung der Zahl an Rollen, die zerschnitten werden müssen. Formulieren Sie dieses Problem als lineares Programm.

Aufgabe 3.6. Maximieren Sie die Zielfunktion

$$z(x_1, x_2, x_3) = 5x_1 + 5x_2 + 3x_3$$

unter den Nebenbedingungen

$$\begin{vmatrix} x_1 + 3x_2 + x_3 \leq 3 \\ -x_1 + 3x_3 \leq 2 \\ 2x_1 - x_2 + 2x_3 \leq 4 \\ 2x_1 + 3x_2 - x_3 \leq 2 \\ x_1, x_2, x_3 \geq 0 \end{vmatrix}.$$

Aufgabe 3.7. Lösen Sie das folgende lineare Programm.

$$\begin{vmatrix} \max 6x_1 + 4x_2 + x_3 + 2x_4 \\ \text{s. d. } 3x_1 + 2x_3 - 4x_4 \leq 6 \\ x_1 + 10x_2 + 5x_3 + 5x_4 \leq 2 \\ 4x_1 + 6x_2 - 4x_3 \leq 4 \\ x_1, x_2, x_3, x_4 \geq 0 \end{vmatrix}.$$

Wie lautet das duale lineare Programm?

Aufgabe 3.8. Zeichnen Sie jeweils den durch die folgenden Ungleichungen beschriebenen Bereich des $\mathbb{R}^2$. Beachten Sie, dass der beschriebene Bereich auch die leere Menge sein kann.

a) $\begin{vmatrix} x_1 + 2x_2 \geq 2 \\ 2x_1 - 3x_2 \leq -2 \\ x_1, x_2 \geq 0 \end{vmatrix}$, b) $\begin{vmatrix} x_1 + 4x_2 \geq 8 \\ 3x_1 + 4x_2 \leq 12 \\ x_1 - x_2 \geq 2 \\ x_1, x_2 \geq 0 \end{vmatrix}$.

Aufgabe 3.9. Zu passenden Vektoren I, J, C, D, X, Y, U, V und Matrizen A, B, C, D, F, G ist das duale des linearen Programms

$$\begin{vmatrix} \max C^T X + D^T Y \\ AX + BY \leq I \\ FX + GY = J \\ X \geq 0 \end{vmatrix}$$

gegeben durch

$$\begin{vmatrix} \min I^T U + J^T V \\ A^T U + F^T V \geq C \\ B^T U + G^T V = D \\ U \geq 0 \end{vmatrix}.$$

Bestimmen Sie damit das duale des linearen Programms

$$\begin{vmatrix} \max \quad 3x_1 + 4x_2 + 2y \\ x_1 - 5x_2 + 4y \leq 20 \\ 6x_2 - y = 10 \\ 2x_1 + 3x_2 = 15 \\ x_1, x_2 \geq 0 \end{vmatrix}.$$

Aufgabe 3.10. Bringen Sie das Lineare Programm

$$\begin{vmatrix} \min 35x_1 + 15x_2 + 14x_3 \\ 11x_1 + 3x_2 + 2x_3 \geq 1 \\ 5x_2 + 7x_3 \geq 1 \\ x_1, \quad x_2, \quad x_3 \geq 0 \end{vmatrix}$$

in die Form $\max C^T X$, $AX \leq B$, $X \geq 0$ und lösen Sie es.

Aufgabe 3.11. Sind die folgenden Behauptungen über lineare Programme in der Standard-Maximierungsform

$$\begin{vmatrix} \max \quad C^T X \\ AX \leq B \\ X \geq 0 \end{vmatrix} \text{ mit } B \geq 0$$

korrekt?

1. Führt man Schlupfvariablen ein und bestimmt dann eine Optimallösung, so sind in dieser alle Schlupfvariablen gleich null.

3.10 Interpretation von optimalen Tableaus

2. Ist der Zielfunktionskoeffizient zu einer Variable positiv und tritt diese in den Nebenbedingungen nur mit negativen Koeffizienten auf, so ist das Problem unbeschränkt, d. h. jeder noch so große Zielfunktionswert kann unter Einhaltung der Nebenbedingungen erreicht werden.
3. Ist der Zielfunktionskoeffizient zu einer Variable negativ, so kann die Variable nicht in einer optimalen Basis vorkommen.
4. Gibt es keine Optimallösung, so existiert auch keine zulässige Lösung.
5. Sind alle in C, A und B vorkommenden Zahlen größer null, so gibt es eine Optimallösung und der Optimalwert ist ebenfalls größer null.
6. Jedes beliebige LP läßt sich in die oben angegebene Standard-Maximierungsform bringen.
7. Ist das LP unbeschränkt, so ist das duale Programm unzulässig.
8. Ist das duale Programm des LP unzulässig, so ist das LP selbst unbeschränkt.

4 Differentialrechnung in einer Variablen

In diesem Kapitel wollen wir auch nicht-lineare quantitative Zusammenhänge behandeln. Die am einfachsten zu behandelnde Klasse von nicht-linearen Funktionen ist die Klasse der Funktionen, die sich linear approximieren lassen, die sogenannten differenzierbaren Funktionen. Wir behandeln zunächst die differenzierbaren Funktionen in einer Variable, bevor wir unsere Erkenntnisse und Methoden in Kapitel 5 für Funktionen mit einer beliebigen Anzahl von Variablen verallgemeinern.

4.1 Wozu Differentialrechnung?

In der Linearen Optimierung haben wir Optimierungsprobleme der Art

$$\begin{array}{|ll|} \max & C^T X \\ & AX \leq B \\ & X \geq \mathbf{0} \end{array}$$

betrachtet. Hier war die Zielfunktion z: $\mathbb{R}^n \to \mathbb{R}$, $(x_1,\ldots,x_n) \mapsto c_1 x_1 + \ldots + c_n x_n$ immer eine lineare Funktion. Da aber nicht alle ökonomischen Zusammenhänge sich durch eine lineare Funktion beschreiben lassen, müssen wir uns manchmal etwas anderes einfallen lassen. Natürlich wollen wir unser Wissen über lineare Funktionen, die ja ziemlich einfache Funktionen sind, recyclen. Versuchen wir also zunächst Funktionen zu betrachten, die zumindest lokal den linearen Funktionen ähnlich sind. Unsere Hoffnung ist, dass wir häufig den folgenden Fall vorfinden: Wenn x sich nicht zu stark ändert (symbolisch $x \rightsquigarrow x + \Delta x$), ändert sich f *fast linear* (symbolisch $f(x + \Delta x) \approx f(x) + c \cdot \Delta x$ für geeignetes $c \in \mathbb{R}$).

Funktionen, für die so etwas gilt, sind nach den linearen Funktionen (für die das trivialerweise so ist) die wahrscheinlich freundlichsten Funktionen der Welt. Und um die wird es hier gehen: Es sind die differenzierbaren Funktionen.

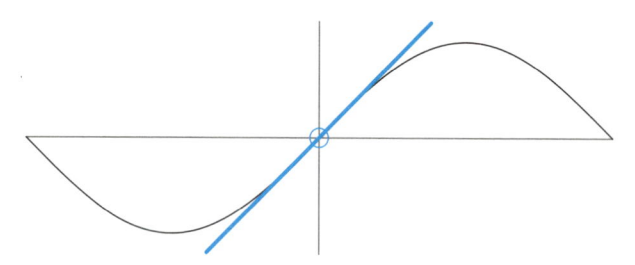

Abb. 4.1: Lineare Approximation von $\sin(x)$ an der Stelle $x = 0$

In Abbildung 4.1 haben wir die Funktion $\sin(x)$ zusammen mit einer Gerade g, die durch den Punkt $(0, \sin(0))$ geht, eingezeichnet. Die Steigung dieser Gerade g

4.1 Wozu Differentialrechnung? 127

haben wir dabei so geeignet gewählt, dass sie die Funktion sin(x) um die Stelle x = 0 herum möglichst gut approximiert, sprich dass die Funktionswerte der beiden Funktionen nicht allzuweit voneinander abweichen. Weicht man allerdings stark von der Stelle x = 0 ab, so ist diese Approximation irgendwann so schlecht, dass man sie nicht mehr gebrauchen kann. In Abbildung 4.2 haben wir als weiteres Beispiel eine lineare Approximation von sin(x) an der Stelle $x = 3/4$ dargestellt.

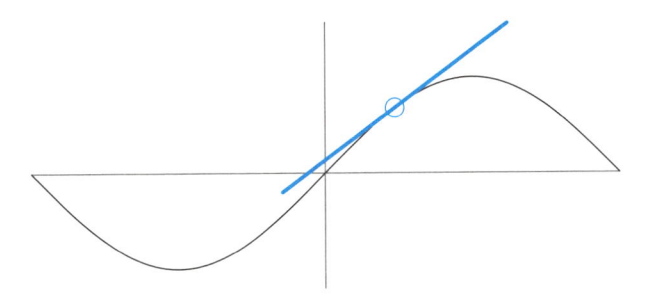

Abb. 4.2: Lineare Approximation von sin(x) an der Stelle $x = 3/4$

Was hat Differentialrechnung damit zu tun? Wählt man die Steigung c der Geraden g als den Wert der ersten Ableitung df/dx an der Stelle x, so erhält man eine gute lineare Approximation über die sogenannte Taylor-Formel erster Ordnung:

$$f(x + \Delta x) \approx f(x) + \frac{df}{dx}(x) \cdot \Delta x.$$

Am Funktionsgraphen kann man die Ableitung als Steigung einer Tangente visualisieren, siehe Abb. 4.3. Für eine genaue Beschreibung, wie und warum man eine Ableitung ausrechnet, werden wir etwas arbeiten müssen.

Wozu ist eine lineare Approximation in der Praxis gut? Stellen Sie sich vor, Sie erwägen, Ihren Brötchenschmierer in Ihrem Catering-Service mehr Brötchen schmieren zu lassen, weil Sie denken, dass Sie mehr absetzen können. Momentan schafft er etwa 100 ME. Sie wollen natürlich wissen, was Sie pro zusätzlichem Brötchen mehr verdienen. Sie fragen sich:

> **Beispielfrage:**
>
> Um wieviel GE *ändert* sich mein *Gewinn*, wenn ich 101 ME statt 100 ME verkaufe?

Diese Fragestellung fragt nach dem sogenannten Grenzgewinn (bei Kosten spricht man entsprechend von Grenzkosten), was mathematisch der ersten Ableitung entspricht. Nun kann in dem Bereich, in dem eine lineare Approximation ausreichend genau ist, der Zusatzgewinn über die Formel »Zusatzproduktion mal

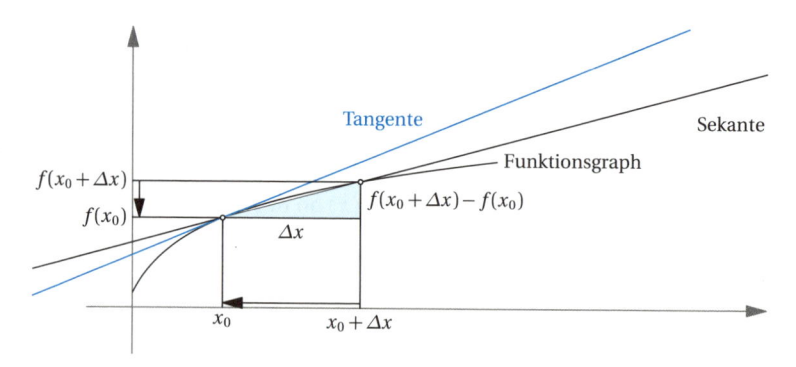

Abb. 4.3: Geometrische Veranschaulichung der Ableitung einer reellwertigen Funktion: Wird Δx immer kleiner, so nähert sich die Sekante immer mehr der Tangente

Grenzgewinn« für viele verschiedene aktuelle Produktionen auf einmal dargestellt werden.

Der Fragentyp, der in unserem Wirtschaftssystem immer wieder eine Rolle spielt, lautet:

Beispielfrage:

Bei welcher abgesetzten *Menge* wird der *Gewinn* maximal?

Wir haben es also mit einem Gewinnmaximierungs- bzw. Kostenminimierungsproblem zu tun, bei dem die Zielfunktion nicht-linear ist. In diesem Kapitel werden wir Methoden kennenlernen, mit denen wir sogenannte differenzierbare Optimierungsprobleme lösen können. Dabei wird folgendes einfache Prinzip eine Rolle spielen: Außer am Rand des Definitionsbereichs ist der Grenzgewinn in einem Maximum oder Minimum stets null. Warum? Na, sonst würde man eben etwas mehr oder etwas weniger produzieren, und schon gäbe es – wegen der Approximationseigenschaft! – mehr oder weniger Gewinn.

4.2 Beispiele für das Modellieren mit Funktionen

Häufig ist es ein recht weiter Weg von ökonomischen Zusammenhängen zu »schönen« Funktionen, die sie beschreiben.

Ist man an numerischen Lösungen von betriebswirtschaftlichen Problemen in einzelnen Instanzen interessiert, dann kann man heutzutage durch Computerunterstützung und numerische Verfahren immer besser auch nicht so schöne Funktionen mit Knicken, Funktionen mit Sprungstellen und sogar Funktionen, die nur auf ganzzahligen Werten definiert sind, fundiert verarbeiten.

Ist man auf der Suche nach allgemeineren Gesetzmäßigkeiten, die man in Formeln ausdrücken möchte – wie z. B. in der Volkswirtschaftslehre –, so wünscht

4.2 Beispiele für das Modellieren mit Funktionen

man sich Funktionen, deren Eigenschaften man untersuchen kann, ohne erst Zahlenwerte einsetzen zu müssen.

Betrachten wir z. B. folgende Preise (pro Stück) für das Belichten von Fotos:

Preis/Stück = 0,15 €   für 1 bis 29 Stück

Preis/Stück = 0,13 €   für 30 bis 99 Stück

Preis/Stück = 0,09 €   ab 100 Stück.

Die zugehörige Funktion heißt Grenzpreisfunktion (wieviel muss ich mehr bezahlen, wenn ich eins mehr bestelle) und lautet wie folgt:

$$p: \begin{cases} \mathbb{N} \to \mathbb{R}, \\ n \mapsto \begin{cases} 0,15 & \text{für } n \in [0,29], \\ 0,13 & \text{für } n \in [30,99], \\ 0,09 & \text{für } n \in [100,\infty). \end{cases} \end{cases}$$

Durch diese Definition ist die Funktion s nur auf den diskreten Werten aus $\mathbb{N}$ definiert. Sie beschreibt so genau den Sachverhalt, allerdings gibt es kaum ein allgemeines Kalkül, dass uns z. B. beim Auffinden von Maximalstellen unterstützt: Nur Probieren funktioniert.

Will man nur numerische Lösungen von konkreten Aufgaben mit Zahlenwerten, dann ist das im Zeitalter des Computers nicht so schlimm. Will man aber allgemeingültige Formeln für generelle Gesetzmäßigkeiten (sagen wir charakteristische Eigenschaften für das Vorliegen eines Extremums), dann bringen einen solche Funktionen nicht weiter.

Der erste Schritt auf dem Weg zu einer handhabbaren Funktion ist die kontinuierliche Fortsetzung. Wir setzen unsere Grenzpreisfunktion auf die positiven reellen Zahlen fort zu einer Funktion $\bar{p}$. Die nun kontinuierliche Variable nennen wir wie üblich »x«:

$$\bar{p}: \begin{cases} \mathbb{R} \to \mathbb{R}, \\ x \mapsto \begin{cases} 0,15 & \text{für } x \in [0,29], \\ 0,13 & \text{für } x \in [30,99], \\ 0,09 & \text{für } x \in [100,\infty). \end{cases} \end{cases}$$

Man spricht hier auch von einer abschnittsweise definierten Funktion, siehe Abbildung 4.4 für den Funktionsgraphen.

Man sieht, dass der Grenzpreis mit zunehmender Menge höchstens kleiner wird: Wir sehen also einen echten Mengenrabatt. Mathematisch heißt diese Eigenschaft schwache Monotonie. In diesem Fall ist unsere Funktion schwach monoton fallend.

Definition 4.2.1. Eine Funktion $f: \mathbb{R} \supseteq D \to \mathbb{R}$ heißt

(i) schwach monoton steigend, wenn $f(x) \leq f(x')$ für alle $x < x'$ aus D.

(ii) streng monoton steigend, wenn $f(x) < f(x')$ für alle $x < x'$ aus D.

(iii) schwach monoton fallend, wenn $f(x) \geq f(x')$ für alle $x < x'$ aus D.

(iv) streng monoton fallend, wenn $f(x) > f(x')$ für alle $x < x'$ aus D.

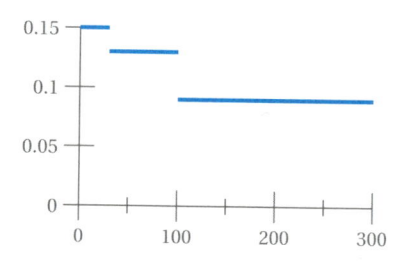

Abb. 4.4: Kontinuierliche Grenzpreisfunktion beim Belichten von Fotos

Die Funktion ist immer noch nicht schön: Es gibt Sprungstellen bei $x = 30$ und $x = 100$. An diesen Stellen kann keine lineare Approximation wirklich genau sein.

Merksatz:

Eine Funktion kann über Sprungstellen hinweg nicht vernünftig linear approximiert werden.

Wir werden später sehen, dass die sogenannten stetigen Funktionen genau die sind, die diese Effekte nicht haben.

Wie sieht eigentlich die Preisfunktion aus? Sind die Grenzpreise die einzigen zu beachtenden Größen? Im Falle des Dienstleisters aus unserem Beispiel fallen pro Bestellung noch 2,95 € Versandspesen an. Schauen wir auf die resultierende (kontinuierliche) Preisfunktion (nicht die Grenzpreisfunktion), so erhalten wir die folgende Funktion $\bar{P}$ (siehe Abb. 4.5 für den Funktionsgraphen):

$$\bar{P}: \begin{cases} \mathbb{R} \to \mathbb{R}, \\ x \mapsto \begin{cases} 0{,}15\,x + 2{,}95 & \text{für } x \in [0, 30), \\ 30 \cdot 0{,}15 + 0{,}13(x - 30) + 2{,}95 & \text{für } x \in [30, 100), \\ 100 \cdot 0{,}13 + 30 \cdot 0{,}15 + 0{,}09(x - 100) + 2{,}95 & \text{für } x \in [100, \infty). \end{cases} \end{cases}$$

Sprünge hat diese Funktion offenbar nicht: Die Abschnitte passen zusammen. Wie sieht es nun mit der linearen Approximierbarkeit aus? Die Abschnitte der Funktion reihen sich zwar stetig aneinander, aber es gibt Knicke. An diesen Knicken kann man offenbar mehrere Tangenten (= Geraden, die den Graphen berühren) an den Graphen anlegen. So etwas wie »*die* Ableitung« kann es dort nicht

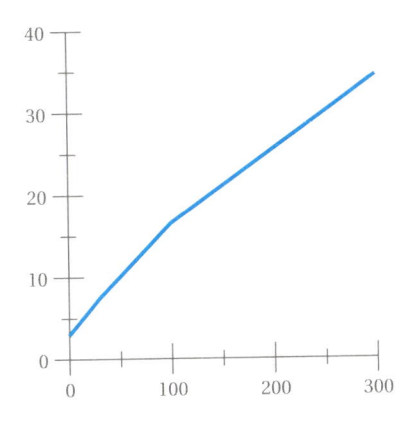

4.2 Beispiele für das Modellieren mit Funktionen

Abb. 4.5: Kostenfunktion beim Belichten von Fotos

geben. Für bestimmte Zwecke kann eine mögliche Tangente eine eindeutige Tangente ersetzen (eine besondere solche mögliche Steigung heißt z. B. Subgradient). Das führt aber auf fortgeschrittene Themen, die in diesem Buch nicht behandelt werden.

Merksatz:

Eine Funktion kann über Knickstellen hinweg nicht vernünftig linear approximiert werden.

Für unsere Zwecke ist also auch die Preisfunktion immer noch nicht »glatt« genug. Woran liegt das? Sowohl die Sprungstellen der Stückkostenfunktion als auch die Knicke der Kostenfunktion haben ihre Ursache in der ruckartigen Änderung der Funktionsvorschrift. Man kann zwar auch bei stückweise definierten Funktionen darauf achten, dass die Teile »glatt« zusammenpassen. Das ist aber gar nicht so einfach. Am einfachsten ist es, eine einzige, in einem interessanten Bereich ungefähr gültige Formel für die (Stück-)Preisfunktion zu haben.

Die Funktionen ohne Knicke sind im Wesentlichen – salopp gesprochen – die differenzierbaren Funktionen, mit denen wir uns in der Differentialrechnung beschäftigen.

Wir nehmen einmal ganz naiv die Anpassung einer Funktion ohne Knicke an die tatsächliche Preisfunktion vor.

Wenn wir z. B. uns den Mengenrabatt als einen über die gesamte Menge gleichmäßig gewährten Nachlass vorstellen, dann würde der Grenzpreis z. B. pro Stück um a GE reduziert. Das $a \in \mathbb{R}$ müssen wir uns dann noch überlegen. Wir erhalten eine neue Grenzpreisfunktion $f_{a,b} \colon \mathbb{R}_{\geq 0} \to \mathbb{R}$ mit

$$x \mapsto b - ax.$$

So etwas nennt man einen parametrischen Ansatz. Die zugehörige, ebenfalls parametrische Preisfunktion $F_{a,b,c}: \mathbb{R}_{\geq 0} \to \mathbb{R}$ kann man sich leicht überlegen als

$$x \mapsto c + bx - \frac{1}{2}ax^2,$$

wobei c ein Fixkostenanteil ist und $(b - a/2)x$ der *durchschnittliche* Grenzpreis bei Abnahme von x Stück. (Das erste Bild kostet b, das x-te Bild kostet $b - ax$.) Wie sind a, b, c zu wählen, damit die Funktion unserer Funktion, sagen wir im Intervall $[0, 300]$ möglichst nahe kommt?

Die erste Idee ist: Wir legen drei Ankerpunkte fest, an denen die Funktionen übereinstimmen sollen. Zum Beispiel an den Rändern $x = 0$ und $x = 300$, sowie in der Mitte des mittleren Rabattintervalls $x = 65$. Wir erhalten ein Gleichungssystem

$$\begin{vmatrix} F_{a,b,c}(0) = & \bar{P}(0) = & 2{,}95 \\ F_{a,b,c}(65) = & \bar{P}(65) = & 12{,}00 \\ F_{a,b,c}(300) = & \bar{P}(300) = & 34{,}55 \end{vmatrix}.$$

Aus der ersten Beziehung folgt $c = c + b \cdot 0 - a/2 \cdot 0^2 + 2{,}95 = 2{,}95$. Aus der zweiten und dritten Beziehung folgt

$$\begin{vmatrix} 65\,b & - & 2212{,}5\,a & = & 9{,}05 \\ 300\,b & - & 45\,000\,a & = & 31{,}60 \end{vmatrix}.$$

LGSe verfolgen uns offenbar auf Schritt und Tritt: Hier ermitteln wir mit Rechenkunst oder einem Computerprogramm die auf drei signifikante Stellen gerundete, eindeutige Lösung:

$$\begin{vmatrix} b \approx & 0{,}149 \\ a \approx & 0{,}000288 \end{vmatrix}.$$

Nun haben wir also die folgende Stückkosten- und Kostenfunktion:

$$f_1(x) := 0{,}149 - 0{,}000288x,$$
$$F_1(x) := 0{,}149x - 0{,}000144x^2 + 2{,}95.$$

Diese Funktion hat keine Knicke mehr. Und man kann beobachten, dass für alle $x \geq 0$ die Steigung der Tangente an die Kostenfunktion genau der Wert der Stückkostenfunktion bei x ist. Wir werden noch lernen, dass das immer so ist. Das ist sehr praktisch, denn in der Umgebung einer Menge x kann man nun tatsächlich über die Tangentenfunktion $F(x) + f(x) \cdot \Delta x$ die Kosten linear approximieren.

Die resultierende Funktion ist übrigens nur ein sehr einfaches Modell für eine rabattbehaftete differenzierbare Kostenfunktion. Wir sehen auch ein deutliches Defizit: Je größer x, umso größer die Abweichung. Wünschenswert wäre eine Funktion, die asymptotisch genau ist, d. h. umso genauer, je größer x ist. Dafür wäre erforderlich, dass die Stückkosten durch Rabatt höchstens auf die tatsächlich niedrigsten Stückkosten fallen.

4.2 Beispiele für das Modellieren mit Funktionen

Das kann man hinkriegen. Zur Illustration der Modellierung mit Wachstumsverhalten zeigen wir eine alternative Anpassung, bei der wir das Wachstum am rechten Rand vorgeben anstelle des Funktionswertes in der Mitte. Wir wünschen uns also:

$$\left| \begin{array}{rcl} F_{a,b,c}(0) = & \bar{P}(0) = & 2{,}95 \\ F_{a,b,c}(300) = & \bar{P}(300) = & 34{,}55 \\ f_{a,b}(300) = & \bar{p}(300) = & 0{,}09 \end{array} \right|.$$

Wieder erhalten wir $c = 2{,}95$. Der Rest ergibt sich aus dem folgenden Gleichungssystem:

$$\left| \begin{array}{rcl} 300\,b - 45\,000\,a & = & 31{,}60 \\ b + 300\,a & = & 0{,}09 \end{array} \right|.$$

Dies liefert eine Funktion, die etwas besser am rechten Rand passt (man kann da eine Gerade mit Steigung 0,09 *ohne Knick anhängen*!), dafür passt die Funktion in der Mitte schlechter.

$$f_2(x) := 0{,}121 - 0{,}000\,102\,x,$$
$$F_2(x) := 0{,}121x - 0{,}000\,051x^2 + 2{,}95.$$

Abb. 4.6 und 4.7 zeigen die Funktionsgraphen der verschieden angepassten Funktionen im Vergleich.

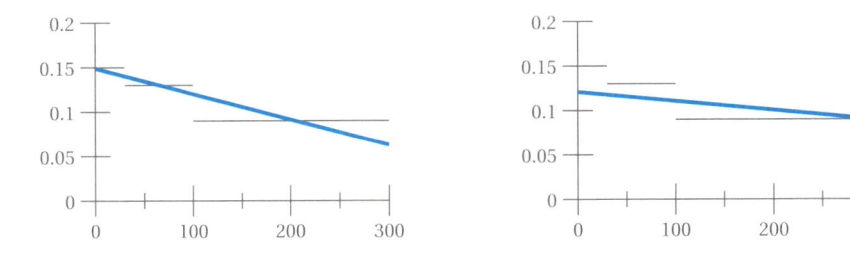

Abb. 4.6: Geglättete Grenzpreisfunktionen f_1 bzw. f_2 beim Belichten von Fotos

Die Funktionsklasse, die wir für die Anpassung verwendet haben, ist die Klasse der Polynome.

Definition 4.2.2. Funktionen $p: \mathbb{R} \to \mathbb{R}$ mit

$$p(x) = a_0 x^0 + a_1 x^1 + \ldots + a_n x^n$$

heißen Polynome mit Koeffizienten $a_i \in \mathbb{R}$. Ist i der höchste Koeffizient mit $a_i \neq 0$, so heißt i der Grad von $p(x)$.

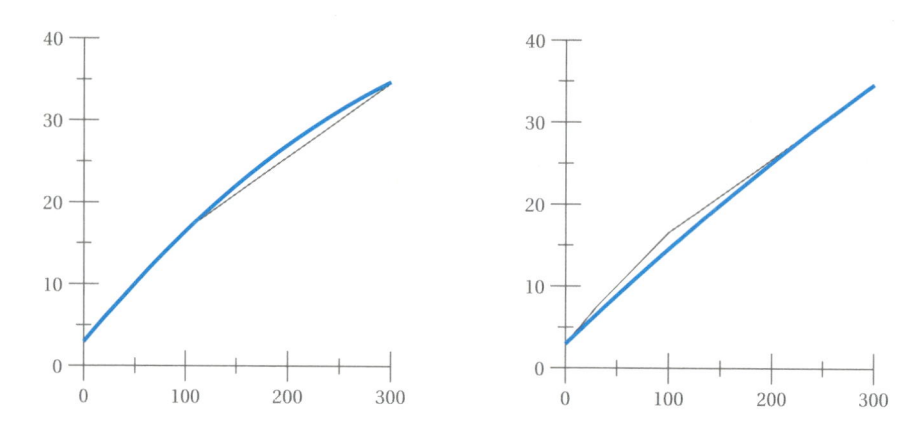

Abb. 4.7: Geglättete Preisfunktionen F_1 bzw. F_2 beim Belichten von Fotos

Man kann zeigen, dass es zu $k+1$ vorgegebenen Funktionswerten genau ein Polynom vom Grad k gibt, das die vorgegebenen Funktionswerte annimmt. Und: Statt Funktionswerten kann man auch Steigungen angeben. Sie kennen vielleicht aus der Computergraphik die Bezierkurven und die Splines, mit denen man Graphikpunkte schön glatt durch Kurven oder Flächen verbinden kann. Zugrunde liegen in beiden Fällen abschnittsweise gut angepasste Polynome und deren Ableitungen.

In unserem Fall waren Preis- und Grenzpreisfunktion beides Polynome. Die Stückpreisfunktion (auch: Durchschnittspreisfunktion), also wieviel kostet im Durchschnitt ein Digitalbild bei einer Bestellung von x Stück, ist allerdings i. d. R. von einem anderen Typ. In unserem Fall ist z. B. die Stückpreisfunktion g_2 gegeben durch den Quotienten aus Preisfunktion (sagen wir: $F_2(x)$) und Mengenfunktion x:

$$g_2: \begin{cases} \mathbb{R}_{\geq 0} & \to \mathbb{R}, \\ x & \mapsto \dfrac{F_2(x)}{x} = \dfrac{0{,}121x - 0{,}000\,051x^2 + 2{,}95}{x}. \end{cases}$$

Diese Funktion ist insbesondere für kleine Mengen von der Grenzpreisfunktion zu unterscheiden, wie Abb. 4.8 zeigt. Je größer die Menge wird, um so näher kommen sich die beiden Funktionen: Sie sind asymptotisch gleich.

Wenn Menge und Preis jeweils als Polynom von einer gemeinsamen anderen Variable dargestellt werden sollen, dann erhalten wir den Quotienten aus zwei Polynomen: eine rationale Funktion.

Definition 4.2.3. Sind $p, q: \mathbb{R} \to \mathbb{R}$ Polynome mit Koeffizienten a_i, b_i und N die

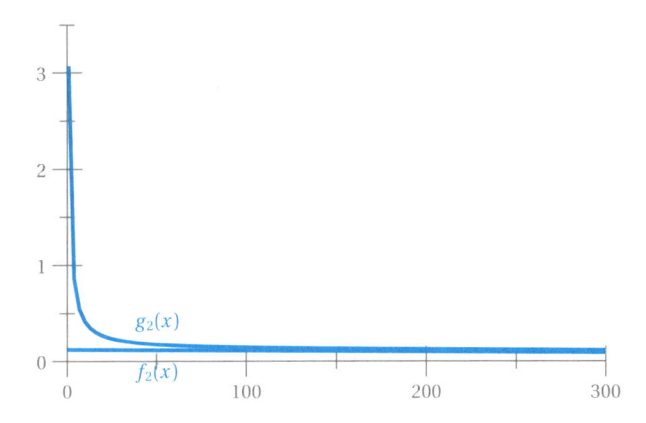

4.2 Beispiele für das Modellieren mit Funktionen

Abb. 4.8: Grenzpreisfunktion f_2 und Durchschnittskostenfunktion g_2

Menge der Nullstellen von q, dann heißt $r\colon \mathbb{R}\setminus N \to \mathbb{R}$ mit

$$r(x) := \frac{p(x)}{q(x)}$$

rationale Funktion mit Zählerpolynom p und Nennerpolynom q.

Einige einfache Beispiele für Polynome und rationale Funktionen sind:

1. $p_1(x) = 7$ ist ein Polynom vom Grad 0, auch konstante Funktion genannt.
2. $p_2(x) = 3x + 2$ ist ein Polynom vom Grad 1, auch lineare Funktion genannt.
3. $p_3(x) = x^2 + 2x + 1$ ist ein Polynom vom Grad 2, auch quadratische Funktion genannt.
4. $p_4(x) = 2x^3 + x^2 - 7x + 2$ ist ein Polynom vom Grad 3, auch kubische Funktion genannt.
5. $r_1\colon \mathbb{R}\setminus\{-1, 2\} \to \mathbb{R}$, $x \mapsto \frac{x+7}{(x+1)(x-2)}$ ist eine rationale Funktion mit Zählerpolynom $x + 7$ und Nennerpolynom $x^2 - x - 2$.

Bei rationalen Funktionen ist also die Nullstellenmenge des Nennerpolynoms unbedingt aus dem Definitionsbereich auszuschließen. Man nennt diese ausgeschlossenen Punkte auch Definitionslücken. Aber was ist mit einfachen rationalen Funktionen wie $r(x) = x^2/x$? Außer an der Stelle $x = 0$ gleicht die Funktion der identischen Funktion $\mathrm{id}(x) = x$. Man könnte also den Funktionswert null an der Stelle $x = 0$ hinzufügen und hätte eine Funktion ohne Definitionslücken. Die Definitionslücke kann man natürlich mit irgendeinem Funktionswert beseitigen. Aber wir möchten ein schönes Ergebnis: eine Funktion ohne Sprünge. Die Idee ist, die Funktion mit einer Definitionslücke dort so zu ergänzen, dass die benachbarten Funktionswerte auf den ergänzten Funktionswert zustreben. Dies wird sich mit Hilfe des Grenzwertbegriffs kugelsicher bewerkstelligen lassen.

Zum Abschluss der Diskussion unserer Preisfunktionen wollen wir darauf eingehen, was eigentlich eine Preisfunktion mit Mengenrabatt charakterisiert. Mengenrabatt ist intuitiv gekennzeichnet dadurch, dass die Grenzpreisfunktion monoton fallend ist. Die zugehörige Preisfunktion ist dann konkav. Will also ein Volkswirt Mengenrabatt-Effekte (Economies of Scale) untersuchen, so braucht er ein Modell, in dem die Kostenfunktion konkav ist.

Das Gegenstück wäre eine Progression wie im Einkommensteuergesetz. Da verlangt man, dass die Grenzsteuer monoton steigend ist, denn vom 100 000sten Euro Einkommen soll man bitteschön mehr Steuern abführen als vom 20 000sten Euro. Die zugehörige Steuerfunktion ist dann konvex. Beim Entwurf einer Steuerreform will man diese Eigenschaft der Steuerfunktion vermutlich nicht aufgeben.

Definition 4.2.4. Eine Funktion $f: \mathbb{R} \supseteq D \to \mathbb{R}$ heißt

(i) konvex, wenn gilt:
$$f(\lambda x + (1-\lambda)x') \leq \lambda f(x) + (1-\lambda)f(x'),$$

(ii) streng konvex, wenn gilt:
$$f(\lambda x + (1-\lambda)x') < \lambda f(x) + (1-\lambda)f(x'),$$

(iii) konkav, wenn gilt:
$$f(\lambda x + (1-\lambda)x') \geq \lambda f(x) + (1-\lambda)f(x'),$$

(iv) streng konkav, wenn gilt:
$$f(\lambda x + (1-\lambda)x') > \lambda f(x) + (1-\lambda)f(x'),$$

jeweils für alle $x, x' \in D$ und für alle $\lambda \in [0,1]$.

Im Folgenden stellen wir eine weitere, zur Modellierung von gleichmäßigen Wachstumsprozessen unverzichtbare Klasse von Funktionen vor. Wir gehen wieder über Modellierungsüberlegungen vor.

Stellen wir uns vor, dass wir uns in zehn Jahren eine neue Küche kaufen wollen, für die wir bereits jetzt Geld anlegen wollen. Eventuell haben wir gerade geheiratet und sind durch die vielen Geldgeschenke ziemlich flüssig. Für uns stellt sich also die Frage, wieviel Geld a wir jetzt bei einem jährlichen Zinssatz von 4 % anlegen müssen, wenn wir nach 10 Jahren ein Endkapital von $y_0 = 10\,000\,€$ zur Verfügung haben wollen. Für die Lösung dieses kleinen zinstechnischen Problems können wir z. B. folgende Tabelle für die Entwicklung unseres Kontostands über die Zeit aufstellen:

4.2 Beispiele für das Modellieren mit Funktionen

Jahr	Anfang	Ende
1	a	$a \cdot (1 + {}^4/_{100})$
2	$a \cdot (1 + {}^4/_{100})$	$a \cdot (1 + {}^4/_{100})^2$
$\vdots$	$\vdots$	$\vdots$
10	$a \cdot (1 + {}^4/_{100})^9$	$a \cdot (1 + {}^4/_{100})^{10} = y_0 = 10\,000$ €

Wir erhalten also den Kontostand als Funktion von der Anzahl x von Anlagejahren mit Parameter a (Starteinlage):

$$y = a \cdot (1 + {}^4/_{100})^x \, .$$

Damit können wir aber schonmal unser Ausgangsproblem lösen:

$$y = 10\,000 \cdot (1 + {}^4/_{100})^{-10}$$
$$\approx 6\,755{,}65$$

bzw. in allgemeinerer Schreibweise

$$a = \underbrace{y(1+r)^{-x}}_{f(x) \text{ nicht-linear}}$$

mit Zinssatz r (ohne %), Sparziel y, Anzahl der vollen Jahre x und Starteinlage a.

Der Kontostand y in Abhängigkeit von der Zeit ist keine schöne Funktion: Am Ende eines jeden Jahres springt er um die neuen Zinsen nach oben. Was ist also, wenn wir die Küche mitten im Anlagejahr kaufen wollen?

Man kann sich vorstellen, dass die Verzinsung häufiger vorgenommen wird als einmal im Jahr. Was passiert dann? Wir nehmen n-malige Verzinsung im Jahr zum anteiligen Zinssatz r/n an. (Hier entspricht $n = 4$ einer Quartalsverzinsung und $n = 12$ einer monatliche Verzinsung.) In diesem Fall ist der Kontostand gegeben durch

$$y = a \left(1 + \frac{r}{n}\right)^{nx} .$$

Aber egal wie groß wir das n machen: Die Sprünge bleiben; es sind zwar immer kleinere Sprünge, aber dafür auch immer mehr. Wagen wir das folgende Gedankenexperiment: Wir wollen unendlich viele Verzinsungen vornehmen, so dass die Zinsen dem Sparkonto kontinuierlich zufließen. Wir möchten also dem momentan noch nicht fassbaren Ausdruck

$$\text{»} y = a \left(1 + \frac{r}{\infty}\right)^{\infty \cdot x} \text{«}$$

eine sinnvolle Bedeutung geben. Aber wie soll das gehen? Man kann nicht unendlich oft etwas tun mit unendlich kleinem zeitlichen Abstand dazwischen. Also, unendlich für n in die Formel einsetzen geht nicht. Wir brauchen also ein Konstrukt, dass das Rechnen mit »unendlich« ermöglicht in solchen Fällen, in denen das sinnvoll ist. Dieses Konstrukt ist der Grenzwert von Zahlenfolgen, in Symbolen »$\lim_{n\to\infty}$«.

Angenommen, wir wüssten eine sinnvolle Bedeutung von

$$\lim_{n\to\infty}\left(1+\frac{r}{n}\right)^n.$$

Dann könnten wir eine Abkürzung dafür definieren:

$$e^r := \lim_{n\to\infty}\left(1+\frac{r}{n}\right)^n, \text{ insbesondere } e^1 := e = 2{,}71828\ldots$$

Und damit könnten wir die bei kontinuierlicher Verzinsung mit jährlicher Zinsrate r notwendige Starteinlage direkt berechnen aus

$$a = f(x) = y \cdot (e^r)^{-x} = ae^{-rx}.$$

Das geht tatsächlich! Wir zeigen in diesem Buch nicht genau wie (das ist nicht ganz einfach), aber Sie sollten nach den Betrachtungen ein wenig erleichtert sein, dass es überhaupt geht, denn das Ergebnis ist recht nützlich. Wir zeigen aber im nächsten Abschnitt, was »$\lim_{n\to\infty}$« im Allgemeinen genau bedeutet.

Die Zahl e nennt man auch die Eulersche Zahl oder Basis des natürlichen Logarithmus ln.

Definition 4.2.5 (Exponentialfunktion und Logarithmus)**.** Die Funktion exp mit $\exp\colon \mathbb{R} \to \mathbb{R}$, $x \mapsto e^x = \exp(x)$ heißt Exponentialfunktion. Sie ist bijektiv, und ihre Umkehrfunktion $\exp^{-1} =: \ln$ heißt natürliche Logarithmusfunktion.

Für diese zwei Funktionen gelten ein paar Eigenschaften und Rechenregeln, die wir nicht weiter kommentieren.

> **Merksatz:**
>
> 1. exp, ln sind streng monoton steigend.
> 2. $\exp\colon \mathbb{R} \to \mathbb{R}_{\geq 0}$ und $\ln\colon \mathbb{R}_{\geq 0} \to \mathbb{R}$ sind beide bijektiv und Umkehrfunktionen voneinander.
> 3. $e^{x_1+x_2} = e^{x_1} \cdot e^{x_2}$, $e^{x_1 x_2} = (e^{x_1})^{x_2} = (e^{x_2})^{x_1}$ für alle $x_1, x_2 \in \mathbb{R}$.
> 4. $\ln(x_1 \cdot x_2) = \ln(x_1) + \ln(x_2)$, $\ln\left(x_1^a\right) = a \cdot \ln(x_1)$ für alle $x_1, x_2 \in \mathbb{R}$.
> 5. $e^0 = 1$, $\ln(1) = 0$.

Die Exponential- und die Logarithmusfunktion (mit zusätzlichen Parametern, etwa $ae^{cx}+b$ oder $a\ln(cx)+b$) sind in vielen Anwendungen bei denen Diskontierung (Ab- bzw. Aufzinsen von Geldwerten) eine Rolle spielt, unverzichtbar. In

Abbildung 4.9 haben wir die Funktionsgraphen dieser zwei Funktionen graphisch dargestellt. Man sollte sich merken, dass *jede* Exponentialfunktion ab einem ausreichend großen x schneller steigt als *jedes* Polynom, welches wiederum ab einem ausreichend großen x schneller steigt als *jede* Logarithmusfunktion.

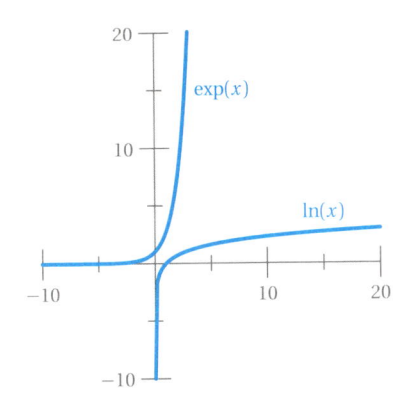

Abb. 4.9: Die Exponentialfunktion und die natürliche Logarithmusfunktion

Dies soll die schlaglichtartige Betrachtung von Funktionen als *Ergebnis einer Modellierung* abschließen. Es hat sich bereits gezeigt, dass man zur fundierten Behandlung viele Begriffe klären muss: Was heißt *genau*

1. »keine Sprungstellen«,

2. »keine Knicke«,

3. »Steigung«,

4. »asymptotisch«,

5. »für n gegen unendlich«?

Wir werden uns das im Folgenden erarbeiten. Alles beruht letztlich auf einer für die moderne Zivilisation entscheidenden geistigen Errungenschaft: Die nach Jahrhunderten zähen Ringens im 19. Jhd. endgültig gelungene Klärung des Grenzwertbegriffs.

4.3 Konvergenz von Zahlenfolgen

Wir haben Sie im letzten Abschnitt mit einigen Unklarheiten zurücklassen müssen. Interessanterweise lässt sich alles über die Konvergenz von Zahlenfolgen klären. Was ist eine Zahlenfolge? Ganz einfach:

Definition 4.3.1. Jede Funktion $f: \mathbb{N} \to \mathbb{R}$, $n \mapsto f(n) = a_n$ heißt reelle Zahlenfolge.

Als Schreibweisen für Folgen werden in der Literatur u. a. $(a_n)_{n\in\mathbb{N}}$, $(a_n)_{n=1}^{\infty}$ und $(a_1, a_2, a_3, \ldots)$ verwendet.

Zahlenfolgen werden nicht immer nur gegeben durch geschlossene Formeln, in die man n einsetzen kann, um a_n zu berechnen. Man kann Zahlenfolgen auch definieren, indem man die vorigen Werte zur Berechnung des nächsten Wertes mit einbezieht. So etwas heißt rekursiv definierte Zahlenfolge. So kann man z. B. die Folge der natürlichen Zahlen $1, 2, 3, \ldots$ spezifizieren durch $a_n = n$ (geschlossene Formel), aber auch durch $a_1 = 1$ und $a_n = a_{n-1} + 1$ (rekursive Definition).

Beispiele für reelle Zahlenfolgen sind:

1. $a_n = y\left(1 + \dfrac{r}{n}\right)^{nx}$.

2. $a_n = \left(1 + \dfrac{1}{n}\right)^n$.

3. $(-1, +1, -1, +1, \ldots) \rightsquigarrow a_n = (-1)^n$.

4. $a_n = (1, 4, 8, 16, 25, \ldots) \rightsquigarrow a_n = n^2$.

5. $\left(-\dfrac{1}{1}, \dfrac{1}{2}, -\dfrac{1}{3}, \dfrac{1}{4}, -\dfrac{1}{5}, \ldots\right) \rightsquigarrow a_n = (-1)^n \dfrac{1}{n}$.

6. $\left(\dfrac{1}{1}, \dfrac{1}{1}, \dfrac{1}{1\cdot 2}, \dfrac{1}{1\cdot 2\cdot 3}, \dfrac{1}{1\cdot 2\cdot 3\cdot 4}, \ldots\right) \rightsquigarrow a_n = \dfrac{1}{(n-1)!}$.

Was wir brauchen für eine Zahlenfolge, ist sozusagen der Funktionswert an der Stelle $\infty = $ »unendlich«. Wir haben schon diskutiert, dass »unendlich« einzusetzen nicht geht: Mit »unendlich« kann man im Allgemeinen nicht rechnen wie mit Zahlen. (Was soll z. B. ∞/∞ bedeuten?) Den bestmöglichen Ersatz für einen Funktionswert bei ∞ werden wir Grenzwert nennen. Wie könnte man einen Grenzwert sinnvoll definieren?

In den Abbildungen 4.10, 4.11, 4.12 und 4.13 haben wir die Folgen 3.– 6. einmal graphisch dargestellt. Was kann man nun über sie sagen? Kann man jeweils widerspruchsfrei einen Grenzwert benennen?

Die Folge aus Abbildung 4.10 wechselt immer zwischen eins und minus eins ab. Man kann nicht eine einzige Zahl angeben, die das Verhalten der späten Folgenglieder angemessen beschreibt. Die Folge kann sich einfach nicht für einen Grenzwert entscheiden.

Die zu Abbildung 4.11 zugehörige Folge nähert sich auch keiner konkreten reellen Zahl ($\pm\infty$ ist *keine* reelle Zahl!). Aber das Verhalten für wachsende n kann immerhin beschrieben werden: Die Folge wächst über alle Grenzen und kehrt nicht zurück.

4.3 Konvergenz von Zahlenfolgen

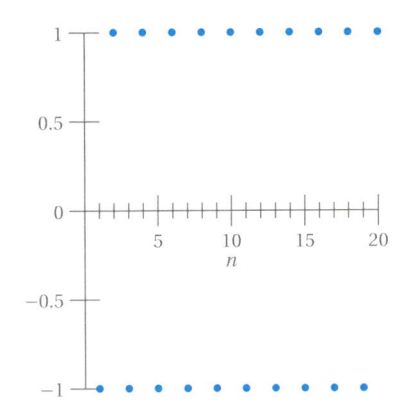

Abb. 4.10: Plot der Folge $(-1)^n$ für $1 \leq n \leq 20$

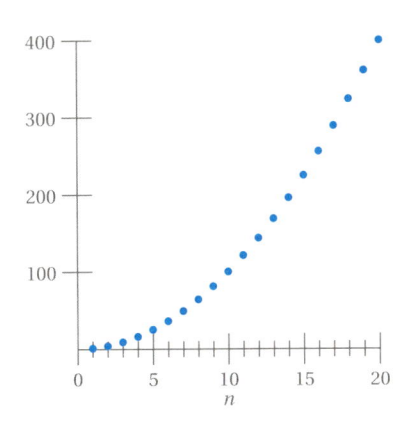

Abb. 4.11: Plot der Folge n^2 für $1 \leq n \leq 20$

Schaut man dagegen auf Abbildung 4.12, so sagt einem das Auge, dass sich die Folgenglieder mit wachsendem n immer mehr der x-Achse nähern, also gegen null streben. Die Null als Grenzwert anzunehmen, erscheint hier intuitiv sinnvoll.

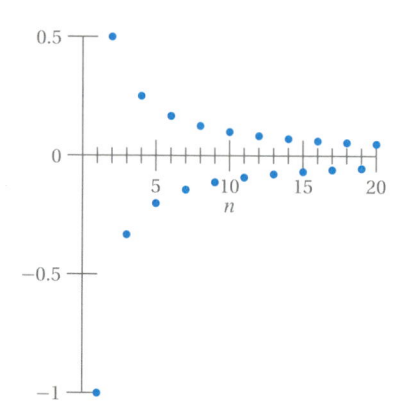

Abb. 4.12: Plot der Folge $(-1)^n/n$ für $1 \leq n \leq 20$

Auch die Folge aus Abbildung 4.13 strebt, diesmal nur von einer Seite, gegen die x-Achse bzw. den Wert null. Die Null als Grenzwert beschreibt das Verhalten wieder gut.

Was unterscheidet nun die Beispiele, in denen eine reelle Zahl als Grenzwert intuitiv Sinn zu machen scheint, von den anderen? Die immer noch intuitive Hauptidee ist die Folgende: Ein Grenzwert $a \in \mathbb{R}$ erscheint uns dann angemessen als Beschreibung einer Zahlenfolge bei ∞, wenn in beliebig kleinem Abstand von a immer noch fast alle Folgenglieder der Folge liegen.

Man muss sehr aufpassen, keinen Denkfehler zu machen, wenn man genau formell sagen will, was man damit meint.

Zum Ziel führt z. B. Folgendes: Eine Zahl a ist Grenzwert einer Folge a_n, wenn wir bei folgendem Spiel immer gewinnen:

> Ein Gegenspieler nennt einen positiven Abstand $\epsilon > 0$; wir nennen daraufhin ein $N(\epsilon) \in \mathbb{N}$. Wir gewinnen, wenn alle Folgenglieder a_n mit n mindestens $N(\epsilon)$ höchstens ϵ von a entfernt liegen.

Die Folgenglieder bis $N(\epsilon)$ sind dann die (endlich vielen) Ausnahmen von der Regel, das Folgenglieder beliebig nah beim Grenzwert liegen.

Die mathematische Buchhaltung, die man auch auf allgemeinere Fälle von Grenzwerten übertragen kann, wird üblicherweise handwerklich wie folgt durchgeführt:

4.3 Konvergenz von Zahlenfolgen

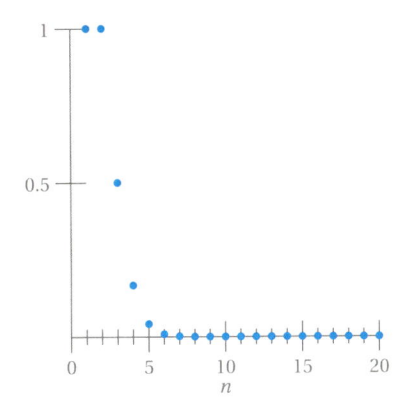

Abb. 4.13: Plot der Folge $1/(n-1)!$ für $1 \leq n \leq 20$

Definition 4.3.2 (Umgebung). Sei $\varepsilon > 0$, $\varepsilon \in \mathbb{R}$. Die ε-Umgebung von $a \in \mathbb{R}$ ist gegeben durch
$$U_\varepsilon(a) := \underbrace{(a-\varepsilon, a+\varepsilon)}_{\text{offenes Intervall}}.$$

Die folgende Definition nach Weierstraß (1815–1897) hat jahrhundertelange Streitigkeiten um die logische Konsistenz der Differentialrechnung endgültig ausgeräumt:

Definition 4.3.3 (Grenzwert einer Zahlenfolge). Eine Folge (a_n) heißt konvergent gegen $a \in \mathbb{R}$, in Formeln $\lim_{n \to \infty} a_n = a$, wenn in jeder ε-Umgebung $U_\varepsilon(a)$ alle bis auf endlich viele (man sagt auch: fast alle) Folgenglieder a_n liegen. Die Zahl a heißt dann der Grenzwert von (a_n).

Die Folge (a_n) heißt divergent, wenn sie nicht konvergent ist.

Sie heißt divergent gegen $+\infty$ (bzw. gegen $-\infty$), in Formeln $\lim_{n\to\infty} a_n = +\infty$ (bzw. $-\infty$), wenn für jede Zahl $S \in \mathbb{R}$ fast alle Folgenglieder größer (bzw. kleiner) sind als S.

Definition 4.3.3 kann man auch etwas anders folgendermaßen in kompakter Symbolschreibweise formulieren:

$$\underbrace{\text{Für alle }\varepsilon > 0}_{\forall} \underbrace{\text{existiert}}_{\exists} N(\varepsilon), \text{ so dass } \underbrace{\text{für alle }}_{\forall} n \geq N(\varepsilon) \underbrace{\text{gilt}}_{:} |a_n - a| < \varepsilon.$$

Also mit Symbolen noch einmal ganz kurz die berühmte Definition des Grenzwertes von Zahlenfolgen, die das letztliche Fundament der technischen Revolution des 20. Jahrhunderts bildet:

Definition 4.3.4 (Grenzwert einer Zahlenfolge).

$$\lim_{n\to\infty} a_n = n :\iff \forall \varepsilon > 0 \; \exists N(\varepsilon) \; \forall n \geq N(\varepsilon) : |a_n - a| < \varepsilon.$$

Diese Definition ist sehr formal. Aber sie stellt eine erkenntnisgeschichtlich so wichtige Entwicklung dar, dass wir Ihnen (nach den Vektorräumen) dieses erneute Bildungserlebnis nicht vorenthalten wollen. Machen Sie sich klar: Diese Definition ist der Zielpunkt einer langen mathematischen Entwicklung; eine Begriffsklärung ist wesentlich für die Entwicklung *vorhersehbar* erfolgreicher Kalküle, von denen wir einige in diesem Buch noch lernen werden.

Was tut man nun, wenn man den Grenzwert einer Folge nicht kennt aber trotzdem die Konvergenz als solche entscheiden möchte? Wir können folgende Beobachtung machen: Wenn fast alle Folgenglieder in $U_\varepsilon(a)$ liegen, dann können höchstens endlich viele Folgenglieder um mindestens 2ε auseinander liegen. Dies führt uns sofort zu einem sehr nützlichen Kriterium, dem sogenannten Cauchy-Kriterium, welches interessanterweise (in salopperer Sprache) früher mal Cauchy (1789–1857) als Definition diente, als es die obige Definition von Weierstraß noch nicht gab.

Satz 4.3.5. *Ist $(a_n)_{n\in\mathbb{N}}$ eine reelle Zahlenfolge, so ist (a_n) konvergent äquivalent zu*

$$\forall \varepsilon > 0 \; \exists n_0(\varepsilon) \; \forall m, n \geq n_0(\varepsilon) : |a_n - a_m| < \varepsilon.$$

Man spricht dann auch von einer Cauchy-Folge.

Der Unterschied von Cauchy-Folgen und konvergenten Folgen ist für unsere Belange nicht bedeutsam. Er entsteht, wenn man den Wertebereich der Folgen einschränkt auf sogenannte offene Mengen, z. B. auf ein offenes Intervall, und nur Grenzwerte zulässt, die darin liegen. Dann ist nämlich die Folge $(1/n)$ im offenen Intervall $(0,1)$ zwar eine Cauchy-Folge aber in $(0,1)$ nicht konvergent, denn der mögliche Grenzwert null liegt nicht in $(0,1)$.

Die Folge $(-1, +1, -1, +1, \ldots)$ ist beispielsweise keine Cauchy-Folge. Wir prüfen das Cauchy-Kriterium (Satz 4.3.5) im Spezialfall $\varepsilon = 1$ (siehe Abb. 4.14). Es gilt

$$\left| a_{n_0(1)} - a_{n_0(1)+1} \right| = 2,$$

was somit nicht kleiner als $\varepsilon = 1$ ist. Folglich ist die Folge $(-1)^n$ nicht konvergent.

Das Ermitteln von Grenzwerten anhand der Definition ist meist mühsam und wurde daher für die wichtigsten elementaren Folgen von Mathematikern bereits für Sie erledigt. Dass man mit wenigen elementaren Grenzwerten schon unglaublich viele Grenzwerte bestimmen kann, liegt an den sogenannten Grenzwertsätzen, mit Hilfe derer man die Berechnung von Grenzwerten auf bekannte Grenzwerte zurückführen kann.

Wir stellen zwei Regeln separat vor, weil sie eine wünschenswerte Standardeigenschaft repräsentieren, die man für viele Strukturen entdeckt: Für zwei

4.3 Konvergenz von Zahlenfolgen

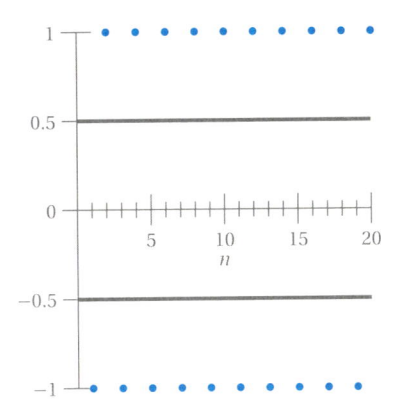

Abb. 4.14: Cauchy-Kriterium angewendet mit $\varepsilon = 1$ auf die Folge $(-1)^n$

konvergente Folgen (a_n) und (b_n) kann die Summe $(a_n)+(b_n)$ definiert werden als die Folge der Summen $(a_n + b_n)$. Für $r \in \mathbb{R}$ kann das r-Vielfache $r(a_n)$ definiert werden als die Folge der r-Vielfachen (ra_n). Damit bilden die konvergenten Zahlenfolgen einen Vektorraum (die Eigenschaften müssen natürlich geprüft werden), und der Limes ist automatisch linear: Der Grenzwert von Summenfolgen kann summandenweise gebildet werden und skalare Vielfache können aus dem Grenzwert »herausgezogen« werden.

Satz 4.3.6 (Linearität des Grenzwertes)**.** *Sind die Folgen (a_n), (b_n) konvergent mit Grenzwerten a und b, so gilt:*

(i) $\lim_{n\to\infty}(a_n + b_n) = a + b$.

(ii) $\lim_{n\to\infty} r \cdot a_n = r \cdot a \quad \forall r \in \mathbb{R}$.

Die verbleibenden Regeln sind eher speziell für den Limes:

Satz 4.3.7 (Spezielle Rechenregeln für Grenzwerte)**.** *Sind die Folgen (a_n), (b_n) konvergent mit Grenzwerten a und b, so gilt:*

(iii) $\lim_{n\to\infty} a_n b_n = ab$.

(iv) $\lim_{n\to\infty} a_n/b_n = a/b \quad$ *(falls $b, b_n \neq 0$).*

Diese Grenzwertsätze machen z. B. die Berechnung von Grenzwerten rationaler Funktionen sehr einfach:

$$\lim_{n\to\infty} \frac{1n^3 - 3n^2 + n - 4}{2n^3 - 4n^2 + 1\,000n - 30\,000\,000}$$
$$= \lim_{n\to\infty} \frac{n^3/n^3 - 3n^2/n^3 + n/n^3 - 4/n^3}{2n^3/n^3 - 4n^2/n^3 + 1\,000n/n^3 - 30\,000\,000/n^3}$$

$$= \lim_{n\to\infty} \frac{1 - {}^3/n + {}^1/n^2 - {}^4/n^3}{2 - {}^4/n + {}^{1000}/n^2 - {}^{30000000}/n^3}$$

$$= \frac{\lim_{n\to\infty} 1 - 3\cdot\lim_{n\to\infty} {}^1/n + (\lim_{n\to\infty} {}^1/n)^2 - 4(\lim_{n\to\infty} {}^1/n)^3}{\lim_{n\to\infty} 2 - 4\cdot\lim_{n\to\infty} {}^1/n + 10^3(\lim_{n\to\infty} {}^1/n)^2 - 3\cdot 10^7(\lim_{n\to\infty} {}^1/n)^3}$$

$$= \frac{1 - 3\cdot 0 + 0^2 - 4\cdot 0^3}{2 - 4\cdot 0 + 1000\cdot 0^2 - 30000000\cdot 0^3}$$

$$= \frac{1}{2}.$$

Also, was haben wir gemacht? Zunächst stellen wir fest, dass wir es mit einer rationalen Funktion zu tun haben. Im ersten Schritt haben wir den Grad g des Zählerpolynoms ermittelt (hier $g=3$) und Zähler und Nenner durch n^g geteilt. Anschließend haben wir die Grenzwerte mit Hilfe der Rechenregeln aus Satz 4.3.7 nach innen gezogen. Nach diesem Schritt war es ein Leichtes, die Einzelgrenzwerte zu bestimmen und sie zum Grenzwert der Ausgangsfolge zusammenzufassen. Dieses Verfahren funktioniert natürlich für jede rationale Funktion. Wir können das Ergebnis dieses Verfahrens etwas allgemeiner zusammenfassen:

Satz 4.3.8. *Ist p ein Polynom vom Grad n mit Koeffizienten p_i und q ein Polynom vom Grad m mit Koeffizienten q_i so gilt für die Folge $a_k := {}^{p(k)}/_{q(k)}$ folgendes:*

(i) *Falls $n > m$: (a_k) divergiert gegen $\mathrm{sign}({}^{p_n}/_{q_n})\cdot\infty \in \{-\infty, +\infty\}$, wobei wir mit $\mathrm{sign}(r)$ das Vorzeichen einer reellen Zahl $r \in \mathbb{R}$ bezeichnen.*

(ii) *Falls $n = m$: $\lim_{k\to\infty} a_k = {}^{p_n}/_{q_n}$.*

(iii) *Falls $n < m$: (a_k) konvergiert gegen 0.*

Listen wir nun ein paar wichtige elementare Folgen und ihre Grenzwerte auf:

Merksatz:

1. $a_n = c$ (konstante Folge): $\lim_{n\to\infty} a_n = c$.

2. $a_n = {}^1/n$: $\lim_{n\to\infty} a_n = 0$.

3. $a_n = q^n$ ($|q| < 1$): $\lim_{n\to\infty} a_n = 0$.

4. $a_n = (1 + {}^1/n)^n$: $\lim_{n\to\infty} a_n = e \approx 2{,}718281828$.

5. $a_n = \frac{1}{0!} + \frac{1}{1!} + \ldots + \frac{1}{n!}$: $\lim_{n\to\infty} a_n = e \approx 2{,}718281828$.

6. $f_n = f_{n-2} + f_{n-1}$, $f_1 = 1$, $f_2 = 1$: $\lim_{n\to\infty} f_n = +\infty$, »Fibonacci-Zahlen«: $1, 1, 2, 3, 5, 8, 13, 21, \ldots$

7. $g_n = {}^{f_n}/_{f_{n-1}} = \frac{f_{n-1} + f_{n-2}}{f_{n-1}} = 1 + {}^{f_{n-2}}/_{f_{n-1}} = 1 + {}^1/_{g_{n-1}}$:
$\lim_{n\to\infty} g_n = \frac{1+\sqrt{5}}{2} \approx 1{,}618$,
»Goldener Schnitt«: $\frac{1}{1}, \frac{2}{3}, \frac{3}{5}, \frac{5}{8}, \frac{8}{13}, \frac{13}{21}, \frac{21}{34}, \ldots$

4.3 Konvergenz von Zahlenfolgen

Wie haben wir den Grenzwert der rekursiv definierten Folgen berechnet? Für die Folge der Fibonacci-Zahlen ist klar, dass sie gegen $+\infty$ divergiert, denn sie ist offenbar monoton steigend mit monoton steigenden Abständen (frühere Folgengliedern!) zwischen den Folgengliedern. Bei der Folge (g_n) haben wir zwar den Grenzwert $\frac{1+\sqrt{5}}{2}$ bereits angegeben, aber wie kommt man darauf?

Falls $\lim_{n\to\infty} g_n = g$ gilt, können wir den Grenzwert auf beiden Seiten unserer Rekursionsformel bilden. Dabei gilt natürlich $\lim_{n\to\infty} g_n = \lim_{n\to\infty} g_{n-1} = g$, und wir erhalten nach den Grenzwertsätzen:

$$g = 1 + \frac{1}{g},$$

was sich zu

$$g^2 = g + 1 \iff g = \frac{1}{2} \pm \sqrt{\frac{1}{4}+1} = \frac{1 \pm \sqrt{5}}{2}$$

umformen lässt. Da offensichtlich $g_i \geq 0$ und somit auch $g \geq 0$ gilt, erhalten wir $g = \frac{1+\sqrt{5}}{2}$ als Grenzwert der Folge (g_n).

Betrachten wir ein anderes, sehr weit in die Geschichte zurückgehendes Beispiel einer rekursiven Folge, deren Grenzwert eine wichtige Bedeutung hat.

$$a_n = \frac{a_{n-1} + {}^2\!/\!a_{n-1}}{2}, \quad a_1 = 2.$$

Falls die Folge gegen a konvergiert, so gilt offensichtlich $a \geq 0$ und

$$a = \frac{a + {}^2\!/\!a}{2},$$

was sich nach einigen Rechenschritten zu $a = \sqrt{2}$ umformen lässt. Aus diesem Grund heißt das Verfahren auch Babylonisches Wurzelziehen, auch Heron-Verfahren genannt. Führen wir das Verfahren numerisch aus, erhalten wir der Reihe nach

$$a_1 = \quad 2 = 2{,}000\,000\,000,$$

$$a_2 = \quad \tfrac{3}{2} = 1{,}500\,000\,000,$$

$$a_3 = \quad \tfrac{17}{12} \approx 1{,}416\,666\,667,$$

$$a_4 = \quad \tfrac{577}{408} \approx 1{,}414\,215\,686,$$

$$a_5 = \quad \tfrac{665\,857}{470\,832} \approx 1{,}414\,213\,562,$$

$$a_6 = \tfrac{886\,731\,088\,897}{627\,013\,566\,048} \approx 1{,}414\,213\,562.$$

Die Konvergenz dieses Verfahrens ist offensichtlich recht schnell. Um allgemein die Wurzel aus einer Zahl w zu bestimmen, kann man allgemeiner die Rekursionsfolge

$$a_n = \frac{a_{n-1} + w/a_{n-1}}{2}, \quad a_1 = w,$$

verwenden.

Wir sehen, Grenzwertbetrachtungen liefern auch die Grundlage für iterative numerische Näherungsverfahren für Größen, die zwar prinzipiell nicht ganz genau (irrationale Zahlen), aber durch die Eigenschaften des Grenzwertes beliebig genau angegeben werden können. Man sucht eine Zahlenfolge, deren Folgenglieder man leicht (rekursiv) berechnen kann und deren Grenzwert genau die gesuchte Größe ist. So oder so ähnlich berechnet Ihr Taschenrechner auch andere nicht genau angebbare Zahlen wie sin(4) oder die Kreiszahl π.

4.4 Reihen

Kennen Sie das Paradoxon von Zenon zu »Achilles und die Schildkröte«? Achilles, ein sehr guter Läufer, und eine sehr von sich überzeugte Schildkröte wollen herausfinden, wer schneller ist. Nach etwas Gerede entscheiden sie, ein Wettrennen zu veranstalten. Da Achilles klar ist, dass er auf jeden Fall der Sieger sein wird, gibt er der Schildkröte zehn Meter Vorsprung.

Zenon, ein griechischer Philosoph, erzählt diese Geschichte, weil er damit (sehr vereinfacht ausgedrückt) die Existenz von kontinuierlicher Bewegung überhaupt zum Widerspruch führen will.[1] Er behauptet nämlich, dass Achilles die Schildkröte nie überholen wird. Seine Argumentation verläuft wie folgt: Bevor Achilles die Schildkröte überholen kann, muss er zuerst ihren Vorsprung einholen. In der Zeit, die er dafür benötigt, hat die Schildkröte aber einen neuen, wenn auch kleineren Vorsprung gewonnen, den Achilles ebenfalls erst einholen muss. Ist ihm auch das gelungen, hat die Schildkröte wiederum einen – noch kleineren – Vorsprung gewonnen, und so weiter. Der Vorsprung, den die Schildkröte zu jedem Zeitpunkt hat, werde zwar immer kleiner, bleibe aber dennoch immer ein Vorsprung, so dass sich der schnellere Läufer der Schildkröte zwar immer weiter nähern, sie aber niemals einholen und somit auch nicht überholen könne.

Das widerspricht natürlich komplett unserem gesunden Menschenverstand und unseren Erfahrungen aus der Realität (deshalb spricht man hier auch von einem Paradoxon).

Gehen wir einmal analytisch an die Sache heran und nehmen an, dass Achilles mit einer Geschwindigkeit von $10\,\text{m/s}$ rennt und dass die Schildkröte sich mit einer Geschwindigkeit von $1\,\text{m/s}$ fortbewegt (was schon sehr schnell für eine Schildkröte ist). Der Startzeitpunkt sei die Zeit null. Bezeichnen wir mit t_i die Zeit, die Achilles benötigt, um den i-ten Vorsprung aufzuholen. Für den ersten Vorsprung benötigt

---

[1] Sein Lehrer Parmenides formulierte dazu: »Es gibt nur das Unendlich Eine, und alle Bewegung ist nur Illusion«.

er $t_1 = 1$ Sekunde und für den zweiten Vorsprung nur noch $t_2 = 1/10$ Sekunde. Allgemein gilt $t_{i+1} = 1/10 \cdot t_i$. Wie Zenon richtig argumentiert, wird der Vorsprung und damit auch die Zeit t_i um ihn wieder aufzuholen immer kleiner, erreicht aber nicht die Null. (Die Folge $t_1, t_2, \ldots$ ist streng monoton fallend mit $t_i > 0$.)

Versuchen wir aber dennoch den Zeitpunkt zu berechnen, an dem Achilles die Schildkröte einholt. Das ist ganz einfach: Ignoriert man die von Zenon so diabolisch gewählte Einteilung der Zeitachse in die Aufholzeiten, so ist der Überholzeitpunkt durch eine Gleichung gegeben. Achilles ist zu jedem Zeitpunkt t am Ort $10 \cdot t$, die Schildkröte am Ort $1 \cdot t + 10$. Am gleichen Ort sind die beiden also zur Zeit t' mit

$$10t' = t' + 10 \iff 9t' = 10 \iff t' = \frac{10}{9}.$$

Wenn man alle philosophischen Diskussionen um die Gestalt der Zeit etc. mal beiseite lässt und annimmt, dass alle reellen Zahlen als Zeitpunkte in Frage kommen, dann ist der Zeitpunkt des Überholens gerechnet in Zenons Zeiteinteilung formal gegeben durch

$$t'' := t_1 + t_2 + \ldots = \sum_{i=1}^{\infty} t_i = \sum_{i=0}^{\infty} 10^{-i} = ?$$

Die Frage, ob die Zeiteinteilung von Zenon zu einem logischen Widerspruch führt, lautet nun präzise: Ist t'' ein wohldefinierter, endlicher Zeitpunkt und ist er gleich dem tatsächlichen Überholzeitpunkt $t' = 10/9$? Wir können die Frage nach der Gestalt der Zeit nicht beantworten, aber die Frage nach der Eindeutigkeit, der Endlichkeit und dem Wert dieser unendlichen Summe, die können wir klären. Sogar in einer viel allgemeineren Form.

Das Zenon-Paradoxon liefert nämlich ein Beispiel für eine in den Anwendungen ziemlich prominente unendliche Summe: die geometrische Reihe. Schauen wir auf die wesentliche Struktur: Sei $-1 < q < 1$ eine reelle Zahl mit Betrag kleiner eins und $a_n := q^0 + q^1 + \ldots + q^n$ die reelle Zahlenfolge der Partialsummen. Die Idee ist nun, den Wert der unendlichen Summe auf den Grenzwert der Folge der Partialsummen festzulegen.

Um das für die geometrische Reihe durchzuführen, betrachten wir den folgenden, auf den jugendlichen Carl Friedrich Gauß (1777–1855) zurückgehenden kleinen Trick:

$$1 \cdot a_n = q^0 + q^1 + \ldots + q^n,$$
$$q \cdot a_n = \phantom{q^0 +{}} q^1 + \ldots + q^n + q^{n+1}.$$

Ziehen wir nun beide Gleichungen voneinander ab, erhalten wir

$$(1-q)a_n = q^0 - q^{n+1} \iff a_n = \frac{1-q^{n+1}}{1-q} = \frac{1}{1-q} - \frac{q^{n+1}}{1-q}.$$

Wenden wir nun die Grenzwertsätze 4.3.7 an, so erhalten wir

$$\lim_{n \to \infty} a_n = \lim_{n \to \infty} \frac{1}{1-q} - \lim_{n \to \infty} \frac{q^{n+1}}{1-q} = \frac{1}{1-q} - 0 = \frac{1}{1-q},$$

da wegen $|q| < 1$ der Grenzwert des zweiten Terms mit wachsendem n gegen null strebt. Wir können also den Wert der unendlichen Summe auf $\frac{1}{1-q}$ festlegen und haben damit einen Wert mit folgender Eigenschaft: Sobald einmal genug Summanden addiert worden sind, bleibt man immer beliebig nah am festgelegten Wert, egal wieviele weitere Summanden man noch hinzufügt.

Das Zenon-Paradoxon (insoweit es die bloße Existenz des Überholzeitpunkts als reelle Zahl betrifft) können wir also mit der Formel für die geometrische Reihe wie folgt kommentieren: Die unendliche Summe der Aufholzeiten beträgt

$$t'' = t_1 + t_2 + \ldots = \frac{1}{1 - 1/10} = \frac{10}{9} = t'.$$

Damit ist der durch die von Zenon diabolisch gewählte Zeiteinteilung über eine unendliche Summe berechnete Überholzeitpunkt *konsistent* mit der direkten Berechnung des Überholzeitpunkts ohne unendliche Summe. Das bedeutet: Unsere Begriffsbildung zur unendlichen Summe liefert Ergebnisse, die konsistent sind mit anderen Beobachtungen, die unabhängig von unendlichen Summen sind.

Das motiviert, dass wir den Wert einer unendlichen Summe erklären als den Grenzwert der Folge der Partialsummen, falls er existiert. (Wenn der Grenzwert nicht existiert und wir trotzdem der unendlichen Summe einen Wert zuordnen würden, wären logische Widersprüche unvermeidlich. Aber das würde jetzt zu weit vom Thema ablenken.)

Definition 4.4.1. Sei $(a_1, a_2, \ldots)$ eine Zahlenfolge. Die Folge der Partialsummen $(s_n)_{n \in \mathbb{N}}$ mit

$$s_n := \sum_{i=1}^{n} a_i$$

bezeichnen wir als zu $(a_n)_{n \in \mathbb{N}}$ gehörende Reihe.

Konvergiert $(s_n)_{n \in \mathbb{N}}$ mit $\lim_{n \to \infty} s_n = s$, so heißt die Reihe konvergent, und wir setzen

$$\sum_{i=1}^{\infty} a_i := s.$$

Falls $(s_n)_{n \in \mathbb{N}}$ gegen $\pm \infty$ divergiert, so heißt die Reihe ebenfalls divergent gegen $\pm \infty$, und wir schreiben

$$\sum_{i=1}^{\infty} a_i = \pm \infty.$$

Ansonsten ist $\sum_{i=1}^{\infty} a_i$ nicht definiert, und die Reihe heißt divergent.

Ein weiteres berühmtes Beispiel ist die harmonische Reihe: Die Folge der Summanden $a_n = 1/n$ führt damit formal zu einer unendlichen Summe $\sum_{i=1}^{\infty} 1/i$. Wir werden später zeigen, warum diese Reihe bzw. die zugehörige Folge der Partialsummen gegen $+\infty$ divergiert.

Betrachten wir aber zunächst noch weitere Beispiele. Für die Folge $a_i = 2^{-i+1}$ ergibt sich mit Hilfe der Formel für die geometrische Reihe

$$\sum_{i=1}^{\infty} a_i = \sum_{i=0}^{\infty} 2^{-i} = \frac{1}{1 - {}^1/_2} = 2.$$

Betrachten wir dagegen $a_i = 1$, so ergibt sich $s_n = \sum_{i=1}^{n} 1 = n$. Deshalb gilt $\lim_{n \to \infty} s_n = \infty$, und die zugehörige Reihe divergiert gegen $+\infty$.

Betrachten wir als vorerst letztes Beispiel die Reihe zur Folge $a_n = {}^{(-1)^n}/n$: die alternierende harmonische Reihe. Wir haben noch nicht das Rüstzeug, den Wert dieser Reihe zu bestimmen. Wir berichten schonmal, dass $\sum_{i=1}^{\infty} {}^{(-1)^i}/i = \ln(2)$ gilt. Das Werkzeug, das man zur Berechnung benutzen kann, lernen Sie aber erst ganz zum Schluss dieses Kapitels.

Sie können sich sicher vorstellen, dass es noch weit kompliziertere Reihen gibt, bei denen man den exakten Grenzwert entweder analytisch überhaupt nicht bzw. nur mit noch mehr Mathematik ausrechnen kann. Für den Fall, dass man aber zeigen kann, dass eine Reihe konvergiert, könnte man auch einfach Näherungswerte für den existierenden Grenzwert berechnen, indem man nur eine endliche Summe betrachtet, also die Reihe irgendwann abbricht.

Mit Hilfe von Definition 4.4.1 können wir zwar theoretisch bestimmen, ob eine Reihe konvergiert bzw. divergiert, für das praktische Rechnen werden allerdings ein paar handlichere Kriterien benötigt:

Satz 4.4.2. *Ist $(a_n)_{n \in \mathbb{N}}$ eine reelle Folge, so gilt:*

(i) *Notwendige Bedingung*: $\sum a_n$ *konvergent* $\implies \lim_{n \to \infty} a_n = 0$.

(ii) *Cauchy-Kriterium für Reihen:*

$$\sum a_n \text{ konvergent} \iff \forall \varepsilon > 0 \; \exists N(\varepsilon) \in \mathbb{N} \; \forall m > n \geq N(\varepsilon): \left| \sum_{k=m}^{n} a_k \right| < \varepsilon. \tag{4.1}$$

(iii) *Monotone Konvergenz*: *Ist $a_n \geq 0$, so gilt:*

$$\sum a_n \text{ konvergent} \iff \underbrace{\exists k \in \mathbb{N}}_{\text{obere Schranke}} \forall n \in \mathbb{N}: s_n \leq k. \tag{4.2}$$

(iv) *Leibniz-Kriterium*: *Ist $a_n \geq 0$, $a_n \geq a_{n+1} \; \forall n \in \mathbb{N}$, $\lim_{n \to \infty} a_n = 0$, dann konvergiert $\sum (-1)^n a_n$.*

(v) *Majorantenkriterium*: *Ist $\sum c_n$ konvergent und gilt $|a_n| \leq c_n \; \forall n \in \mathbb{N}$, dann konvergieren $\sum |a_n|$ und $\sum a_n$.*

(vi) *Quotientenkriterium*: *Ist $a_n \neq 0 \; \forall n \geq n_0$ und gibt es $r \in \mathbb{R}$ mit $0 < r < 1$, so dass $|a_{n+1}/a_n| \leq r \; \forall n \geq n_0$, dann konvergieren $\sum |a_n|$ und $\sum a_n$.*

(vii) Wurzelkriterium: Ist $a_n \geq 0 \; \forall n \geq n_1$ und gibt es $r \in \mathbb{R}$ mit $0 < r < 1$, so dass $\sqrt[n]{a_n} \leq r \; \forall n \geq n_1$, dann konvergieren $\sum |a_n|$ und $\sum a_n$.

Mit der notwendigen Bedingung für Konvergenz in (i) kann man oft schnell zeigen, dass eine Reihe divergent ist. Man muss hier allerdings aufpassen, dass die Implikation nur in die eine Richtung gilt. Die andere Richtung stimmt im Allgemeinen nicht. Die Bedingung $\lim_{n \to \infty} a_n = 0$ ist also nur notwendig und nicht hinreichend.

Kriterium (iii) ist sehr plausibel, denn es besagt: Addiert man nur nicht-negative Summanden, so dass die Summe nach oben beschränkt ist, so besitzt die Summe einen endlichen Wert. Der muss übrigens nicht gleich der Schranke sein!

Aus Kriterium (iv) folgt, dass die alternierende harmonische Reihe $\sum (-1)^n/n$, konvergent ist. Wie gesagt: Zur Berechnung des Werts brauchen wir mehr Mathematik. Halten Sie also durch bis zum Ende dieses Kapitels!

Das Majorantenkriterium (v) ist in einem gewissen Sinne das wichtigste aller Konvergenzkriterien für Reihen. Denn gerade in ökonomischen Zusammenhängen sind viele der konvergenten Reihen durch geometrische Reihen nach oben beschränkt. Zum Beispiel wissen wir nicht genau, wieviel eine unendlich lange Rentenzahlung mit monatlicher Rente R in Anbetracht der Geldentwertung heute wert ist (Gegenwartswert C_0): Die monatliche Rate der Geldentwertung r_i in Monat i schwankt zu stark über die Monate.

Falls wir aber annehmen, dass die Geldentwertung immer mindestens $r_{\min} = 0{,}000\,001\,\%$ beträgt, so wissen wir, dass der Wert C_0 endlich ist, denn

$$C_0 = \sum_{i=0}^{\infty}(1-r_i)^i R \leq \sum_{i=0}^{\infty}(1-r_{\min})^i R = R\sum_{i=0}^{\infty}(1-r_{\min})^i = \frac{R}{r_{\min}} = 1\,000\,000 R < \infty.$$

Manche der anderen Kriterien lassen sich auch leicht aus dem Majorantenkriterium herleiten. Betrachten wir ein Beispiel für eine etwas kompliziertere Folge definiert durch $a_i = i^2 + 2\sin(i)$. Da für $i \geq 1$ die Ungleichung $i^2 + 2\sin(i) \geq 1$ gilt, können wir

$$\sum_{i=1}^{\infty} i^2 + 2\sin(i) \geq \sum_{i=1}^{\infty} 1 = \infty$$

schließen und haben damit nachgewiesen, dass unsere Ausgangsfolge divergent gegen $+\infty$ ist. Diese Schlussweise nennt man Minorantenkriterium, die Grundidee ist aber die gleiche wie beim Majorantenkriterium: Vergleich mit einer einfacheren Reihe bzw. Folge.

Als Beispiel für die direkte Anwendbarkeit des Majorantenkriteriums betrachten wir die Reihe zur Folge $a_n = \frac{2^{-n}}{n^2+2n+1}$. Da $|a_n| \leq 2^{-n}$ für alle $n \in \mathbb{N}$ gilt und $\sum 2^{-n}$ konvergiert, konvergiert auch $\sum_{n=0}^{\infty} \frac{2^{-n}}{n^2+2n+1}$. Der Wert dieser unendlichen Summe ist $\pi^2/6 - 1 - \ln^2(2)$; das ist mit unseren Mitteln aber nicht begründbar.

4.4 Reihen

Als Beispiel für das Quotientenkriterium (vi) betrachten wir die folgende Reihe für gegebenes $x \in \mathbb{R}$:

$$\sum_{i=0}^{\infty} \frac{x^i}{i!}.$$

Mit unseren Methoden können wir nun überprüfen, für welche x diese Reihe konvergiert. Hierzu können wir das Quotientenkriterium verwenden. Falls $x = 0$ gilt, so haben wir $\sum_{i=0}^{\infty} x^i/i! = 1$. Für alle anderen Werte $x \neq 0$ gilt $x^n/n! \neq 0$ für alle $n \in \mathbb{N}$. Der Quotient $|a_{n+1}/a_n|$ zweier aufeinanderfolgender Glieder der Partialsumme lässt sich mittels

$$\left| \frac{x^{n+1}/(n+1)!}{x^n/n!} \right| = \frac{|x|}{n+1} \leq \frac{1}{2} \quad \forall n \geq N(x)$$

nach oben abschätzen, wenn man $N(x)$ geeignet wählt. Die Reihe konvergiert also in *jedem* Punkt x. Diese Konvergenz hätte man auch mit Hilfe des Wurzelkriteriums (vii) zeigen können.

Die notwendige Bedingung $\lim_{n \to \infty} a_n = 0$, siehe Kriterium (i), ist nicht hinreichend. Betrachten wir dazu die harmonische Reihe $\sum 1/n$. Es gilt $\lim_{n \to \infty} 1/n = 0$, aber dennoch ist $\sum_{i=1}^{\infty} 1/i$ divergent gegen $+\infty$. Dies kann man wie folgt sehen:

$$\sum \frac{1}{n} = \underbrace{1}_{=1} + \underbrace{\frac{1}{2}}_{=\frac{1}{2}} + \underbrace{\frac{1}{3} + \frac{1}{4}}_{\geq 2 \cdot \frac{1}{4} = \frac{1}{2}} + \underbrace{\frac{1}{5} + \frac{1}{6} + \frac{1}{7} + \frac{1}{8}}_{\geq 4 \cdot \frac{1}{8} = \frac{1}{2}} + \ldots + \underbrace{\sum_{n=2^k+1}^{2^{k+1}} \frac{1}{n}}_{\geq 2^k \cdot \frac{1}{2^{k+1}} = \frac{1}{2}} + \ldots$$

Es gilt also $s_{2^{k+1}} \geq \frac{k+1}{2}$, was mit wachsendem k unbeschränkt wächst. Folglich divergiert die harmonische Reihe $\sum 1/n$.

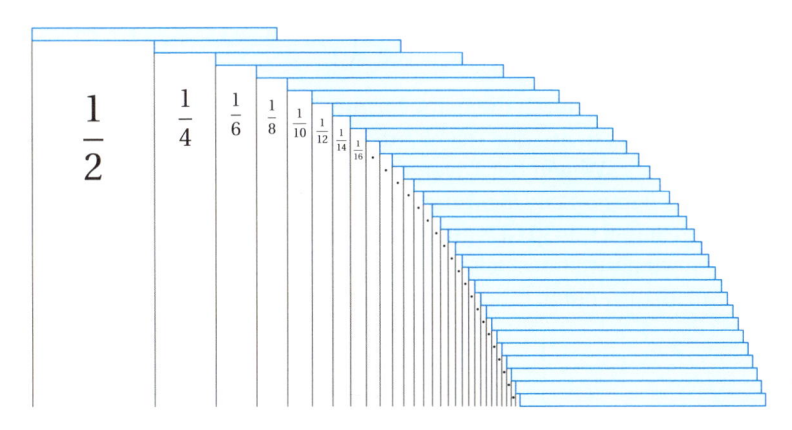

Abb. 4.15: Maximal überhängender CD-Stapel

Diese Erkenntnis lässt sich als ein nettes Spiel mit CD-Hüllen verpacken.

Aufgabe ist es, an der Tischkante die CD-Hüllen so zu stapeln, dass die oberste komplett über dem Abgrund schwebt. Geht das wirklich? Nun, die Physik lehrt uns, dass ein Körper dann nicht kippt, wenn das Schwerpunktlot die Standfläche trifft.

Die Bauanleitung für einen maximal überhängenden Stapel ist sehr einfach, wenn man in der richtigen Reihenfolge vorgeht: Man baut von oben nach unten, schiebt also immer eine neue CD so unter, dass der aktuelle Turm nicht kippt. Wann ist das so gerade noch der Fall? Klar: Wenn der Rand der neuen CD genau unter dem Schwerpunkt des bisherigen Stapels platziert wird.

Sei m_i die x-Koordinate des Schwerpunkts für die optimale Konstruktion mit i CDs, wobei eine CD-Box die Breite und Gewicht eins habe. Also ist $m_1 = 1/2$ (eine CD). Da die i-te CD wie oben beschrieben untergeschoben wurde, gilt:

$$\begin{aligned} m_i &= \frac{(i-1) \cdot m_{i-1} + (m_{i-1} + 1/2)}{i} \\ &= \frac{i \cdot m_{i-1} + 1/2}{i} \\ &= m_{i-1} + \frac{1}{2i}. \end{aligned}$$

Die Bauanleitung besagt: Die untergeschobene CD beginnt jeweils genau am Schwerpunkt der vorigen Konstruktion. Das heißt, die Abstände zwischen den Schwerpunkten sind genau die Abstände der CDs. Und damit hat der am weitesten überhängende Stapel den folgenden Überhang:

$$\begin{aligned} m_1 + m_2 + m_3 + m_4 + \ldots &= \frac{1}{2} + \frac{1}{4} + \frac{1}{6} + \frac{1}{8} + \ldots \\ &= \frac{1}{2} \cdot \left(\frac{1}{1} + \frac{1}{2} + \frac{1}{3} + \frac{1}{4} + \ldots \right). \end{aligned}$$

Also ist der Überhang durch die halbe harmonische Reihe gegeben! Man kann also schon vier CDs so auf der Tischkante stapeln, dass die oberste »über dem Abgrund« schwebt. Wegen der Divergenz der harmonischen Reihe kann man sogar *jeden noch so großen Überhang* produzieren. In Abbildung 4.15 haben wir einen solchen Stapel mit 30 CDs graphisch dargestellt.

Betrachten wir als weiteres Beispiel die Reihe $\sum 1/n^2$. Die Idee, hier das Quotientenkriterium anzuwenden, führt leider wegen

$$\left| \frac{1/(n+1)^2}{1/n^2} \right| = \frac{n^2}{(n+1)^2} = 1 - \frac{2n+1}{(n+1)^2} \xrightarrow[n \to \infty]{} 1 \not< 1$$

nicht zum Ziel. Durch trickreiche Anwendung des Majorantenkriteriums können wir aber Konvergenz für diesen Fall zeigen. Es gilt

$$\frac{1}{k^2} \leq \frac{1}{k(k-1)} = \frac{k - (k-1)}{k(k-1)} = \frac{1}{k-1} - \frac{1}{k}.$$

4.4 Reihen

Wir erhalten also

$$\sum_{k=2}^{n} \frac{1}{k(k-1)} = \sum_{k=2}^{n} \frac{1}{k-1} - \frac{1}{k}$$
$$= \left(\frac{1}{1} - \frac{1}{2}\right) + \left(\frac{1}{2} - \frac{1}{3}\right) + \left(\frac{1}{3} - \frac{1}{4}\right) + \ldots + \left(\frac{1}{n-1} - \frac{1}{n}\right)$$
$$= 1 - \frac{1}{n}.$$

Da der letzte Wert für wachsendes n gegen 1 geht, ist die Reihe $\sum_{k=2}^{\infty} \frac{1}{k(k-1)}$ konvergent. Mittels Majorantenkriterium schließen wir, dass auch die Reihe $\sum_{k=2}^{\infty} 1/k^2$ und damit auch die Reihe $\sum_{k=1}^{\infty} 1/k^2$ konvergent ist.

Wir berichten aus der Mathematik noch den exakten Wert:

$$\sum_{k=1}^{\infty} \frac{1}{k^2} = \frac{\pi^2}{6}.$$

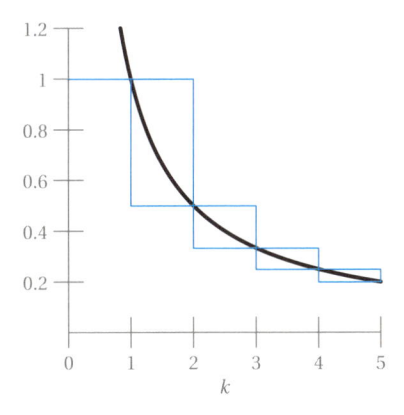

Abb. 4.16: Reihen als Ober- und Untersummen eines Integrals

Mit Methoden der Integralrechnung (die besprechen wir erst in Kapitel 7, aber vielleicht kennen Sie auch schon genug aus der Schule) lässt sich die Konvergenz bzw. die Divergenz manchmal noch etwas einfacher bestimmen. Betrachten wir hierzu zwei Beispiele. Wir setzen $a_n = 1/n^2$ und betrachten die Ungleichung

$$\int_{n}^{n+1} \frac{1}{x^2}\,\mathrm{d}x \leq a_n \leq \int_{n-1}^{n} \frac{1}{x^2}\,\mathrm{d}x,$$

siehe auch Abbildung 4.16. Summieren wir die oberen und unteren Ungleichungen (4.4) auf, so erhalten wir

$$\frac{1}{2} = \int_2^\infty \frac{1}{x^2}\,dx \leq \sum_{i=2}^\infty a_i \leq \int_1^\infty \frac{1}{x^2}\,dx = 1.$$

Nach Kriterium (iii) von Satz 4.4.2 konvergiert also die Reihe $\sum 1/k^2$.

Um die Divergenz der Reihe $\sum 1/k$ zu zeigen, können wir ebenfalls diese Integralmethode bemühen. Es gilt

$$a_n = \frac{1}{n} \geq \int_n^{n+1} \frac{1}{x}\,dx,$$

siehe Abbildung 4.17. Aufsummieren ergibt

$$\sum_{n=1}^\infty \frac{1}{n} \geq \int_1^\infty \frac{1}{x}\,dx = \lim_{x \to \infty} \ln(|x|) = \infty,$$

was die Divergenz nach Anwendung des Minorantenkriteriums zeigt.

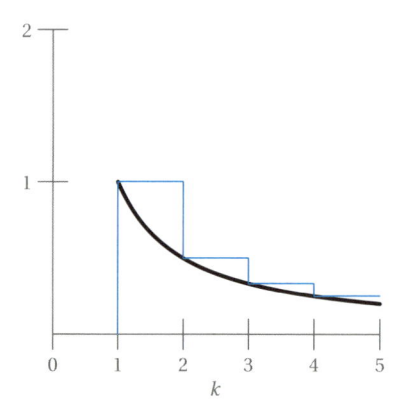

Abb. 4.17: Ein Integral als untere Schranke für eine Reihe

Für das praktische Rechnen mit Reihen gibt es eine nützliche Rechenregel: die Linearität der Reihe. Wenn Sie genau hinschauen, dann sehen Sie, dass damit auch für Reihen (wie für Folgen) die für einen Vektorraum notwendigen Rechenoperationen definiert werden. Und in der Tat bilden die konvergenten Reihen mit diesen Operationen einen Vektorraum. (Die Vektorraumrechenregeln sind natürlich wieder zu prüfen, aber das haben Ihre Mathematiker bereits für Sie getan.)

Satz 4.4.3 (Linearität der Reihe). *Sind $\sum a_n, \sum b_n$ konvergent, so gilt:*

(i) $\sum(a_n + b_n) = \sum a_n + \sum b_n$,

(ii) $\sum r \cdot a_n = r \cdot \sum a_n \ \forall r \in \mathbb{R}$.

Zum Schluss nochmal eine Erklärung, warum wir die Grenzwertthematik (gerade auch im Vergleich zu anderen Mathematikbüchern für Ökonomen) so ernst nehmen: Konvergenz ist ein Thema, in dem die erkenntnisgeschichtliche Bedeutung einer soliden Begriffsklärung offenbar wird. Und: Beschränkung auf Intuition und Plausibilitätsbetrachtungen kann sogar zu Denkfehlern führen.

Zum Beispiel: Wir sind die Gültigkeit des Kommutativgesetzes der Addition (Vertauschung der Reihenfolge von Summanden) so gewohnt bzw. haben sie in der Grundschule so eingebläut bekommen, dass wir ihre Gültigkeit leicht automatisch auch auf andere Situationen übertragen.

Bei unendlichen Summen gilt dies aber zum Beispiel nicht mehr. Betrachten wir z. B. die Reihe $\sum_{n=1}^{\infty} (-1)^n/n$. Durch geschicktes Umsortieren können wir jeden beliebigen Wert $r \in \mathbb{R}$ als Grenzwert dieser Summe erhalten.

Hierzu müssen wir nur die Folge $(-1)^n/n$ in zwei Folgen p_n und q_n bestehend aus den positiven bzw. den negativen Folgengliedern einteilen und jeweils der betragsmäßigen Größe nach sortieren.

Ist nun ein Wunschgrenzwert r gegeben, so summieren wir einfach so lange Werte aus (p_n) auf, bis wir einen Wert größer als r erhalten. Anschließend summieren wir so lange Werte aus (q_n) auf, bis der Wert der Partialsumme wieder kleiner als r ist. Diese Prozedur können wir iterieren, und es lässt sich zeigen, dass die so definierte Summe gegen r konvergiert.

Unter der (eigentlich plausiblen, aber falschen) Annahme der Kommutativität in unendlichen Summen könnte man also in einer Varieté-Vorstellung die Gleichheit beliebiger reeller Zahlen $r \neq r'$ beweisen durch Umsortieren der alternierenden harmonischen Reihe. Damit würde man die gesamte Schularithmetik zum Widerspruch führen, was sicherlich einen bleibenden Eindruck beim unbedarften Publikum hinterlassen würde. Sie sind nun in der Position, einen solchen Schwindel zu durchschauen, und können sich beruhigt zurücklehnen.

Merksatz:

Enthält eine Reihe jeweils unendlich viele positive und negative Summanden, so ist die Reihenfolge wichtig, sofern $\sum |a_n|$ divergiert und $\lim_{n \to \infty} a_n = 0$ gilt.

4.5 Grenzwerte von Funktionen, Stetigkeit und Differenzierbarkeit

Wir haben nun das Rüstzeug, um unsere erste Leitfrage vom Beginn des Kapitels zu klären. In der allgemeinen Sprache der Funktionen lautet diese Frage:

> **Beispielfrage:**
>
> Um wie viele Einheiten bzw. Prozent *ändert* sich $y = f(x)$, wenn x sich um eine Einheit bzw. ein Prozent *ändert*?

Die in der Einleitung nur intuitiv eingeführten Begriffe wie Stetigkeit, Differenzierbarkeit und Ableitung einer Funktion können wir in diesem Abschnitt auf das solide mathematische Fundament des Grenzwertbegriffs stellen und mit Hilfe der Ableitung dann auch die Leitfrage beantworten.

Wir haben in Abschnitt 4.2 uns bei den rationalen Funktionen die Frage gestellt, wie man diese Funktionen in Definitionslücken so ergänzen kann, dass die resultierende Funktion keine Sprünge macht. Der in einer Definitionslücke ergänzte Funktionswert soll also keine Überraschung sein, wenn man sich der Definitionslücke nähert. Er soll sich aus den Funktionswerten der Umgebung ergeben.

Ein Formalismus, der dies ermöglicht, ist der Grenzwert von Funktionen, den man für sogenannte Häufungspunkte des Definitionsbereichs definieren kann.

Definition 4.5.1 (Grenzwert von Funktionen). Sei $f: \mathbb{R} \supseteq D \to \mathbb{R}$ eine reelle Funktion und $x_0 \in \mathbb{R}$ ein Häufungspunkt von D, d. h. es gibt eine Zahlenfolge (x_n) mit $x_n \in D$, $x_n \neq x_0$ und $\lim_{n \to \infty} x_n = x_0$.
Dann

$$\lim_{x \to x_0} f(x) = a :\iff \lim_{n \to \infty} f(x_n) = a \ \forall (x_n): \lim_{n \to \infty} x_n = x_0, x_n \neq x_0.$$

Die Zahl $a = \lim_{x \to x_0} f(x)$ heißt dann der Grenzwert von f für x gegen x_0.

In Worten sagt diese Definition: Wenn für jede Urbildfolge (x_n) mit Grenzwert x_0 die zugehörige Bildfolge $(f(x_n))$ immer den Grenzwert $a \in \mathbb{R}$ besitzt, dann nennen wir a den Grenzwert der Funktion f an der Stelle x_0. Beachte: x_0 muss nicht in D liegen! Das heißt, wir können diesen Grenzwert zur Ergänzung von Definitionslücken verwenden!

Warum fordern wir diese Eigenschaft für alle denkbaren Folgen (x_n) und nicht nur für eine? Betrachten wir hierzu als Beispiel die Funktion

$$\text{sign}: \begin{cases} \mathbb{R} \to \mathbb{R}, \\ x \mapsto \begin{cases} +1 & \text{für } x > 0, \\ 0 & \text{für } x = 0, \\ -1 & \text{für } x < 0. \end{cases} \end{cases}$$

Was soll denn der Grenzwert der Signumsfunktion sign an der Stelle $x_0 = 0$ sein? Hätten wir in Definition 4.5.1 nur verlangt, dass für eine Folge von Urbildern die Bildfolge gegen den Grenzwert konvergiert, dann würde nun Folgendes passieren: Für die Folge (x_n) mit $x_n = 1/n$ ergibt sich als Grenzwert $\lim_{n \to \infty} \text{sign}(x_n) = +1$,

4.5 Grenzwerte von Funktionen, Stetigkeit und Differenzierbarkeit

für die Folge (x_n) mit $x_n = -1/n$ ergibt sich als Grenzwert $\lim_{n\to\infty} \text{sign}(x_n) = -1$, und für die Folge (x_n) mit $x_n = (-1)^n 1/n$ existiert kein Grenzwert $\lim_{n\to\infty} \text{sign}(x_n)$, siehe Definition des Grenzwertes einer Folge.

Da alle diese drei Beispielfolgen zu unterschiedlichen Ergebnissen kommen, können wir der Funktion sign an der Stelle 0 keinen Grenzwert zuweisen, zumindest nicht ohne Streit. (Der eine will diesen, der andere jenen.) Die friedlichste Lösung ist: In diesem Fall existiert kein Grenzwert. Die Definition führt also nur zu einem Grenzwert, wenn sich alle Urbildfolgen einig sind in Bezug auf den Grenzwert der jeweiligen Bildfolge.

Schön und gut. Nun gibt es aber möglicherweise viele Urbildfolgen, die in Frage kommen. Eventuell unendlich viele. Aber wie soll man denn eine Definition nachprüfen, in der verlangt wird, dass wir etwas für unendlich viele Objekte prüfen? (So etwas hatten wir schon einmal: Die Frage, ob eine Menge von Vektoren einen Vektorraum erzeugt, war auch so etwas.) Im Internet finden Sie leicht Webseiten, die behaupten, dass die Folgendefinition nicht geeignet ist, um Grenzwerte zu beweisen.

Aber auch hier gibt es wie beim Erzeugendensystem eine mathematische Lösung: Wir erinnern uns, dass man mit Dingen, die man noch nicht kennt, trotzdem schon rechnen kann. Wir können also eine beliebige Urbildfolge (x_n) symbolisch hernehmen und damit rechnen. Dabei dürfen wir die geforderten Eigenschaften wie $x_n \neq x_0$ ausnutzen. Die Hoffnung ist, dass sich x_n während der Rechnung einfach herauskürzt bzw. in einem günstigen Moment durch x_0 ersetzt werden kann und es daher nicht wichtig ist, was für eine Folge man gewählt hätte.

Betrachten wir dazu ein Beispiel, wo wir den Grenzwert einer Funktion mit Hilfe von Definition 4.5.1 tatsächlich ausrechnen können:

$$\begin{aligned}
\lim_{x\to 0} \frac{x^3}{x} &= \lim_{n\to\infty} \frac{x_n^3}{x_n} \quad \text{mit } x_n \to 0, x_n \neq 0 \\
&\stackrel{x_n \neq 0}{=} \lim_{n\to\infty} x_n^2 \\
&= \left(\lim_{n\to\infty} x_n\right) \cdot \left(\lim_{n\to\infty} x_n\right) \\
&= 0 \cdot 0 \\
&= 0.
\end{aligned}$$

Man beachte den strategisch günstigen Zeitpunkt, zu dem wir 0 als Grenzwert von (x_n) eingesetzt haben: Erst als kein x_n mehr im Nenner stand, konnte der Grenzwert gewinnbringend eingesetzt werden.

Manchmal wollen wir nur wissen, wohin die Funktionswerte streben, wenn man von einer bestimmten Seite auf x_0 zuläuft. Den Begriff des Grenzwertes einer Funktion f an einer Stelle x_0 können wir leicht dahingehend verfeinern:

Definition 4.5.2. Unter einem linksseitigen Grenzwert einer Funktion f an einer Stelle x_0 verstehen wir:

$$\lim_{x \uparrow x_0} f(x) :\iff \lim_{n \to \infty} f(x_n) = a \ \forall (x_n): x_n \to x_0, x_n < x_0.$$

Unter einem rechtsseitigen Grenzwert einer Funktion f an einer Stelle x_0 verstehen wir entsprechend:

$$\lim_{x \downarrow x_0} f(x) :\iff \lim_{n \to \infty} f(x_n) = a \ \forall (x_n): x_n \to x_0, x_n > x_0.$$

Man kann auch für $x_0 = \pm \infty$ einen Grenzwert von f erklären, in dem man gegen $\pm \infty$ divergente Urbildfolgen verwendet. Diese Grenzwerte geben uns Auskunft über das sogenannte asymptotische Verhalten von f.

Wenden wir Definition 4.5.2 auf unser Beispiel der Funktion sign an der Stelle $x_0 = 0$ an, so erhalten wir $\lim_{x \uparrow 0} \mathrm{sign}(x) = -1$ und $\lim_{x \downarrow 0} \mathrm{sign}(x) = +1$.

In der Einleitung hatten wir bereits den Begriff der Stetigkeit auf anschauliche Art und Weise eingeführt. Stetige Funktionen f waren die ohne Sprünge, also diejenigen, bei denen sich der Funktionswert $f(x)$ nur wenig ändert, wenn sich x wenig ändert. Etwas genauer können wir nun mit Hilfe von Grenzwerten formulieren:

Definition 4.5.3. Sei $f: \mathbb{R} \supseteq D \to \mathbb{R}$ eine reelle Funktion und $x_0 \in \mathbb{R}$ ein Häufungspunkt von D. Dann:

$$f: \mathbb{R} \supseteq D \to \mathbb{R} \text{ stetig in } x_0 \in D :\iff \lim_{x \to x_0} f(x) = f(x_0).$$

Die Signumsfunktion sign ist beispielsweise auf ganz $\mathbb{R} \setminus \{0\}$ stetig, aber an der Stelle 0 unstetig (sie springt an dieser Stelle von -1 auf 0 und gleich weiter auf $+1$). Die Funktion

$$f: \begin{cases} \mathbb{R} \to \mathbb{R}, \\ x \mapsto \begin{cases} \dfrac{x^3}{x} & \text{falls } x \neq 0, \\ 0 & \text{falls } x = 0, \end{cases} \end{cases}$$

dagegen ist auf ganz $\mathbb{R}$ stetig, da insbesondere $\lim_{x \to 0} f(x) = 0$ gilt. Auch die Funktion $x \mapsto |x|$ ist auf ganz $\mathbb{R}$ stetig. Auch der Begriff der Stetigkeit lässt sich noch etwas verfeinern:

Definition 4.5.4. Eine Funktion f ist linksseitig stetig in x_0, falls

$$\lim_{x \uparrow x_0} f(x) = f(x_0)$$

gilt. Sie ist rechtsseitig stetig in x_0, falls

$$\lim_{x \downarrow x_0} f(x) = f(x_0) \tag{4.3}$$

gilt.

4.5 Grenzwerte von Funktionen, Stetigkeit und Differenzierbarkeit

Natürlich wollen Sie nicht jede komplizierte Funktion anhand der Definition auf Stetigkeit hin überprüfen. Zum Glück sind die meisten Funktionen, die man in geschlossenen Formeln trifft, stetig. Aufpassen muss man i. d. R. nur bei Definitionslücken, z. B. bei rationalen Funktionen. Genauer:

Merksatz:

(Stet1) Die elementaren Funktionen

$$x \mapsto 1, \qquad x \mapsto x,$$
$$x \mapsto e^x, \qquad x \mapsto \ln(x),$$
$$x \mapsto \sin(x), \qquad x \mapsto \cos(x),$$

sind stetig auf ihrem (maximal sinnvollen) Definitionsbereich.

(Stet2) Die Addition $(f+g)(x) := f(x)+g(x)$, Multiplikation $(fg)(x) := f(x)g(x)$, Division $(f/g)(x) := f(x)/g(x)$ und Komposition $(f \circ g)(x) := f(g(x))$ stetiger Funktionen sind auf ihrem (maximal sinnvollen) Definitionsbereich wieder stetig.

(Stet3) Insbesondere sind alle Polynome und rationalen Funktionen sowie alle trigonometrischen Polynome stetig auf ihrem (maximal sinnvollen) Definitionsbereich.

(Stet4) Stückweise definierte Funktionen sind stetig, wenn die Abschnittsfunktionen stetig sind und an den Abschnittsgrenzen übereinstimmen, insbesondere ist $x \mapsto |x|$ stetig.

Unsere Leitfrage lässt sich besonders elegant für Funktionen f beantworten, die sich linear approximieren lassen, also $f(x + \Delta x) \approx f(x) + c \cdot \Delta x$ für eine geeignete Konstante $c \in \mathbb{R}$ und (betragsmäßig) kleines Δx gilt. Wir haben schon gesehen, dass das nicht für alle Funktionen so ist: Knicke stören. Der Prototyp für eine stetige Funktion mit Knicken ist $x \mapsto |x|$: Sie ist zwar überall stetig, lässt sich aber an der Stelle 0 nicht linear approximieren. An Knicken geht lineare Approximation also nicht. Aber wo funktioniert sie?

Wir schreiben abkürzend $\Delta f(x, \Delta x)$ für $f(x + \Delta x) - f(x)$, und wir schreiben noch kürzer Δf, falls x und Δx aus dem Kontext hervorgehen. Der Quotient $\Delta f / \Delta x$, der die Sekantensteigung angibt, heißt Differenzenquotient.

Definition 4.5.5. Sei $f: \mathbb{R} \supseteq D \to \mathbb{R}$ und $x \in D$ ein Häufungspunkt von D. Falls

$$\lim_{\Delta x \to 0} \frac{\Delta f(x_0, \Delta x)}{\Delta x} = a \in \mathbb{R}, \tag{4.4}$$

dann heißt f differenzierbar in x_0, und

$$\frac{df}{dx}(x_0) := a. \tag{4.5}$$

heißt die Ableitung von f an der Stelle x_0.

Die Funktion f heißt linksseitig differenzierbar in x_0, falls gilt:

$$\exists a \in \mathbb{R}: \lim_{\Delta x \uparrow 0} \frac{\Delta f(x_0, \Delta x)}{\Delta x} = a. \tag{4.6}$$

Sie heißt rechtsseitig differenzierbar in x_0, falls gilt:

$$\exists a \in \mathbb{R}: \lim_{\Delta x \downarrow 0} \frac{\Delta f(x_0, \Delta x)}{\Delta x} = a. \tag{4.7}$$

Sei $f: D \to \mathbb{R}$ differenzierbar an allen $x_0 \in D'$, dann heißt die Funktion $\frac{df}{dx}$

$$\frac{df}{dx}: \begin{cases} D' & \to & \mathbb{R}, \\ x & \mapsto & \frac{df}{dx}(x) := \lim_{\Delta x \to 0} \frac{\Delta f(x, \Delta x)}{\Delta x}, \end{cases} \tag{4.8}$$

die erste Ableitung von f, auch mit f' oder $f^{(1)}$ bezeichnet.

Für $k > 1$ ist die k-te Ableitung f^k von f gegeben als die Ableitung der $(k-1)$-ten Ableitung von f.

Betrachten wir als Beispiel die Funktion $f: \mathbb{R} \to \mathbb{R}, x \mapsto x^2$:

$$\begin{aligned}
\frac{\Delta f(x_0, \Delta x)}{\Delta x} &= \frac{(x_0 + \Delta x)^2 - x_0^2}{\Delta x} \\
&= \frac{x_0^2 + 2x_0 \Delta x + (\Delta x)^2 - x_0^2}{\Delta x} \\
&\stackrel{\Delta x \neq 0}{=} 2x_0 + \Delta x \stackrel{\Delta x \to 0}{\longrightarrow} 2x_0.
\end{aligned}$$

Die Ableitung ist also die Funktion

$$\frac{df}{dx} = \frac{d(x^2)}{dx}: \begin{cases} \mathbb{R} & \to & \mathbb{R}, \\ x & \mapsto & 2x, \end{cases}$$

wobei wir die gelegentlich anzutreffende Schreibweise verwendet haben, in der eine Funktion so heißt wie ihre Abbildungsvorschrift.

Für die Funktion $f: \mathbb{R} \to \mathbb{R}, x \mapsto e^x$ geht es nicht ohne viel Arbeit. Wenn man aber $\lim_{n \to \infty}(1 + 1/n)^n = e$ sowie die Differenzierbarkeit von »exp« und die Stetigkeit von »ln« voraussetzt, dann kommt man mit einem Trick weiter: Man kann in diesem Fall für die Berechnung der Ableitung für $\Delta x \to 0$ eine zum

4.5 Grenzwerte von Funktionen, Stetigkeit und Differenzierbarkeit

Rechnen praktische spezielle Nullfolge verwenden. In diesem Fall funktioniert $\ln(1 + 1/n) \stackrel{n \to \infty}{\longrightarrow} \ln(1) = 0$.[2] Wir zeigen das nur, weil Sie damit den Umgang mit Differenzenquotienten, Grenzwerten, »exp« und »ln« gut üben können.

$$\begin{aligned}
\frac{\Delta f(x_0, \Delta x)}{\Delta x} &= \frac{e^{x_0 + \Delta x} - e^{x_0}}{\Delta x} \\
&= \frac{e^{x_0} e^{\Delta x} - e^{x_0}}{\Delta x} \\
&\stackrel{\text{spezielle Nullfolge}}{=} e^{x_0} \frac{e^{\ln(1 + 1/n)} - 1}{\ln(1 + 1/n)} \\
&= e^{x_0} \frac{1/n}{\ln(1 + 1/n)} \\
&= e^{x_0} \frac{1}{\ln(1 + 1/n) n} \\
&= e^{x_0} \frac{1}{\ln\left((1 + 1/n)^n\right)} \\
&\stackrel{n \to \infty}{\longrightarrow} e^{x_0} \frac{1}{\ln(e)} \quad \text{(da »ln« stetig und } \lim_{n \to \infty}(1 + 1/n)^n = e) \\
&= e^{x_0}.
\end{aligned}$$

Die Ableitung von »exp« ist also wieder die Funktion »exp«:

$$\frac{df}{dx} = \frac{d(e^x)}{dx} : \begin{cases} \mathbb{R} &\to \mathbb{R}, \\ x &\mapsto e^x. \end{cases}$$

Wir hatten schon zu Beginn des Kapitels gemerkt, dass nicht-stetige Funktionen erst recht nicht linear approximierbar sind, also nicht differenzierbar. Positiv ausgedrückt bedeutet das:

Satz 4.5.6. *Ist f differenzierbar in x_0, so ist f auch stetig in x_0.*

Die Umkehrung von Satz 4.5.6 ist falsch, wie z. B. die Funktion $x \mapsto |x|$ zeigt (an der Stelle $x_0 = 0$ zwar stetig, aber nicht differenzierbar). Es gibt sogar Funktionen, die überall stetig und nirgends differenzierbar sind. Das lässt sich an dieser Stelle aber nicht erklären, und auf der Straße werden Sie so eine Funktion auch nicht treffen.

Die Definition entspricht nun haargenau dem, was wir in der Einleitung zu diesem Kapitel geometrisch gemacht haben: Wir haben die Steigung der Sekante $\Delta f/\Delta x$ überführt in die Steigung der Tangente df/dx. Was geometrisch am Graphen intuitiv klar war, aber sich ad hoc nicht so ohne Weiteres berechnen ließ, kann nun auch formelmäßig erfasst werden.

---
[2] Machen Sie sich nichts draus, wenn Sie da nicht gleich drauf gekommen wären.

Genau genommen bezieht sich unsere Leitfrage auf die Änderung von f bei Änderung von x um eine Einheit (die übliche Interpretation von »Grenzfunktion«) auf eine Sekantensteigung: Gesucht ist $\Delta f/\Delta x$ für $\Delta x = 1$, also suchen wir streng genommen $\Delta f = f(x_0 + 1) - f(x_0)$.

Für $f(x) = x^2$ ergibt das $\frac{(x+1)^2 - x^2}{1} = 2x + 1$ statt $2x$ für die Ableitung. Für $f(x) = e^x$ ergibt das $\frac{e^{(x+1)} - e^x}{1} = (e-1)e^x$ statt e^x für die Ableitung. Warum gibt man sich damit nicht zufrieden? Der ganze Zauber mit den Grenzwerten wäre dann nicht notwendig. Es gibt drei wesentliche Gründe:

1. Die Werte von $\Delta f = \Delta f(x_0, 1)$ hängen von der gewählten Einheit ab und sind daher zunächst nicht wohldefiniert! Je größer die Einheit gewählt wird, um so kleiner wird x_0 im Verhältnis zur Eins, und daher wird $\Delta x = 1$ irgendwann nicht mehr wirklich das Verhalten in der Nähe von x_0 erfassen. Ferner ist es ein Unterschied, ob man die Veränderung für eine Einheit mehr oder eine Einheit weniger berechnet. Im Beispiel $f(x) = x^2$ ist $\frac{\Delta f(x_0, -1)}{-1} = 2x - 1 \neq 2x + 1 = \frac{\Delta f(x_0, +1)}{+1}$.

2. Die Überlegung, dass in einem Minimum die Grenzfunktion gleich null ist, wäre schlicht falsch: Im Beispiel $f(x) = x^2$ ist die Sekantensteigung im Punkt $-1/2$ gleich null (eine Einheit mehr x liefert den gleichen Funktionswert), da ist aber sicher kein Minimum.

3. Die Formeln für die Sekantensteigung mit $\Delta x = 1$ sind – obwohl sie weniger leisten – i. d. R. deutlich komplizierter als die Formeln für die Ableitung.

Der Grenzübergang $\Delta x \to 0$ garantiert einerseits die vollständige Unabhängigkeit der Grenzfunktion von Δx und damit von der gewählten Einheit, und andererseits ist die analytische Berechnung von Extrema mit Hilfe der Ableitung überhaupt erst möglich.

Die Ableitung liefert darüber hinaus tatsächlich eine befriedigende, näherungsweise Antwort auf unsere Leitfrage, wenn die Einheit klein genug gewählt wird. Ist die Einheit zu groß, ist die Leitfrage schlecht gestellt, denn die Antwort darauf bringt nichts: Um zu beantworten, ob ein Nebenjob sich in Anbetracht der Steuerprogression noch lohnt bei einem momentanen Jahresbruttoeinkommen von 0,030 000 Mio. €, werden Sie wohl kaum ermitteln, wieviel Steuern Sie mehr bezahlen müssen, wenn Sie 1 Mio. € mehr pro Jahr verdienen; Sie werden eher nach den Steuern auf den ersten Euro Ihres Nebenverdienstes fragen. In der Einheit 1 € gibt die Ableitung der Einkommenssteuerfunktion eine befriedigende Antwort. Daher ist es üblich, die Ableitung einer Funktion als *die* Grenzfunktion aufzufassen.

Wie berechnet man aber möglichst effizient Ableitungen? Es ist wieder so wie bei Grenzwerten: Man kennt eine Reihe von elementaren Ableitungen und eine Reihe von Rechenregeln, mit denen man die bekannten Ableitungen zu neuen verrechnen kann. Jede dieser nun folgenden Rechenregeln wurde von Ihren

Mathematikern anhand der Definition der Ableitung auf ihre Allgemeingültigkeit geprüft. Wir verzichten hier darauf.

Wir präsentieren zwei Regeln separat, weil damit eine strukturelle Aussage verknüpft ist: Wenn nämlich f und g differenzierbar sind auf D, dann ist es auch die Summe $(f+g)(x) := f(x)+g(x)$ und das r-Vielfache $(rf)(x) := rf(x)$. Damit bilden die auf D differenzierbaren Funktionen einen Vektorraum. Ferner garantiert die Regel die Linearität der Differentiation, d. h. man kann Summen summandenweise differenzieren und skalare Vorfaktoren aus der Ableitung »herausziehen«. Diese Eigenschaften sind ein Leitmotiv in der Mathematik, und analoge Regeln laufen Ihnen in verschiedensten Zusammenhängen über den Weg.

Satz 4.5.7 (Linearität der Differentiation). *Seien $f: D \to \mathbb{R}$, $g: D \to \mathbb{R}$ differenzierbar auf D, dann gilt:*

(i) $(r \cdot f)' = r \cdot f'$ *für $r \in \mathbb{R}$.*

(ii) $(f+g)' = f' + g'$.

Die folgenden Regeln sind eher speziell für die Differentiation:

Satz 4.5.8. *Seien $f: D \to \mathbb{R}$, $g: D \to \mathbb{R}$ differenzierbar auf D, dann gilt:*

(i) $(f \cdot g)' = f' \cdot g + f \cdot g'$.

(ii) $(f/g)' = \frac{f' \cdot g - f \cdot g'}{g^2}$ *(wenn Nenner $\neq 0$).*

(iii) *Falls $h: f(D) \to \mathbb{R}$ differenzierbar, so gilt*

$$(h \circ f)'(x) = h'(f(x)) \cdot f'(x).$$

Mit Leibniz-Symbolen:

$$\frac{\mathrm{d}h}{\mathrm{d}x}(f(x_0)) = \frac{\mathrm{d}h}{\mathrm{d}f}(f(x_0)) \cdot \frac{\mathrm{d}f}{\mathrm{d}x}(x_0),$$

oder kurz und suggestiv:

$$\frac{\mathrm{d}h}{\mathrm{d}x} = \frac{\mathrm{d}h}{\mathrm{d}f} \cdot \frac{\mathrm{d}f}{\mathrm{d}x}.$$

Zum Beispiel: Betrachte $f_n: \mathbb{R} \to \mathbb{R}$, $x \mapsto x^n$. Für $n \in \mathbb{N} \setminus \{0\}$ können wir induktiv $f_n'(x) = nx^{n-1}$ zeigen. Es gilt nämlich $f_1(x)' = (x)' = 1$ und

$$\begin{aligned}(x^n)' &= \left(x \cdot x^{n-1}\right)' \\ &= (x)' \cdot x^{n-1} + x \cdot \left(x^{n-1}\right)' \\ &= 1 \cdot x^{n-1} + x \cdot (n-1)x^{n-2} \quad \text{(nach Induktionsannahme)} \\ &= nx^{n-1}.\end{aligned}$$

Die gleiche Formel gilt auch, wenn n eine reelle Zahl ist.

Verwenden wir die sogenannte Potenzreihendarstellung der Exponentialfunktion $e^x = \sum_{i=0}^{\infty} \frac{x^i}{i!}$, so können wir mit Hilfe der Ableitung von x^n nun viel leichter als oben nachrechnen, dass $(e^x)' = e^x$ gilt: Solche überall konvergenten Reihen darf man nämlich gliedweise differenzieren.

Um die Ableitung der Umkehrfunktion »ln« von »exp« zu berechnen, benutzen wir folgenden Satz über die Ableitung der Umkehrfunktion:

Satz 4.5.9. *Ist D ein Intervall ($D = \mathbb{R}$ möglich) und $f: D \to W$ bijektiv und differenzierbar, dann ist $f^{-1}: W \to D$ an allen Stellen $f(a) \in W$ mit $f'(a) \neq 0$ differenzierbar und es gilt*

$$\left(f^{-1}\right)'\left(f(a)\right) = \frac{1}{f'(a)}.$$

In Leibniz-Schreibweise:

$$\frac{dx}{df}(f(x_0)) = \frac{1}{df/dx(x_0)},$$

oder kurz und suggestiv:

$$\frac{dx}{df} = \frac{1}{df/dx}.$$

Wenden wir Satz 4.5.9 auf die Funktion »exp« an, so erhalten wir

$$\frac{d\ln}{dy}(\exp(x_0)) = \frac{1}{d\exp/dx(x_0)} = \frac{1}{\exp(x_0)}.$$

Das liefert mit $y_0 = \exp(x_0)$:

$$\frac{d\ln}{dy}(y_0) = \frac{1}{y_0}.$$

Mit der Kettenregel und der Ableitung von »ln« ergibt sich eine Erklärung dafür, warum f'/f auch logarithmische Ableitung genannt wird. Diese logarithmische Ableitung gibt die prozentuale Änderung von f an, wenn x sich um eine Einheit ändert.

Definition 4.5.10. Die *logarithmische Ableitung* von $f: \mathbb{R} \supseteq D \to \mathbb{R}$ ist die Ableitung von $(\ln \circ f)$, und es gilt:

$$(\ln \circ f)'(x) = \frac{d(\ln)}{df}(f(x)) \frac{df}{dx}(x) = \frac{f'(x)}{f(x)}.$$

Wenn wir uns nun auch noch in x auf prozentuale Änderungen beziehen wollen, dann sind wir bei der zweiten Variante unserer Leitfrage dieses Abschnittes angelangt: Um wieviel ändert sich der Funktionswert $f(x)$ prozentual, wenn sich die Variable x um ein Prozent ändert?

4.5 Grenzwerte von Funktionen, Stetigkeit und Differenzierbarkeit

Definition 4.5.11. Die Elastizität von $f\colon \mathbb{R} \supseteq D \to \mathbb{R}$ an der Stelle x_0 ist mit $f_0 := f(x_0)$ gegeben durch

$$\varepsilon_f(x_0) := \lim_{\Delta x \to 0} \frac{\Delta f / f_0}{\Delta x / x_0} = \lim_{\Delta x \to 0} \frac{\Delta f}{\Delta x} \cdot \frac{x_0}{f_0}$$
$$= \frac{\mathrm{d}f}{\mathrm{d}x}(x_0) \cdot \frac{x_0}{f_0} = y'(x_0) \cdot \frac{x_0}{f_0}.$$

Dies liefert eine Funktion

$$\varepsilon_f \colon \begin{cases} D & \to \quad \mathbb{R}, \\ x & \mapsto \quad \varepsilon_f(x). \end{cases}$$

Betrachten wir als Beispiel die Funktion $x(p)$, welche die zu einem Preis p absetzbare Menge $x(p)$ modellieren soll. Für bestimmte Werte von ε_x haben sich in diesem Fall bestimmte Sprechweisen eingebürgert:

$|\varepsilon_x(p)| > 1$: Nachfrage reagiert bei p elastisch,
$|\varepsilon_x(p)| < 1$: Nachfrage reagiert bei p unelastisch,
$|\varepsilon_x(p)| = 1$: Nachfrage reagiert bei p proportional elastisch,
$|\varepsilon_x(p)| = 0$: Nachfrage reagiert bei p starr.

Falls die Elastizität $\varepsilon_f = c \in \mathbb{R}$ eine konstante Funktion ist, so spricht man auch von einer isoelastischen Funktion. Isoelastische Funktionen besitzen genau die Form $f_{a,b}\colon \mathbb{R} \to \mathbb{R}$, $x \mapsto ax^b$ mit zwei reellen Zahlen $a \neq 0$ und b. Ausrechnen können wir die Elastizitätsfunktion zu $f_{a,b}$ relativ leicht:

$$\varepsilon_{f_{a,n}}(x) = \frac{\mathrm{d}f_{a,b}}{\mathrm{d}x}(x) \cdot \frac{x}{f_{a,b}(x)}$$
$$= abx^{b-1} \cdot \frac{x}{ax^b}$$
$$= b \in \mathbb{R}.$$

Für die andere Richtung, dass also jede Funktion f, deren Elastizität ε_f eine konstante Funktion ist, sich wirklich in dieser Form $x \mapsto ax^b$ mit zwei reellen Zahlen a und b schreiben lässt, würden wir Methoden zum Lösen von Differentialgleichungen benötigen. Im Rahmen dieses einführenden Buches kann dieses Thema allerdings leider nicht behandelt werden.

Wir schließen diesen Abschnitt mit einer Auflistung der Ableitungen der gebräuchlichsten Funktionen. Wenn Sie diese und die Rechenregeln für das Differenzieren beherrschen, dann sollten Sie die meisten Funktionen, auf die Sie im Leben so treffen werden, verarzten können.

Merksatz:

1. $\frac{d\,\text{const}}{dx}(x) = 0.$

2. $\frac{d(x)}{dx}(x) = 1.$

3. $\frac{d(x^a)}{dx}(x) = ax^{a-1}$ für $a \in \mathbb{R}$.

4. $\frac{d\sin}{dx}(x) = \cos(x).$

5. $\frac{d\cos}{dx}(x) = -\sin(x).$

6. $\frac{d\tan}{dx}(x) = \frac{1}{\cos^2(x)}.$

7. $\frac{d(e^x)}{dx}(x) = e^x.$

8. $\frac{d(a^x)}{dx}(x) = a^x \cdot \ln(a)$ für $a > 0.$

9. $\frac{d\log_a}{dx}(x) = \frac{1}{x \cdot \ln(a)}$ für $a > 0.$

10. $\frac{d\arcsin}{dx}(x) = \frac{1}{\sqrt{1-x^2}}.$

11. $\frac{d\arccos}{dx}(x) = \frac{-1}{\sqrt{1-x^2}}.$

12. $\frac{d\arctan}{dx}(x) = \frac{1}{1+x^2}.$

4.6 Extremwerte

Nachdem wir nun in den vorigen Abschnitten die Werkzeuge zur Beschreibung der Wachstumseigenschaften einer Funktion bereitgestellt haben, können wir in diesem Abschnitt die zweite Leitfrage klären: Bei welchem Absatz ist unser Gewinn maximal? Oder allgemein: Bei welchem x hat $f(x)$ ein Extremum? Wir unterscheiden verschiedene Typen von Extrema.

Definition 4.6.1. Eine Funktion $f : D \to W \subseteq \mathbb{R}$ hat an $x_0 \in D$

(i) ein lokales Maximum (bzw. Minimum), wenn es ein $\varepsilon > 0$ gibt mit

$$f(x_0) \geq f(x) \quad \forall x \in \underbrace{(x_0 - \varepsilon, x_0 + \varepsilon)}_{U_\varepsilon(x_0)} \cap D. \quad (\text{bzw. } f(x_0) \leq f(x)), \quad (4.9)$$

(ii) ein strenges lokales Maximum (bzw. Mininmum), wenn es ein $\varepsilon > 0$ gibt mit

$$f(x_0) > f(x) \quad \forall x \in \underbrace{((x_0 - \varepsilon, x_0 + \varepsilon)}_{U_\varepsilon(x_0)} \setminus \{x_0\}) \cap D. \quad (\text{bzw. } f(x_0) < f(x)), \quad (4.10)$$

(iii) ein globales Maximum (bzw. Minimum), wenn

$$f(x_0) \geq f(x) \quad \forall x \in D \quad (\text{bzw. } f(x_0) \leq f(x)), \quad (4.11)$$

(iv) ein strenges globales Maximum (bzw. Minimum), wenn

$$f(x_0) > f(x) \quad \forall x \in D \setminus \{x_0\} \quad (\text{bzw. } f(x_0) < f(x)). \quad (4.12)$$

4.6 Extremwerte

Globale Extrema werden auch als absolute Extrema bezeichnet.

In Abbildung 4.18 haben wir die typischen Fälle von Extrema einer differenzierbaren Funktion dargestellt. Wir beobachten, dass bei inneren (lokalen) Maxima bzw. Minima die erste Ableitung gleich null ist.

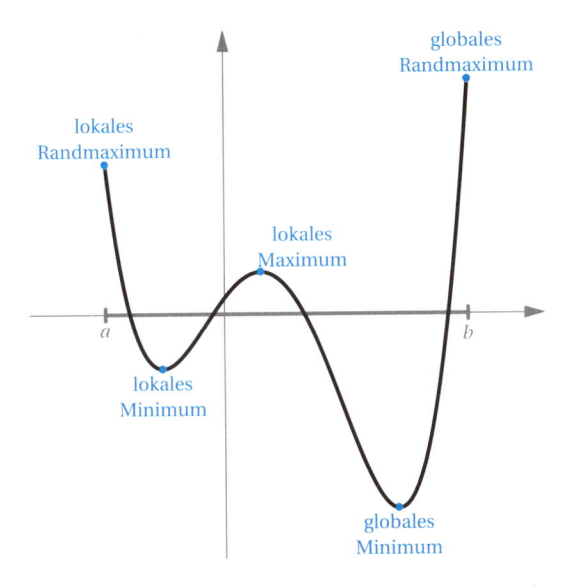

Abb. 4.18: Extrema von Funktionen

Betrachten wir nun ein Beispiel, in dem klar wird, wozu es gut ist, Extremwerte einer Funktion bestimmen zu können.

Das Brandner Kino bietet in seinen Kinosälen insgesamt 400 Besuchern Sitzplätze. In den Monaten, in denen geheizt werden muss, richten sich die Heizkosten K (in GE) während einer Filmvorführung nach der Auslastung x (= Besucher pro Vorstellung) und können durch folgende Funktion beschrieben werden:

$$K = K(x) = 240 - 0{,}001 \cdot x^2; \; (0 \leq x \leq 400).$$

Für welche Besucherzahl werden die während einer Filmvorführung entstehenden Kosten minimal?

Wir haben schon am Anfang des Kapitels argumentiert (und Sie kennen das wahrscheinlich aus der Schule), dass in einem Extremum einer differenzierbaren Funktion die Tangente Steigung null haben muss. Wir haben uns erarbeitet, dass diese Steigung der Ableitung an der Stelle entspricht. Also bestimmen wir zunächst die erste Ableitung und setzen sie null:

$$K'(x) = -0{,}002 \cdot x \stackrel{!}{=} 0 \iff x = 0.$$

Aber ist das nun wirklich ein Extremum, und wenn ja, ein Maximum oder ein Minimum?

Stellen Sie sich eine Wanderung auf einen Gipfel vor. Bis Sie dort sind, ist die Steigung positiv, wenn Sie am Gipfel vorbeirennen, ist die Steigung negativ. Das heißt: In einem Maximum hat die Steigung einen Nulldurchgang von positiv nach negativ.

Wie kann man das bestimmen? Nun, die Steigung kann ja nur von positiv nach negativ fallen, wenn Sie überhaupt mal kleiner wird, sprich: Wenn sie selbst eine negative Steigung hat. Und die Steigung der Ableitung ist die Ableitung der Ableitung, also die zweite Ableitung. Wenn die also negativ ist, dann haben wir ein Maximum. Wenn die positiv ist, dann haben wir ein Minimum. Wenn die null ist, dann wissen wir es nicht.

Betrachten der zweiten Ableitung liefert

$$K''(x) = -0{,}002 \implies H''(0) = -0{,}002 < 0.$$

Folglich liegt an der Stelle $x = 0$ ein lokales Maximum vor.

Aber wo liegt jetzt das globale Minimum oder gibt es eventuell gar keines? Irgendetwas haben wir vergessen.

Genau: Die Überlegung mit der horizontalen Tangente im Extremum stimmt nicht am Rand: Dort können auch Extrema liegen, ohne dass die Tangente horizontal ist. Und in der Tat: Die Betrachtung des Randes von $[0, 400]$ ergibt:

$$K(0) = 240 \quad \text{und} \quad K(400) = 80.$$

Und damit erhalten wir nach einem Vergleich der Funktionswerte am Rand und an den Stellen verschwindender Ableitung: Das globale Minimum wird bei $x = 400$ (volle Auslastung des Kinos) mit einem Funktionswert von $K(400) = 80$ angenommen.

Fassen wir zusammen. Wir müssen innere Extrema und Randextrema offenbar unterscheiden. Bei Intervallen ist das Innere das offene Intervall mit den gleichen Grenzen. Was das Innere im Allgemeinen ist, besagt die folgende Definition über die Topologie von Teilmengen.

Definition 4.6.2. Sei D eine Teilmenge von $\mathbb{R}$. Ein innerer Punkt x von D ist ein Punkt $x \in D$ für den ein $\varepsilon > 0$ existiert mit $U_\varepsilon(x) \subseteq D$. Das Innere $D°$ von D ist die Menge aller inneren Punkte von D. Ein Randpunkt x in D ist ein Punkt $x \in D \setminus D°$. Der Rand ∂D von D ist die Menge der Randpunkte in D.

Damit gilt die folgende notwendige Bedingung für Extrema im Innern: Sie sind kritische Punkte.

Satz 4.6.3. *Sei $f: \mathbb{R} \supseteq D \to \mathbb{R}$ in einem inneren Punkt $x_0 \in D$ differenzierbar. Dann gilt:*

$$f \text{ hat an } x_0 \in D \text{ ein lokales Extremum} \implies f'(x_0) = 0.$$

4.6 Extremwerte

Beispiele:

- $f(x) = x^2$. x_0 lokales Extremum $\Longrightarrow f'(x_0) = 2x_0 = 0 \Longrightarrow x_0 = 0$ ist *möglicherweise* lokales Extremum.

- $f(x) = \exp(x)$. x_0 lokales Extremum $\Longrightarrow f'(x_0) = \exp(x_0) = 0 \Longrightarrow$ es gibt *sicher* kein lokales Extremum.

- $f(x) = \sin(x)$. x_0 lokales Extremum $\Longrightarrow f'(x_0) = \cos(x_0) = 0 \Longrightarrow x_0 = \pi/2 + k\pi$, $k \in \mathbb{Z}$ ist *möglicherweise* lokales Extremum.

Nun die Charakterisierung von Extrema im Innern:

Satz 4.6.4. *Die Funktion* $f: D \to W$ *sei in einem inneren Punkt* $x_0 \in D$ *mindestens* n*-mal differenzierbar,* $n \geq 2$ *und* $f'(x_0) = f''(x_0) = \ldots = f^{(n-1)}(x_0) = 0$, $f^{(n)}(x_0) \neq 0$. *Dann gilt für*

(a) n *gerade und* $f^{(n)}(x_0) < 0$: x_0 *ist strenges lokales Maximum,*

(b) n *gerade und* $f^{(n)}(x_0) > 0$: x_0 *ist strenges lokales Minimum,*

(c) n *ungerade:* x_0 *ist* Sattelpunkt *bzw.* Terassenpunkt.

Satz 4.6.4 kann man sich ganz gut anhand der Funktion $\mathbb{R} \to \mathbb{R}$, $x \mapsto x^n$ veranschaulichen und merken. Eine Begründung für die Korrektheit von Satz 4.6.4 liefert die n-te Taylorentwicklung (siehe Seite 177). Sie besagt nämlich, dass sich mindestens n-mal differenzierbare Funktionen lokal wie x^n verhalten.

Wir hatten bereits in Abschnitt 4.2 die Begriffe konvex und konkav als wichtige Eigenschaften von Funktionen identifiziert. Konvexe Funktionen hatten nach der Anschauung monoton wachsende Grenzfunktionen; konkave Funktionen monoton fallende. Da wir nun genau wissen, was mathematisch die Grenzfunktion ist, können wir diese Charakterisierung endlich formulieren. Am nützlichsten ist vermutlich aber die Eigenschaft, dass nun jeder stationäre Punkt ein globales Extremum ist.

Satz 4.6.5. *Eine differenzierbare Funktion ist genau dann (streng) konvex, wenn ihre Ableitung (streng) monoton steigend ist. Ein stationärer Punkt einer (streng) konvexen Funktion ist ein (eindeutiges) globales Minimum.*

Eine differenzierbare Funktion ist genau dann (streng) konkav, wenn ihre Ableitung (streng) monoton fallend ist. Ein stationärer Punkt einer (streng) konkaven Funktion ist ein (eindeutiges) globales Maximum.

Man kann eine monoton wachsende Steigung auch als Linkskrümmung und eine monoton fallende Steigung als Rechtskrümmung bezeichnen: Fahren Sie mit dem Fahrrad von links nach rechts über einen Funktionsgraphen, und Sie wissen, woher das kommt. Eine konvexe Funktion ist also linksgekrümmt und eine konkave rechtsgekrümmt.

Natürlich sind nicht alle Funktionen konvex oder konkav. Wenn sie keins von beiden sind, dann wechseln sie an bestimmten Stellen die Krümmung.

Definition 4.6.6. Ein Punkt $x_0 \in D$ ist ein Wendepunkt einer Funktion $f: \mathbb{R} \supseteq D \to \mathbb{R}$, wenn für ein $\varepsilon > 0$ die Funktion f in $(x_0 - \varepsilon, x_0]$ linksgekrümmt und in $[x_0, x_0 + \varepsilon)$ rechtsgekrümmt ist oder umgekehrt.

Für differenzierbare Funktionen kann man die Ableitung zur Charakterisierung heranziehen:

Satz 4.6.7. *Eine differenzierbare Funktion hat in einem Häufungspunkt x_0 des Definitionsbereichs einen Wendepunkt genau dann, wenn die Ableitung bei x_0 ein lokales Extremum hat.*

Aus Satz 4.6.4 folgt damit sofort:

Satz 4.6.8. *Die Funktion $f: D \to W$ sei in einem inneren Punkt $x_0 \in D$ mindestens n-mal differenzierbar, $n \geq 3$ und $f''(x_0) = \ldots = f^{(n-1)}(x_0) = 0$, $f^{(n)}(x_0) \neq 0$. Dann gilt für*

(a) *n ungerade und $f^{(n)}(x_0) < 0$: x_0 ist Links-Rechts-Wendepunkt,*

(b) *n ungerade und $f^{(n)}(x_0) > 0$: x_0 ist Rechts-Links-Wendepunkt,*

(c) *n gerade: x_0 ist kein Wendepunkt.*

Beispiel: $f: \mathbb{R} \to \mathbb{R}$, $x \mapsto x^3 - 4x^2 + 5x - 2$.

1. x_0 Extremum $\implies f'(x_0) = 3x_0^2 - 8x_0 + 5 = 0 \implies x_0^2 - 8/3 \cdot x_0 + 5/3 = 0 \implies x_0^{(1)} = 4/3 + \sqrt{16/9 - 5/3} = 5/3$, $x_0^{(2)} = 4/3 - \sqrt{16/9 - 5/3} = 1$.

2. $f''(x) = 6x - 8$:
$f''(5/3) = 6 \cdot 5/3 - 8 = 2 > 0 \implies x_0^{(1)} = 5/3$ ist strenges lokales Minimum $f''(1) = 6 \cdot 1 - 8 = -2 < 0 \implies x_0^{(2)} = 1$ ist strenges lokales Maximum.

3. x_0 Wendestelle $\implies f''(x_0) = 6x_0 - 8 = 0 \implies x_0 = 4/3$.

4. $f'''(x_0) = f'''(x) = 6 \neq 0 \implies x_0 = 4/3$ ist Wendestelle.

4.7 Wichtige Sätze und Anwendungen der Differentialrechnung

Die Begriffe der Differentialrechnung sind sehr mächtig. Dies äußert sich in sehr allgemeinen Wahrheiten über stetige bzw. differenzierbare Funktionen, die die Grundlage für heutzutage unverzichtbare Rechenverfahren bilden. Einige dieser mathematischen Sätze wollen wir in diesem Abschnitt diskutieren.

Merksatz:

Zwischenwertsatz:

Auf $[a, b]$ stetige Funktionen f nehmen auf $[a, b]$ *jeden* Wert zwischen $f(a)$ und $f(b)$ an.

4.7 Wichtige Sätze und Anwendungen der Differentialrechnung

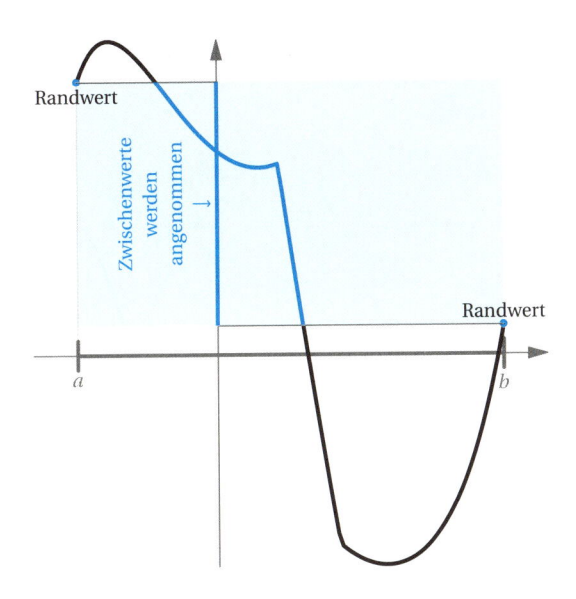

Abb. 4.19: Zwischenwertsatz

Anschaulich ist der Zwischenwertsatz klar: Bei einer stetigen Bewegung (ohne »Scotty, beam me up!«) von Bayreuth nach Berlin wird man jeden Breitengrad zwischen dem von Bayreuth und dem von Berlin mindestens einmal passieren. Das ist der Zwischenwertsatz für die Funktion, die jedem Zeitpunkt der Fahrt den erreichten Breitengrad zuordnet. Randwerte sind die Breitengrade von Bayreuth bzw. Berlin.

Dass die Stetigkeit der Funktion f notwendig ist, sieht man z. B. anhand der Signumsfunktion auf dem Intervall $[-3, 3]$, siehe Abb. 4.20 links. Mit $a = -3$ und $b = 3$ gilt $f(a) = -1$ und $f(b) = 1$. Obwohl $1/2$ zwischen -1 und 1 liegt, wird der Funktionswert $1/2$ von keinem x zwischen -3 und 3 angenommen.

Eine Anwendung des Zwischenwertsatzes ist die Nullstellensuche: Falls $f(a) > 0$, $f(b) < 0$, f stetig auf $[a, b]$ mit $a < b$, so gibt es mindestens eine Nullstelle von f in $[a, b]$. Wir können nun die sogenannte Intervallschachtelung als numerisches Verfahren zum Auffinden von Nullstellen verwenden. Wozu eigentlich? Kann man nicht einfach die Funktion gleich null setzen und nach x auflösen? Sie sind das aus der Schule nicht gewohnt, aber bei den weitaus meisten Funktionen von praktischem Interesse geht das *nicht*. Zum Beispiel gibt es kein Analogon zur p-q-Formel für allgemeine Polynome vom Grad fünf und größer.

Ein Beispiel für eine Funktion, deren Nullstellen man nicht durch eine Formel angeben kann, ist auch die Funktion $\exp(x) - x^2$, siehe Abb. 4.20 rechts. Wir benutzen also nun den Zwischenwertsatz wie folgt. Wir können nun eine Folge von Intervallen konstruieren, so dass das Vorzeichen der Funktion an den Grenzen

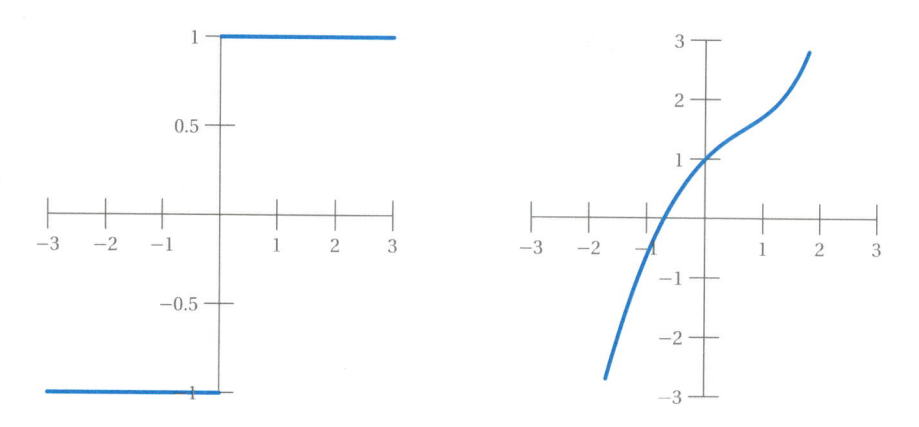

Abb. 4.20: Signumsfunktion und Funktionsplot von $\exp(x) - x^2$

immer unterschiedlich ist, denn ein neu eingefügter Unterteilungspunkt hat immer zu mindestens einem der alten Randwerte unterschiedliches Vorzeichen. So schließt man eine Nullstelle (NS) in immer kleinere Intervalle ein:

$$f(-1) \approx -0{,}63212, \qquad f(0) = +1 \qquad \Longrightarrow \text{NS in } [-1, 0],$$
$$f(-0{,}5) \approx +0{,}35653 \qquad \Longrightarrow \text{NS in } [-1, -0{,}5],$$
$$f(-0{,}75) \approx -0{,}09013 \qquad \Longrightarrow \text{NS in } [-0{,}75, -0{,}5],$$
$$f(-0{,}70) \approx +0{,}00659 \qquad \Longrightarrow \text{NS in } [-0{,}75, -0{,}70],$$
$$f(-0{,}71) \approx -0{,}01246 \qquad \Longrightarrow \text{NS in } [-0{,}71, -0{,}70].$$

Nach ein paar Iterationsschritten konnten wir mit Hilfe des Zwischenwertsatzes eine Nullstelle von $\exp(x) - x^2$ auf zwei Nachkommastellen genau ausrechnen. Die Wahl eines neuen Unterteilungspunktes kann auf verschiedene Weisen erfolgen. Man kann das Intervall einfach halbieren, wie mit $-0{,}5$ in $[-1, 0]$ geschehen, oder versuchen zu schätzen, welches Intervallende näher bei der Nullstelle liegt, wie bei $-0{,}71$ in $[-0{,}75, -0{,}70]$ geschehen.

Ein Computeralgebrasystem, wie z. B. Maple, würde als Lösung der Gleichung $\exp(x) - x^2$ den Ausdruck LambertW($1/2$) ausgeben. Was steckt dahinter?

Mit Hilfe von etwas Kurvendiskussion kann man zeigen, dass die Funktion $f_a : \mathbb{R} \to \mathbb{R},\ x \mapsto \exp(x) - x^a$ für reelle Parameter $a > 0$ jeweils nur eine einzige Nullstelle besitzt. Wir könnten also jedem $a > 0$ die Nullstelle von f_a zuweisen, und würden eine Funktion g erhalten. Diese Funktion könnte man nun näher untersuchen und einige Eigenschaften herausfinden, von einer expliziten analytischen Formel möchten wir in diesem Fall aber trotzdem nicht sprechen. Die Funktion LambertW entspricht nun zwar nicht der Funktion g ist aber nach einem ähnlichen Prinzip konstruiert. (Für alle die es genau wissen wollen: LambertW ist

4.7 Wichtige Sätze und Anwendungen der Differentialrechnung _____ 175

die Umkehrfunktion von $x \cdot \exp(x)$.)

Einer der für uns wichtigsten Sätze über stetige Funktionen ist der Satz vom Minimum und Maximum.

Merksatz:

Satz vom Maximum und Minimum:
Auf $[a,b]$ stetige Funktionen f nehmen auf $[a,b]$ ihr (globales) Maximum und ihr (globales) Minimum an.

Fahren wir wieder in einem stetig bewegten Fahrzeug von Bayreuth nach Berlin, so gibt es einen maximalen und einen minimalen erreichten Breitengrad.

Bislang haben wir uns mit Stetigkeit zufrieden gegeben. Differenzierbare Funktionen liefern noch mehr.

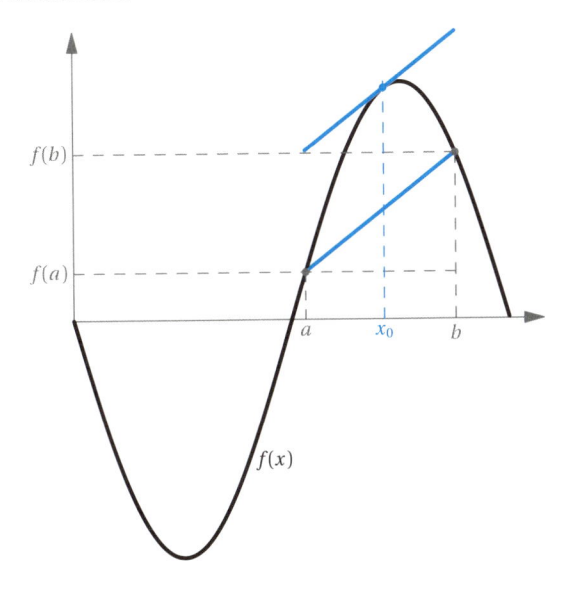

Abb. 4.21: Mittelwertsatz

Merksatz:

Mittelwertsatz:
Auf $[a,b]$ stetige und auf (a,b) differenzierbare Funktionen f haben an irgendeinem $x_0 \in (a,b)$ die Steigung $f'(x_0) = \frac{f(b)-f(a)}{b-a}$.

Stellen Sie sich wieder vor, Sie fahren mit dem Auto von Bayreuth nach Berlin. Sicherlich fahren Sie dabei mal schneller und mal langsamer. Der Mittelwertsatz besagt nun: Zu mindestens einem Zeitpunkt sind Sie dabei genau so schnell gefahren wie Ihre Durchschnittsgeschwindigkeit.

Für differenzierbare Funktionen lässt sich die Monotonie über die Ableitung klären.

Satz 4.7.1. *Auf $[a,b]$ stetige und auf (a,b) differenzierbare Funktionen f, deren Ableitung konstantes Vorzeichen hat, sind monoton.*

Auch klar: Wenn wir nur (positiv) beschleunigen, sinkt die Geschwindigkeit nie.

Eine direkte Konsequenz dieses Monotonie-Satzes ist: Ist der Grenzgewinn stets positiv, so gilt:

Je mehr Produktion, desto mehr Gewinn.

Das Gewinnmaximum wird in diesem Fall also an der oberen Kapazitätsgrenze angenommen.

In der Einleitung zur Differentialrechnung haben wir uns mit dem Problem beschäftigt, wie und welche Funktionen man linear approximieren kann, siehe Abbildung 4.1 und Abbildung 4.2. Als Quintessenz der ganzen Arbeit in diesem Kapitel wollen wir nun das berühmte Resultat vorstellen, das die Frage vollständig klärt: Die Taylor-Formel erster Ordnung.

Merksatz:

Taylor-Formel erster Ordnung:
Ist $f: [a,b] \to \mathbb{R}$ differenzierbar in $x_0 \in [a,b]$. Dann gilt für $x_0, x_0 + \Delta x \in [a,b]$

$$f(x) = T_1(x_0, \Delta x) + R(x_0, \Delta x)$$

mit dem linearen Talyor-Polynom

$$T_1(x_0, \Delta x) = f(x_0) + f'(x_0)(\Delta x)$$

und dem Restglied $R(x_0, \Delta x)$ mit

$$\lim_{\Delta x \to 0} \frac{R(x_0, \Delta x)}{\Delta x} = 0.$$

Der Ausdruck $R(x_0, \Delta x)$ ist das sogenannte Restglied bzw. Fehlerglied der (linearen) Taylor-Formel. Der Grenzwertausdruck besagt in Worten, dass der Fehler schneller gegen null geht als Δx. Die Approximation wird also auch im Verhältnis zum Abstand beliebig gut, wenn man nur nah genug an x_0 herankommt.

Wenden wir die lineare Taylor-Formel auf die »schwierige« Funktion $f(x) = \sin(x)$ an der Stelle $x_0 = 0$ an, so erhalten wir

$$\sin(x) = \sin(0) + \cos(0)(x - 0) + R(0, x) = x + R(0, x).$$

4.7 Wichtige Sätze und Anwendungen der Differentialrechnung ⸻ 177

Die Approximation $\sin(x) \approx x$ wird (z. B. in der Physik) für alle $x \in [-\pi/18, \pi/18] = [-10°, 10°]$ benutzt. In diesem Winkelbereich sind die Messfehler meist größer als der Approximationsfehler, den man damit macht. Hierdurch vereinfacht sich u. a. das Lösen von Gleichungen (linear statt Sinusfunktion). So ist z. B. die Bewegung des Fadenpendels nur unter Verwendung der linearen Approximation des Sinus geschlossen beschreibbar (und gilt demnach auch nur für kleine Auslenkungen).

Eine lineare Funktion ist durch ihre Werte an zwei Stellen (zwei Punkte oder ein Punkt und die Steigung) bereits eindeutig festgelegt. Möchte man Funktionen noch etwas genauer als durch lineare Funktionen approximieren, so kann man Polynome höheren Grades verwenden. Die bestmögliche Approximation mit Hilfe von Polynomen mit beschränktem Maximalgrad lässt sich wiederum mit Hilfe von Ableitungen darstellen und ergibt eines der berühmtesten und praktischsten Werkzeuge der Differentialrechnung: die allgemeine Taylor-Formel. (Die Darstellung des Restglieds als Integral muss Sie nicht erschrecken: In Kapitel 7 erfahren Sie die notwendigen Grundlagen zur Integralrechnung.)

Merksatz:

Allgemeine Taylor-Formel:
Ist $f : [a, b] \to \mathbb{R}$ mindestens $(n+1)$-mal stetig differenzierbar. Dann gilt für $x_0, x_0 + \Delta x \in [a, b]$

$$f(x_0 + \Delta x) = T_n(x_0, \Delta x) - R_n(x_0, \Delta x)$$

mit dem n-ten Taylor-Polynom

$$T_n(x_0, \Delta x) = \sum_{i=0}^{n} \frac{f^{(i)}(x_0)}{i!} (\Delta x)^i$$
$$= f(x_0) + \frac{f'(x_0)}{1!}(\Delta x) + \frac{f''(x_0)}{2!}(\Delta x)^2 + \ldots + \frac{f^{(n)}(x_0)}{n!}(\Delta x)^n$$

und dem n-ten Restglied $R_n(x_0, \Delta x)$ mit

$$R_n(x_0, \Delta x) = \int_0^{\Delta x} \frac{t^n}{n!} f^{(n+1)}(x_0 + t) \, dt, \quad \lim_{\Delta x \to 0} \frac{R_n(x_0, \Delta x)}{(\Delta x)^n} = 0.$$

Als Anwendung geben wir beispielhaft folgende Reihen an, die sich jeweils durch Anwendung der Taylor-Formel an der Stelle $x_0 = 0$ und einigen Vereinfachungen ergeben:

$$\exp(x) = \sum_{i=0}^{\infty} \frac{x^i}{i!} \qquad = 1 + x + \frac{x^2}{2} + \frac{x^3}{6} + \frac{x^4}{24} + \frac{x^5}{120} + \ldots$$

$$\sin(x) = \sum_{i=0}^{\infty} (-1)^i \frac{x^{2i+1}}{(2i+1)!} = x - \frac{x^3}{6} + \frac{x^5}{120} - \frac{x^7}{5040} + \ldots$$

$$\cos(x) = \sum_{i=0}^{\infty} (-1)^i \frac{x^{2i}}{(2i)!} = 1 - \frac{x^2}{2} + \frac{x^4}{24} - \frac{x^6}{720} + \ldots$$

Diese Darstellung verwenden Sie vermutlich oft, ohne es zu wissen, denn so (ungefähr) rechnet u. a. Ihr wissenschaftlicher Taschenrechner.

Mit der Taylorreihe-Formel für ln an der Stelle $x_0 = 1$ können wir nun eine Begründung nachliefern, dass der Wert der alternierenden harmonischen Reihe gleich $\ln(2) \approx -0{,}693147$ ist. (Dazu müssen Sie uns zwar nun die Taylor-Formel glauben, aber immerhin wissen Sie dann, wie stark das Werkzeug sein kann.)

Die Ableitungen von ln an der Stelle x_0 lauten:

$$\ln'(x_0) = x_0^{-1},$$
$$\ln''(x_0) = (-1)x_0^{-2},$$
$$\ln'''(x_0) = (-1)(-2)x_0^{-3},$$
$$\ln^{(4)}(x_0) = (-1)(-2)(-3)x_0^{-4},$$
$$\vdots$$
$$\ln^{(i)}(x_0) = (-1)^{i-1}(i-1)! \cdot x_0^{-i}.$$

Mit $x_0 = 1$ erhält man:

$$\ln'(1) = 1,$$
$$\ln''(1) = (-1),$$
$$\ln'''(1) = (-1)(-2),$$
$$\ln^{(4)}(1) = (-1)(-2)(-3),$$
$$\vdots$$
$$\ln^{(i)}(1) = (-1)^{i-1}(i-1)!$$

Damit:

$$\ln(1+\Delta x) = \underbrace{\frac{1 \cdot \ln(1)}{0!}}_{=0} + \frac{1}{1!}\Delta x - \frac{1!}{2!}\Delta x^2 + \frac{2!}{3!}\Delta x^3 - \frac{3!}{4!}\Delta x^4 \pm \ldots$$

$$= \frac{\Delta x}{1} - \frac{\Delta x^2}{2} + \frac{\Delta x^3}{3} - \frac{\Delta x^4}{4} \pm \ldots$$

und schließlich mit $\Delta x = 1$:

$$\ln(2) = \ln(1+1) = \frac{1}{1} - \frac{1}{2} + \frac{1}{3} - \frac{1}{4} \pm \ldots$$

Übungsaufgaben

Aufgabe 4.1.   1. Geben Sie von der rekursiv definierten Folge s_n die ersten 6 Folgenglieder $s_0, s_1, s_2, s_3, s_4, s_5$ an:

$$s_0 = 1, \quad s_n = 2s_{n-1} + 1 \text{ für } n \geq 1.$$

Konvergiert die Folge gegen einen Grenzwert?

2. Konvergieren die in (a), (b) bzw. (c) angegebenen Folgen für $n \to \infty$? Bestimmen Sie gegebenenfalls den Grenzwert.

(a) $a_n = \dfrac{2n^2 + 4n}{3n^2 + n}$,   (b) $b_n = \dfrac{7n^3 + 4n^2 - 4n - 11}{3n^2 - 2n + 1}$,   (c) $c_n = \dfrac{1^n + \left(\frac{1}{2}\right)^n}{2}$.

Aufgabe 4.2. Finden Sie für die angegebenen Zahlenfolgen sowohl eine explizite Darstellung als auch ein passendes Rekursionsschema. Konvergieren die Folgen?

(a) $-2, 4, -8, 16, -32, \ldots$

(b) $1, \frac{2}{3}, \frac{4}{9}, \frac{8}{27}, \ldots$

(c) $1, 3, 6, 10, 15, 21, 28, \ldots$

(d) $\frac{1}{2}, \frac{3}{2}, \frac{3}{4}, \frac{5}{4}, \frac{5}{6}, \ldots$

Aufgabe 4.3. Betrachten Sie folgende Folge:

$$x_0 = 1, \quad x_{n+1} = x_n - \frac{x_n}{3} + \frac{2}{9x_n^2}.$$

Konvergiert sie? Falls ja, gegen welchen Grenzwert?

Aufgabe 4.4. Konvergieren folgende Reihen für $n \to \infty$? Bestimmen Sie gegebenenfalls den Wert.

(a) $\sum\limits_{i=1}^{n} 1$,   (b) $\sum\limits_{i=1}^{n} 2i$,   (c) $\sum\limits_{i=0}^{n} \left(\dfrac{1}{2}\right)^i$,   (d) $\sum\limits_{i=0}^{n} 3 \cdot 2^{2i} \cdot 5^{1-i}$,   (e) $\sum\limits_{i=0}^{n} 2 \cdot 7^i \cdot 5^{3-i}$.

Aufgabe 4.5. Stellen Sie sich vor, dass Sie für das Jahr 2010 eine private Krankenversicherung mit einem Monatsbeitrag von 130 € abgeschlossen haben. Die Krankenversicherung bietet Ihnen an, entweder zu jedem Monatsanfang die 130 € zu überweisen oder den Jahresbeitrag einmalig zum Jahresanfang zu überweisen, wobei Ihnen bei der letzteren Alternative 4 % Rabatt gewährt werden.

Sie haben sich für die einmalige Jahreszahlung entschieden, müssen aber feststellen, dass Sie Ihre finanzielle Lage zu positiv eingeschätzt haben. Sie können jeden Monat nur 130 € von Ihren Einnahmen abknapsen. Den Rest müssen Sie über einen Kredit mit folgenden Konditionen finanzieren:

- Jahreszinssatz: 6 %,
- Monatszinssatz: $\frac{1}{2}$ %,
- die Zinsen müssen erst am Ende des Jahres bezahlt werden,
- Sie können zu jedem Zeitpunkt beliebige Beträge aufnehmen bzw. wieder zurückzahlen.

Bereuen Sie Ihre Entscheidung?

Aufgabe 4.6. Bei einer Bank soll ein Betrag von b € zu einem Zinssatz von p % angelegt werden.

1. Entwickeln Sie eine Funktion $f_j: \mathbb{R}_{\geq 0} \to \mathbb{R}$, deren Wert $f_j(t)$ das (von b und p abhängige) Guthaben nach t Jahren bei *jährlicher* Verzinsung (inkl. Zinseszinsen) angibt.
2. Wie lautet der entsprechende Funktionsterm f_s bei *stetiger* Verzinsung zu dem gleichen Prozentsatz?
3. Nun gehen wir von $p = 4$ aus. Nach wievielen Jahren ist das Guthaben bei stetiger Verzinsung doppelt so groß wie bei jährlicher Verzinsung?
4. Wie groß muss der stetige Zinssatz gewählt werden, damit die Zinsen am Jahresende bei stetiger Verzinsung genau so hoch sind wie bei jährlicher Verzinsung?

Aufgabe 4.7. Sind folgende Funktionen stetig?

a) $f(x) = \begin{cases} 2^x & \text{für } x < 1, \\ |x+1| & \text{für } 1 \leq x \leq 3, \\ x^3 - 2x & \text{für } x > 3. \end{cases}$
b) $g(x) = \begin{cases} |x-3| & \text{für } x \leq -1, \\ (x-1)^2 & \text{für } -1 < x < 1, \\ \sin(\pi x) & \text{für } x \geq 1. \end{cases}$

Aufgabe 4.8. Betrachten Sie folgende Steuerfunktion St: $\mathbb{R}_{\geq 0} \to \mathbb{R}_{\geq 0}$ mit

$$x \mapsto \begin{cases} (x/50\,000\,€)^2 \cdot x & \text{für } x \leq 25\,000\,€, \\ 0{,}25 \cdot x & \text{sonst,} \end{cases}$$

die den Jahresbruttolohn auf die zu entrichtende Lohnsteuer abbildet. Stellen Sie sich vor, sie bekämen ein Jahresgehalt von 20 000 € bzw. 30 000 € und würden eine monatliche Gehaltserhöhung von 50 € bekommen. Wieviel Steuer zahlen Sie durchschnittlich je zusätzlich verdientem Euro?

Aufgabe 4.9. Betrachten Sie einen Produktionsbetrieb, der seine Produktion optimieren möchte. Er würde gerne eine Kostenfunktion $K(x)$ und eine Erlösfunktion $E(x)$ betrachten, um die optimale Produktionsmenge zu bestimmen.

Leider kommt er nicht direkt an diese Information heran. Er weiß aber zumindest, dass seine Fixkosten 1 GE betragen ($K(0) = 0$) und er, falls er nichts produziert, natürlich auch nichts verkaufen kann ($E(0) = 0$).

Die Änderungen $\Delta K(x) := \frac{K(x+1) - K(x)}{(x+1) - x}$ der Kosten und $\Delta E(x) := \frac{E(x+1) - E(x)}{(x+1) - x}$ der Erlöse lassen sich dagegen relativ gut schätzen:

$$\Delta K(x) = 4x + 3 \quad \text{und} \quad \Delta E(x) = 27 - 2x.$$

Momentan produziert der Betrieb 2 ME. Sollte er die Produktion erhöhen? Wie lautet die optimale Produktionsmenge?

Aufgabe 4.10. Bestimmen Sie die Ableitungen für folgende Funktionen (nach der jeweils angegebenen unabhängigen Variablen):

a) $f_1(x) = 0{,}5 \cdot (4x^7 - 3x^5)^{64}$,
b) $f_2(u) = e^{-2u}$,
c) $f_3(x) = x^n \cdot e^{-nx}$,
d) $f_4(t) = 5\ln(\ln(t))$,
e) $f_5(l) = \sqrt[3]{2l} \cdot e^{-l^2}$,
f) $f_6(s) = \frac{(s+1)^2}{s^2 - 1}$,
g) $f_7(x) = \sin(\ln(x))$,
h) $f_8(y) = y \cdot x^3 + \cos(y)$,
i) $f_9(x) = \tan(x) + \pi$.

Aufgabe 4.11. Untersuchen Sie die Funktion
$$f(x) = \frac{x+15}{2} + \frac{48}{x-5}$$
auf Grenzwerte, Polstellen, Nullstellen, lokale Extrema, sowie Wendepunkte und skizzieren Sie ihren Verlauf.

Aufgabe 4.12. Bestimmen Sie die Ableitung und die Elastizität der folgenden Funktionen.
1. $f: \mathbb{R} \to \mathbb{R}$, $f(x) = -5(x+1)^3$,
2. $g: \mathbb{R} \to \mathbb{R}$, $g(x) = \frac{e^{2x^2}}{x^2+1}$,
3. $h: (-\pi/2, \pi/2) \to \mathbb{R}$, $h(x) = \ln(\cos^2(x))$.

Aufgabe 4.13. Der Make-Money Verlag bringt ein neues Buch auf den Markt. Jetzt überlegt die Geschäftsführung, zu welchem Preis p (in €) es verkauft werden soll. Der Make-Money Verlag geht davon aus, dass die Zahl der verkauften Exemplare v wie folgt vom Preis abhängt:
$$v(p) = \frac{10^5}{p^2}.$$
Der Druck eines Buches kostet 3 €. Der erwartete Gewinn g in Abhängigkeit vom Preis p ist also (in €):
$$g(p) = v(p) \cdot p - v(p) \cdot 3 = v(p) \cdot (p-3) = \frac{10^5}{p^2} \cdot (p-3) = 10^5 \left(\frac{1}{p} - \frac{3}{p^2}\right).$$
Der Verkaufspreis muss selbstverständlich die Druckkosten decken, weshalb $p \geq 3$ angenommen werden darf. Außerdem wäre ein Preis oberhalb von 100 € glatter Wucher und ist somit ebenfalls ausgeschlossen. Der Preis p soll nun so festgesetzt werden, dass der Gewinn maximal wird. Ermitteln Sie diesen Preis, indem Sie das globale Maximum von $g(p)$ auf dem Intervall $[3, 100]$ bestimmen. Begründen Sie in der Rechnung auch, dass es sich bei Ihrer Lösung um das globale Maximum handelt.

Aufgabe 4.14. Wo nehmen diese Funktionen ihr globales Maximum und Minimum an?
1. $f: [-20, 20] \to \mathbb{R}$, $f(x) = 3x^9 + 2x^7 + 8x^5 + x$,
2. $g: [3, 17] \to \mathbb{R}$, $g(x) = -\ln\left(e^{(x^2)} + 1\right)$.

Aufgabe 4.15. Die Polizei hat einen Autobahnraser per Hubschrauber verfolgt. Zwar war aus der Luft keine Messung der Momentangeschwindigkeit möglich, aber es konnten drei Fotos aufgenommen werden. Sie belegen, dass sich das Fahrzeug zu Beginn der Aufnahme bei Kilometermarke 234,0 der Autobahn befand, eine Minute darauf bei 237,0 km und eine weitere halbe Minute später bei 238,75 km. Die zugelassene Höchstgeschwindigkeit beträgt 130 km/h. Von Gesetzes wegen darf der Autofahrer nur für eine Geschwindigkeit zur Rechenschaft gezogen werden, die er auf jeden Fall zu irgendeinem Zeitpunkt auch einmal gefahren ist. Was ist also das größte Vergehen, das ihm zur Last gelegt werden kann?

Aufgabe 4.16. Berechnen Sie die lineare Taylorapproximation folgender Funktionen im Punkt x_0.
1. $f: [0, 4] \to \mathbb{R}$, $f(x) = \sqrt{x}$, $x_0 = 1$,
2. $g: [e-1, e+1] \to \mathbb{R}$, $g(x) = \ln x$, $x_0 = e$,
3. $h: [0, \pi/2] \to [0, 1]$, $h(x) = \sin^2 x$, $x_0 = \pi/4$.

5 Differentialrechnung in mehreren Variablen

Ein Beispiel für eine Funktion in mehreren Variablen haben wir bereits in Kapitel 3 über Lineare Optimierung kennengelernt. Die Funktion

$$z: \begin{cases} \mathbb{R}^3 & \to \quad \mathbb{R}, \\ \begin{pmatrix} x_1 \\ x_2 \\ x_3 \end{pmatrix} & \mapsto \quad 15x_1 + 5x_2 + 7x_3, \end{cases}$$

war die Zielfunktion für unsere Frankfurter-Kranz-Manufaktur. Eine lineare Funktion, und das haben wir in der linearen Algebra/Optimierung weidlich ausgenutzt: beim Matrixprodukt, bei der Lösung von LGSen, beim Simplex-Algorithmus.

Wie man Funktionen von einer Variablen an bestimmten Stellen linear approximiert und man so ein mächtiges Werkzeug für z. B. die Suche nach Extrema gewinnt, haben wir im letzten Kapitel dargestellt.

Nun werfen wir beides zusammen: Wir wissen, wie man mit linearen Funktionen von mehreren Variablen umgeht, und wir kennen eine Strategie, wie man für nicht-lineare aber schön »glatte« Funktionen lineare Approximationen konstruiert. Also möchten wir jetzt lineare Approximationen für ausreichend freundliche Funktionen generieren, so dass wir unser Wissen über lineare Funktionen so indirekt auch auf nicht-lineare Funktionen anwenden können.

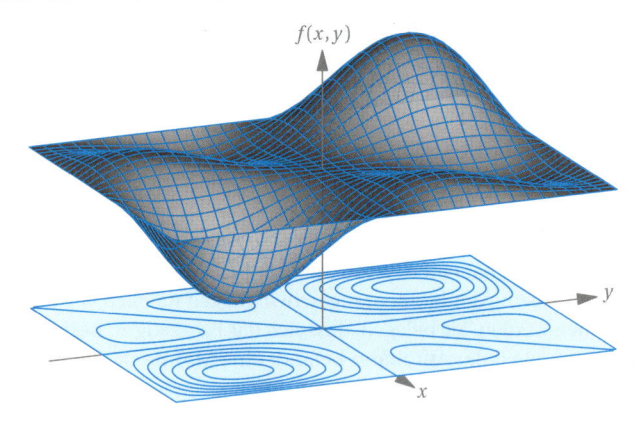

Abb. 5.1: Ein 3d-Plot der reellwertigen Funktion $f(x,y) = (x-y)\sin(x)\sin(y) + 6$ in zwei Variablen mit Höhenlinienplot

Abbildung 5.1 zeigt den Funktionsgraphen und die Höhenlinien für eine Funktion in zwei Variablen. In der unteren Ebene ist sozusagen die »topographische Karte« der Funktion abgebildet: Solche Höhenlinien kennen Sie sicher von Wanderkarten. Die Richtung des steilsten Anstiegs ist immer senkrecht zu den Höhenlinien. Je dichter die Höhenlinien, umso steiler der Anstieg. An einem Gipfel degenerieren Höhenlinien zum Gipfelpunkt: Der steilste Anstieg hat die Steigung null in alle Richtungen.

Uns geht es in diesem Kapitel neben der Bereitstellung der Techniken darum zu zeigen, dass sich Vieles ganz direkt auf die neue Situation mit mehreren Variablen verallgemeinern lässt, wenn man am Anfang die richtige Struktur auf die neue Situation adaptiert: den Betrag einer Zahl.

5.1 Wozu Differentialrechnung in mehreren Variablen?

Spielen nicht-lineare Funktionen mit mehreren Variablen überhaupt eine Rolle? Viele ökonomische Untersuchungen beschränken sich in der Tat auf die sogenannte ceteris-paribus-Betrachtung. Das bedeutet: Man fixiert alle Einflussfaktoren bis auf einen auf einen vernünftigen Wert (z. B. den Status Quo) und betrachtet die Veränderungen der abhängigen Größe nur in Abhängigkeit von der einen Variable. Dies entspricht einer Funktion von einer Variablen, denn die Extra-Variablen sind ja vor der Untersuchung mit festen Werten belegt worden, und man kommt mit den Methoden des letzten Kapitels aus.

Warum also nun diese Verkomplizierung? Ganz einfach: Es kommt eben manchmal auf die richtige Mischung an. Mit ceteris-paribus-Betrachtungen wird man nicht herausfinden können, wie eine gute *Kombination* von Einflussfaktoren aussieht. Das betrifft Produktionspläne, Gütermix u. v. a. m.

Ein recht prominentes Beispiel aus der Mikroökonomie sind die sogenannten Funktionen vom Cobb-Douglas-Typ zur Modellierung von Nutzenfunktionen, wie z. B.:

$$f: \begin{cases} \mathbb{R}^2_{\geq 0} & \to \mathbb{R}, \\ \begin{pmatrix} x \\ y \end{pmatrix} & \mapsto f(x,y) := f\begin{pmatrix} x \\ y \end{pmatrix} := 3x^{1/3}y^{2/3}. \end{cases}$$

Statt der sperrigen Spaltenvektoren schreibt man also die unabhängigen Variablen meistens als eine Liste von Argumenten, also $f(x,y)$ statt $f\begin{pmatrix} x \\ y \end{pmatrix}$. Auch Vektoren schreiben wir außerhalb von Matrixprodukten aus Platzgründen gelegentlich als Zeilenvektoren.

In der Nutzentheorie ist man daran interessiert zu verstehen, wie die Akteure einer Volkswirtschaft sich verhalten. Die Vorhersage ist: Sie maximieren ihren individuellen Nutzen. Ein akademisches Beispiel: Wieviel Zeit stellen Sie als Arbeitnehmer dem Arbeitsmarkt und dem Hobby zur Verfügung? Man kann das mathematisch behandeln, wenn man Ihre Zufriedenheit (= Nutzen) durch eine Formel $u(x,y)$ ordnungserhaltend darstellen kann, wobei x das Einkommen und y die Freizeit ist. Damit ist gemeint: (x,y) erzeugt für Sie genau dann höchstens soviel Zufriedenheit wie (x',y'), wenn $u(x,y) \leq u(x',y')$.

Angenommen Sie sind nun ein Chef eines sehr großen Unternehmens und wollen über eine Arbeitszeitverkürzung ohne Lohnausgleich nachdenken. Es interessiert Sie, ob ein typischer Mitarbeiter die Maßnahme begrüßen würde. Dann können Sie erst einmal versuchen, Folgendes abzuschätzen:

> **Beispielfrage:**
>
> Um wieviele Einheiten/Prozent *ändert* sich die typische *Zufriedenheit* $u(x,y)$, wenn eine Einheit/ein Prozent mehr/weniger *Einkommen x* und/oder *Freizeit y* gewährt werden?

Die Belegschaft reagiert eventuell auf die Maßnahme. Aber wie? Die Nutzentheorie sagt voraus, dass alle versuchen, x und y so einzustellen, dass $u(x,y)$ maximal wird. Um eine Vorhersage zu machen, muss so ein Paar (x,y) natürlich erst gefunden werden.

> **Beispielfrage:**
>
> Bei welcher *Kombination* von *Einkommen x* und *Freizeit y* ist die typische *Zufriedenheit* $u(x,y)$ *maximal*?

Im betrieblichen Umfeld hat man möglicherweise bessere Prediktoren als die Nutzentheorie, aber sobald es um volkswirtschaftliche Konsequenzen geht, gibt die Nutzentheorie für die Nutzenfunktion von Erika und Max Mustermann vielleicht wenigstens einen Anhaltspunkt für die Erfolgsaussichten von Abwrackprämie und Co.

Ist $u(x,y)$ vom Cobb-Douglas-Typ, also z. B. $u(x,y) = x^{1/3} y^{2/3}$, dann sind damit viele plausible Eigenschaften abgedeckt, wie z. B. die Tatsache, dass Geld und Zeit jeweils immer weniger wichtig werden, je mehr man schon davon hat (abnehmender Grenznutzen).

Neben den Variablen kann auch der Funktionswert einer Funktion mehrdimensional sein, wie bereits in Kapitel 1 über Funktionen erwähnt. Ein Beispiel hierzu ist durch

$$F: \begin{cases} \mathbb{R}^2_{\geq 0} & \to \mathbb{R}^2, \\ \begin{pmatrix} x \\ y \end{pmatrix} & \mapsto \begin{pmatrix} f_1(x,y) \\ f_2(x,y) \end{pmatrix} := \begin{pmatrix} 2x+3y \\ 3x^{1/3} y^{2/3} \end{pmatrix}, \end{cases}$$

gegeben. Die Notation $F = \begin{pmatrix} f_1 \\ f_2 \end{pmatrix}$ lehnt sich an unsere Matrixschreibweise für Vektoren an, in der Vektoren als Spezialfälle von Matrizen aufgefasst werden. Daher heißen f_1 und f_2 auch Koordinatenfunktionen.

Möchte man die zeitliche Entwicklung mehrerer ökonomischer Größen betrachten, kommt man automatisch zu Funktionen, die nur von einer Variablen abhängen, deren Zielfunktionswerte aber mehrdimensional sind. Zum Beispiel die Funktion, die jedem Zeitpunkt die Börsenkurse Ihres Anlageportfolios zuordnet.

Ein Beispiel ist durch

$$F: \begin{cases} \mathbb{R} & \to \quad \mathbb{R}^2, \\ t & \mapsto \quad F(t) = \begin{pmatrix} f_1(t) \\ f_2(t) \end{pmatrix} = \begin{pmatrix} \sin(t) \\ \cos(t) \end{pmatrix}, \end{cases}$$

gegeben. Man spricht hier auch von einer Parameterdarstellung einer Kurve oder – bei dynamischen Systemen wie der Börse – von einer Trajektorie. Die Kurve ist in diesem Beispiel ein Kreis mit Radius eins um den Ursprung des zwei-dimensionalen Koordinatensystems, und es gilt $F(t) = F(t + 2\pi n)$ für alle $t \in \mathbb{R}$ und alle $n \in \mathbb{Z}$. Wenn nach einer gewissen Zeit T (hier: $T = 2\pi$) sich alles wiederholt, dann spricht man von einer T-periodischen Funktion.

Die Fragen, für die wir im Folgenden Werkzeuge kennenlernen werden, sind die gleichen wie im letzten Kapitel. Nur die Funktionen hängen evtl. von mehr als einer Variable ab.

So, und nun der Clou: In Wahrheit lässt sich doch alles in diesem Kapitel durch geschickte Kombination von ceteris-paribus-Berechnungen auf die Ableitungstechniken für eine Variable und lineare Abbildungen in mehreren Variablen zurückführen. Aber dafür müssen wir zunächst mal wieder etwas arbeiten.

5.2 Normen

Bei unseren Untersuchungen eindimensionaler Funktionen haben wir Grenzwerte, Stetigkeit und Differenzierbarkeit von Funktionen $f: \mathbb{R} \to \mathbb{R}$ betrachtet. Essentiell für diese Betrachtungen war der Betrag $|x|$ einer Zahl $x \in \mathbb{R}$. Mit Hilfe dieses Betrags konnten wir alle benötigten Begriffe definieren:

- Der Abstand zweier Zahlen x und x_0: $|x - x_0|$.

- Die ε-Umgebung $U_\varepsilon(x_0)$ von x_0: alle Zahlen mit *Abstand* weniger als ε von x_0.

- Der Grenzwert von Zahlenfolgen $a = \lim_{n \to \infty} a_n$: in jeder beliebigen ε-*Umgebung* von a liegen alle bis auf endlich viele a_n.

- Der Grenzwert von Funktionen $y = \lim_{x \to x_0} f(x)$: für alle gegen x_0 konvergenten Urbildfolgen (x_n) hat die *Bildfolge* $(f(x_n))$ den *Grenzwert von Zahlenfolgen* y.

- Die Stetigkeit einer Funktion $f: \mathbb{R} \supseteq D \to \mathbb{R}$ in $x_0 \in D$: Der *Grenzwert von Funktionen* $\lim_{x \to x_0} f(x)$ ist $f(x_0)$.

- Die Differenzierbarkeit einer Funktion $f: \mathbb{R} \supseteq D \to \mathbb{R}$ in $x_0 \in D$: Der *Grenzwert von Funktionen* $f'(x_0) := \lim_{\Delta x \to 0} \frac{f(x_0 + \Delta x) - f(x_0)}{\Delta x}$ existiert.

- Die lineare Approximation einer *differenzierbaren* Funktion $f: \mathbb{R} \supseteq D \to \mathbb{R}$ in $x_0 \in D$: $f(x_0 + \Delta x) \approx T_1(x_0, \Delta x) = f(x_0) + f'(x_0)(\Delta x)$.

Wir benötigen also einen Betrag für Vektoren statt für Zahlen. Man spricht auch von einer Norm $\|\cdot\|$ anstatt vom Betrag.

Wir verwenden i. d. R. die sogenannte euklidische Norm $\|\cdot\| = \|\cdot\|_2$.

Definition 5.2.1.

$$\left\| \begin{pmatrix} x_1 \\ \vdots \\ x_k \end{pmatrix} \right\| := \left\| \begin{pmatrix} x_1 \\ \vdots \\ x_k \end{pmatrix} \right\|_2 := \sqrt{x_1^2 + \ldots + x_k^2} \tag{5.1}$$

heißt euklidische Norm von $\begin{pmatrix} x_1 \\ \vdots \\ x_k \end{pmatrix} \in \mathbb{R}^k$.

Etwas allgemeiner gilt:

Definition 5.2.2. Eine Norm ist eine Abbildung $\|\cdot\| : \mathbb{R}^k \to \mathbb{R}_{\geq 0}$ mit

(N1) $\|X\| = 0 \iff X = \mathbf{0}$ (Definitheit),

(N2) $\|r \cdot X\| = |r| \cdot \|X\|$ (Homogenität),

(N3) $\|X + Y\| \leq \|X\| + \|Y\|$ (Dreiecksungleichung),

für alle $X, Y \in \mathbb{R}^k$ und alle $r \in \mathbb{R}$.

Ein Beispiel für eine weitere Norm ist die sogenannte Maximumsnorm $\|\cdot\|_\infty$ mit

$$\left\| \begin{pmatrix} x_1 \\ \vdots \\ x_n \end{pmatrix} \right\|_\infty := \max_{1 \leq i \leq n} |x_i|.$$

Allgemeiner können wir für positive reelle Zahlen p durch

$$\left\| \begin{pmatrix} x_1 \\ \vdots \\ x_n \end{pmatrix} \right\|_p := \sqrt[p]{\sum_{i=1}^{n} |x_i|^p}$$

die sogenannte p-Norm $\|\cdot\|_p$ definieren.

Analog zum Betrag für Zahlen kann man durch Normen Abstände definieren:

> **Merksatz:**
>
> Jede Norm $\|\cdot\| : \mathbb{R}^k \to \mathbb{R}_{\geq 0}$ induziert einen Abstand zwischen zwei Vektoren $X, Y \in \mathbb{R}^k$ durch $d(X, Y) := \|X - Y\|$.

Für die euklidische Norm $\|\cdot\|_2$ im $\mathbb{R}^2$ bzw. $\mathbb{R}^3$ entspricht dies genau dem gewöhnlichen Abstand zweier Punkte in der Ebene bzw. im Raum, auch euklidischer Abstand genannt.

5.3 Totale Differenzierbarkeit

Mit Hilfe von Definition 5.2.1 können wir nun die Begriffe aus der Differentialrechnung in einer Variablen fast alle problemlos erklären. Definiert werden können ohne Probleme:

- Der Abstand zweier Spaltenvektoren X und X_0: $\|X - X_0\|$.

- Die ε-Umgebung $U_\varepsilon(X_0)$ von X_0: alle Zahlen mit *Abstand* weniger als ε von X_0.

- Der Grenzwert von Vektorfolgen $X = \lim_{n \to \infty} X_n$: in jeder beliebigen ε-Umgebung von X liegen alle bis auf endlich viele X_n.

- Der Grenzwert von vektorwertigen Funktionen in mehreren Variablen $Y = \lim_{X \to X_0} F(X)$: für alle gegen X_0 konvergenten Urbildfolgen (X_n) hat die *Bildfolge* $(F(X_n))$ den *Grenzwert von Vektorfolgen* Y.

- Die Stetigkeit einer Funktion $F: \mathbb{R}^k \supseteq D \to \mathbb{R}^m$ in $X_0 \in D$: Der *Grenzwert von Funktionen* $\lim_{X \to X_0} f(x)$ ist $F(X_0)$.

Für die Verbleibenden bleiben noch Fragen offen. Versuchen wir es schematisch, so scheitern wir:

- *Versuch:* Definiere Differenzierbarkeit einer Funktion $F: \mathbb{R}^k \supseteq D \to \mathbb{R}^n$ in $X_0 \in D$ so: »F differenzierbar in X_0, wenn der *Grenzwert von Funktionen* $F'(X_0) := \lim_{\Delta X \to 0} \frac{F(X_0 + \Delta X) - F(X_0)}{\Delta X}$ existiert.«

  Das geht aber nicht, da wir nicht durch den Vektor

  $$\Delta X = \begin{pmatrix} \Delta x_1 \\ \vdots \\ \Delta x_k \end{pmatrix}$$

  dividieren können. (Man kann durch Vektoren nicht dividieren.)

- *Versuch:* Definiere die lineare Approximation einer *differenzierbaren* Funktion $F: \mathbb{R}^k \supseteq D \to \mathbb{R}^m$ in $X_0 \in D$ so:

  »$F(X_0 + \Delta X) \approx T_1(X_0, \Delta X) = F(X_0) + F'(X_0)(\Delta X)$«.

  Das geht nicht, da wir F' nicht haben.

Wir könnten nun zunächst die Ableitung F' reparieren. Aber das geht a-priori erst einmal auf verschiedene Weisen. Wir könnten die Veränderung ΔX nur für eine Koordinatenrichtung messen. Aber für welche? Wir könnten die Existenz des Grenzwerts (allerdings mit Division durch die Norm von ΔX) für ein beliebiges ΔX verlangen. Was genau man machen soll, wird erst klar, wenn man vom eigentlichen Ziel ausgeht: der linearen Approximation.

Was muss rein formal $F'(X_0)$ in der gewünschten Taylor-Formel zur linearen Approximation leisten? In einer Variablen war es eine Zahl, und damit wurde Δx linear abgebildet auf $f'(x_0) \cdot (\Delta x)$. Nun ist $F'(X_0)$ zu multiplizieren mit dem Vektor (ΔX). Also muss die Multiplikation von $F'(X_0)$ mit ΔX eine lineare Abbildung ergeben. Mit anderen Worten: $F'(X_0)$ muss formell eine $(k \times m)$-Matrix sein!

Was noch? Die Approximation muss gut sein in der Nähe von X_0. Das wurde in einer Variable durch das asymptotische Verhalten des Restglieds garantiert: $\lim_{n \to \infty} \frac{R(x, \Delta x)}{\Delta x} = 0$. Hier können wir bei mehreren Variablen wieder nicht durch den Vektor ΔX teilen, aber durch die Norm können wir dividieren. Wir wünschen uns also eine Formel

$$F(X_0 + \Delta X) = F(X_0) + F'(X_0)(\Delta X) + R(X_0, \Delta X)$$

mit

$$F'(X_0) \in \mathbb{R}^{k \times m}, \quad \lim_{\Delta X \to 0} \frac{R(X_0, \Delta X)}{\|\Delta X\|} = \mathbf{0}.$$

Eine übliche mathematische Vorgehensweise ist nun, F' axiomatisch zu definieren: Die Ableitung soll eine lineare Abbildung mit den gewünschten Approximationseigenschaften sein. So macht man es tatsächlich, und man nennt so eine »Ableitung« totales Differential.

Definition 5.3.1 (Totales Differential). Sei $F : \mathbb{R}^k \supseteq D \to \mathbb{R}^m$ und X_0 ein Häufungspunkt von D. Falls eine Matrix $A_{X_0} \in \mathbb{R}^{k \times m}$ existiert mit

$$\lim_{\Delta X \to 0} \frac{\overbrace{F(X_0 + \Delta X) - A_{X_0} \cdot \Delta X}^{=R(X_0, \Delta X)}}{\|\Delta X\|} = \mathbf{0},$$

so heißt F total differenzierbar an der Stelle X_0.

Die lineare Abbildung $\Delta X \mapsto A_{X_0} \cdot \Delta X$ heißt dann totales Differential von F an der Stelle X_0 und wird mit $\mathrm{d}F_{X_0}$ bezeichnet.

Während für Funktionen in einer Variable die lineare Approximation geometrisch gegeben ist durch die Tangente an den Funktionsgraphen, so kann man sich hier die lineare Approximation vorstellen als eine Tangentialhyperebene. Bei reellwertigen Funktionen von zwei Variablen ist das eine Ebene, die sich an den Funktionsgraphen »anschmiegt« (siehe Abb. 5.2).

Mit etwas mathematischem Handwerk zeigt man wieder:

Satz 5.3.2. *Ist* $F : \mathbb{R}^k \supseteq D \to W \subseteq \mathbb{R}^m$ *total differenzierbar, so ist F auch stetig.*

Die Umkehrung von Satz 5.3.2 ist im Allgemeinen nicht richtig. Wir zeigen Ihnen später in Abschnitt 5.5 ein Beispiel, wenn wir schon mehr wissen, um es zu verstehen.

So: Wir haben hingeschrieben, was wir uns wünschen. Aber gibt es überhaupt total differenzierbare Funktionen? Und wenn ja: Wie erkennt man sie? Und dann:

5.4 Partielle Ableitungen

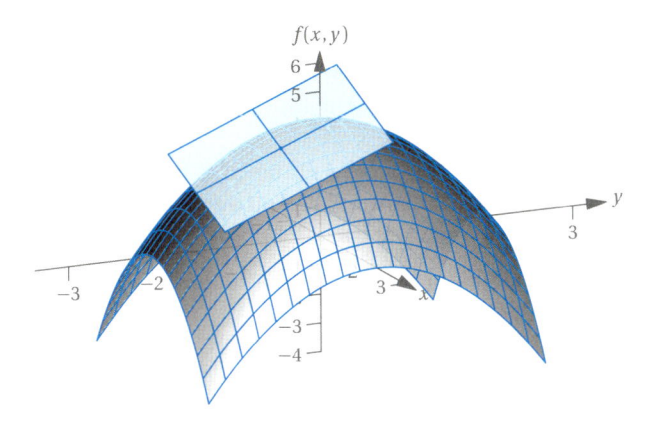

Abb. 5.2: Eine Tangentialebene an den Graphen von $4 - x^2 - y^2$

wie rechnet man diese Matrix des totalen Differentials aus? Für unsere Belange ist das Ergebnis einfach: Alles können wir mit den sogenannten partiellen Ableitungen erledigen.

5.4 Partielle Ableitungen

Wir haben bereits behauptet: Die notwendigen Informationen für das totale Differential stecken in den ceteris-paribus-Betrachtungen. Das heißt: Betrachtung der Veränderung der Funktionswerte bei Änderung von jeweils nur einer Variablen.

Als erstes wollen wir nur reellwertige Funktionen in mehreren Variablen betrachten. Für vektorwertige Funktionen kann man die Ergebnisse für die Koordinatenfunktionen separat anwenden.

Es gibt nun einen kleinen Twist: In einer echten ceteris-paribus-Betrachtung legen wir die Werte der nicht-betrachteten Variablen fest. Aber auf welchen Wert? Wählen wir einen konkreten Zahlenwert – und wenn es auch ein ausgezeichneter ist wie der Status Quo –, dann verlieren wir die Information über das Verhalten der Funktion an allen anderen Stellen.

Der Ausweg ist ganz einfach: Wir erinnern uns, dass man auch mit Dingen rechnen kann, die man noch gar nicht kennt. Wenn wir also nur die Variable x_j betrachten wollen, dann legen wir die Werte der nicht-betrachteten Variablen x_i, $i \neq j$, also fest, aber auf einen unbekannten Wert den wir wieder x_i nennen. Wir schreiben also nichts Neues, sondern wir *interpretieren alle bis auf eine Variable als konstante Parameter*. Das Resultat ist eine Funktion, die nur noch von einer Variable abhängt.

Wenn wir jetzt die Funktion einfach wie in Kapitel 4 ableiten, erhalten wir die Ableitungsfunktion, die von x_j abhängt und lauter Parameter x_i, $i \neq j$, hat. Die Information über die Abhängigkeit der Funktion von nicht veränderten Variablen steckt nun noch in der Abhängigkeit von den Parametern.

Um wieder eine Funktion in allen Variablen zu erhalten, interpretieren wir einfach alle Parameter wieder als Variablen. Die Funktion von k Variablen, die dabei herauskommt, heißt partielle Ableitung von f nach x. Bezeichnung: $\frac{\partial f}{\partial x}$; wie f eine Funktion von $\mathbb{R}^k$ nach $\mathbb{R}$.

Zum Beispiel: Die Funktion $f(x,y) := e^x \cdot \tan(y) + \ln(y)$ hängt von zwei Variablen x und y ab. Wir wollen die Abhängigkeit von y ausblenden und nur die Änderungstendenz in Abhängigkeit von x beschreiben. Dann:

1. Variable y als Parameter umdeuten: Das liefert $f_y(x) := e^x \cdot \tan(y) + \ln(x)$, eine Funktion in einer Variable.

2. Die Funktion f_y ableiten: Das liefert $\frac{df_y}{dx}(x) = \tan(y)e^x + 0 = \tan(y)e^x$.

3. In resultierender Funktion y wieder als Variable auffassen: Das liefert $\frac{\partial f}{\partial x}(x,y) := \frac{df_y}{dx}(x) = \tan(y)e^x$. Fertig.

Was hat das mit unserem ursprünglichen Ansatz zu tun? Wir wollten einen sinnvollen Ersatz für den *für Vektoren nicht sinnvollen Ausdruck*

$$\text{»}\lim_{\Delta X \to 0} \frac{f(X_0 + \Delta X) - f(X_0)}{\Delta X}\text{«}$$

finden. Nun haben wir nur die Änderungstendenz in einer Variablen beachtet. Aber das heißt, wir haben die Änderungstendenz der Funktion f bei einer Änderung

$$\Delta X = \begin{pmatrix} 0 \\ \vdots \\ 0 \\ \Delta x_j \\ 0 \\ \vdots \\ 0 \end{pmatrix} = \Delta x_j \mathbf{e}_j$$

in x_j-Richtung beschrieben. Im Ergebnis können wir die partielle Differenzierbarkeit und die partiellen Ableitungen allgemein also wie folgt definieren.

Definition 5.4.1. Eine Funktion

$$F: \begin{cases} \mathbb{R}^k \supseteq D & \to \quad \mathbb{R}^m, \\ \begin{pmatrix} x_1 \\ \vdots \\ x_k \end{pmatrix} & \mapsto \quad Y = F(x_1, \ldots, x_k), \end{cases}$$

heißt in X_0 partiell differenzierbar nach x_j, wenn

$$\frac{\partial F}{\partial x_j}(X_0) := \lim_{\Delta x_j \to 0} \frac{F(X_0 + \Delta x_j \mathbf{e}_j) - F(X_0)}{\Delta x_j}$$

5.4 Partielle Ableitungen

existiert.

Für die Menge D' aller X_0, an denen F partiell nach x_j differenzierbar ist, heißt die Funktion

$$\frac{\partial f}{\partial x_j}: \begin{cases} \mathbb{R}^k \supseteq D' & \to \mathbb{R}, \\ \begin{pmatrix} x_1 \\ \vdots \\ x_k \end{pmatrix} & \mapsto \frac{\partial f}{\partial x_j}(x_1,\ldots,x_k), \end{cases}$$

die partielle Ableitung von f nach x_j.

Die partielle Ableitung nach x_j an der Stelle X_0 ist also die Steigung von f an der Stelle X_0 in Richtung der x_j-Achse. Wir berechnen partielle Ableitungen aber natürlich nicht anhand des Grenzwertes, sondern wie oben über die ceteris-paribus-Interpretation.

Für die Funktionen aus der Einleitung und Abschnitt 5.1 geben wir nun als Beispiel alle partiellen Ableitungen an.

1. Die Funktion

$$z: \begin{cases} \mathbb{R}^3 & \to \mathbb{R}, \\ \begin{pmatrix} x_1 \\ x_2 \\ x_3 \end{pmatrix} & \mapsto 15x_1 + 5x_2 + 7x_3, \end{cases}$$

liefert die partiellen Ableitungen

$$\frac{\partial z}{\partial x_1}(x_1,x_2,x_3) = 15,$$
$$\frac{\partial z}{\partial x_2}(x_1,x_2,x_3) = 5,$$
$$\frac{\partial z}{\partial x_3}(x_1,x_2,x_3) = 7.$$

2. Die Funktion

$$f: \begin{cases} \mathbb{R}^2_{\geq 0} & \to \mathbb{R}, \\ \begin{pmatrix} x \\ y \end{pmatrix} & \mapsto f(x,y) := 3x^{1/3}y^{2/3}, \end{cases}$$

liefert nur (!) für $x, y > 0$ die partiellen Ableitungen

$$\frac{\partial f}{\partial x}(x,y) = 3y^{2/3} \cdot 1/3 \cdot x^{-2/3} = x^{-2/3}y^{2/3},$$
$$\frac{\partial f}{\partial y}(x,y) = 3x^{1/3} \cdot 2/3 \cdot y^{-1/3} = 2x^{1/3}y^{-1/3}.$$

3. Die Funktion

$$F: \begin{cases} \mathbb{R}^2_{\geq 0} \to \mathbb{R}^2, \\ \begin{pmatrix} x \\ y \end{pmatrix} \mapsto \begin{pmatrix} f_1(x,y) \\ f_2(x,y) \end{pmatrix} := \begin{pmatrix} 2x+3y \\ 3x^{1/3}y^{2/3} \end{pmatrix}, \end{cases}$$

liefert für $x,y > 0$ die partiellen Ableitungen (Koordinatenfunktionen werden dabei separat verarztet!)

$$\frac{\partial F}{\partial x}(x,y) = \begin{pmatrix} 2 \\ x^{-2/3}y^{2/3} \end{pmatrix},$$

$$\frac{\partial F}{\partial y}(x,y) = \begin{pmatrix} 3 \\ 2x^{1/3}y^{-1/3} \end{pmatrix}.$$

4. Die Funktion

$$F: \begin{cases} \mathbb{R} \to \mathbb{R}^2, \\ t \mapsto F(t) = \begin{pmatrix} f_1(t) \\ f_2(t) \end{pmatrix} = \begin{pmatrix} \sin(t) \\ \cos(t) \end{pmatrix}, \end{cases}$$

liefert nur eine, dafür aber vektorwertige partielle Ableitung

$$\frac{\partial F}{\partial t}(t) = \begin{pmatrix} \cos(t) \\ -\sin(t) \end{pmatrix}.$$

Betrachten wir zwei weitere Beispiele, in denen die partiellen Ableitungen allgemein ermittelt werden können:

1. Lineare Funktionen, also $f(x_1,\ldots,x_n) = c_1 x_1 + \ldots + c_n x_n$ haben die partiellen Ableitungen:

$$\frac{\partial f}{\partial x_i}(x_1,\ldots,x_n) = c_i.$$

2. Cobb-Douglas-Funktionen $f(x_1,\ldots,x_n) = c x_1^{a_1} \cdots x_n^{a_n}$ ($a_1,\ldots,a_n > 0$) haben für positive x_i die partiellen Ableitungen:

$$\frac{\partial f}{\partial x_i}(x_1,\ldots,x_n) = c x_1^{a_1} \cdots x_{i-1}^{a_{i-1}} a_i x_i^{a_i-1} x_{i+1}^{a_{i+1}} \cdots x_n^{a_n}.$$

Natürlich ist die partielle Ableitung wieder eine Funktion. Es ist nicht garantiert, dass diese Funktion partiell differenzierbar ist. Wenn sie es ist, dann kann man nochmal partiell ableiten.

Machen wir das mal für die Funktion $f(x,y) = 3x^{1/3}y^{2/3}$ und für positive x,y.

$$\frac{\partial(\partial f/\partial x)}{\partial x}(x,y) = -\frac{1}{3}x^{-5/3}y^{2/3}, \qquad \frac{\partial(\partial f/\partial x)}{\partial y}(x,y) = \frac{2}{3}x^{-2/3}y^{-1/3},$$

$$\frac{\partial(\partial f/\partial y)}{\partial x}(x,y) = \frac{2}{3}x^{-2/3}y^{-1/3}, \qquad \frac{\partial(\partial f/\partial y)}{\partial y}(x,y) = -\frac{4}{3}x^{1/3}y^{-4/3}.$$

Allgemein definieren wir:

Definition 5.4.2.

$$\frac{\partial^2 f}{\partial x_j \partial x_i} = \frac{\partial(\partial f/\partial x_j)}{\partial x_i} = \frac{\partial}{\partial x_j}\frac{\partial}{\partial x_i}f = \frac{\partial^2}{\partial x_j \partial x_j}f = (f_{x_i})_{x_j} = f_{x_i x_j}$$

heißt partielle Ableitung zweiter Ordnung nach x_i und x_j.

Analog werden die partiellen Ableitungen $f_{x_{j_1} x_{j_2} x_{j_3}}$ dritter Ordnung und allgemein die partiellen Ableitungen $f_{x_{j_1} x_{j_2} \ldots x_{j_k}}$ k-ter Ordnung definiert.

In unserem Beispiel $f(x,y) = 3x^{1/3}y^{2/3}$ gilt $f_{xy} = f_{yx}$. Allgemein stellt sich die Frage, ob eine k-te partielle Ableitung von der Reihenfolge der Variablen abhängt. In den für Sie relevanten Fällen ist die Reihenfolge egal:

Satz 5.4.3. *Wenn alle partiellen Ableitungen existieren und stetig sind, so sind die partiellen Ableitungen von der Reihenfolge der Variablen unabhängig.*

Für eindimensionale Funktionen hatten wir uns die Elastizität einer Funktion angesehen. Bei mehreren Variablen können wir nun fragen, um wieviel Prozent sich der Funktionswert von $f(x_1, \ldots, x_k)$ an der Stelle X_0 ändert, wenn sich x_j um ein Prozent ändert. Die Antwort darauf geben die partiellen Elastizitäten:

$$\varepsilon_{f,x_j}(X_0) := \lim_{\Delta x_j \to 0} \frac{\Delta f/f}{\Delta x_j/x_j} = \frac{\partial f}{\partial x_j}(X_0) \cdot \frac{x_j}{f(X_0)}.$$

Für allgemeine Cobb-Douglas-Funktionen ergibt sich für $x_1, \ldots, x_k > 0$:

$$\varepsilon_{f,x_i}(x_1, \ldots, x_k) = \frac{c x_1^{a_1} \cdots a_i x_i^{a_i-1} \cdots x_k^{a_k}}{c x_1^{a_1} \cdots x_i^{a_i} \cdots x_k^{a_k}} \cdot x_i = a_i.$$

Daher also die Bedeutung dieses Funktionstyps: Cobb-Douglas-Funktionen sind für $X_0 > \mathbf{0}$ isoelastisch (= unabhängig von X_0) mit in der Funktionsvorschrift ablesbaren (und einstellbaren) Elastizitäten.

5.5 Die Jacobi-Matrix

Erinnerung: Wir sind auf der Suche nach einer Formel für das totale Differential von X_0, also für die lineare Abbildung, die die »Steigung« der Funktion bei X_0 beschreibt, also für die Matrix, die man mit ΔX multiplizieren muss, um den Wert der linearen Abbildung zu erhalten. Die Steigung in die Koordinatenrichtungen haben wir mit Hilfe der partiellen Ableitungen bereits im Sack. Aber was ist mit den Steigungen in all die anderen Richtungen?

Wie viele Daten stehen denn in einer Matrix? Für eine Funktion von k Variablen mit m Koordinatenfunktionen brauchen wir $k \cdot m$ Zahlen. Wir haben bereits für jede der k Variablen eine partielle Ableitung mit m Koordinatenfunktionen. Das heißt, wir haben bereits $k \cdot m$ Zahlen!

Nehmen wir an, die gewünschte Matrix A_{X_0} aus Definition 5.3.1 existiert. Dann muss $A_{X_0} \Delta X$ die Änderung von F insbesondere für $\Delta X = \Delta x_j \mathbf{e}_j$, also in x_j-Richtung, korrekt wiedergeben. Was heißt das? Nun: Es muss bei $A_{X_0}(\Delta x_j \mathbf{e}_j)$ die partielle Ableitung an der Stelle X_0 multipliziert mit Δx_j herauskommen! Aber $A_{X_0} \mathbf{e}_j$ ist einfach nur die j-te Spalte von A_{X_0}.

Also gilt für diese j-te Spalte $(A_{X_0})_{*j}$ von A_{X_0}:

$$(A_{X_0})_{*j} = \frac{1}{\Delta x_j} A_{X_0}(\Delta x_j \mathbf{e}_j) \stackrel{!}{=} \frac{1}{\Delta x_j} \frac{\partial F}{\partial x_j}(X_0) \Delta x_j = \frac{\partial F}{\partial x_j}(X_0).$$

Das heißt: wenn A_{X_0} überhaupt existiert, dann sind alle Spalten durch die partiellen Ableitungen an der Stelle X_0 gegeben!

Also gibt es zwei Möglichkeiten: Entweder das totale Differential ist schon durch die partiellen Ableitungen bestimmt, oder es existiert nicht, in welchem Falle unsere Funktion eben nicht total differenzierbar ist.

Die schlechte Nachricht: Selbst wenn alle partiellen Ableitungen existieren, kann es sein, dass das totale Differential nicht existiert, weil sich die Änderungstendenz in eine beliebige Richtung leider nicht linear aus den Änderungstendenzen in die Koordinatenrichtungen ergibt.

Unglücklicherweise passiert das nicht nur für offensichtlich pathologische Funktionen. Ein Beispiel: Die unschuldig ausschauende Funktion f mit $f(x,y) = \frac{2xy}{(x^2+y^2)}$ für $x \neq 0$ und $y \neq 0$ und $f(x,y) = 0$ sonst hat die partiellen Ableitungen $\partial f/\partial x (x,y) = \frac{2y}{(x^2+y^2)} - \frac{4x^2 y}{(x^2+y^2)^2}$ bzw. $\partial f/\partial y (x,y) = \frac{2x}{(x^2+y^2)} - \frac{4xy^2}{(x^2+y^2)^2}$ falls $x \neq 0$ und $y \neq 0$ und $\partial f/\partial x (x,y) = \partial f/\partial y (x,y) = 0$ sonst.

Diese Funktion ist genau wie ihre partiellen Ableitungen an der Stelle $\binom{x}{y} = \mathbf{0}$ nicht stetig, aber die partiellen Ableitungen existieren alle. Das liegt daran, dass die Unstetigkeit entlang der Diagonalen $x = y$ und $x = -y$ auftritt: Dort ist $f(x,x) = 1$ und $f(x,-x) = -1$ für $x \neq 0$ aber $f(0,0) = 0$. So eine Unstetigkeit gibt es aber nicht entlang der Koordinatenachsen (siehe Abb. 5.3): Die Funktionen $f_y : \mathbb{R} \to \mathbb{R}$ mit $f_y(x) = f(x,y)$ sind stetig, egal was y ist, denn wenn $y = 0$ ist, ist plötzlich $f_y(x) = f_0(x)$ konstant null. Analog verhält es sich mit $f_x(y) := f(x,y)$ (siehe das Liniennetz in Abb. 5.3).

Da die Funktion an der Stelle $\mathbf{0}$ nicht mal stetig ist, kann man nicht erwarten, dass eine lineare Approximation möglich ist. Ist sie auch nicht.

5.5 Die Jacobi-Matrix 195

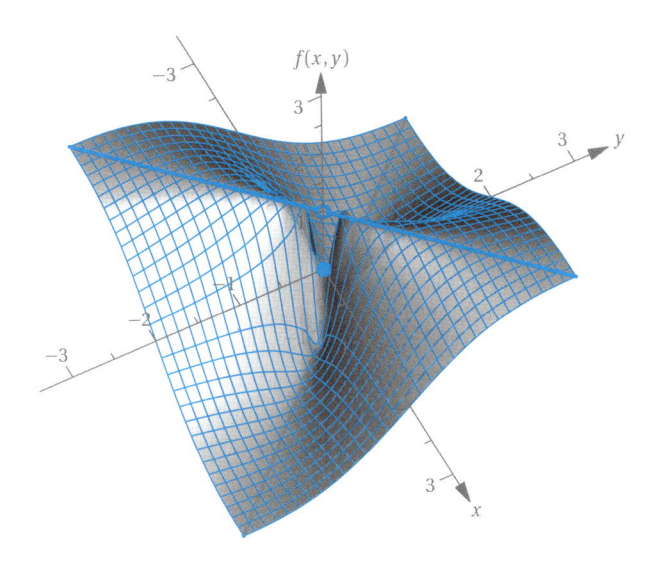

Abb. 5.3: Eine nicht total differenzierbare Funktion

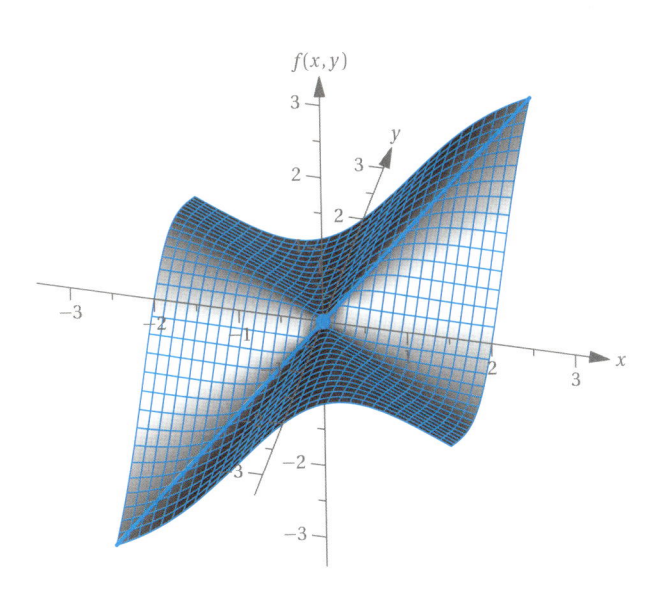

Abb. 5.4: Eine stetige, nicht total differenzierbare Funktion

Es geht noch schlimmer. Die scheinbar harmlose Funktion

$$f(x,y) = \begin{cases} \dfrac{xy(x+y)}{x^2+y^2} & \text{für } (x,y) \neq (0,0), \\ 0 & \text{sonst,} \end{cases}$$

ist überall stetig (auch in $(0,0)$) und alle partiellen Ableitungen existieren überall, aber in $(0,0)$ ist sie nicht total differenzierbar.

Warum nicht? Am intuitivsten kann man es an Abbildung 5.4 sehen: Geht man vom Nullpunkt aus in x-Richtung, ist die Steigung null. In y-Richtung ist die Steigung ebenfalls null. Also ist die Jacobi-Matrix $J_f(0,0)$ die Nullmatrix $\mathbf{0}$. Für eine total differenzierbare Funktion muss dann die Steigung von null aus in *alle Richtungen* $(\Delta x, \Delta y)$ gleich $J_f(0,0) \begin{pmatrix} \Delta x \\ \Delta y \end{pmatrix} = \mathbf{0} \cdot \begin{pmatrix} \Delta x \\ \Delta y \end{pmatrix}$, also null sein. Aber in Richtung $(1,1)$ ist die Steigung deutlich sichtbar nicht null. Eine kurze Berechnung der sogenannten Richtungsableitung in Richtung $(1,1)$ bestätigt das:

$$\frac{f(0+\Delta x, 0+\Delta x) - f(0,0)}{\Delta x} = \frac{2\Delta x^3}{2\Delta x^2 \Delta x} = 1 \quad \forall \Delta x \neq 0.$$

Also ist die Sekantensteigung in Richtung $(1,1)$ konstant eins, daher auch der Grenzwert für $\Delta x \to 0$. Widerspruch!

Die gute Nachricht: Wenn alle partiellen Ableitungen existieren *und stetig* sind, dann existiert auch das totale Differential, und die partiellen Ableitungen bestimmen schon alle Matrixeinträge für unsere lineare Approximation.

Satz 5.5.1. *Wenn alle partiellen Ableitungen existieren und stetig sind, dann ist f total differenzierbar.*

Die sogenannte darstellende Matrix zum totalen Differential hat einen eigenen Namen.

Satz 5.5.2. *Sei $f: \mathbb{R}^k \supseteq D \to W \subseteq \mathbb{R}^m$, $x_0 \in D$, total differenzierbar und*

$$J_f(X_0) := \underbrace{\begin{pmatrix} \dfrac{\partial f_1}{\partial x_1}(X_0) & \cdots & \dfrac{\partial f_1}{\partial x_k}(X_0) \\ \vdots & & \vdots \\ \dfrac{\partial f_m}{\partial x_1}(X_0) & \cdots & \dfrac{\partial f_m}{\partial x_k}(X_0) \end{pmatrix}}_{\textit{Jacobi-Matrix } \text{oder } \textit{Funktionalmatrix}}.$$

Dann gilt folgende Funktionsvorschrift für das totale Differential:

$$\mathrm{d}f_{X_0}: \begin{cases} \mathbb{R}^k & \to \quad \mathbb{R}^m, \\ \begin{pmatrix} \Delta x_1 \\ \vdots \\ \Delta x_n \end{pmatrix} & \mapsto \quad J_f(x_0) \cdot \begin{pmatrix} \Delta x_1 \\ \vdots \\ \Delta x_n \end{pmatrix}. \end{cases}$$

5.5 Die Jacobi-Matrix

Für den Spezialfall $m = 1$ lautet die Formel für eine reelle Funktion f von k Variablen ausgeschrieben wie folgt:

$$df_{X_0}(\Delta x_1, \ldots, \Delta x_k) = \frac{\partial f}{\partial x_1}(X_0)\Delta x_1 + \ldots + \frac{\partial f}{\partial x_k}(X_0)\Delta x_k$$
$$= \nabla f(X_0)^T \cdot \Delta X.$$

Der Spaltenvektor $\nabla f(X_0)$ mit

$$\nabla f(X_0) := \begin{pmatrix} \frac{\partial f}{\partial x_1}(X_0) \\ \vdots \\ \frac{\partial f}{\partial x_k}(X_0) \end{pmatrix}$$

heißt der Gradient von f an der Stelle X_0. Wir werden den Gradienten noch brauchen.

Betrachten wir als Beispiel für eine Jacobi-Matrix mit mehreren Koordinatenfunktionen die Funktion $f(x_1, x_2) = \begin{pmatrix} f_1(x_1, x_2) \\ f_2(x_1, x_2) \end{pmatrix} = \begin{pmatrix} x_1 x_2^2 \\ x_1^2 x_2 \end{pmatrix}$. Die ersten partiellen Ableitungen von f sind gegeben durch

$$\frac{\partial f_1}{\partial x_1}(x_1, x_2) = x_2^2, \qquad \frac{\partial f_1}{\partial x_2}(x_1, x_2) = 2x_1 x_2,$$
$$\frac{\partial f_2}{\partial x_1}(x_1, x_2) = 2x_1 x_2, \qquad \frac{\partial f_2}{\partial x_2}(x_1, x_2) = x_1^2.$$

Werten wir die zugehörige Jacobi-Matrix J_f an der Stelle $(1, 2)$ aus, so erhalten wir

$$J_f\begin{pmatrix} 1 \\ 2 \end{pmatrix} = \begin{pmatrix} \partial f_1/\partial x_1(1,2) & \partial f_1/\partial x_2(1,2) \\ \partial f_2/\partial x_1(1,2) & \partial f_2/\partial x_2(1,2) \end{pmatrix} = \begin{pmatrix} 4 & 4 \\ 4 & 1 \end{pmatrix}.$$

Das totale Differential an dieser Stelle ist also durch

$$df_{\binom{1}{2}}\begin{pmatrix} \Delta x_1 \\ \Delta x_2 \end{pmatrix} = \begin{pmatrix} 4 & 4 \\ 4 & 1 \end{pmatrix}\begin{pmatrix} \Delta x_1 \\ \Delta x_2 \end{pmatrix} = \begin{pmatrix} 4\Delta x_1 + 4\Delta x_2 \\ 4\Delta x_1 + \Delta x_2 \end{pmatrix}.$$

gegeben.

Normalerweise reichen uns zur Berechnung der Jacobi-Matrix alle Rechenregeln für das Differenzieren in einer Variable, da man beim Berechnen der partiellen Ableitungen ja wie beim Ableiten nach einer Variable vorgeht. Es gibt aber Fälle, in denen verallgemeinerte Regeln für mehrere Variablen nützlich sind. Die Kettenregel ist so eine Regel, wie wir weiter unten zeigen werden.

Satz 5.5.3 (Kettenregel). *Es gilt für total differenzierbare* $D \xrightarrow{f} W \xrightarrow{g} V$:

$$d(g \circ f)_{X_0} = \underbrace{dg_{f(X_0)} \circ df_{X_0}}_{\text{Komposition}},$$

oder in der Schreibweise von Jacobi-Matrizen:

$$J_{g \circ f}(X_0) = \underbrace{J_g\bigl(f(X_0)\bigr) \cdot J_f(X_0)}_{\text{Matrixprodukt}}.$$

Die partiellen Elastizitäten einer Funktion nach ihren Koordinatenrichtungen haben wir bereits kennengelernt. Die Skalenelastizität beschreibt, um wieviel Prozent sich eine Funktion ändert, wenn alle Variablen mit λ skaliert werden. Dies ist interessant, wenn Sie z. B. mit Ihrem Catering-Service verschiedene Expansionsstufen durchlaufen. Der Zielpunkt könnte dann $\lambda_{\text{end}} = 100\,\%$ sein. Zwischendrin sind Sie bei einer Expansionsstufe λ_0 und wollen wissen, um wieviel die Produktion steigt, wenn Sie λ_0 um ein Prozent erhöhen.

Mit dem Trick der Skalierung hat man eine Funktion von mehreren Variablen in eine Funktion von einer Variablen (dem Skalierungsfaktor) umgewandelt. Man kann damit natürlich nur noch Situationen beschreiben, in denen das Verhältnis der Variablen zueinander sich nicht ändert.

Es ist aber nicht ganz einfach, wie man die Skalenelastizität einer Funktion $f : \mathbb{R}^k \supseteq D \to \mathbb{R}$ genau definieren soll. Nähern wir uns erst einmal intuitiv: Sei X_0 der Vektor der 100\,\%-Werte. Dann ist die Änderung der Skala ausgehend von λ_0 beschrieben durch $\Delta\lambda := \lambda - \lambda_0$. Die davon induzierte Änderung des Funktionswertes ist $\Delta_\lambda f := f(\lambda X_0) - f(\lambda_0 X_0)$.

Prozentual ergibt sich eine relative Änderung der Skala von $\Delta\lambda/\lambda_0$ und eine relative Änderung des Funktionswertes von $\Delta_\lambda f / f(\lambda_0 X_0)$.

Nun fehlt nur noch der Grenzübergang für $\Delta\lambda \to 0$. Das geht korrekt mit der Komposition von Funktionen wie folgt. Wir definieren für den festen 100\,\%-Vektor X_0 die Skalierungsfunktion

$$\Lambda : \begin{cases} \mathbb{R} & \to \mathbb{R}^k, \\ \lambda & \mapsto \lambda X_0. \end{cases}$$

Die Funktion, die uns wirklich interessiert, ist die Verknüpfung »erst X_0 mit λ skalieren, dann Funktion auf λX_0 auswerten«:

$$f \circ \Lambda : \begin{cases} \mathbb{R} & \to \mathbb{R}, \\ \lambda & \mapsto f(\lambda X_0). \end{cases}$$

Nun können wir die Skalenelastizität definieren:

Definition 5.5.4 (Skalenelastizität). Die Skalenelastizität der Funktion $f : \mathbb{R}^k \supseteq D \to \mathbb{R}$ ist definiert als

$$\varepsilon_{f,\lambda}(\lambda_0) := \lim_{\Delta\lambda \to 0} \frac{(\Delta f \circ \Lambda)/(f \circ \Lambda)}{\Delta\lambda/\lambda} := \frac{\mathrm{d} f \circ \Lambda}{\mathrm{d}\lambda}(\lambda_0) \cdot \frac{\lambda_0}{f(\lambda_0 X_0)}.$$

Da die Skalenelastizität über eine Komposition von Funktionen definiert ist, kann man sie mit Hilfe der Kettenregel allgemein analysieren. Nimmt man nur

5.5 Die Jacobi-Matrix

ein Zahlenbeispiel, dann kommt man auch ohne mehrdimensionale Kettenregel gut zurecht. Wir betrachten daher allgemein irgendeine Produktionsfunktion und schränken uns nur auf zwei Produktionsfaktoren ein:

$$g: \begin{cases} \mathbb{R}^2 & \to \quad \mathbb{R}, \\ \begin{pmatrix} x \\ y \end{pmatrix} & \mapsto \quad g(x,y), \end{cases}$$

die zwei Produktionsfaktoren x und y – sagen wir Arbeit und Kapital – eine Produktionmenge zuordnet.

Seien die 100%-Produktionsfaktoren durch A_0 und B_0 gegeben. Die Skalierungsfunktion lautet in diesem Fall

$$\Lambda: \begin{cases} \mathbb{R} & \to \quad \mathbb{R}^2, \\ \lambda & \mapsto \quad \begin{pmatrix} \lambda A_0 \\ \lambda B_0 \end{pmatrix}. \end{cases}$$

Dann ist

$$g \circ \Lambda: \begin{cases} \mathbb{R} & \to \quad \mathbb{R}, \\ \lambda & \mapsto \quad g(\lambda A_0, \lambda B_0), \end{cases}$$

die Produktion nach Skalierung der Produktionsfaktoren mit einem reellen Parameter λ. Diese reelle Funktion in einer Variablen kann man ganz normal differenzieren, und die Ableitung stimmt dann natürlich mit dem einzigen Eintrag der Jacobi-Matrix überein. Also gilt:

$$\frac{\mathrm{d}(g \circ \Lambda)}{\mathrm{d}\lambda}(\lambda_0) = \mathrm{d}(g \circ \Lambda)_{\lambda_0} = J_g(\Lambda(\lambda_0)) \cdot J_\Lambda(\lambda_0).$$

Nun müssen wir ein wenig rechnen:

$$\frac{\mathrm{d}(g \circ \Lambda)}{\mathrm{d}\lambda}(\lambda_0) = \begin{pmatrix} \frac{\partial g}{\partial x}(\Lambda(\lambda_0)) & \frac{\partial g}{\partial y}(\Lambda(\lambda_0)) \end{pmatrix} \cdot \begin{pmatrix} \partial \Lambda_1/\partial \lambda(\lambda_0) \\ \partial \Lambda_2/\partial \lambda(\lambda_0) \end{pmatrix}$$

$$= \begin{pmatrix} \frac{\partial g}{\partial x}(\lambda_0 A_0, \lambda_0 B_0) & \frac{\partial g}{\partial y}(\lambda_0 A_0, \lambda_0 B_0) \end{pmatrix} \cdot \begin{pmatrix} A_0 \\ B_0 \end{pmatrix}$$

$$= \frac{\partial g}{\partial x}(\lambda_0 A_0, \lambda_0 B_0) \cdot A_0 + \frac{\partial g}{\partial y}(\lambda_0 A_0, \lambda_0 B_0) \cdot B_0.$$

Damit erhalten wir für die Skalenelastizität:

$$\varepsilon_{g,\lambda_0} = \frac{\mathrm{d} g \circ \Lambda}{\mathrm{d}\lambda}(\lambda_0) \cdot \frac{\lambda_0}{g(\lambda_0 X_0)}$$

$$= \left(\frac{\partial g}{\partial x}(\lambda_0 A_0, \lambda_0 B_0) \cdot A_0 + \frac{\partial g}{\partial y}(\lambda_0 A_0, \lambda_0 B_0) \cdot B_0 \right) \cdot \frac{\lambda_0}{g(\lambda_0 A_0, \lambda_0 B_0)}.$$

$$= \frac{\partial g}{\partial x}(\lambda_0 A_0, \lambda_0 B_0) \cdot \frac{\lambda_0 A_0}{g(\lambda_0 A_0, \lambda_0 B_0)} + \frac{\partial g}{\partial x}(\lambda_0 A_0, \lambda_0 B_0) \cdot \frac{\lambda_0 B_0}{g(\lambda_0 A_0, \lambda_0 B_0)}$$
$$= \epsilon_{g,x}(\lambda_0 A_0, \lambda_0 B_0) + \epsilon_{g,y}(\lambda_0 A_0, \lambda_0 B_0).$$

Also hat uns die Kettenregel das folgende berühmte Resultat gespendet:

Satz 5.5.5 (Wicksell-Johnson-Satz). *Die Skalenelastizität von g bei λ_0 ist gleich der Summe der partiellen Elastizitäten von g bei $\lambda_0 X_0$.*

Berechnen wir als Beispiel die Skalenelastizität der Funktion $f(x_1, x_2) = x_1^2 + 2x_2^2$:

$$\varepsilon_{f,\lambda}(\lambda_0) = \frac{\mathrm{d}(\lambda^2 x_1^2 + \lambda^2 \cdot 2x_2^2)}{\mathrm{d}\lambda}(\lambda_0) \cdot \frac{\lambda_0}{\lambda_0^2 x_1^2 + \lambda_0^2 \cdot 2x_2^2} = 2.$$

Erstaunlich: Auf den augenblicklichen Skalenstand λ_0 kommt es in diesem Spezialfall gar nicht an! Das ist kein Zufall: Bei unserem Beispiel handelt es sich um eine sogenannte homogene Funktion.

Definition 5.5.6. Ein Funktion $f: \mathbb{R}^k \supseteq D \to \mathbb{R}$ heißt homogen mit Homogenitätsgrad h, wenn

$$f(rX_0) = r^h f(X_0) \quad \forall X_0 \in D, r \in \mathbb{R}.$$

Cobb-Douglas-Funktionen, wie z. B. $3x^3 y^{0,5} z^2$, sind Beispiele für homogene Funktionen. Folgende Regel kann man sich nun leicht merken:

> **Merksatz:**
>
> Die *Skalenelastizität* einer homogenen Funktion ist gleich ihrem *Homogenitätsgrad*.

5.6 Extremwerte ohne Nebenbedingungen

Dieser Abschnitt widmet sich der Frage nach einer optimalen Variablenkombination.

> **Beispielfrage:**
>
> Bei welchem *Gütermix* (x, y) ist mein *Nutzen* $u(x, y)$ maximal?

Nach den ganzen Vorarbeiten können wir nun diese Optimierung von differenzierbaren Funktionen ohne Nebenbedingungen angehen.

Erinnern wir uns zunächst, wie wir das bei Funktionen mit einer Veränderlichen gemacht haben. Hat eine Funktion $f: \mathbb{R} \supseteq [a,b] \to \mathbb{R}$ in $x_0 \in (a,b)$ ein lokales Extremum, so ist die erste Ableitung an dieser Stelle null: $f'(x_0) = 0$. So eine Stelle x_0 haben wir kritischen Punkt genannt. Wir erinnern uns nochmals daran,

5.6 Extremwerte ohne Nebenbedingungen

dass die Bedingung $f'(x) = 0$ für ein lokales Extremum zwar notwendig, aber – außer bei konvexen/konkaven Funktionen – nicht hinreichend ist, d. h. nicht jeder kritische Punkt entspricht unbedingt auch einem lokalen Extremum.

Übertragen wir das Ganze nun auf Funktionen mit zwei Veränderlichen, so gilt: Hat eine Funktion $f: \mathbb{R}^2 \supseteq D = [a_1, b_1] \times [a_2, b_2] \to \mathbb{R}$ im Inneren $(a_1, b_1) \times (a_2, b_2)$ von D bei X_0 ein lokales Extremum, so verschwinden nun alle ersten partiellen Ableitungen, also der Gradient:

$$\nabla f(X_0) = \begin{pmatrix} \partial f / \partial x_1 (x_0) \\ \partial f / \partial x_2 (x_0) \end{pmatrix} = \begin{pmatrix} 0 \\ 0 \end{pmatrix}.$$

So ein Punkt X_0 heißt wieder kritischer Punkt oder stationärer Punkt. Genau wie bei einer Veränderlichen ist diese Bedingung wieder nur notwendig und nicht hinreichend. Entsprechend gelten diese Aussagen allgemein bei Funktionen $f: \mathbb{R}^k \to \mathbb{R}$ von k Variablen.

Betrachten wir nun ein Beispiel zu der Bestimmung von kritischen Punkten. Sei unsere Funktion gegeben durch $f: \mathbb{R}^2 \to \mathbb{R}$, $\begin{pmatrix} x \\ y \end{pmatrix} \mapsto 4 - x^2 - y^2$.

Wir suchen kritische Punkte, d. h. $X = \begin{pmatrix} x \\ y \end{pmatrix}$ mit $\nabla f(X_0) = 0$:

$$\frac{\partial f}{\partial x}(X) = -2x \stackrel{!}{=} 0 \implies x = 0,$$

$$\frac{\partial f}{\partial y}(X) = -2y \stackrel{!}{=} 0 \implies y = 0.$$

Der einzige kritische Punkt ist also durch $\begin{pmatrix} 0 \\ 0 \end{pmatrix}$ gegeben. Anhand von Abb. 5.5 links erkennen wir, dass im Punkt $\begin{pmatrix} 0 \\ 0 \end{pmatrix}$ ein lokales und globales Maximum angenommen wird. Zusätzlich zur Funktion haben wir die zum Punkt $\begin{pmatrix} 0 \\ 0 \end{pmatrix}$ zugehörige Tangentialebene abgebildet.

Betrachten wir als zweites Beispiel die Funktion $f: \mathbb{R}^2 \to \mathbb{R}$, $\begin{pmatrix} x \\ y \end{pmatrix} \mapsto -x^2 + y^2$. Nullsetzen des Gradienten liefert notwendige Bedingungen:

$$\frac{\partial f}{\partial x}(X) = -2x \stackrel{!}{=} 0 \implies x = 0,$$

$$\frac{\partial f}{\partial x}(X) = 2y \stackrel{!}{=} 0 \implies y = 0.$$

Aber die Stelle $X = \begin{pmatrix} 0 \\ 0 \end{pmatrix}$ ist kein lokales Extremum, denn es gilt

$$-\varepsilon^2 = f(\varepsilon, 0) < f(0,0) < f(0, \varepsilon) = \varepsilon^2$$

für alle $\varepsilon > 0$, siehe auch Abbildung 5.5 rechts.

Wie auch im eindimensionalen Fall könnten wir höhere Ableitungen verwenden, um etwas präzisere Aussagen über das Vorliegen von lokalen Extrema treffen zu können. Da in den wirtschaftswissenschaftlichen Anwendungen meist globale Extremwerte und keine lokalen Extremwerte gesucht werden, verzichten wir auf weitere Details zu diesem Themengebiet und verweisen den interessierten Leser auf detailliertere Lehrbücher.

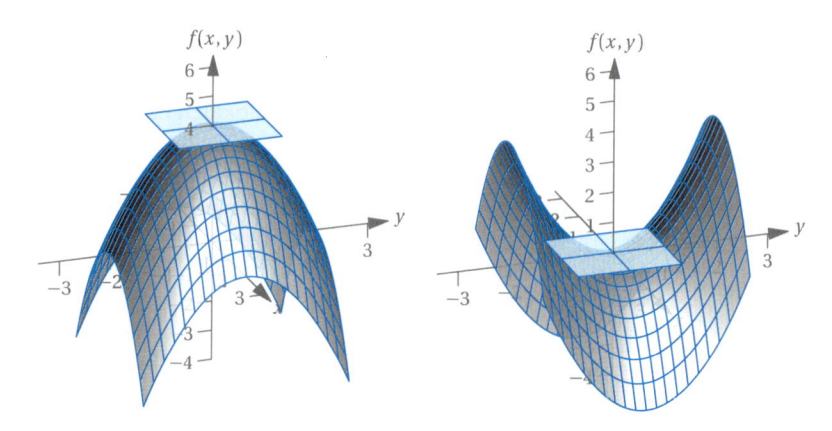

Abb. 5.5: Eine horizontale Tangentialebene in einem Extremum von $4-x^2-y^2$ und eine horizontale Tangentialebene in einem Sattelpunkt von $y^2 - x^2$

5.7 Wichtige Sätze und Anwendungen der Differentialrechnung

Wir präsentieren hier Verallgemeinerungen einiger Sätze aus Abschnitt 4.7. Wir gehen hier gegen Ende vermutlich an Ihre Belastungsgrenze für mathematischen Formalismus, aber Sie sollen wissen, dass es noch sinnvolle Mathematik über die mathematischen Grundlagen hinaus gibt.

Als Verallgemeinerung des Zwischenwertsatzes können wir festhalten:

Merksatz:

Zwischenwertsatz:

Enthält der Definitionsbereich einer stetigen reellwertigen Funktion f eine Strecke $\overline{AB}$, so nimmt die Funktion jeden Wert zwischen $f(A)$ und $f(B)$ an.

Indem wir die möglicherweise mehrdimensionale Funktion f in ihrem Definitionsbereich $\overline{AB}$ einschränken, erhalten wir eine eindimensionale Funktion und könnten direkt den eindimensionalen Zwischenwertsatz anwenden.

Schränken wir uns auf mehrdimensionale Intervalle $[a_1, b_1] \times \ldots \times [a_k, b_k]$, sogenannte Boxconstraints, ein, so gilt folgender Satz:

Merksatz:

Satz vom Maximum und Minimum:

Stetige Funktionen $f: \mathbb{R}^k \supseteq [a_1, b_1] \times \ldots \times [a_k, b_k] \to \mathbb{R}, x \mapsto f(x_1, \ldots, x_k)$ nehmen auf $[a_1, b_1] \times \ldots \times [a_k, b_k]$ ihr globales Maximum und Minimum an.

Einschränkungen der Form $a_i \leq x_i \leq b_i$ sind in den Anwendungen natürlicherweise gegeben. Für fast jeden Produktionsfaktor oder sonstige Einflussgröße gibt

5.7 Wichtige Sätze und Anwendungen der Differentialrechnung

es praktische oberere und untere Schranken. Die Aussage ist ein Spezialfall eines Satzes von Weierstraß. Um diesen zu formulieren, brauchen wir ein paar Begriffe aus der Topologie des $\mathbb{R}^k$.

Definition 5.7.1. Eine Teilmenge D des $\mathbb{R}^k$ ist

1. abgeschlossen, wenn mit jeder Folge in D auch ihr Grenzwert in D liegt;
2. beschränkt, wenn sie in einem Intervall $[a_1, b_1] \times \ldots \times [a_k, b_k]$ enthalten ist.
3. kompakt, wenn sie abgeschlossen und beschränkt ist.

Zum Beispiel sind abgeschlossene Intervalle kompakt. Ferner sind alle Mengen abgeschlossen, die durch Gleichungen und Ungleichungen der Form $G(X) = \mathbf{0}$ und $H(X) \leq \mathbf{0}$ mit stetigen G, H beschrieben sind. Letzteres brauchen wir in Abschnitt 6.5.

Merksatz:

Satz von Weierstraß:

Stetige Funktionen nehmen auf *kompakten* Mengen ihr *globales* Maximum und Minimum an.

Wir wollen diesen Satz nun anwenden für Intervalle. Wie berechnet man die globalen Extrema praktisch? Wir unterscheiden zunächst einmal, ob ein globales Extremum entweder ein innerer kritischer Punkt ist, oder ein Randextremum ist.

Nun eine wichtige Beobachtung: Ein Randstück ist gegeben, indem eine oder mehrere Variablen auf eine ihrer Schranken fixiert werden. Also hängt die Funktion auf den Randstücken faktisch von weniger Variablen ab.

Insgesamt können wir jede Variable auf ihre untere oder obere Schranke oder gar nicht festlegen. Damit sind für eine k-dimensionale Box 3^k verschiedene Teile zu untersuchen. Das ist für große k sehr viel, aber meistens wird für Ihre Anwendungen $k = 2$ sein, so dass Sie 9 verschiedene Teile bearbeiten müssen.

Sehr häufig wird die Funktion monoton wachsend in den Variablen sein. In diesem Falle müssen Sie, um ein globales Maximum zu bestimmen, nur die Teile des Randes untersuchen, wo eine oder mehrere Variablen auf ihre oberen Schranke fixiert sind. Das sind dann »nur« noch 2^k (für $k = 2$ also 4) Fälle.

Betrachten wir hierzu ein Beispiel anhand der Funktion

$$f: \begin{cases} [-1,1]^2 & \to \mathbb{R}, \\ \begin{pmatrix} x_1 \\ x_2 \end{pmatrix} & \mapsto (x_1 - 3)^2 + x_2^2. \end{cases}$$

Wir möchten ein globales Minimum dieser Funktion im Einheitsquadrat $[-1,1]^2 = [-1,1] \times [-1,1]$ bestimmen.

Wir markieren die durch Fixieren von Variablen auf Schranken entstehenden Fälle jeweils mit einem Paar von Symbolen, in dem »a«, »b«, »$*$«, jeweils für x_1 und x_2, »an der unteren Schranke«, »an der oberen Schranke« und »im Innern« bedeuten. Während der Rechnung merken wir uns den aktuellen »Champion«, also den Punkt mit dem momentan kleinsten Funktionswert.

($**$) Um die kritischen inneren Punkte x in $(-1,1) \times (-1,1)$ zu bestimmen, müssen wir den Gradienten gleich null setzen:

$$\nabla f(X) = \mathbf{0} \implies \frac{\partial f}{\partial x_1}(X) = 0 \wedge \frac{\partial f}{\partial x_2}(X) = 0$$
$$\implies 2(x_1 - 3) = 0 \wedge 2x_2 = 0$$
$$\implies x_1 = 3 \notin (-1,1) \wedge x_2 = 0 \in (-1,1).$$

Da die einzige Lösung dieses Gleichungssystems wegen $x_1 = 3 \notin (-1,1)$ nicht zulässig ist, gibt es keine inneren kritischen Punkte und die globalen Extrema werden auf dem Rand angenommen.

($a*$) $\{-1\} \times (-1,1)$: Wir betrachten $f_{(a*)}: (-1,1) \to \mathbb{R}$, $x_2 \mapsto f(-1, x_2) = 16 + x_2^2$: Die Ableitung ist null für $x_2 = 0$ und $f(-1, 0) = 16$. Also ist $(-1, 0)$ der erste Champion mit Zielfunktionswert 16.

($b*$) $\{1\} \times (-1,1)$: $f_{(b*)}: (-1,1) \to \mathbb{R}$, $x_2 \mapsto f(1, x_2) = 4 + x_2^2$: die Ableitung ist null für $x_2 = 0$ und $f(1, 0) = 4$. Also ist $(1, 0)$ der neue Champion mit Zielfunktionswert 4.

($*a$) $(-1,1) \times \{-1\}$: $f_{(*a)}: [-1,1] \to \mathbb{R}$, $x_1 \mapsto f(x_1, -1) = x_1^2 - 6x_1 + 10$: Die Ableitung ist nur null für $x_1 = 3 \notin (-1,1)$: unzulässig.

($*b$) $(-1,1) \times \{1\}$: $f_{(*b)}: (-1,1) \to \mathbb{R}$, $x_1 \mapsto f(x_1, 1) = x_1^2 - 6x_1 + 10$: Genau wie der vorige Fall.

(aa) $\{-1\} \times \{-1\}$: $f_{(aa)} = 17$: Kein neuer Champion.

(ab) $\{-1\} \times \{1\}$: $f_{(ab)} = 17$: Kein neuer Champion.

(ba) $\{1\} \times \{-1\}$: $f_{(ba)} = 5$: Kein neuer Champion.

(bb) $\{1\} \times \{1\}$: $f_{(bb)} = 5$: Kein neuer Champion.

Das globale Minimum von f auf $[-1,1] \times [-1,1]$ wird also in $\binom{1}{0}$ mit Funktionswert 4 angenommen, siehe Abbildung 5.6. Beachten Sie: Wir haben keiner der kritischen Punkte auf die Eigenschaft »lokales Extremum« geprüft. Aber wegen des Satzes vom Maximum und Minimum auf abgeschlossenen Intervallen können wir uns trotzdem sicher sein, dass das berechnete Minimum wirklich den global minimalen Funktionswert auf dem Definitionsbereich annimmt, denn

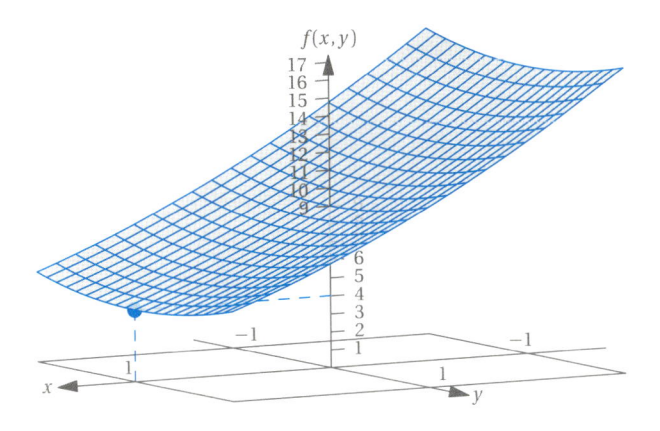

5.7 Wichtige Sätze und Anwendungen der Differentialrechnung _____ 205

Abb. 5.6: Plot der Funktion $f: [-1,1]^2 \to \mathbb{R}, (x_1, x_2) \mapsto (x_1-3)^2 + x_2^2$ mit globalem Randminimum

andere als die untersuchten Punkte kommen nicht in Frage! In diesem Fall erleichtert die Kenntnis der *mathematischen Struktur* erheblich die Berechnung der gesuchten Größe.

Wir haben die Entwicklung des totalen Differentials in diesem Kapitel von Beginn an motiviert durch die lineare Approximation, die damit möglich ist. Wir kommen nun zur mehrdimensionalen Verallgemeinerung der linearen Taylor-Formel, die diese Betrachtung zum Abschluss bringt.

Merksatz:

Taylor-Formel erster Ordnung:
Sei I ein Intervall im $\mathbb{R}^k$. Ist $f: I \to \mathbb{R}$ stetig total differenzierbar, dann gilt für $X_0, X_0 + \Delta X \in I$

$$f(X_0 + \Delta X) = T_1(X_0, \Delta X) + R_1(X_0, \Delta X)$$

mit dem linearen Taylor-Polynom

$$T_1(X_0, \Delta X) = f(X_0) + J_f(X_0)(\Delta X)$$

und dem Restglied $R_1(X_0, \Delta X)$ mit

$$\lim_{\Delta X \to 0} \frac{R(X_0, \Delta X)}{\|\Delta X\|} = 0.$$

Betrachten wir beispielsweise $f(x,y) = \sin(xy)$ an der Stelle $X_0 = (\pi, 1)^T$, so erhalten wir

$$\sin(xy) \approx \sin(\pi) + \begin{pmatrix} 1 \cdot \cos(\pi) & \pi \cdot \cos(\pi) \end{pmatrix} \cdot \begin{pmatrix} x - \pi \\ y - 1 \end{pmatrix} = 2\pi - x - \pi y.$$

Die sinnvolle Anwendung der linearen Taylor-Formel erfordert etwas Umsicht. Um das zu zeigen, untersuchen wir die Funktion

$$f: \begin{cases} \mathbb{R}^2 \to \mathbb{R}, \\ \begin{pmatrix} x \\ y \end{pmatrix} \mapsto \sin(x)e^{y^2}. \end{cases}$$

Angenommen, uns interessiert der Funktionswert $f(0,01; 0,01)$. Da $(0,0)$ in der Nähe ist und die Funktion dort leicht auszuwerten ist, benutzen wir die lineare Approximation an der Stelle $(0,0)$. Es gilt:

$$f(0,0) = 0, \quad \frac{\partial f}{\partial x}(x,y) = \cos(x) \cdot e^{y^2}, \quad \frac{\partial f}{\partial y}(x,y) = \sin(x) \cdot 2y e^{y^2}.$$

Also ist

$$J_f(x_0, y_0) = \begin{pmatrix} \cos(x) \cdot e^{y^2} & \sin(x) \cdot 2y e^{y^2} \end{pmatrix} \text{ und } J_f(0,0) = \begin{pmatrix} 1 & 0 \end{pmatrix}.$$

Damit können wir die lineare Approximation wie folgt im Kopf leicht berechnen:

$$f(x_0 + \Delta x, y_0 + \Delta y) = f(x_0, y_0) + J_f(x_0, y_0) \begin{pmatrix} \Delta x \\ \Delta y \end{pmatrix}$$

$$= 0 + \begin{pmatrix} 1 & 0 \end{pmatrix} \begin{pmatrix} 0,1 \\ 0,1 \end{pmatrix}$$

$$= 0 + 0,1$$

$$= 0,1.$$

Die Auswertung des Funktionswertes ist im Kopf nicht so leicht möglich: Mit dem Rechner ergibt sich $f(0,1; 0,1) \approx 0{,}1008367592$ (hätten Sie's gesehen?). Wir haben also einen Fehler von weniger als einem Prozent.

Für den Funktionswert $f(1,1)$ erhalten wir hingegen nur die Approximation $f(1,1) \approx 1$, während der »wahre« Funktionswert computerberechnet $f(1,1) \approx 2{,}287355287$ lautet. Offenbar ist die Exponentialfunktion e^{y^2} im Wachstum zu stark, und auch für $\sin(x)$ ist die lineare Approximation an der Stelle 0 für $x = 1$ zu schlecht. Wenn man das erkannt hat, kann man reagieren. Faustregel: Wähle zur Abschätzung des Funktionswertes bei (x,y) das nächste (x_0, y_0), das man noch leicht berechnen kann. Man nennt allgemein das zur Abschätzung von $F(X) = F(X_0 + \Delta X)$ verwendete X_0 den Entwicklungspunkt.

Tun wir das einmal beispielhaft für $(x,y) = (1,1)$. Für Sinus und Cosinus gibt es die Kopfrechen-Merkregel

$$\sin(0) = \frac{\sqrt{0}}{2}, \ \sin\left(\frac{\pi}{6}\right) = \frac{\sqrt{1}}{2}, \ \sin\left(\frac{\pi}{4}\right) = \frac{\sqrt{2}}{2}, \ \sin\left(\frac{\pi}{3}\right) = \frac{\sqrt{3}}{2}, \ \sin\left(\frac{\pi}{2}\right) = \frac{\sqrt{4}}{2},$$

5.7 Wichtige Sätze und Anwendungen der Differentialrechnung

$$\cos(0) = \frac{\sqrt{4}}{2}, \cos\left(\frac{\pi}{6}\right) = \frac{\sqrt{3}}{2}, \cos\left(\frac{\pi}{4}\right) = \frac{\sqrt{2}}{2}, \cos\left(\frac{\pi}{3}\right) = \frac{\sqrt{1}}{2}, \cos\left(\frac{\pi}{2}\right) = \frac{\sqrt{0}}{2}.$$

Am nächsten an 1 liegt davon offenbar $\pi/3$. Da $e^{1^2} = e \approx 2{,}72$, können wir $y_0 = 1$ benutzen. Wir erhalten damit

$$J_f(\pi/3, 1) = \left(\cos\left(\frac{\pi}{3}\right) \cdot e^{1^2} \quad \sin\left(\frac{\pi}{3}\right) \cdot 2 \cdot 1 \cdot e^{1^2} \right) = \left(\frac{e}{2} \quad \sqrt{3}e \right)$$

und als lineare Approximation mit $\pi/3 - 1 \approx 0{,}047$ und $\sqrt{3}/2 \approx 0{,}86$ bei zwei Stellen Genauigkeit in der Fließkommaberechnung (damit es auch im Kopf geht!)

$$\begin{aligned}
f\left(\frac{\pi}{3} + \left(1 - \frac{\pi}{3}\right), 1 + 0\right) &= f\left(\frac{\pi}{3}, 1\right) + J_f\left(\frac{\pi}{3}, 1\right) \begin{pmatrix} 1 - \pi/3 \\ 0 \end{pmatrix} \\
&= \frac{\sqrt{3}}{2} e + \left(\frac{e}{2} \quad \sqrt{3}e \right) \begin{pmatrix} 1 - \pi/3 \\ 0 \end{pmatrix} \\
&= \frac{\sqrt{3}}{2} e + \frac{e}{2}\left(1 - \frac{\pi}{3}\right) \\
&\approx 0{,}86 \cdot 2{,}72 + 1{,}36 \cdot (-0{,}047) \\
&= 2{,}34 - 0{,}064 \\
&= 2{,}276.
\end{aligned}$$

Das ist nun echt nah am Computerwert 2,287355287 – auf jeden Fall eine starke Verbesserung gegenüber der Entwicklung um $(0,0)$, mit der wir bei 1 rausgekommen sind!

> **Merksatz:**
>
> Bei der Anwendung der Taylor-Formel muss man den *Entwicklungspunkt* sorgfältig *auswählen*.

Kopfrechnen ist im Zeitalter des Computers natürlich nicht wirklich die Motivation für die lineare Approximation. Es ist eher so, dass man die Sensitivität der Funktion *qualitativ* anhand der Jacobi-Matrix viel besser einschätzen kann als anhand von Funktionsauswertungen. In unserem Beispiel sehen wir an den Jacobi-Matrizen, dass in der Nähe der Stelle $(0,0)$ eine Änderung in x sich etwa proportional auswirkt, im Gegensatz dazu eine Änderung in y sich aber praktisch nicht auf den Funktionswert auswirkt. An der Stelle $(\pi/3, 1)$ hingegen ist die Auswirkung einer Änderung in y um den Faktor $\sqrt{3}/2$ größer als die Auswirkung einer Änderung in x.

Besonders wichtig werden lineare Approximationen, wenn man komplizierte Formeln in andere Formeln einsetzen möchte. Wenn man lineare Approximationen einsetzt, dann erhält man oft viel einfachere Gesamtformeln als mit der Originalformel. Der Gültigkeitsbereich ist natürlich zu beachten.

Die mehrdimensionale Verallgemeinerung der allgemeinen Taylor-Formel ist nun wirklich für Erwachsene; sie lautet:

> **Merksatz:**
>
> *Allgemeine Taylor-Formel:*
> Sei I ein Intervall im $\mathbb{R}^k$. Ist $f: I \to \mathbb{R}$ mindestens $(n+1)$-mal stetig total differenzierbar, dann gilt für $X_0, X_0 + \Delta X \in I$
>
> $$f(X_0 + \Delta X) = T_n(X_0, \Delta X) - R_n(X_0, \Delta X)$$
>
> mit dem n-ten Taylor-Polynom
>
> $$T_n(X_0, \Delta X) = \sum_{|j| \leq k} \frac{D^j f(X_0)}{j!} (\Delta X)$$
>
> und dem n-ten Restglied $R_n(X_0, \Delta X)$ mit
>
> $$\lim_{\Delta X \to 0} \frac{R_n(X_0, \Delta X)}{\|\Delta X\|^n} = 0.$$

Hierbei sind die Summenindizes j als Multiindizes $\begin{pmatrix} j_1 & j_2 & \ldots & j_k \end{pmatrix}^T \in \mathbb{N}_0^k$ zu interpretieren und weiter gilt $|j| = j_1 + j_2 + \ldots + j_k$ und $j! = j_1! j_2! \ldots j_k!$. Das Symbol $D^j f$ wurde hier als Abkürzung für $\frac{\partial^{|j|}}{\partial x_1^{j_1} \ldots \partial x_k^{j_k}}$ verwendet.

Ausgeschrieben lautet das zweite Taylorpolynom $T_2(x)$ von $f: \mathbb{R}^3 \to \mathbb{R}$ an der Stelle $\mathbf{0} = (0,0,0)^T$:

$$T_2(x_1, x_2, x_3) = f(\mathbf{0})$$
$$+ \frac{\partial f}{\partial x_1}(\mathbf{0}) \cdot x_1 + \frac{\partial f}{\partial x_2}(\mathbf{0}) \cdot x_2 + \frac{\partial f}{\partial x_3}(\mathbf{0}) \cdot x_3$$
$$+ \frac{\partial^2 f}{\partial x_1^2}(\mathbf{0}) \cdot \frac{x_1^2}{2!} + \frac{\partial^2 f}{\partial x_2^2}(\mathbf{0}) \cdot \frac{x_2^2}{2!} + \frac{\partial^2 f}{\partial x_3^2}(\mathbf{0}) \cdot \frac{x_3^2}{2!}$$
$$+ \frac{\partial^2 f}{\partial x_1 \partial x_2}(\mathbf{0}) \cdot \frac{x_1 x_2}{1! \cdot 1!} + \frac{\partial^2 f}{\partial x_1 \partial x_3}(\mathbf{0}) \cdot \frac{x_1 x_3}{1! \cdot 1!} + \frac{\partial^2 f}{\partial x_2 \partial x_3}(\mathbf{0}) \cdot \frac{x_2 x_3}{1! \cdot 1!}.$$

Beim n-ten Taylorpolynom $T_n(x)$ würde man entsprechend alle m-ten partiellen Ableitungen mit $m \leq k$ benötigen. Gehen Sie aber ruhig davon aus, dass Sie schon T_3 niemals in freier Wildbahn treffen werden.

Übungsaufgaben

Aufgabe 5.1. Bestimmen Sie die partiellen Ableitungen der folgenden Funktionen in jedem Punkt (x,y) bzw. (x,y,z) des Definitionsbereichs.

1. $f: \mathbb{R}_{\geq 0}^2 \to \mathbb{R}$, $f(x,y) = \sqrt{xy} e^x$,

5.7 Wichtige Sätze und Anwendungen der Differentialrechnung

2. $g: \mathbb{R}^3 \to \mathbb{R}$, $g(x,y,z) = \sin x \cos^2 y \left(x^2 + y + z^3\right)$,
3. $h: \mathbb{R}^3 \to \mathbb{R}^2$, $h(x,y,z) = \begin{pmatrix} 4x^3 y^2 z - xyz \\ 3xyz^3 - 5 \end{pmatrix}$.

Aufgabe 5.2. Berechnen Sie die partiellen Elastizitäten sowie die Skalenelastizität der folgenden Funktionen:

1. $f: \mathbb{R}^3 \to \mathbb{R}$, $f(x_1, x_2, x_3) = 3x_1^2 x_2 - x_3^2$,
2. $g: \mathbb{R}^2 \to \mathbb{R}$, $g(x_1, x_2) = \ln((1+x_1)^2 \cdot e^{x_1+x_2})$,
3. $h: \mathbb{R} \to \mathbb{R}$, $h(x) = 5x - 2$.

Aufgabe 5.3. Die jährlichen Kosten K (in €) für den Unterhalt eines Hauses hänge unter anderem vom jeweiligen Preis einer Einheit Strom (p_s), Wasser (p_w) und Heizöl (p_h) ab. Der Rest der Kosten wird durch eine Konstante zusammengefasst. Der Verbrauch hänge jeweils linear von der Wohnfläche ab. Wir nehmen an, dass sich K insgesamt wie folgt berechnet:

$$K: \mathbb{R}^3 \to \mathbb{R}, \quad K(p_s, p_w, p_h) = 4000 \cdot p_s + 100 \cdot p_w + 1000 \cdot p_h + 1700.$$

Zum Zeitpunkt der Betrachtung lauten die Preise: $p_s = 0{,}16$€, $p_w = 2{,}0$€, $p_h = 0{,}6$€.

Berechnen Sie für diese Stelle die partiellen Elastizitäten von K sowie die Skalenelastizität.

Um wieviel Prozent erhöhen sich also ungefähr die Gesamtunterhaltskosten K, wenn

1. die Heizkosten um 5 % steigen?
2. die Wohnfläche durch einen Ausbau des Dachgeschosses um 10 % vergrößert wird?

Aufgabe 5.4. Berechnen Sie mit Hilfe der Kettenregel die partiellen Ableitungen folgender Funktionen:

a) $f(x,y,z) = \sin(x^2 + y^2 + z^2)$,

b) $g(x,y) = \begin{pmatrix} \ln(x+y) + \cos\left(x^2 + y^2\right) \\ \ln\left(x^2 + y^2\right) + \cos(x+y) \end{pmatrix}$.

Aufgabe 5.5. Bestimmen Sie die Jacobi-Matrix $J_f(X)$ der Funktion

$$f: \mathbb{R}^4 \to \mathbb{R}^2, \quad (x_1, x_2, x_3, x_4) \mapsto \begin{pmatrix} x_2 \sin(x_1) + \cos(x_3) e^{x_4} \\ x_1^2 x_2 x_3 x_4^3 \end{pmatrix}$$

an der Stelle $X = (x_1, x_2, x_3, x_4) = (\pi, 2, \pi/2, 1)$.

Aufgabe 5.6. Bestimmen Sie mit Hilfe des Ergebnisses aus Aufgabe 5.5 durch lineare Approximation einen Näherungswert für f an der Stelle $X' = (33/10, 19/10, \pi/2, 11/10)$. Vergleichen Sie mit dem tatsächlichen Funktionswert $f(X')$.

Aufgabe 5.7. Bestimmen Sie die globalen Extrema der folgenden Funktion

$$f: [-1,1]^2 \to \mathbb{R}, \quad (x,y) \mapsto x^2 - y^2 + 2xy + 2x + 4y.$$

6 Differenzierbare Optimierung

Bisher haben wir Extrema von differenzierbaren Funktionen ohne weitere Nebenbedingungen betrachtet. In den Anwendungen hat man es bei Optimierungsproblemen allerdings meist mit einer ganzen Reihe von Nebenbedingungen zu tun. Die Optimierung von nicht-linearen differenzierbaren Funktionen unter Nebenbedingungen ist Thema dieses Kapitels.

Eine bestimmte Art von Nebenbedingungen, die sogenannten Boxconstraints, haben wir bereits im vorherigen Kapitel kennengelernt. Da wir in diesem Buch nur hinter globalen Extrema her sind, waren die nützlich, um die Existenz eines globalen Extremums sicherzustellen. Etwas mühsam konnten wir unter Boxconstraints die globalen Maxima und Minima bestimmen.

Mit den Methoden aus diesem Kapitel werden Sie in der Lage sein, recht allgemeine Nebenbedingungen zu verarbeiten. Mühsam bleibt es aber, so dass in der Praxis Aufgaben mit konkreten Zahlenwerten stets mit Computer-Unterstützung gelöst werden.

Dennoch gibt es einige grundsätzliche Lehren, die man aus den Methoden ziehen kann, die von den konkreten Zahlenwerten nicht abhängen. Daher sollten Sie über die zugrundeliegenden Methoden Bescheid wissen.

6.1 Wozu Differenzierbare Optimierung unter Nebenbedingungen?

Stellen wir uns vor, dass wir eine Gartenparty veranstalten wollen. Unseren Nutzen wollen wir durch unsere Stimmung auf der Gartenparty messen. Der Einfachheit halber wollen wir annehmen, dass unsere Stimmung bzw. unser Nutzen nur von der Variable x, dem Getränkebestand, und der Variable y, dem Speisebestand abhängt. Genauer modellieren wir mit Hilfe einer Funktion vom Cobb-Douglas-Typ

$$u: \begin{cases} \mathbb{R}^2_{\geq 0} = [0,\infty) \times [0,\infty) & \to \quad \mathbb{R}, \\ \begin{pmatrix} x \\ y \end{pmatrix} & \mapsto \quad u(x,y) := 2x^{1/3}y^{2/3}. \end{cases}$$

Wir suchen nun geeignete Kombinationen von nicht-negativen (x_0, y_0) von Getränkebeständen x_0 Speisebeständen y_0, die zu einem maximalen Nutzen $u(x_0, y_0)$ führen.

Betrachten wir dieses Problem zunächst naiv ohne weitere Nebenbedingungen. Ein Extremum $\binom{x_0}{y_0}$ im Innern $(0,\infty) \times (0,\infty)$ des Definitionsbereichs ist folglich ein kritischer Punkt und wir erhalten folgendes Gleichungssystem der notwendigen Bedingungen.

$$\left| \begin{array}{rcl} \partial u/\partial x\,(x,y) &=& 2 \cdot 1/3 \cdot x^{-2/3} y^{2/3} \stackrel{!}{=} 0 \\ \partial u/\partial y\,(x,y) &=& 2 \cdot 2/3 \cdot x^{1/3} y^{-1/3} \stackrel{!}{=} 0 \end{array} \right|,$$

welches unlösbar ist. Dies sehen wir wie folgt: Aus

$$2 \cdot \frac{1}{3} \cdot x^{-2/3} y^{2/3} = \frac{2}{3} \cdot \left(\frac{y}{x}\right)^{2/3} = 0$$

schließen wir $y = 0$, aber $y = 0$ ist unmöglich in

$$2 \cdot \frac{2}{3} \cdot x^{1/3} y^{-1/3} = \frac{4}{3} \cdot \left(\frac{x}{y}\right)^{1/3}.$$

Damit bleiben nur Kandidaten auf dem Rand des Definitionsbereichs übrig. In diesem Falle ist die Funktion auf dem Rand gar nicht differenzierbar (Division durch null!), und man muss wie folgt argumentieren: Da stets $u(x,y) \geq 0$ gilt und $u(x,0) = u(0,y) = 0$, so sind alle $(x,0)$ und $(0,y)$ globale Randminima.

Die Rechnung war eigentlich nicht notwendig. Offenbar sind die Funktionen $u_y(x) = u(x,y)$ für alle $y > 0$ und x und $u_x(y) = u(x,y)$ für alle $x > 0$ streng monoton steigend (z. B. weil die Ableitungen alle positiv sind). Also: Je mehr Getränke und Speisen, umso mehr Nutzen. Damit kann es kein endliches Maximum geben.

In der Praxis haben wir aber nicht die Möglichkeit, beliebig viele Getränke und Speisen bereitzuhalten. Eine Nebenbedingung ist z. B. dadurch gegeben, dass die Speisen und Getränke Platz in unserem Kühlschrank einnehmen. In unserem Beispiel gehen wir davon aus, dass eine Mengeneinheit eines Getränks genau vier Volumeneinheiten unseres Kühlschranks verbraucht, eine Mengeneinheit einer Speise dagegen nur drei Volumeneinheiten unseres Kühlschrankes in Anspruch nimmt. Wir nehmen weiter an, dass unser Kühlschrank insgesamt 100 Volumeneinheiten aufnehmen kann. Das nennt man eine Budget-Beschränkung. Mathematisch kann man die Budget-Beschränkung ausdrücken als $4x + 3y \leq 100$.

Unsere neue Aufgabe lautet also wie folgt:

> **Beispielfrage:**
>
> Wieviele *Getränke* und *Speisen* muss ich lagern, damit der *Nutzen maximal* wird unter der *Nebenbedingung*, dass alles in den Kühlschrank passt?

Wäre unsere Nutzenfunktion linear, so könnten wir die Methoden der Linearen Optimierung aus Kapitel 3 anwenden, denn die Budget-Beschränkung ist linear. Da $u(x,y)$ aber nichtlinear ist, müssen wir Methoden der Nichtlinearen Optimierung anwenden. Zum Glück ist die Nutzenfunktion aber differenzierbar auf dem Innern des Definitionsbereichs (denn alle partiellen Ableitungen sind dort stetig). Daher handelt es sich um eine Aufgabe, die mit Methoden aus der (Nichtlinearen) Differenzierbaren Optimierung gelöst werden kann.

6.2 Aufgaben mit einer Nebenbedingung

Um diese Aufgabe anzugehen, betrachten wir folgendes Gedankenexperiment: Wir nehmen an, dass unser Nachbar einen sehr großen Kühlschrank hat, in dem man quasi alles unterbringen kann. Die Unterbringung von Speisen oder Getränken reduziert allerdings unseren Nutzen um $\lambda \geq 0$ pro untergebrachter Volumeneinheit, denn der Nachbar erwartet mittelfristig für sein Entgegenkommen etwas Dankbarkeit. Wir wissen nicht, was dieser freundliche Nachbar genau will, also rechnen wir erst einmal mit λ. Als neue »Nutzenfunktion« erhalten wir

$$L(x, y; \lambda) := 2x^{1/3} y^{2/3} - \lambda(4x + 3y - 100).$$

Versuchen wir nun also $L(x, y; \lambda)$ anstatt $u(x, y)$ zu optimieren und betrachten hierzu mehrere Fälle.

Falls λ sehr klein ist, der Nachbar also keine erhebliche Gegenleistung von uns erwartet, so gilt $L(x, y; \lambda) \approx u(x, y)$. Dann entspricht eine Optimierung von L ziemlich genau einer Optimierung von u ohne Berücksichtigung der Beschränkung $4x + 3y \leq 100$. Das führt dazu, dass wir an Getränken und Speisen herankarren, was möglich ist. Falls λ dagegen sehr groß ist, so gilt $L(x, y; \lambda) \approx -\lambda(4x + 3y - 100)$, und eine Optimierung von L liefert eine Minimierung des Platzbedarfs. Das führt dazu, dass wir die Gäste ohne Getränke und Speisen darben lassen. Damit das Gedankenexperiment zu einer vernünftigen Lösung führt, muss λ irgendwo zwischen diesen beiden Extremen liegen: So wird irgendwo zwischen Platzbedarf und Nutzen »optimal« ausgeglichen. Die entscheidende Idee ist nun: Beziehe λ mit in die Optimierungsaufgabe ein!

Schränken wir aber die Betrachtung in diesem Beispiel zunächst etwas ein. Da U monoton steigend ist in x und y, wird der Platz in einem Maximum immer voll ausgenutzt. Im Maximum (x_0, y_0) gilt somit $4x_0 + 3y_0 = 100$, und unsere Ungleichheits-Nebenbedingung kann ohne Schaden durch eine Gleichheitsnebenbedingung ersetzt werden. Man sagt auch, die Ungleichung ist in einem Nutzenmaximum aktiv.[1]

> **Merksatz:**
>
> Ist $u(x_1, \ldots, x_k)$ eine Nutzenfunktion, die in jeder Variablen $x_1, \ldots, x_n$ jeweils ceteris paribus monoton steigend ist, und ist $g(x_1, \ldots, x_k) \leq 0$ die einzige Nebenbedingung für eine ebenfalls in jeder Variablen monoton steigende Funktion g (neben eventuellen Nichtnegativitätsbedingungen), so wird ein Nutzenmaximum von u in einem Punkt angenommen, in dem $g(x_1, \ldots, x_k) = 0$ gilt.

---

[1] Da wir ein einfaches Beispiel gewählt haben, führt eine ganz einfache Idee ab hier auch zum Erfolg: Da wir nun eine einzige lineare Gleichung in zwei Variablen als Nebenbedingung haben, kann man die nach einer Variablen auflösen: $y = 1/3 \cdot (100 - 4x)$. Durch Einsetzen in die Zielfunktion entsteht eine Funktion einer Variablen:

$$u(x, y) \rightsquigarrow u\left(x, \frac{1}{3} \cdot (100 - 4x)\right) = 2x^{1/3} \left(\frac{1}{3} \cdot (100 - 4x)\right)^{2/3}.$$

Ein Maximum dieser neuen Funktion *ohne Nebenbedingungen* gemäß Abschnitt 4.6 liefert automatisch einen optimalen Gütermix. Dies ist legitim, nur lässt es sich nicht gut verallgemeinern: Nicht immer hat man nur eine Nebenbedingung (siehe Abschnitt 6.4), und nicht immer kann eine Gleichung der Form $g(x, y) = 0$ nach x oder y aufgelöst werden.

6.2 Aufgaben mit einer Nebenbedingung

Ein weiteres Argument eliminiert die Punkte $(x_1,\ldots,x_k)$ mit $x_i = 0$ für ein $i = 1,\ldots,k$: Nach Definition unserer speziellen Nutzenfunktion u gilt stets $u(x,y) \geq 0$. Da $u(x,0) = u(0,y) = 0$, ist kein Punkt auf den Koordinatenachsen besser als irgendein anderer im Definitionsbereich. Ferner ist das Budget nicht null, so dass es möglich ist, sowohl Getränke als auch Speisen zu beschaffen. Da $u(x,y) > 0$ für alle x,y mit $x > 0$ und $y > 0$, gibt es ein Nutzenmaximum mit strikt positiven x,y. Warum ist das wichtig?

Nun: Die Menge aller positiven x,y im Definitionsbereich von u bildet genau das Innere des Definitionsbereichs. Die Argumentation schließt also mathematisch gesehen fiese Randmaxima aus.

Mit dieser Vereinfachung können wir die Einbeziehung von λ in die Optimierung leicht formulieren: Wir suchen nun einfach ein globales Maximum im Innern des Definitionsbereichs von u unter einer aktiven Budgetbeschränkung, also zunächst einmal kritische Punkte der Hilfsfunktion L mit

$$L: \begin{cases} \mathbb{R}^3_{>0} & \to \quad \mathbb{R}, \\ \begin{pmatrix} x \\ y \\ \lambda \end{pmatrix} & \mapsto \quad L(x,y;\lambda). \end{cases}$$

Dazu muss der Gradient von L der Nullvektor sein. Das ergibt das folgende System der notwendigen Bedingungen erster Ordnung. Beachten Sie: Die Nutzenfunktion und damit die Lagrange-Funktion ist nur für positive x und y differenzierbar! Zum Glück geht es hier ohnehin nur um solche inneren Punkte.

$$\left| \begin{array}{rcl} \partial L/\partial x\,(x,y) & = & 2/3 \cdot x^{-2/3} y^{2/3} - 4\lambda \stackrel{!}{=} 0 \\ \partial L/\partial y\,(x,y) & = & 4/3 \cdot x^{1/3} y^{-1/3} - 3\lambda \stackrel{!}{=} 0 \\ \partial L/\partial \lambda\,(x,y) & = & -(4x + 3y - 100) \stackrel{!}{=} 0 \end{array} \right|.$$

Man sieht, dass das Verschwinden der partiellen Ableitung nach λ gleichbedeutend ist mit der Forderung, dass jeder kritische Punkt die Nebenbedingung (mit Gleichheit) erfüllen muss. Ab jetzt nehmen wir aber lieber explizit die Gleichung $g(x,y) = 0$ auf. Denn wenn die Nebenbedingung eine Ungleichung ist, die im Nutzenmaximum evtl. nicht aktiv ist, dann ist es falsch, die Ableitung der Lagrange-Funktion nach λ gleich null zu fordern!

Eine Umstellung ergibt

$$\left| \begin{array}{rcl} 2/3 \cdot (y/x)^{2/3} & = & 4\lambda \\ 2/3 \cdot (x/y)^{1/3} & = & 3\lambda \\ 4x + 3y - 100 & = & 0 \end{array} \right|.$$

Teilen wir die erste Zeile durch die zweite (Achtung: Dieser Trick geht bei Cobb-Douglas-Nutzenfunktion immer gut!), so erhalten wir

$$\frac{1}{2} \cdot \frac{(y/x)^{2/3}}{(y/x)^{-1/3}} = \frac{4}{3} \implies \frac{1}{2} \cdot \frac{y}{x} = \frac{4}{2} \implies y = \frac{8}{3} \cdot x. \quad (\star)$$

Setzen wir Gleichung (⋆) in die dritte Gleichung ein, so erhalten wir

$$4x + 3 \cdot \frac{8}{3} \cdot x - 100 = 0 \Longrightarrow x = \frac{25}{3} \Longrightarrow y = \frac{200}{9}.$$

Dieser Punkt liegt im Definitionsbereich von u, und als Funktionswert an dieser Stelle ergibt sich

$$u(x,y) = 2 \cdot \left(\frac{25}{3}\right)^{1/3} \left(\frac{200}{9}\right)^{2/3} \approx 32{,}04999.$$

Das globale Maximum von $u(x,y)$ unter der Nebenbedingung $4x + 3y \leq 100$ wird somit an der Stelle $(x_0, y_0) = (^{25}/_3, {}^{200}/_9)$ angenommen.

6.3 Die Lagrange-Methode

Fassen wir die Methode, die man Lagrange-Methode nennt, für diesen einfachen Spezialfall zweier Variablen und einer einzigen Gleichung als Nebenbedingung mal zusammen:

> **Merksatz:**
>
> *Lagrange-Methode für* $\max\{u(x,y) : g(x,y) = 0\}$:
>
> 1. Bestimme die Lagrange-Funktion
>
> $$L(x,y;\lambda) = u(x,y) - \lambda g(x,y). \qquad (6.1)$$
>
> 2. Anschließend bestimme alle kritischen Punkte, also die Lösungen der notwendigen Bedingungen erster Ordnung:
>
> $$\begin{vmatrix} \partial L/\partial x\,(x,y;\lambda) = 0 \\ \partial L/\partial y\,(x,y;\lambda) = 0 \\ g(x,y) = 0 \end{vmatrix} \begin{matrix} (\star) \\ (\star) \\ (\star) \end{matrix}.$$
>
> 3. Wähle die kritischen Punkte mit den maximalen Zielfunktionswerten aus ⤳ maximale kritische Punkte.

Die Methode funktioniert immer, wenn es überhaupt ein globales Maximum im Innern gibt. Ob es eins gibt, muss man aus anderen Überlegungen herleiten, die von der Aufgabenstellung abhängen. Zunächst fassen wir noch einmal die wichtigen Begriffe über die sogenannte Topologie des zulässigen Bereichs zusammen.

Definition 6.3.1. Sei D eine Teilmenge von $\mathbb{R}^k$. Ein innerer Punkt X von D ist ein Punkt $X \in D$ für den ein $\varepsilon > 0$ existiert mit $U_\varepsilon(X) \subseteq D$. Das Innere D° von D ist die

6.3 Die Lagrange-Methode

Menge aller inneren Punkte von D. Ein Randpunkt X in D ist ein Punkt $X \in D \setminus D°$. Der Rand ∂D von D ist die Menge der Randpunkte in D.

Mir diesen Begriffen kann man nun korrekt sagen, wann die Lagrange-Methode erfolgreich ist:

Satz 6.3.2. *Die Funktionen $u : \mathbb{R}^2 \supseteq D \to \mathbb{R}$ sowie $g : \mathbb{R}^2 \supseteq D \to \mathbb{R}$ seien auf $(x_0, y_0) \in D°$ differenzierbar.*
Wenn (x_0, y_0) ein lokales Maximum von $\max\{u(x,y) : g(x,y) = 0, (x,y) \in D\}$ ist, dann ist (x_0, y_0) ein kritischer Punkt der Lagrange-Methode. Ferner gilt: Ist (x_0, y_0) ein globales Maximum, so ist (x_0, y_0) ein maximaler kritischer Punkt der Lagrange-Methode.

Also: Randpunkte von D müssen gesondert betrachtet werden. Aber oftmals kann man solche Randpunkte als Maxima oder Minima ausschließen durch Argumente wie Monotonie (siehe das Beispiel in Abschnitt) oder aber durch die Beobachtung, dass alle Randpunkte von D unzulässig sind.

Kann man etwas Allgemeines aus der Betrachtung lernen? Die notwendigen Optimalitätsbedingungen erster Ordnung kann man symbolisch noch etwas umstellen. In einem Nutzenoptimum (x_0, y_0) im Innern gilt mit einem optimalen Lagrange-Multiplikator λ_0 nach den Rechenregeln der Differentiation:

$$\frac{\partial L}{\partial x}(x_0, y_0; \lambda_0) = \frac{\partial U}{\partial x}(x_0, y_0) - \lambda_0 \frac{\partial g}{\partial x}(x_0, y_0) = 0.$$

Auflösen nach λ_0 ergibt:

$$\lambda_0 = \frac{\partial U/\partial x \,(x_0, y_0)}{\partial g/\partial x \,(x_0, y_0)}.$$

Analog:

$$\lambda_0 = \frac{\partial U/\partial y \,(x_0, y_0)}{\partial g/\partial y \,(x_0, y_0)}.$$

Damit gilt:

$$\frac{\partial U/\partial x \,(x_0, y_0)}{\partial g/\partial x \,(x_0, y_0)} = \frac{\partial U/\partial y \,(x_0, y_0)}{\partial g/\partial y \,(x_0, y_0)}.$$

Die partielle Ableitung $\partial U/\partial x \,(x_0, y_0)$ beschreibt den Grenznutzen des Gutes x, die partielle Ableitung $\partial g/\partial x \,(x_0, y_0)$ den Grenzpreis des Gutes x im Nutzenextremum. Also folgt im Falle einer monoton wachsenden Nutzenfunktion und monoton wachsenden Preisfunktion (also voll ausgenutztes Budget im Optimum) ein wichtiges, klassisches Resultat der Mikroökonomik, das von Hermann Heinrich Gossen (1810–1858) schon 1854 formuliert wurde (im Original allerdings ohne die Sprache der Differentialrechnung):

> **Merksatz:**
>
> *Zweites Gossensches Gesetz:*
> Im *Nutzenoptimum* unter einer *im Nutzenoptimum aktiven Budget-Beschränkung* ist das Verhältnis von *Grenznutzen* zu *Grenzpreisen* für alle nachgefragten Güter gleich.

Hierbei ist implizit die Nutzenfunktion definiert für alle nicht-negativen Argumente, und die Tatsache, dass im betrachteten Nutzenoptimum alle Güter nachgefragt werden, impliziert, dass kein Randoptimum vorliegt.

Machen Sie sich klar, dass einige mathematische Voraussetzungen (die Nutzenfunktion ist differenzierbar, das Nutzenoptimum ist im Innern des Definitionsbereichs, ...) erfüllt sein müssen, damit dieses Gesetz mathematisch wasserdicht ist. Ferner ist es zunächst einmal eine *notwendige Bedingung* für ein Nutzenoptimum. Möchte man, dass die Bedingung auch *hinreichend* ist, so folgt das nur aus stärkeren Annahmen, z. B. aus der Konkavität der Nutzenfunktion, wie sie z. B. für Nutzenfunktionen vom Cobb-Douglas-Typ mit Exponentensumme eins gegeben ist.

6.4 Aufgaben mit mehreren Nebenbedingungen

Nachdem wir nun unser erstes nicht-lineares Optimierungsproblem mir einer Nebenbedingung gelöst haben, fragen wir uns, was passiert, wenn wir eine zweite Budget-Beschränkung hinzunehmen. Die gleiche Argumentation wie im letzten Abschnitt zeigt uns, dass ein positives Nutzenoptimum nur für positive x, y angenommen wird, so dass keine Randmaxima zu befürchten sind.

Ein natürlicher Kandidat für eine weitere Nebenbedingung sind natürlich Kosten für Getränke und Speisen zusammen mit einer geldmäßigen Beschränkung nach oben durch den Inhalt unseres Portemonnaies. Nehmen wir als Beispiel an, dass uns eine Mengeneinheit eines Getränks drei Geldeinheiten und eine Mengeneinheit einer Speise vier Geldeinheiten kostet. Insgesamt haben wir ein Budget von 200 Geldeinheiten zur Verfügung. Wir betrachten also die zusätzliche Nebenbedingung $3x + 4y \leq 200$.

Auch hier können wir wieder den Trick mit unserem Nachbarn anwenden. Diesmal leiht er uns einen Geldbetrag in beliebiger Höhe, den wir allerdings mit einem Nutzenverlust von $\mu \geq 0$ pro geliehener Geldeinheit bezahlen müssen. Hiermit lautet unsere neue Zielfunktion

$$L(x, y; \lambda, \mu) = 2x^{1/3}y^{2/3} - \lambda \underbrace{(4x + 3y - 100)}_{=: h_1(x,y)} - \mu \underbrace{(3x + 4y - 200)}_{=: h_2(x,y)}.$$

So, nun ist Vorsicht geboten. Wir können natürlich wieder argumentieren, dass die Nutzenfunktion monoton wachsend in beiden Variablen ist und dass damit *einzelne* Budgets immer ausgenutzt werden. So auch das Geldbudget. Nur: Wenn *mehr als eine* Budgetrestriktion da ist, dann ist es *nicht* gesagt, dass wir *alle gleichzeitig* ausschöpfen.

Das ist ganz einfach anhand des folgenden eindimensionalen Beispiels einzusehen: Für $u(x) = x$, $x \leq 3$ und $x \leq 4$ würde die Ausschöpfung aller Budgets $3 = x = 4$ zur Folge haben, was natürlich nicht nur möglicherweise nicht optimal ist, sondern gar nicht geht.

Wir wissen also nicht, *welches* Budget in einem Optimum X_0 ausgeschöpft wird. Wir nennen eine Budget-Beschränkung $g(X) \leq 0$ mit $g(X_0) = 0$ hier wieder aktiv in X_0.

Nochmal ganz deutlich, da dies eine häufige Fehlerquelle ist:

Merksatz:

Bei *Ungleichungsnebenbedingungen* ist es im Allgemeinen *nicht notwendig* so, dass eine oder gar alle Nebenbedingungen mit Gleichheit erfüllt sind. Daher gilt insbesondere *nicht notwendigerweise*, dass in einem kritischen Punkt alle partiellen Ableitungen der Lagrange-Funktion nach den Lagrange-Multiplikatoren null sind.

Wir können aber nun analog zu der Behandlung der Boxconstraints eine Fallunterscheidung nach aktiven Nebenbedingungen durchführen. Es gilt: Entweder eine Nebenbedingung ist in einem Optimum aktiv, oder sie sie stellt gar keine Einschränkung für dieses Optimum dar.

Diese Fallunterscheidung lässt sich vermittels

$$\left| \begin{array}{c} \lambda(4x_0 + 3y_0 - 100) = 0 \\ \mu(3x_0 + 4y_0 - 200) = 0 \end{array} \right|$$

kompakt ausdrücken. Man sollte aber immer die Fallunterscheidung im Kopf behalten. Wir erhalten so das Gleichungssystem der notwendigen Bedingungen erster Ordnung für Extrema unter Nebenbedingungen – das Karush-Kuhn-Tucker-System, kurz: das KKT-System:

$$\left| \begin{array}{c} \partial L/\partial x \, (x, y; \lambda, \mu) = 0 \\ \partial L/\partial y \, (x, y; \lambda, \mu) = 0 \\ \lambda h_1(x, y) = 0 \\ \mu h_2(x, y) = 0 \\ h_1(x, y) \leq 0 \\ h_2(x, y) \leq 0 \\ \lambda, \mu \geq 0 \end{array} \right|.$$

Die neuen künstlichen Parameter λ und μ, wieder Lagrange-Multiplikatoren genannt, können wir wie folgt interpretieren: Wenn $\lambda = 0$, dann ist die Nebenbedingung $h_1(x, y) \leq 0$ nicht aktiv. Entsprechend gilt: Wenn $\mu = 0$, dann ist die Nebenbedingung $h_2(x, y) \leq 0$ nicht aktiv.

Unter milden technischen Bedingungen (Regularitätsbedingungen) – darunter fallen u. a. auch die linearen Nebenbedingungen dieses Beispiels – gilt: *Jedes Extremum von $u(x,y)$ unter den Nebenbedingungen $h_1(x,y) \leq 0$, $h_2(x,y) \leq 0$ im Innern des Definitionsbereichs von u löst das (meist nicht-lineare) Gleichungssystem der notwendigen Bedingungen erster Ordnung.*

Dies müssen wir also nur noch lösen, um eine Menge von Kandidaten für das globale Maximum zu erhalten.

$$\begin{vmatrix} \partial L/\partial x\,(x,y;\lambda,\mu) = & 2/3 \cdot (y/x)^{2/3} - 4\lambda - 3\mu \stackrel{!}{=} 0 & (1) \\ \partial L/\partial y\,(x,y;\lambda,\mu) = & 4/3 \cdot (x/y)^{1/3} - 3\lambda - 4\mu \stackrel{!}{=} 0 & (2) \\ \lambda h_1(x,y) = & \lambda(100 - 4x - 3y) \stackrel{!}{=} 0 & (3) \\ \mu h_2(x,y) = & \mu(200 - 3x - 4y) \stackrel{!}{=} 0 & (4) \\ h_1(x,y) = & 100 - 4x - 3y \stackrel{!}{\leq} 0 & \\ h_2(x,y) = & 200 - 3x - 4y \stackrel{!}{\leq} 0 & \\ \lambda, \mu & \stackrel{!}{\geq} 0 & \end{vmatrix}.$$

Um dieses Gleichungssystem zu lösen, führen wir eine Fallunterscheidung durch.

Fall 1: $\mu_0 = 0$, $\lambda_0 \neq 0$, d. h. $h_2(x_0,y_0) \leq 0$, $h_1(x_0,y_0) = 0$: Diese Rechnung haben wir bereits einmal durchgeführt mit dem Ergebnis $x_0 = 25/3$, $y_0 = 200/9$ und $u(x_0,y_0) \approx 32{,}04999$. Testen der zweiten Budget-Beschränkung $h_2(x_0,y_0) = 275/3 + 800/9 - 200 \leq 0$ liefert, dass dieser Punkt auch zulässig ist. Der Vollständigkeit halber rechnen wir auch noch den zugehörigen Wert des ersten Lagrange-Multiplikators aus: $\lambda_0 = 2\sqrt[3]{3}/9 \approx 0{,}320$.

Fall 2: $\lambda_0 = 0$, $\mu_0 \neq 0$, d. h. $h_1(x_0,y_0) \leq 0$, $h_2(x_0,y_0) = 0$:

$$\begin{vmatrix} 1/2 \cdot y_0/x_0 = 3/4 \\ 3x_0 + 4y_0 = 200 \end{vmatrix} \implies x_0 = \frac{200}{9}, y_0 = \frac{100}{3}, \mu_0 = \frac{\sqrt[3]{18}}{9} \approx 0{,}291.$$

Da die Nebenbedingung

$$h_1(x_0,y_0) = \underbrace{800/9 + 400/3 - 100}_{= 1100/9} \stackrel{!}{\leq} 0$$

nicht erfüllt ist, erhalten wir in diesem Teilfall keinen weiteren Kandidaten für ein globales Maximum.

Fall 3: $\lambda_0 = 0$, $\mu_0 = 0$, d. h. $h_1(x_0,y_0) \leq 0$, $h_2(x_0,y_0) \leq 0$: Aufgrund einer bereits durchgeführten Berechnung wissen wir, dass das zugehörige Gleichungssystem keine Lösung besitzt. Diesen Fall hätte man auch *wegdiskutieren* können: Da u in x, y monoton steigend ist, muss mindestens eine Budget-Beschränkung aktiv sein.

6.4 Aufgaben mit mehreren Nebenbedingungen

Fall 4: $\lambda_0 \neq 0$, $\mu_0 \neq 0$, d. h. $h_1(x_0, y_0) = 0$, $h_2(x_0, y_0) = 0$:

$$\left| \begin{array}{rcl} 4x_0 + 3y_0 & = & 100 \\ 3x_0 + 4y_0 & = & 200 \end{array} \right| \implies x_0 = -\frac{200}{7}, \; y_0 = \frac{500}{7}.$$

⇝ kein Kandidat, da $x_0 < 0$ nicht im Definitionsbereich von u.

Wir fassen zusammen: Das globale Maximum von $u(x, y)$ unter den Nebenbedingungen $h_1(x, y) \leq 0$, $h_2(x, y) \leq 0$ wird bei $x_0 = {}^{25}/_3$, $y_0 = {}^{200}/_9$ mit einem Funktionswert von $u(x_0, y_0) \approx 32{,}04999$ angenommen. Da $\lambda_0 > 0$ gilt, ist die Nebenbedingung $h_1(x, y)$ aktiv. Wegen $\mu_0 = 0$ stellt die Nebenbedingung $h_2(x, y) \leq 0$ keinerlei Einschränkung dar.

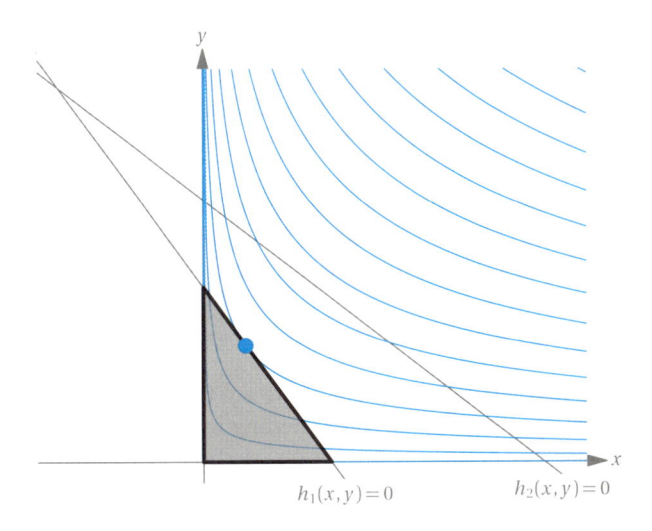

Abb. 6.1: Im Nutzenoptimum berührt die aktive Budgetgerade die Höhenlinie des optimalen Nutzens

Dies alles hätte man in diesem einfachen Beispiel viel einfacher direkt an einem Plot des zulässigen Bereichs und der Höhenlinien von u gesehen. Schauen Sie auf Abb. 6.1: Wir sehen, dass das zweite Budget nicht einschränkend ist. Ferner sehen wir, dass die aktive Budgetgerade eine Tangente an die Höhenlinie der optimalen Nutzenniveaus ist. Der optimale Nutzen entsteht genau am Berührpunkt.

Warum ist das so? Klar: Nur in Richtung der Höhenlinien ändert sich die Höhe nicht. Stellen Sie sich die Nutzenfunktion als ein Gebirge ohne scharfe Kanten und Ecken (differenzierbar!) vor. Der Höhenlinienplot ist eine topographische Karte mit Höhenlinien ohne Knicke (differenzerbar!). Die aktive Budgetrestriktion stellen Sie sich als einen Wanderweg ohne Knicke vor (differenzierbar!), den Sie als disziplinierte Gebirgssportler natürlich nicht verlassen. Ein höchster Punkt auf dem Weg ist in der Karte ein Punkt, in dem der Wanderweg eine (nicht notwendigerweise abgedruckte) Höhenlinie berührt. Andernfalls könnten Sie ja auf dem Weg die Höhenlinie überqueren und höher kommen!

Sie können sich das zu Nutze machen: Sie können zwar an einer Zeichnung nicht den genauen optimalen Punkt ablesen, aber sie können oft erkennen, welcher Fall aus der Fallunterscheidung auf ein Optimum führt. Diesen Fall rechnen Sie dann durch. Im Beispiel sehen Sie am Plot nach Augenmaß, dass das Nutzenoptimum auftritt, wenn h_1 aktiv ist und h_2 nicht. Das heißt, Sie müssen nur noch den Fall $\mu = 0$ und $\lambda \geq 0$ durchrechnen. Aber Vorsicht! Wenn die Situation zu kompliziert zu skizzieren ist, dann rechnen Sie lieber! Insbesondere die Höhenlinien einer Funktion von zwei Variablen sind nicht immer so einfach treffend zu zeichnen.

Ähnlich wie in der Linearen Optimierung können die Werte der Hilfs- bzw. Lagrange-Multiplikatoren λ und μ wieder ökonomisch interpretiert werden: Sie geben eine lineare Schätzung dafür an, wieviel Nutzeneinheiten wir ausgehend vom Optimalpunkt (x_0, y_0) gewinnen könnten, wenn wir die Nebenbedingung um eine Einheit verletzen dürften. (Die »Einheit« muss hier wieder klein sein, damit die Schätzung vernünftig ist!)

Da es weitere kritische Punkte nicht gibt, müssen die globalen Minima wohl am Rand liegen: Da $u(x,y) \geq 0$ für alle nicht-negativen (x,y) und da $u(0,y) = u(x,0) = 0$, sind alle $(0,y)$ und $(x,0)$ globale Minima in diesem Fall.

6.5 Die Karush-Kuhn-Tucker-Methode

Die Erkenntnisse aus dem vorherigen Abschnitt zur Optimierung von differenzierbaren Funktionen unter mehreren Nebenbedingungen können wir nun wieder zu einer Art Rezept, der Karush-Kuhn-Tucker-Methode, kurz: KKT-Methode, zusammenfassen. Wie vorher finden wir damit aber nur globale Extrema im Innern des Definitionsbereichs, in denen die Zielfunktion u differenzierbar ist.

Gibt es Punkte im zulässigen Bereich, in denen u nicht differenzierbar ist, so kann man diese »bösen Punkte« evtl. mit anderen Argumenten behandeln und die Methode trotzdem noch anwenden. Man findet dann eben keine bösen Punkte, selbst wenn sie Maxima sind. Findet man maximale zulässige kritische Punkte, so muss man sie dann also noch vergleichen mit den Funktionswerten der Punkte, an denen u nicht differenzierbar ist.

Ein Beispiel für dieses Vorgehen ist die Maximierung von Cobb-Douglas-Funktionen mit Budget-Restriktionen; diese Funktionen sind zwar für nicht-negative Werte definiert aber nur für echt positive Werte differenzierbar. Dort konnten wir im Beispiel aus Abschnitt 6.2 argumentieren, dass keiner der bösen Punkte ein globales Maximum sein kann. Dann blieben nur noch die maximalen kritischen Punkte als Kandidaten übrig. Hätten wir ein globales Minimum gesucht, so hätten wir auf diese Weise auch ohne die KKT-Methode herausgefunden, dass alle bösen Punkte globale Minima sind, da sie einfach den kleinstmöglichen Nutzen null

6.5 Die Karush-Kuhn-Tucker-Methode

haben.

Möchten wir ein globales Maximum einer differenzierbaren Funktion $u: \mathbb{R}^k \supseteq D \to \mathbb{R}$, $X \mapsto u(X)$ unter den differenzierbaren Nebenbedingungen $G(X) = \mathbf{0}$ (also $g_1(X) = 0, \ldots, g_r(X) = 0$) und $H(X) \leq \mathbf{0}$ (also $h_1(X) \leq 0, \ldots, h_s(X) \leq 0$) bestimmen, so gehen wir wie folgt vor:

Merksatz:

KKT-Methode für $\max\{u(X) : G(X) = \mathbf{0}, H(X) \leq \mathbf{0}\}$:

1. Bestimme die Lagrange-Funktion

$$L(X; \boldsymbol{\lambda}, \boldsymbol{\mu}) = u(X) - \boldsymbol{\lambda}^T G(X) - \boldsymbol{\mu}^T H(X). \tag{6.2}$$

2. Anschließend bestimme alle Lösungen der notwendigen Bedingungen erster Ordnung (Karush-Kuhn-Tucker-System, kurz: KKT-System):

$$\begin{vmatrix} \partial L/\partial x_1 (X; \boldsymbol{\lambda}, \boldsymbol{\mu}) = 0 & (\star) \\ \vdots & \vdots \\ \partial L/\partial x_k (X; \boldsymbol{\lambda}, \boldsymbol{\mu}) = 0 & (\star) \\ G(X) = \mathbf{0} & (\star) \\ \boldsymbol{\mu}^T H(X) = \mathbf{0} & (\star\star) \\ H(X) \leq \mathbf{0} & (\star\star\star) \\ \boldsymbol{\mu} \geq \mathbf{0} & \end{vmatrix}.$$

Dazu führe für jede mögliche Kombination von aktiven und nicht aktiven Ungleichungen (entspricht $\mu_1 = 0$ oder $\mu_1 \neq 0, \ldots, \mu_s = 0$ oder $\mu_s \neq 0$) folgende Schritte durch:

   (a) Löse das Gleichungssystem bestehend aus allen Gleichungen $(\star)$ und allen Gleichungen aus $(\star\star)$ mit $\mu_i \neq 0$ ⤳ Kritische Punkte

   (b) Prüfe, ob die Kandidaten die Ungleichungen $(\star\star\star)$ erfüllen ⤳ Zulässige kritische Punkte

3. Wähle die Kandidaten mit den maximalen Zielfunktionswerten aus ⤳ Maximale zulässige kritische Punkte.

Die Methode liefert in den meisten interessanten Fällen tatsächlich globale Maxima, sofern sie sogenannte reguläre Punkte sind.

Satz 6.5.1. *Die Funktionen $u : \mathbb{R}^k \supseteq D \to \mathbb{R}$ sowie $G : D \to \mathbb{R}^r$ und $H : D \to \mathbb{R}^s$ seien differenzierbar in $X_0 \in D^\circ$. Ferner seien die Gradienten am Punkt X_0 der in X_0 aktiven Nebenbedingungen linear unabhängig (Rangbedingung). Wenn X_0 ein lokales Maximum von $\max\{u(X) : G(X) = \mathbf{0}, H(X) \leq \mathbf{0}, X \in D\}$ ist, dann ist X_0 ein* *kritischer Punkt* der KKT-Methode. Ferner gilt: Ist X_0 ein *globales Maximum*, so ist X_0 ein *maximaler kritischer Punkt* der KKT-Methode.

Zusammengefasst: Kandidaten für globale Maxima sind maximale kritische Punkte, Randpunkte des Definitionsbereichs und Punkte, für die die Rangbedingung verletzt ist. Liegt der zulässige Bereich im Innern des Definitionsbereichs D, so fallen Randpunkte als Kandidaten automatisch weg. Gilt die Rangbedingung für alle zulässigen Punkte, so fallen Kandidaten mit verletzter Rangbedingung auch weg, und nur maximale kritische Punkte *könnten* globale Maxima sein.

Vorsicht: Falls kein globales Maximum existiert, dann kann trotzdem ein maximaler kritischer Punkt der KKT-Methode existieren, und man weiß nichts über die Qualität seines Zielfunktionswerts. Für kompakte zulässige Bereiche hingegen ist die Existenz eines globalen Maximums garantiert.

Der beste aller Fälle ist also: Der zulässige Bereich ist kompakt sowie im Innern von D enthalten und die Rangbedingung gilt dort überall. Dann sind die maximalen kritischen Punkte der KKT-Methode auch globale Maxima.

Die Rangbedingung – eine von vielen möglichen sogenannten *Regularitätsbedingungen*, die die Rangbedingung ersetzen können – kann für sehr einfache Beispiele verletzt sein, so dass es sein kann, dass man globale Extrema mit der KKT-Methode übersieht. Es gibt also einfache nicht-lineare differenzierbare Optimierungsaufgaben, bei denen das eindeutige Extremum *keine* Lösung des KKT-Systems ist. Ein solches Beispiel muten wir Ihnen mal zu, um Sie zu sensibilisieren.

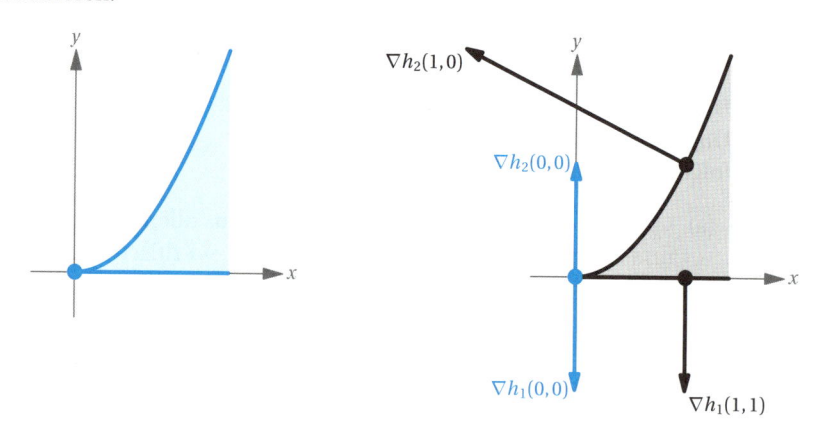

Abb. 6.2: Beispiel für ein Extremum, das die KKT-Methode nicht findet

Betrachten Sie das differenzierbare Optimierungsproblem
$$\max\{-x : y \geq 0, \ y \leq x^2\}$$
Die Zielfunktion und die Nebenbedingungen können formuliert werden als
$$u(x,y) := -x, \qquad h_1(x,y) := -y \leq 0, \qquad h_2(x,y) := y - x^2 \leq 0.$$

6.5 Die Karush-Kuhn-Tucker-Methode

Damit ergibt sich die Lagrange-Funktion

$$L(x,y;\lambda,\mu) := -x + \lambda y - \mu(y - x^2).$$

Mit bloßem Auge sieht man, dass der Nullpunkt $(0,0)$ zulässig und optimal ist (siehe Abb. 6.2). Aber gleich die erste Bedingung des KKT-Systems ist durch $(0,0)$ verletzt:

$$\frac{\partial L}{\partial x}(0,0) = -1 - 2\mu x = -1 - 2\mu \cdot 0 = -1 \neq 0.$$

Ebenfalls in Abbildung 6.2 sieht man, dass die Gradienten ausgerechnet am Nullpunkt in entgegengesetzte Richtungen zeigen: Also sind sie nicht linear unabhängig, und am Nullpunkt ist die Rangbedingung somit verletzt.

Wie ist der Zusammenhang von Gleichung und Geometrie? Wann existieren Lagrange-Multiplikatoren, so dass die partiellen Ableitungen der Lagrange-Funktion nach $x_1, \ldots, x_k$ in einem Extremum X_0 allesamt gleich null sind? Wenn Sie die KKT-Gleichungen so umstellen, dass die partiellen Ableitungen der Zielfunktion auf der linken Seite isoliert stehen, dann sehen Sie, dass die Bedingungen gleichbedeutend sind mit folgender Bedingung: Der Gradient der Zielfunktion in X_0 hat eine Darstellung als Linearkombination der Gradienten der im Punkt X_0 aktiven Nebenbedingungen. Die Lagrange-Multiplikatoren können dann gerade als die Koeffizienten dieser Linearkombination gewählt werden.

Im Beispiel: Der Gradient $(-1,0)$ der Zielfunktion $u(x,y) = -x$ lässt sich nicht aus den Gradienten der Nebenbedingungen im Punkt $(0,0)$ linear kombinieren. (Das würde immer gehen, wenn diese linear unabhängig wären – sind sie aber nicht.) Also gilt auch die KKT-Bedingung nicht.

Insgesamt füllt die allgemeine, korrekte Behandlung differenzierbarer Optimierungsaufgaben ganze Bücher. Wir müssen die theoretische Diskussion hier abbrechen, da es zu viele gefährliche Fallstricke gibt, die man nur durch sehr viel gründlichere Mathematik, als uns hier möglich ist, alle vermeiden kann.

Betrachten wir lieber ein Beispiel. Hierzu stellen wir uns eine Wiese mit einem Schaf vor, das an einem Pflock angebunden ist. Das heißt, das arme Schaf kommt nicht überall zum Grasen hin, wo es gerne hinmöchte. Der Pflock stehe an Position $(0,0)$, und das Seil habe eine Länge von $\sqrt{10}$ m. Da wir es mit einem agrarökonomischen Schaf zu tun haben, versucht es seine Gras-Nutzenfunktion

$$u(x,y,t) = x^2 - y^2 + 4y + 10 - 9 \cdot \left(t - \frac{1}{2}\right)^2$$

zu maximieren. Hierbei sind x und y die Koordinaten, an denen das Schaf grast und $t \in [0,1]$ beschreibt die aktuelle Jahreszeit, 0 für den Winterbeginn, 0,25 für den Frühlingsbeginn, 0,5 für den Sommerbeginn und 0,75 für den Beginn des Herbstes. (Offenbar verfügt es über eine besonders genaue Vorstellung, wann wo das beste Gras ist.)

Wir wollen nun die optimale Grasposition des Schafes zum Beginn des Sommers bestimmen.

Die Nutzenfunktion $u(x,y,t)$ können wir einfach als Zielfunktion übernehmen. Die Bedingung mit dem Pflock ist eine Kreisungleichung der Form

$$\sqrt{(x-0)^2 + (y-0)^2} \leq \sqrt{10},$$

was sich zu

$$h(x,y,t) = x^2 + y^2 - 10 \leq 0$$

umschreiben lässt. Die Nebenbedingung für die Jahreszeit lautet einfach $t = 1/2$ bzw.

$$g(x,y,t) = t - \frac{1}{2} = 0.$$

Die KKT-Methode ist geeignet: Zunächst einmal ist der zulässige Bereich kompakt, denn er ist durch eine stetige Ungleichung gegeben (abgeschlossen) und in einer Box enthalten (beschränkt). Ferner gilt: Die Gradienten der Nebenbedingungen lauten $\nabla g(x,y,t) = \begin{pmatrix} 0 \\ 0 \\ -1/2 \end{pmatrix}$ und $\nabla h(x,y,t) = \begin{pmatrix} 2x \\ 2y \\ 0 \end{pmatrix}$. Falls in einem Punkt (x_0, y_0, t_0) gilt, dass $h(x_0, y_0, t_0) < 0$, so ist $\{\nabla g(x_0, y_0, t_0)\}$ natürlich linear unabhängig. Falls $h(x_0, y_0, t_0) = 0$, so ist insbesondere $x_0 \neq 0$ oder $y_0 \neq 0$, wodurch in diesem Falle auch $\{\nabla h(x_0, y_0, t_0), \nabla g(x_0, y_0, t_0)\}$ linear unabhängig ist. Also gilt die Rangbedingung überall. Ferner sind u, g und h auf ganz $\mathbb{R}^3$ definiert und differenzierbar. Also finden wir die globalen Maxima im zulässigen Bereich mit der KKT-Methode.

Mit Hilfe der Funktionen u, h und g können wir nun die Lagrange-Funktion angeben:

$$L(x,y,t;\lambda,\mu) = x^2 - y^2 + 4y + 10 - 9 \cdot \left(t - \frac{1}{2}\right)^2 - \lambda\left(t - \frac{1}{2}\right) - \mu(x^2 + y^2 - 10).$$

Das zugehörige Gleichungssystem lautet

$$\left| \begin{array}{rcr} \partial L/\partial x\,(x,y,t;\lambda,\mu) = & 2x - 2\mu x & \stackrel{!}{=} 0 \\ \partial L/\partial y\,(x,y,t;\lambda,\mu) = & -2y + 4 - 2\mu y & \stackrel{!}{=} 0 \\ \partial L/\partial t\,(x,y,t;\lambda,\mu) = & -\lambda & \stackrel{!}{=} 0 \\ g(x,y,t) = & t - 1/2 & \stackrel{!}{=} 0 \\ \mu h(x,y,t) = & \mu(x^2 + y^2 - 10) & \stackrel{!}{=} 0 \\ h(x,y,t) = & x^2 + y^2 - 10 & \stackrel{!}{\leq} 0 \\ \mu & & \stackrel{!}{\geq} 0 \end{array} \right|.$$

Wir schließen sofort $\lambda = 0$ und $t = 1/2$. Eine Fallunterscheidung nach $\mu = 0$ oder $\mu \neq 0$ führt uns zu einem kritischen Punkt:

Fall 1: $\mu = 0$ (Ungleichung nicht aktiv):

$$\left| \begin{array}{r} 2x = 0 \\ -2y + 4 = 0 \end{array} \right| \Longrightarrow \left| \begin{array}{l} x = 0 \\ y = 2 \end{array} \right|$$

Wegen $h(0,2) = 0^2 + 2^2 \leq 10$ ist $(0,2)$ ein zulässiger kritischer Punkt und führt zu einem Nutzen von $u(0,2,1/2) = 14$.

Fall 2: $\mu \neq 0$ (Ungleichung aktiv):

$$\left| \begin{array}{r} x^2 + y^2 - 10 = 0 \\ 2x - 2\mu x = 0 \\ -2y + 4 - 2\mu y = 0 \end{array} \right| \begin{array}{l} (1) \\ (2) \\ (3) \end{array}.$$

Aus Gleichung (2) schließen wir $2x(1-\mu) = 0$. Es gilt also $x = 0$ oder $\mu = 1$. Im ersten Fall folgern wir aus Gleichung (1) $y = \pm\sqrt{10}$, was zu Nutzen von $u\left(0, \sqrt{10}, 1/2\right) = 4\sqrt{10} \approx 12{,}649$ bzw. $u\left(0, -\sqrt{10}, 1/2\right) = -4\sqrt{10} \approx -12{,}649$ führt. Im zweiten Fall $\mu = 1$ reduziert sich unser Gleichungssystem zu

$$\left| \begin{array}{r} x^2 + y^2 - 10 = 0 \\ -4y + 4 = 0 \end{array} \right|,$$

woraus wir $y = 1$ und $x = \pm 3$ schließen. Es ergeben sich Nutzen von $u(3,1,1/2) = 22$ bzw. $u(-3,1,1/2) = 22$.

Am Sommeranfang sollte das agrarökonomische Schaf also an den Position $(3,1)$ bzw. $(-3,1)$ grasen, um einen maximalen Nutzen von 22 zu erzielen.

6.6 Optimierung mit Boxconstraints

Betrachten wir nun unser Optimierungs-Beispiel mit den Boxconstraints aus Kapitel 5 erneut und wenden die KKT-Methode darauf an. Wir werden sehen, dass das, was wir in Abschnitt 5.7 getan haben (Fallunterscheidung nach »Variable ist im Innern/an oberer/unterer Schranke«) genau der KKT-Methode in einem einfachen Spezialfall entspricht.

Erinnerung: Wir suchen das globale Minimum der Funktion $f: [-1,1]^2 \to \mathbb{R}$, $(x_1, x_2) \mapsto (x_1 - 3)^2 + x_2^2$ auf dem Definitionsbereich $[-1,1]^2 = [-1,1] \times [-1,1]$. Im Unterschied zu Abschnitt 5.7 beschreiben wir nun den Definitionsbereich durch Nebenbedingungen explizit und fassen die Funktion f auf als auf ganz $\mathbb{R}^2$ definierte Funktion.

Zunächst wandeln wir dieses Minimierungsproblem durch Multiplikation mit -1 in ein Maximierungsproblem um und betrachten ab jetzt die Zielfunktion

$$\tilde{f}(x_1, x_2) := -(x_1 - 3)^2 - x_2^2$$

unter den Nebenbedingungen

(h_1) $x_1 \leq 1 \leadsto x_1 - 1 \leq 0$,

(h_2) $x_1 \geq -1 \leadsto x_1 + 1 \geq 0 \leadsto -x_1 - 1 \leq 0$,

(h_3) $x_2 \leq 1 \leadsto x_2 - 1 \leq 0$,

(h_4) $x_2 \geq -1 \rightsquigarrow x_2 + 1 \geq 0 \rightsquigarrow -x_2 - 1 \leq 0$.

Die KKT-Methode ist geeignet, da der zulässige Bereich kompakt ist und da es keine Punkte gibt, an denen die Gradienten der dort aktiven Nebenbedingungen linear abhängig sind. Die Nebenbedingungen aus oberer und unterer Schranke für eine Variablen sind zwar parallel, aber es gibt keine Punkte, an denen die parallelen Ungleichungen gleichzeitig aktiv sind. Der Definitionsbereichs $D = \mathbb{R}^2$ hat ferner keine Randpunkte.

Als Lagrange-Funktion ergibt sich

$$L(x_1, x_2; \mu_1, \mu_2, \mu_3, \mu_4)$$
$$= (x_1 - 3)^2 - x_2^2 - \mu_1(x_1 - 1) - \mu_2(-x_1 - 1) - \mu_3(x_2 - 1) - \mu_4(-x_2 - 1).$$

Als zugehöriges Gleichungssystem erhalten wir

$$\left| \begin{array}{rlr} \partial L/\partial x_1 (x_1, x_2; \lambda, \mu) = & -2x_1 + 6 - \mu_1 + \mu_2 & \stackrel{!}{=} 0 \\ \partial L/\partial x_2 (x_1, x_2; \lambda, \mu) = & -2x_2 - \mu_3 + \mu_4 & \stackrel{!}{=} 0 \\ \mu_1 h_1(x_1, x_2) = & \mu_1(x_1 - 1) & \stackrel{!}{=} 0 \\ \mu_2 h_2(x_1, x_2) = & \mu_2(-x_1 - 1) & \stackrel{!}{=} 0 \\ \mu_3 h_3(x_1, x_2) = & \mu_3(x_2 - 1) & \stackrel{!}{=} 0 \\ \mu_4 h_4(x_1, x_2) = & \mu_4(-x_2 - 1) & \stackrel{!}{=} 0 \\ h_1(x_1, x_2) = & x_1 - 1 & \stackrel{!}{\leq} 0 \\ h_2(x_1, x_2) = & -x_1 - 1 & \stackrel{!}{\leq} 0 \\ h_3(x_1, x_2) = & x_2 - 1 & \stackrel{!}{\leq} 0 \\ h_4(x_1, x_2) = & -x_1 - 1 & \stackrel{!}{\leq} 0 \\ \mu_1, \mu_2, \mu_3, \mu_4 & & \stackrel{!}{\geq} 0 \end{array} \right..$$

Zur Lösung dieses Gleichungssystems führen wir eine Fallunterscheidung durch, während der wir uns den aktuell besten zulässigen kritischen Punkt und seinen Zielfunktionswert merken:

Fall 1: ($\mu_1 \neq 0$ oder $\mu_2 \neq 0$) und ($\mu_3 \neq 0$ oder $\mu_4 \neq 0$): In diesem Fall ist (x_1, x_2) eine der Ecken $(-1, -1)$, $(-1, 1)$, $(1, -1)$ oder $(1, 1)$. Einsetzen in die Zielfunktion liefert:

- $\tilde{f}(-1, -1) = -17$,
- $\tilde{f}(-1, 1) = -17$,
- $\tilde{f}(1, -1) = -5 \rightsquigarrow$ aktueller Champion,
- $\tilde{f}(1, 1) = -5 \rightsquigarrow$ aktueller Champion.

6.6 Optimierung mit Boxconstraints

Fall 2: $\mu_1 = \mu_2 = \mu_3 = \mu_4 = 0$: In diesem Fall lösen wir das folgende Gleichungssystem:
$$\left. \begin{matrix} -2x_1 + 6 = 0 \\ -2x_2 = 0 \end{matrix} \right| \Longrightarrow x_1 = 3 \notin [-1,1], \, x_2 = 0.$$
Somit liefert dieser Fall keinen zulässigen kritischen Punkt.

Fall 3: ($\mu_1 \neq 0$ oder $\mu_2 \neq 0$) und ($\mu_3 = \mu_4 = 0$): Hier erhalten wir $-2x_2 = 0$, also $x_2 = 0$ und $x_1 \in \{-1, 1\}$:

- $\tilde{f}(-1, 0) = -16$,
- $\tilde{f}(1, 0) = -4$ ⤳ neuer Champion.

Fall 4: ($\mu_1 = \mu_2 = 0$) und ($\mu_3 \neq 0$ oder $\mu_4 \neq 0$): Hier erhalten wir $-2x_1 + 6 = 0$, also $x_1 = 3 \notin [-1, 1]$ ⤳ kein (zulässiger) kritischer Punkt.

Schlussendlich ergibt sich: Das globale Maximum von $\tilde{f}(x_1, x_2) = -(x_1 - 3)^2 - x_2^2$ auf $[-1, 1] \times [-1, 1]$ wird an $(1, 0)$ mit einem Funktionswert von $\tilde{f}(1, 0) = -4$ angenommen und entspricht dem globalen Minimum von $f(x_1, x_2) = (x_1 - 3)^2 + x_2^2$ auf $[-1, 1] \times [-1, 1]$ mit $f(1, 0) = 4$.

Um die Anzahl der zu untersuchenden Fälle kleinzuhalten, wurden Teilfälle geschickt zusammengefasst. Prinzipiell könnte man auch einfach die Fälle $\mu_i = 0$ oder $\mu_i \neq 0$ für alle $i \in \{1, 2, 3, 4\}$ der Reihe nach untersuchen. Man würde damit $2^4 = 16$ Fälle erhalten, in denen man jedes Mal ein Gleichungssystem lösen muss.

Warum hatten wir in Abschnitt 5.7 nur $3^2 = 9$ Fälle und hier $2^4 = 16$ Fälle? Ganz einfach: Bei der schematischen Formulierung der KKT-Methode haben wir kein Wissen über die Ungleichungen vorausgesetzt. Insbesondere wird a-priori für kein Paar von Ungleichungen ausgeschlossen, dass es in einem Maximum aktiv ist. In der konkreten Ausführung der KKT-Methode haben wir natürlich wieder genau hingesehen und daher nicht wirklich alle Fälle separat anschauen müssen.

Die $3^2 = 9$ Fälle in Abschnitt 5.7 haben sich durch die Überlegung ergeben, dass eine Variable nicht gleichzeitig auf ihre obere und untere Schranke gesetzt werden kann. Sieben der $2^4 = 16$ möglichen Kombinationen enthalten tatsächlich zwei aktive Ungleichungen, die zu oberer und unterer Schranke ein und derselben Variablen gehören: h_1, h_2 aktiv, h_1, h_2, h_3 aktiv, h_1, h_2, h_4 aktiv, h_3, h_4 aktiv, h_3, h_4, h_1 aktiv, h_3, h_4, h_2 aktiv und schließlich h_1, h_2, h_3, h_4 aktiv.

Die Methode in Abschnitt 5.7 für Optimierung unter Boxconstraints ist also letztlich eine schlaue Umsetzung der KKT-Methode. Warum also überhaupt KKT-Methode? Na, weil nicht alle Nebenbedingungen immer nur Box-Constraints sind.

Im Allgemeinen erhält man in der Fallunterscheidung unserer KKT-Methode 2^s Fälle, was für $s \geq 50$ selbst die Grenzen moderner Supercomputer überschreitet. Daher ist die differenzierbare Optimierung auch ein aktives Forschungsgebiet der Mathematik, dessen Methoden über die naive Fallunterscheidung nach aktiven und nicht-aktiven Mengen weit hinausreichen.

Ist die Lineare Optimierung wegen der Allgemeingültigkeit der KKT-Methode überflüssig geworden? Prinzipiell kann man alles, was man mit dem Simplexalgorithmus rechnen kann, auch mit der KKT-Methode lösen, aber auch hier schlägt die Rechenzeit zu: Während lineare Optimierungsprobleme mit 50 Ungleichungen selbst bei der hier vorgestellten sehr elementaren Version des Simplexalgorithmus für keinen aktuellen PC ein Problem darstellen, ist unsere elementare KKT-Methode damit überfordert.

Unsere Formulierung der KKT-Methode entspricht im linearen Fall einer Fallunterscheidung nach Basen. Wir würden also mit der KKT-Methode erst alle Basislösungen bestimmen, dann prüfen, welche davon zulässig sind, und schließlich die Basislösungen nach Funktionswert vergleichen. Der Simplex-Algorithmus stellt es schlauer an: Er läuft von (primal bzw. dual) zulässiger zu (primal bzw. dual) zulässiger Basislösung, ohne eine der möglicherweise vielen nicht-zulässigen Basislösungen überhaupt anzufassen. Es gibt im Übrigen dem Simplex-Algorithmus gleichende Verfahren für die differenzierbare Optimierung (sogenannte Active-Set-Methoden).

Die Bedingungen $\mu \geq 0$ sind übrigens nur dafür wichtig, dass ein kritischer Punkt auch wirklich ein mögliches Maximum ist und nicht etwa ein Minimum. Da wir die Eigenschaft Maximum bzw. Minimum aber sowieso durch einen Vergleich der Funktionswerte klären, sind diese Nicht-Negativitätsbedingungen für die Lagrange-Multiplikatoren nicht entscheidend.

Wenn man $\mu \geq 0$ einfach nicht beachtet, hat man *bei der Bestimmung von globalen Extrema* ein paar praktische Vorteile:

- Es ist bei der Lagrange-Funktion egal, ob man die Strafterme addiert oder subtrahiert; man kann sich also nicht vertun.

- Es ist bei der Lagrange-Funktion damit auch egal, ob die Ungleichungen wirklich in der richtigen Richtung auftauchen; man kann sich also auch dabei nicht vertun.

- Man kann auf die Berechnung der μ_i-Komponente für einen kritischen Punkt verzichten (interessant, falls sich die x_i aus davon unabhängigen anderen Überlegungen ergeben).

Ist man aber auf der Suche nach lokalen Extrema, dann kommt man ohne die Nicht-Negativität der Multiplikatoren und hinreichende Bedingungen zweiter Ordnung i. d. R. nicht aus. Die Letzteren zu besprechen würde an dieser Stelle zu weit führen.

Zum Schluss dieses Abschnitts möchten wir noch bemerken, dass hinter unserem Trick mit dem Nachbarn ein allgemeiner Trick steckt. Frei nach dem Handwerkermotto »Geht nicht, gibt's nicht!« bzw. »Sie können alles haben, was sie möchten, es kostet dann halt nur entsprechend!« betrachtet man Nebenbedingungen häufig nicht als unverrückbar fest, sondern lässt ihre Verletzung im Prinzip

6.6 Optimierung mit Boxconstraints

zu, bestraft solche Verletzungen aber dafür in der Zielfunktion mit Hilfe von sogenannten Straftermen, selbst wenn keine korrekte Lagrange-artige Methode bekannt oder durchführbar ist. Solche numerischen Verfahren sind als Penaltyverfahren bekannt.

Übungsaufgaben

Aufgabe 6.1. Ein Haushalt hat monatlich für Lebensmittel, Miete, Heizkosten und Freizeitaktivitäten maximal 1 600 € zur Verfügung. Ein Gütermix $(x_1, x_2, x_3, x_4)^T$ führt zu einem Nutzen von

$$u(x_1, x_2, x_3, x_4) = 750 x_1 + 2830 x_2 + 3 x_1 x_3 + 7 x_2 x_4.$$

Hierbei bedeuten:

- x_1: monatl. Ausgaben für Lebensmittel (in €/Monat),
- x_2: zur Verfügung stehende Wohnfläche (in m²),
- x_3: monatl. verbrauchte Menge an Heizöl (in ℓ/Monat),
- x_4: monatl. Ausgaben für Freizeitaktivitäten (in €/Monat).

Die monatlichen Mietkosten betragen 9 €/m², der aktuelle Heizölpreis beträgt 0,55 €/ℓ. In welchen Mengen soll der Haushalt die vier Güter kaufen, damit er daraus maximalen Nutzen zieht?

Aufgabe 6.2. Das Rote Kreuz plant einen Hilfsflug in die myanmarische Hauptstadt Rangun. Geliefert werden sollen Notunterkünfte (Z für Zelte), Wasserkanister (W), Tabletten für Trinkwasserreinigung (T) und Moskitonetze (M). Platzbedarf je Einheit in m³ und Kosten je Einheit in € sind in Tabelle 6.1 dargestellt:

Hilfsgüter	Z	W	T	M
Platzbedarf	2	1	0,1	0,5
Kosten	20 000	5 000	50 000	5 000

Tabelle 6.1: Hilfsflug für Rangun

Die Nutzenfunktion u ist vom Cobb-Douglas-Typ und lautet

$$u(Z, W, T, M) = 10 \cdot Z^{0,7} \cdot W^{0,5} \cdot T^3 \cdot M^{0,3}.$$

Die verfügbaren Finanzmittel für diesen Hilfsflug betragen 240 000 € und die Kapazität des Flugzeuges beträgt 25 m³.

Wie lautet die Lagrange-Funktion für die nutzenoptimale Bestückung des Hilfsfluges? Wie lautet das Gleichungssystem, das die zugehörigen kritischen Punkte erfüllen müssen? Versuchen Sie sich daran, dieses Gleichungssystem zu lösen und die nutzenoptimale Lösung zu bestimmen. Bitte nicht verzweifeln, dieses Beispiel ist wirklich ziemlich schwer.

7 Integralrechnung

In diesem Kapitel werden wir Fragen diskutieren, die man mit Hilfe der Integralrechnung beantworten kann. Dazu werden wir lernen, wie man aus Ableitungen die ursprünglichen Funktionen wieder zurückzugewinnen kann. Erstaunlicherweise hat das etwas mit Flächeninhalten und Volumina zu tun; und zwar solchen, die ein Vorzeichen haben können. Vorzeichenbehaftete Flächeninhalte und Volumina hatten wir auch schon bei der Determinante gesehen.

Wir werden hier nur sehr grundlegende Fragen diskutieren können. Die praktische Integralrechnung ist ein weites Feld und erfordert viel Erfahrung und Geschick. Wer mehr wissen will, muss weiterführende Literatur konsultieren.

7.1 Wozu Integralrechnung?

Erinnerung: Der Wert der Grenzsteuerfunktion $GSt(x)$ an der Stelle x gibt an, wieviel der $(x+1)$-te Euro an Steuern kostet. Solche Überlegungen können z. B. wichtig sein, wenn man neben dem regulären Job noch einen kleinen Nebenjob annehmen möchte und sich dafür interessiert, wieviel dies netto einbringt. Momentan legt der Gesetzgeber fest, dass die Grenzsteuern in einem Intervall linear progressiv sind:

$$GSt(x) = ax + b \quad \text{für } x \in [x_{\min}, x_{\max}].$$

Die Bedeutung hiervon ist, dass man für den $(x+1)$-ten Euro Einkomen (zwischen $x_{\min}$ und $x_{\max}$)

$$ax + b$$

Euro Steuern bezahlen muss. Dabei ist a der sogenannte Grenzsteuersatz.

Die lineare Progression in den Grenzsteuern hat den Effekt, dass Leute mit mehr Einkommen nicht nur absolut mehr Steuern zahlen, sondern auch prozentual gemessen an ihrem Einkommen einen höheren Steuersatz zahlen. Dieser Effekt wird von vielen als gerecht angesehen. Änderungen in der Gesetzgebung beziehen sich gewöhnlich nur auf die Konstanten a und b bzw. die Intervallgrenzen $x_{\min}$ und $x_{\max}$.

Andere Vorschläge zu Steuerreformen (die aber bislang nie stattgefunden haben) propagieren konstante Tarife (womit konstante *Grenzsteuern* gemeint sind) oder Stufentarife (womit gestufte *Grenzsteuern* gemeint sind).

Egal was man sich politisch überlegt hat, will man nicht immer alle die Anteile der zu entrichtenden Steuern für jeden der, sagen wir, 30 000 € einzeln zusammenzählen, um die Steuerschuld zu berechnen. Man möchte lieber eine Funktion, die jedem Einkommen die Gesamtsteuern zuordnet, also die Einkommenssteuerfunktion $ESt(x)$.

Dies führt auf den ersten Fragentyp, der mit Integralrechnung behandelt werden kann.

7.1 Wozu Integralrechnung?

Beispielfrage:

Wie sieht die *Einkommenssteuerfunktion ESt(x)* aus bei gegebener *Grenzsteuerfunktion GSt(x)*?

Der Zusammenhang zwischen *ESt(x)* und *GSt(x)* besteht darin, dass die Grenzsteuerfunktion im Wesentlichen die erste Ableitung der Einkommenssteuerfunktion ist. In Symbolen:

$$\frac{\mathrm{d}ESt}{\mathrm{d}x}(x) = GSt(x).$$

Um nun die Einkommenssteuerfunktion aus der Grenzsteuerfunktion ausrechnen zu können, muss man das Differenzieren rückgängig machen. Genau dies geht mit Hilfe des unbestimmten Integrals.

Szenenwechsel: Betrachten wir den volkswirtschaftlichen Nutzen der freien Marktwirtschaft für die Konsumenten und die Produzenten. Markt bedeutet, dass (im einfachsten Fall) Verkaufspreise durch Gleichgewichts-Marktpreise gegeben sind. In Abbildung 7.1 haben wir diesen volkswirtschaftlichen Gesamtnutzen graphisch dargestellt.

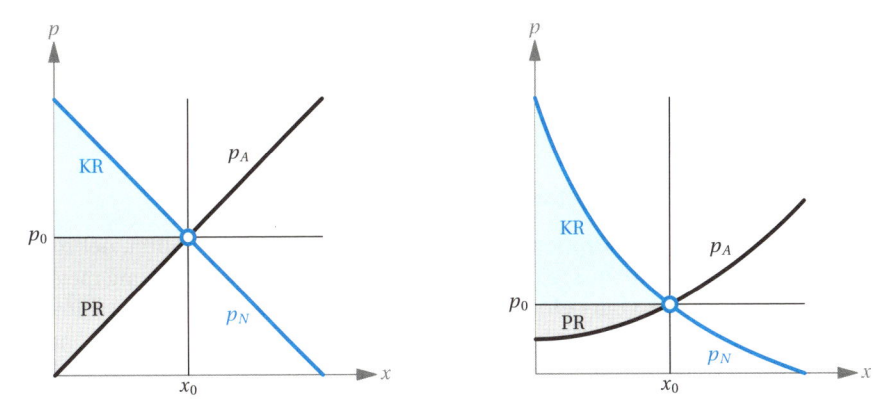

Abb. 7.1: Konsumenten- und Produzentenrenten bei linearen und nicht-linearen Nachfrage- bzw. Angebotsfunktionen p_N bzw. p_A

Hier bezeichnet KR die Konsumentenrente, PR die Produzentenrente, p_A den Angebotspreisverlauf, p_N den Nachfragepreisverlauf, p_0 Gleichgewichtspreis und x_0 Gleichgewichtsmenge.

Die Interpretation der Konsumentenrente ist folgende: Bei sehr hohen Preisen würden zwar nur relativ wenige Konsumenten das Produkt kaufen, diese sparen sich bei einem Gleichgewichtspreis aber die Differenz zwischen ihrer eigenen »Schmerzgrenze« und dem Gleichgewichtspreis. »Summiert« man die individuellen Ersparnisse bzw. Konsumentenrenten der Konsumenten, die bereit wären einen höheren als den Gleichgewichtspreis zu zahlen, so erhält man den volkswirtschaftlichen Gesamtnutzen der Konsumenten, die Konsumentenrente. Geometrisch ist die Konsumentenrente die blaue Fläche in Abbildung 7.1 links, also eine Dreiecksfläche, die sich mit Schulmathematik leicht berechnen lässt.

Entsprechend ist die Produzentenrente aus Sicht der Verkäufer definiert. Manche würden ihr Produkt auch zu einem niedrigeren Preis als dem Gleichgewichtspreis anbieten und gewinnen somit durch den Gleichgewichtspreis etwas. Dieses etwas in »Summe« ist genau die Produzentenrente. In Abbildung 7.1 links entspricht die Produzentenrente der grauen Fläche: wieder eine Dreiecksfläche.

Möchten wir nicht von der starken (und auch qualitativ unplausiblen) Annahme ausgehen, dass die Nachfrage- und Angebotsfunktion linear sind, müssen wir uns ein allgemeines Hilfsmittel verschaffen, mit dem wir Flächeninhalte zwischen Funktionsgraphen ausrechnen können.

> **Beispielfrage:**
>
> Wie lautet der *Flächinhalt* einer durch zwei *Funktionsgraphen* begrenzten Fläche?

Eine fundierte Antwort werden wir mit Hilfe des bestimmten Integrals geben können.

Der Knackpunkt in diesem Kapitel ist, dass beide Dinge eng miteinander verbunden sind.

7.2 Das unbestimmte Integral

Um einige technischen Klippen der Integralrechnung zu umschiffen, nehmen wir ab jetzt an, dass alle unsere Funktionen auf Intervallen (Bezeichnung meist I oder J) definiert sind. Unter einem Interval verstehen wir sowohl ein geschlossenes Intervall $[a, b]$, ein offenes Intervall (a, b), ein gemischtes Intervall $[a, b)$ oder $(a, b]$. In allen Fällen dürfen a und b auch die Werte $-\infty$ bzw. $+\infty$ annehmen.

Betrachten wir als Beispiel zum ersten Fragentyp die Funktion $f: (-\infty, \infty) = \mathbb{R} \to \mathbb{R}, x \mapsto 3x + 5$.

> **Beispielfrage:**
>
> Wie lauten alle Funktionen $F: \mathbb{R} \to \mathbb{R}, x \mapsto F(x)$ mit $dF/dx(x) = f(x)$ für alle reellen Zahlen x?

Durch Differenzieren können wir leicht nachrechnen, dass diese Gleichung von allen Funktionen $F_c(x) = 3/2 \cdot x^2 + 5x + c$ erfüllt wird; c kann dabei eine beliebige reelle Zahl sein.

Um eine knappe Sprechweise für einen derartigen Zusammenhang zu haben, halten wir fest:

7.2 Das unbestimmte Integral

Definition 7.2.1. Sei $f: I \to \mathbb{R}$ eine auf einem Intervall I definierte Funktion. Falls eine auf I Funktion $F: I \to \mathbb{R}$ mit $\mathrm{d}F/\mathrm{d}x(x) = f(x)$ für alle $x \in I$ existiert, so heißt F eine Stammfunktion von f.[1]

Funktionen $I \to \mathbb{R}$, die eine Stammfunktion haben, heißen auf I integrierbar.

In Definition 7.2.1 sprechen wir von *einer* und nicht von *der* Stammfunktion, weil es ja, wie wir in unserem kleinen Beispiel gesehen haben, unter Umständen mehrere Stammfunktionen zu f geben könnte.

Die unterschiedlichen Stammfunktionen haben interpretierbare Bedeutungen in den Anwendungen. Die verschiedenen Stammfunktionen zur Grenzsteuerfunktion GSt gehören zu verschiedenen Freibeträgen. Verschiedene Stammfunktionen K_c zur Grenzkostenfunktion K' gehören zu verschiedenen Fixkostenanteilen c.

Hat man eine Funktion F, so ist es leicht nachzuprüfen, ob F eine Stammfunktion von f ist. Die Frage, ob man schon alle Stammfunktionen gefunden hat, sieht unangenehm aus.

In unserem Eingangsbeispiel gibt es sogar *unendlich viele* Stammfunktionen. Zum Glück unterscheiden sich alle Stammfunktionen von $3x + 5$ nur um eine reelle Konstante, so dass wir die Menge der Stammfunktionen mit einem freien Parameter hinschreiben konnten. Aber wie ist es bei furchtbar komplizierten Funktionen? Hier haben wir Glück: Es ist immer so wie im Eingangsbeispiel:

Satz 7.2.2. *Sei* $f: I \to \mathbb{R}$ *und* F *eine* Stammfunktion *von* f, *dann gilt: G ist genau dann auch eine* Stammfunktion *von* f, *wenn* $G(x) = F(x) + c$ *gilt für ein* $c \in \mathbb{R}$.

Was hat das mit Integralen zu tun? Nun, die Menge aller Stammfunktionen heißt so.

Definition 7.2.3. Die Menge aller Stammfunktionen von $f: I \to \mathbb{R}$ heißt unbestimmtes Integral $\int f(x)\, \mathrm{d}x$ von f; die Funktion f heißt Integrand des Integrals.

Als Schreibweise für Stammfunktionen F von f verwenden wir

$$\int f(x)\, \mathrm{d}x = F(x) + \mathbb{R} := \{F(x) + c : c \in \mathbb{R}\},$$

was in unserem kleinen Eingangsbeispiel zu

$$\int (3x+5)\, \mathrm{d}x = \frac{3}{2}x^2 + 5x + \mathbb{R}$$

führt. Das »$\mathrm{d}x$« erinnert an das »Δx«, das beim Grenzübergang – wie beim Differenzieren – klein und rund geworden ist. Pragmatisch gesehen, gibt man damit –

---

[1] Wir halten uns hier an die gewohnte Notation, in der die Stammfunktion mit Großbuchstaben und die Ableitung mit Kleinbuchstaben bezeichnet wird. Da wir in diesem Kapitel keine vektorwertigen Funktionen betrachten, kann es keine Verwechslungen geben.

wie beim Differenzieren – an, nach welcher Variable man integriert. Unbestimmt heißt das Integral deshalb, weil am Integrationszeichen keine Grenzen stehen. Vom Aussehen her ist das Integrationszeichen übrigens ein stilisiertes »S« als Abkürzung für eine (unendliche) Summe. Aber was das unbestimmte Integral mit einer Summe zu tun hat, ist zunächst einmal nicht offensichtlich.

Um nun Integrale praktisch auszurechnen, kann man folgende Liste von Standardintegralen verwenden, von denen Sie alle bis auf die letzte durch Ableiten schon selbst überprüfen können.

Merksatz:

1. $\int 0 \, dx = 1 + \mathbb{R} = \mathbb{R}$,

2. $\int 1 \, dx = x + \mathbb{R}$,

3. $\int n x^{n-1} \, dx = x^n + \mathbb{R} \ (n \neq 0)$,

4. $\int x^\alpha \, dx = \frac{x^{\alpha+1}}{\alpha+1} + \mathbb{R}, \ \alpha \in \mathbb{R}\setminus\{-1\}$,

5. $\int \frac{1}{x} \, dx = \ln|x| + \mathbb{R}$,

6. $\int e^{\alpha x} \, dx = \frac{1}{\alpha} e^{\alpha x} + \mathbb{R}$,

7. $\int \frac{f'(x)}{f(x)} \, dx = \ln|f(x)| + \mathbb{R}$,

8. $\int \cos(x) \, dx = \sin(x) + \mathbb{R}$,

9. $\int \sin(x) \, dx = -\cos(x) + \mathbb{R}$,

10. $\int \frac{1}{1+x^2} \, dx = \arctan(x) + \mathbb{R}$,

Nun stellt sich die Frage, wie man drauf kommt. Oder wie man Integrale berechnet, die nicht in der Liste enthalten sind. Ihre Mathematiker haben für Sie wieder einen Werkzeugkasten von nützlichen Regeln zusammengestellt, mit denen man Integrale auf andere, eventuell leichter auszurechnende Integrale zurückführen kann.

Ein Trost gleich zu Beginn: Im Unterschied zum Differenzieren, kann man mit den Regeln nicht einfach jedes beliebige Integral von Produkten oder Kompositionen von Funktionen mechanisch ausrechnen. Es erfordert eine Menge Erfahrung, mit den Regeln umzugehen. Ein paar Kniffe werden wir Ihnen zeigen, aber um in die Kunst des (praktischen) Integrierens so richtig einzusteigen, müssten Sie am besten in eine Mathematik-Vorlesung für Ingenieure gehen.

Die erste Regel besagt, dass Summen summandenweise integriert werden können und dass skalare Vielfache von Funktionen aus dem Integral »herausgezogen« werden können. Beispiel:

$$\int 5x^2 + 3x \, dx = 5 \int x^2 \, dx + 3 \int x \, dx = 5 \cdot \frac{1}{3}x^3 + 3 \cdot \frac{1}{2}x^2 + \mathbb{R} = \frac{5}{3}x^3 + \frac{3}{2}x^2 + \mathbb{R}.$$

Das hatten wir doch schonmal? Richtig: Die auf I integrierbaren Funktionen (wie die auf I differenzierbaren Funktionen) bilden einen Vektorraum, und die Integration ist (wie die Differentiation) linear:

7.2 Das unbestimmte Integral

Satz 7.2.4 (Linearität des Integrals). *Mit $f, g: I \to \mathbb{R}$ sind auch $f + g$ und für $r \in \mathbb{R}$ auch rf integrierbar, und es gilt:*

(i) $\int rf(x)\, dx = r \int f(x)\, dx \quad \forall r \in \mathbb{R}$,

(ii) $\int \big(f(x) + g(x)\big)\, dx = \int f(x)\, dx + \int g(x)\, dx$.

Aus der Ableitung eines Produktes von Funktionen erhalten wir die Methode der partiellen Integration:

Satz 7.2.5 (Partielle Integration). *Sind f und g auf I differenzierbar, so gilt*

$$\int f(x)g'(x)\, dx = f(x)g(x) - \int f'(x)g(x)\, dx. \tag{7.1}$$

Die Gültigkeit von Satz 7.2.5 kann man relativ einfach begründen: Der Ausdruck $(fg)(x) = f(x)g(x)$ ist Stammfunktion von $(fg)'(x) = (f'g)(x) + (fg')(x)$. Also gilt

$$f(x)g(x) \in \int (fg)'(x)\, dx = \int \big((f'g)(x) + (fg')(x)\big)\, dx$$
$$= \int (f'g)(x)\, dx + \int (fg')(x)\, dx$$
$$= \int f'(x)g(x)\, dx + \int f(x)g'(x)\, dx,$$

was sich zur angegebenen Integrationsregel umformen lässt.

Als Beispiel zu Satz 7.2.5 berechnen wir das unbestimmte Integral $\int x^2 e^x\, dx$. Zunächst müssen wir den Integranden in zwei Faktoren aufteilen und die Faktoren jeweils f und g' zuweisen.

Dies tut man im Allgemeinen so, dass $g(x) = \int g'(x)\, dx$ eine relativ einfache Funktion ist. Im Speziellen muss man manchmal mehrere Ansätze machen, bis einer davon zum Erfolg führt. In unserem Beispiel wählen wir $f(x) = x^2$ und $g'(x) = e^x$. Dies führt nach Ableiten bzw. Integrieren zu $f'(x) = 2x$ und $g(x) = e^x$. Anwenden der partiellen Integration liefert

$$\int x^2 e^x\, dx = x^2 e^x - 2 \int x e^x\, dx.$$

Auf den ersten Blick scheinen wir nichts gewonnen zu haben. Die Berechnung des Integrals $\int x^2 e^x\, dx$ haben wir auf die Berechnung des Integrals $\int x e^x\, dx$ zurückgeführt. Beim zweiten Blick sehen wir aber, dass sich der Grad der x-Potenz vor dem e^x um eins erniedrigt hat. Also sollte ein erneutes Anwenden der Partiellen Integration zum Ziel führen.

Wählen wir nun entsprechend $f(x) = x$ und $g'(x) = e^x$, so ergibt sich $f'(x) = 1$, $g(x) = e^x$ und Anwenden der Partiellen Integration liefert

$$\int x^2 e^x \, dx = x^2 e^x - 2\left(x e^x - \int 1 \cdot e^x \, dx\right)$$
$$= x^2 e^x - 2x e^x + 2e^x + \mathbb{R}$$
$$= (x^2 - 2x + 2)e^x + \mathbb{R}.$$

Wir geben Ihnen nun eine kleine »Metastrategie« mit auf den Weg, durch die Sie einen Anhaltspunkt bekommen, wann man es denn mit der partiellen Integration versuchen sollte.

Merksatz:

Zur Anwendung der Partiellen Integration:
Partielle Integration ist oft geeignet für die Integration von *Produkten von Funktionen*, in denen die eine Funktion sich *vereinfacht* beim *Ableiten* und die andere sich *nicht zu stark verkompliziert* beim *Integrieren*.
Zum Beispiel: Falls ein Produkt aus einem *Polynom* und einer anderen Funktion, die sich beim Integrieren nicht zu sehr verkompliziert, integriert werden soll, so ist die Partielle Integration zu erwägen, in der das *Polynom abgeleitet* und die andere Funktion integriert wird.

Dass das nicht immer so am besten geht, zeigt ein weiteres Beispiel: die Berechnung von $\int x \cdot \ln x \, dx$. Hier wählen wir $f(x) = \ln x$ und $g'(x) = x$, was zu $f'(x) = 1/x$ und $g(x) = 1/2 \cdot x^2$ führt. Einsetzen in Satz 7.2.5 liefert

$$\int x \cdot \ln x \, dx = \ln(x) \cdot \frac{1}{2}x^2 - \int \left(\frac{1}{x} \cdot \frac{1}{2}x^2\right) dx$$
$$= \frac{1}{2}\ln(x) \cdot x^2 - \frac{1}{2}\int x \, dx$$
$$= \frac{1}{2}\ln(x) \cdot x^2 - \frac{1}{4}x^2 + \mathbb{R}$$
$$= \frac{x^2}{4}(2\ln(x) - 1) + \mathbb{R}.$$

In manchen Fällen muss man die Produktintegration etwas trickreich anwenden. Betrachten wir hierzu zwei Beispiele. Zur Berechnung von $\int \ln x \, dx$ wählen wir $f(x) = \ln x$ und $g'(x) = 1$, was zu $f'(x) = 1/x$ und $g(x) = x$ führt. Einsetzen liefert

$$\int \ln x \, dx = \ln(x) \cdot x - \int \frac{1}{x} \cdot x \, dx$$

$$= x \cdot \ln x - \int 1 \, dx$$
$$= x \cdot \ln x - x + \mathbb{R}$$
$$= x(\ln(x) - 1) + \mathbb{R}.$$

Zur Berechnung von $\int \sin^2(x) \, dx$ wählen wir $f(x) = \sin(x)$ und $g'(x) = \sin(x)$, was zu $f'(x) = \cos x$ und $g(x) = -\cos x$ führt. Einsetzen liefert

$$\int \sin^2(x) \, dx = -\sin(x)\cos(x) - \int -\cos^2(x) \, dx$$
$$= -\sin(x)\cos(x) + \int (1 - \sin^2(x)) \, dx$$
$$= -\sin(x)\cos(x) + x - \int \sin^2(x) \, dx,$$

wobei wir $\cos^2(x) = (1 - \sin^2(x))$ verwendet haben. Die zuletzt entstandene Gleichung können wir nun nach $\int \sin^2(x) \, dx$ umstellen und erhalten

$$\int \sin^2(x) \, dx = \frac{x - \sin(x)\cos(x)}{2} + \mathbb{R},$$

da $1/2 \cdot \mathbb{R} = \mathbb{R}$ gilt.

Als weitere wichtige Rechenregel zum Berechnen von Integralen haben wir die aus der Kettenregel folgende Substitutionsregel. Meistens ist die gewinnbringende Anwendung der Substitutionsregel eher eine Kunst als eine Technik.

Satz 7.2.6 (Substitutionsregel). *Ist $y: J \to I, x \mapsto y(x)$ differenzierbar, dann gilt*

$$\int f(y(x)) \cdot \frac{dy}{dx}(x) \, dx = \int f(y) \, dy. \tag{7.2}$$

Das schwierige an der Substitutionsregel ist ihre enorme Flexibilität. Während man beim Differenzieren über die Kettenregel immer an der Funktion sofort sieht, welche Komposition von Funktionen dahintersteckt, kann man es sich bei der Substitutionsregel aussuchen.

Denn es gibt zwei prinzipiell verschiedene Möglichkeiten, die Substitutionsregel anzuwenden: von links nach rechts und von rechts nach links. Wir notieren x und y wie in der Substitutionsregel. Prinzipiell spielt die Benennung der Variablen aber keine Rolle.

Man sieht im Folgenden das gegenüber der Kettenregel beim Differenzieren erhöhte kreative Potential der Substitutionsregel: Während man in Fall (Subs-I) als Substitutionsfunktion immer etwas nehmen muss, was man vorfindet, kann man mit einer Substitution in Fall (Subs-II) im Prinzip *alle möglichen Funktionen* probieren, um weiter zu kommen.

Man sieht auch, dass Substitutionen mit nicht bijektiven Substitutionsfunktionen nach Prinzip Hoffnung funktionieren: Kürzt sich nicht alles Böse heraus, steht man dumm da. Also: Wenn möglich nach Substitutionsfunktionen Ausschau halten, die bijektiv sind.

Merksatz:

Zur Anwendung der Substitutionsregel:

(Subs-I) *Substituieren von Funktionen durch Variablen (formuliert für Integration nach x).* Der Integrand ist eine Komposition $f(y(x))$, wir hätten dort aber lieber $f(y)$. Dann:

1. Die Substitutionsfunktion ist $y(x)$.
2. Falls $y(x)$ bijektiv mit Umkehrfunktion $x(y)$: Ersetze »$y(x)$« durch »y« und »dx« durch »$x'(y)\,dy$« (*Merkregel:* »$dx = (dx/dy)\,dy$«)
3. Falls $x(y)$ unbekannt: Ersetze »$y(x)$« durch »y« und »dx« durch »$(1/y'(x))\,dy$« (*Merkregel:* »$dx = \frac{1}{dy/dx}\,dy$«) und hoffe, dass sich entweder alle »x« herauskürzen oder in Form »$y(x)$« auftauchen, wonach man dafür »y« schreiben kann.
4. Sind alle »x« verschwunden, integriere nach y.
5. Ersetze im unbestimmten Integral alle »y« durch »$y(x)$«. Danach sind keine »y« sondern nur noch »x« da. Fertig.

(Subs-II) *Substituieren von Variablen durch Funktionen (formuliert für Integration nach y).* Der Integrand enthält eine Variable y, wir hätten aber lieber $y(x)$ an der Stelle. Dann:

1. Die Substitutionsfunktion ist $y(x)$.
2. Ersetze »y« durch »$y(x)$« und »dx« durch »$y'(x)\,dx$« (*Merkregel:* »$dx = (dx/dy)\,dy$«)
3. Integriere nach x.
4. Falls die Umkehrfunktion $x(y)$ von $y(x)$ bekannt, ersetze im unbestimmten Integral alle »x« durch »$x(y)$«.
5. Falls $x(y)$ unbekannt, hoffe, dass alle »x« in der Form »$y(x)$« auftreten, wonach man dafür »y« schreiben kann. Fertig.

Zielführend Substituieren lernt man aber nur durch viel Erfahrung. Daher geht es mit Beispielen weiter. Das erste Beispiel ist eine Substitution einer Funktion

7.2 Das unbestimmte Integral

durch eine Variable, denn die Funktion stört.

$$\int \cos(5x-7)\,dx = \int \cos(5x-7)\cdot 5 \cdot \frac{1}{5}\,dx$$
$$= \frac{1}{5}\int \cos(5x-7)\cdot 5\,dx$$
$$= \frac{1}{5}\int \cos(y)\,dy$$
$$= \frac{1}{5}\sin(y)+\mathbb{R}$$
$$= \frac{1}{5}\sin(5x-7)+\mathbb{R}.$$

In diesem Beispiel haben wir also die Funktion $y(x) = 5x - 7$ durch die Variable y substituiert. Obwohl diese Funktion bijektiv ist, haben wir die Umkehrfunktion $x(y)$ gar nicht benötigt, da die Ableitung konstant ist und daher keine »x« mehr enthält. Als unter dem Integral nur noch y standen, konnten wir leicht eine Stammfunktion (von y) hinschreiben. Am Schluss mussten wir aus den »Ypsilönern« wieder »Xe« machen durch Ersetzen von y durch $y(x) = 5x - 7$.

Der Umgang mit linearen Substitutionen war hier einfach, da die Ableitung immer nur einen konstanten Faktor liefert, der wegen der Linearität des Integrals nicht stört.

Diese Überlegung liefert schonmal einen allgemeinen Trick, mit dem man das Ergebnis einer linearen Substitution sofort hinschreiben kann:

Merksatz:
Gilt $\int f(x)\,dx = F(X)$, so haben wir

$$\int f(ax+b)\,dx = \frac{1}{a}\cdot F(ax+b) \quad \forall a \in \mathbb{R}\setminus\{0\},\; \forall b \in \mathbb{R}.$$

Betrachten wir als nächstes das Beispiel $\int x^2 e^{x^3}\,dx$. Diesmal stört die Funktion x^3 im Exponenten. Daher substituieren wir sie durch eine Variable. Wir wählen also $u(x) = x^3$, was wir durch u ersetzen möchten. Ableiten von $u(x)$ und umstellen liefert den formalen Ausdruck $dx = \frac{1}{3x^2}\,du$. Ersetzen wir $u(x) = x^3$ durch u damit dx durch $\frac{1}{3x^2}\,du$ im Integral, so erhalten wir

$$\int x^2 e^{x^3}\,dx = \int x^2 e^u \cdot \frac{1}{3x^2}\,du = \int \underbrace{\frac{1}{3}e^u}_{\text{Glück gehabt: alle } x \text{ weg!}}\,du = \frac{1}{3}\cdot e^u + \mathbb{R} = \frac{1}{3}\cdot e^{x^3}+\mathbb{R}.$$

Hier hatten wir Glück: Obwohl die Ableitung der Substitutionsfunktion noch x

enthielt, haben die sich herausgekürzt, da ein Ausdruck proportional zur Ableitung (nämlich x^2) schon als Faktor unter dem Integral stand.

Betrachten wir als weiteres Beispiel das unbestimmte Integral $\int 2x\sqrt{x^2+1}\,dx$. Hier wählen wir wieder die Substitution einer Funktion durch eine Variable, und zwar die Substitution von $u(x) = x^2 + 1$ durch u, um die Funktion in der Wurzel wegzubekommen. Man beachte: $x^2 + 1$ ist nicht bijektiv auf ganz $\mathbb{R}$, und daher geht es hier nach Prinzip Hoffnung.

Ableiten der Substitutionsgleichung liefert $du = \frac{1}{2x}\,dx$, und Einsetzen führt zu

$$\int 2x\sqrt{x^2+1}\,dx = \int 2x\sqrt{u}\cdot\frac{1}{2x}\,du = \int \underbrace{\sqrt{u}}_{\text{Alle } x \text{ weg!}}\,du = \frac{2}{3}\cdot u^{3/2} + \mathbb{R} = \sqrt{(x^2+1)^3} + \mathbb{R}.$$

Mit etwas Übung konnte man vorhersehen, dass wir da wieder Glück haben mussten, da die innere Ableitung in der zu integrierenden Funktion als Vorfaktor auftaucht.

Etwas trickreich kann man die Substitutionsregel auch zur Berechnung des unbestimmten Integrals $\int (1/x)\,dx$ verwenden. Den Integranden zu vereinfachen, scheint nicht mehr möglich. Die Funktion $x \mapsto 1/x$ ist schon sehr übersichtlich. Nur was herauskommt, das ist gar nicht so einfach zu sehen (wenn man es noch nicht weiß). Wir versuchen uns mal in die Gedankenwelt eines Berufssubstituierers hineinzuversetzen.

Was ärgert uns denn an der Funktion? Richtig: das »x« im Nenner. Was ist mit der Regel für $\int x^a\,dx = \frac{1}{a+1}\cdot x^{a+1}$? Geht nicht, denn für $a=-1$ wäre das eine Division durch null, und so etwas machen wir in diesem Buch nicht. (Deshalb wurde bei dieser Regel der Fall $a=-1$ auch ausgeschlossen.)

Versuchen wir, mit Substitution das »x« aus dem Nenner wegzubekommen. Dies ist also endlich ein Beispiel für die Substitution einer Variablen durch eine Funktion. Nach einer Substitution wird statt x die Substitutionsfunktion im Nenner stehen. Das macht den Integranden scheinbar komplizierter. Aber: Da bei der Substitution die Ableitung der Substitutionsfunktion hinzukommt, könnte sich ja noch etwas herauskürzen. Wann kürzen sich alle *nicht-konstanten* Ausdrücke heraus? Richtig: Wenn die Substitutionsfunktion *proportional* zu ihrer Ableitung ist. Wann kürzt sich sogar *alles* heraus? Genau: Wenn die Substitutionsfunktion *gleich* ihrer Ableitung ist.

Nun kramt der erfahrene Berufssubstituierer in seinem Funktionskabinett und zieht die *Exponentialfunktion* heraus, denn die ist *gleich ihrer Ableitung*. Wir substituieren also die Variable x durch die Funktion $x(y) = e^y$. Aber Vorsicht: Wir erwischen damit ja nur positive x! Die Funktion $x \mapsto 1/x$ ist aber auch für negative x definiert! Wir müssen also eine Fallunterscheidung machen!

Zunächst substituieren wir für positive x. Ableiten der Substitutionsgleichung ergibt $dx = e^y\,dy$. Setzen wir dies nun ein, so erhalten wir

$$\int \frac{1}{x}\,dx = \int \frac{e^y}{e^y}\,dy = \int 1\,dy = y + \mathbb{R} = \ln(x) + \mathbb{R}.$$

Beim Zurücksubstituieren am Schluss mussten wir diesmal die Umkehrfunktion der Substitutionsfunktion unbedingt kennen.

Nun substituieren wir negative x durch $x(y) = -e^y$. Wir erhalten diesmal (da $y(x) = \ln(-x)$ die Umkehrfunktion von $x(y) = -e^y$ ist):

$$\int \frac{1}{x} \, dx = \int \frac{-e^y}{-e^y} \, dy = y + \mathbb{R} = \ln(-x) + \mathbb{R}.$$

Beide Fälle kann man schließlich zusammenfassen durch:

$$\int \frac{1}{x} \, dx = \ln(|x|) + \mathbb{R}.$$

Man kann nun alle möglichen Funktionen nach funktionierenden Integrationsmethoden klassifizieren und die Kochrezepte für deren Integration aufstellen. Zum Beispiel integriert man rationale Funktionen durch Linearfaktorzerlegung des Nennerpolynoms und anschließende Partialbruchzerlegung. So etwas findet sich in anderen Büchern.

Abschließend etwas Trost, wenn es nicht gleich klappt mit der Integration: Integralrechnung ist um einiges schwieriger als die Differentialrechnung. Manche Funktionen sind, wie z. B. $\exp(x^2)$, sogar nicht elementar integrierbar. Das heißt, dass es natürlich eine Funktion

$$F(x) := \int_0^x e^{t^2} \, dt$$

gibt, dass wir sie aber, grob gesprochen, nicht als (endliche Verknüpfung) von Potenzieren, Addieren, Multiplizieren, Dividieren, sin, cos, exp und ln ausdrücken können. Es gibt dieses Integral, aber wir können keine explizite Formel dafür hinschreiben.

Theoretisch könnten wir uns Taylorreihen der zu integrierenden Funktionen zunutze machen und diese summandenweise integrieren:

$$\int \sin(x) \, dx = \int \sum_{i=0}^{\infty} (-1)^i \frac{x^{2i+1}}{(2i+1)!} \, dx$$

$$= \sum_{i=0}^{\infty} \int (-1)^i \frac{x^{2i+1}}{(2i+1)!} \, dx$$

$$= \sum_{i=0}^{\infty} (-1)^{i+1} \frac{x^{2i}}{(2i)!}$$

$$= -\cos(x).$$

Mal davon abgesehen, dass es eine im Allgemeinen delikate Angelegenheit ist, Integral- und Summenzeichen zu vertauschen, ist es am Ende nicht klar, ob die resultierende Reihe überhaupt eine »schöne« Funktion ist, die wir unter einem geläufigen Namen in unserer Kartei führen.

Integrale auszurechnen ist also eine gewisse Kunst, die in der Wahl der verwendeten Substitutionen bzw. der verwendeten Faktorzerlegungen liegt. Auch mehrere Schritte mit der Anwendung verschiedener Regeln sind manchmal notwendig. Das Nachrechnen einer möglichen Lösung ist dagegen wieder einfach, da man nur zu Differenzieren braucht. Prinzipiell ist damit auch das »Raten« einer Stammfunktion möglich, wozu aber schon etwas Erfahrung im Integrieren gehört.

Sie können das Schwierigkeitsverhältnis von Differenzieren und Integrieren mit dem Potenzieren und dem Ziehen der k-ten Wurzel vergleichen: Potenzieren (mit ganzzahligen Exponenten) geht nach Schema-F, während allgemeines Wurzelziehen nicht einfach so funktioniert: Man muss letztlich oft numerische Verfahren wie das Heron-Verfahren aus Abschnitt 4.3 bemühen.

7.3 Das bestimmte Integral

Uns interessiert nun eine Antwort auf die Frage, welcher Flächeninhalt durch die Funktionsgraphen zweier Funktionen eingeschlossen wird. Dieses Problem lässt sich auf die Bestimmung der Fläche zwischen einem Funktionsgraphen und der x-Achse zurückführen: Die Fläche zwischen dem Graphen von $f(x)$ und dem Graphen von $g(x)$ im Intervall I ist nämlich gleich der Fläche zwischen dem Graphen von $h(x) := f(x) - g(x)$ und der x-Achse. (Wir werden dafür noch ein vernünftiges Argument sehen.)

Dies hat erst einmal mit Stammfunktionen scheinbar nichts zu tun. Aber warten Sie ab; wir werden darauf zurück kommen.

Um uns der Sache mit einem Beispiel zu nähern, werden wir uns eine nichtlineare Nachfrage- und eine nicht-lineare Angebotsfunktion überlegen, um dafür die Konsumenten- und Produzentenrente zu bestimmen. Die Nachfragemenge sollte monoton fallend in Abhängigkeit vom Preis sein und die Angebotsmenge monoton wachsend. Sinnvoll ist eine Modellierung der Nachfragefunktionen, in der die Sättigungsmenge (Schnittpunkt mit der p-Achse – Menge, die man durch Verschenken loswürde) und der Prohibitivpreis (Schnittpunkt mit der N-Achse – Preis, zu dem nichts mehr absetzbar ist) etwas sanfter erreicht werden.

Einer (für einen Mathematiker fußnägelaufrollenden) VWL-Tradition folgend, stellen wir den Preis wieder in Abhängigkeit von der angebotenen und von der nachgefragten Menge dar.[2] Unsere (willkürlich gewählten) Preisverläufe für

---

[2] Wir machen das, um konsistent mit der VWL-Literatur zu sein, obwohl die grundsätzlichen Argumente einfacher Markttheorien davon ausgehen, dass die angebotenen bzw. nachgefragten Mengen vom vorgegebenen Preis abhängen. Außerdem argumentiert man zu nachgefragter und angebotener Menge bei einem gemeinsamen Handelspreis und nicht zu Nachfrage- und Angebotspreis bei einer gemeinsamen Menge.

7.3 Das bestimmte Integral

Angebots- und Nachfragemengen seien wie folgt:

$$p_N(x) = \frac{3}{x+1} - 1,$$
$$p_A(x) = \frac{x^2+1}{4}.$$

Es sind übrigens genau die Funktionen, die in Abb. 7.1 rechts dargestellt sind. Solche Preisverläufe modellieren z. B. auf Produzentenseite, dass die ersten Produzenten erst bei einem positiven Einstiegspreis produzieren und dass auf einem sehr hohen Preisniveau die Gesamtproduktion der Volkswirtschaft nur noch unterproportional zum Preisanstieg wachsen kann. Auf Konsumentenseite finden wir in der Konvexität die Eigenschaft wieder, dass eine Preisreduzierung bei hochpreisigen Gütern die Nachfrage stärker ankurbelt als bei Ramschware.

Der Gleichgewichtspreis p_0 ist als Schnittpunkt beider Graphen gegeben, wodurch wir die Gleichgewichtsmenge x_0 bestimmen können. Wir führen zur Übung das mal aus:

$$\begin{aligned} p_1(x) = p_2(x) &\iff \frac{x^2+1}{4} = \frac{3}{x+1} - 1 \\ &\iff \frac{(x+1)(x^2+1)}{4} = 3 - (x+1) \\ &\iff \frac{x^3 + x + x^2 + 1 + 4x}{4} = 2 \\ &\iff x^3 + x^2 + 5x - 7 = 0. \end{aligned}$$

Wir raten und finden die Gleichgewichtsmenge bei $x = 1$ (das sollte immer die zweite probierte Nullstelle nach $x = 0$ sein ...) mit einem Preis von $1/2$. (Wir argumentieren wie in der Mathematik üblich ohne Einheiten, die wir vorher festgelegt haben.)

Wir wollen nun zunächst mal die Konsumentenrente über den Flächeninhalt bestimmen, der von der Nachfragepreiskurve, dem Gleichgewichtspreisniveau und der y-Achse eingeschlossen wird. Also brauchen wir die Fläche unter dem Graphen von $f(x) := p_N(x) - p_0$ auf dem Intervall $I = [0, x_0]$.

Da die Fläche krummlinig begrenzt ist, müssen wir auf einen Trick der alten Griechen – laut Wikipedia von Eudoxos von Knidos (4. Jhd. vor Christus) – zurückgreifen: Die Ausschöpfungsmethode. Rechteckige Flächen haben wir im Griff. Also packen wir Rechtecke in unsere Fläche, siehe Abb. 7.2. Die Gesamtfläche der Rechtecke ergibt eine untere Schranke für die gesuchte Fläche. Ferner können wir die Fläche mit Rechtecken überdecken, und erhalten eine obere Schranke für die gesuchte Fläche (siehe Abb. 7.3).

Die Rechtecke erhalten wir, indem wir das Intervall I unterteilen: Die Breite eines Rechtecks ist die Breite eines Unterteilungsstücks, und die Höhe ist das Minimum bzw. das Maximum von $f(x)$ für x im Unterteilungsstück.

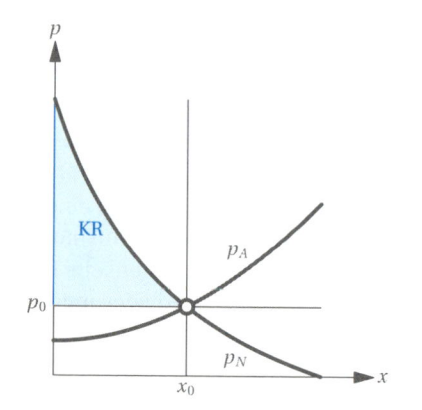

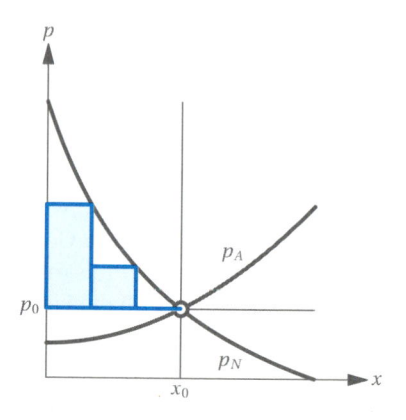

Abb. 7.2: Konsumentenrente exakt und ausgeschöpft mit Rechtecken

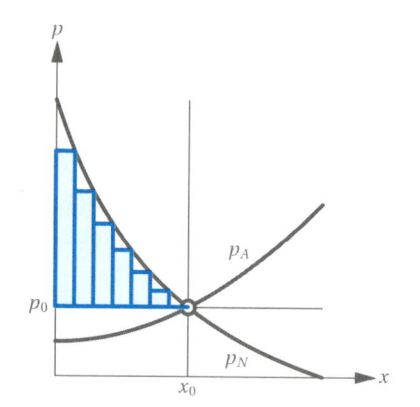

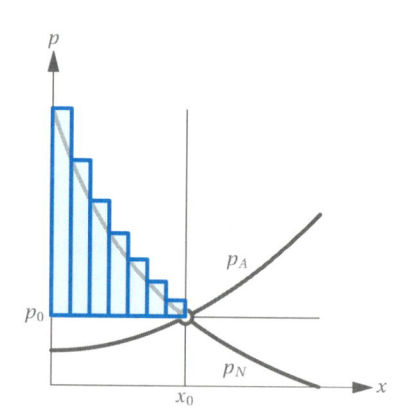

Abb. 7.3: Unter- und Obersumme approximieren den Flächeninhalt

7.3 Das bestimmte Integral

Wie genau eine Unterteilung aussieht, sollte man nun eigentlich nicht vorschreiben, sonst macht man sich das mathematische Leben unnötig schwer. Wir wollen Ihnen hier aber nur eine Idee vermitteln und keine strengen Beweise führen. Für diesen Zweck ist es am anschaulichsten, wenn wir I gleichmäßig in n Teile unterteilen.

Wir beobachten, dass die Überdeckungsschranke immer kleiner wird, je feiner wir unterteilen; gleichzeitig wird die Ausschöpfungsschranke immer größer. Also wird die Approximation immer besser, je feiner die Unterteilung ist (siehe Abb. 7.4).

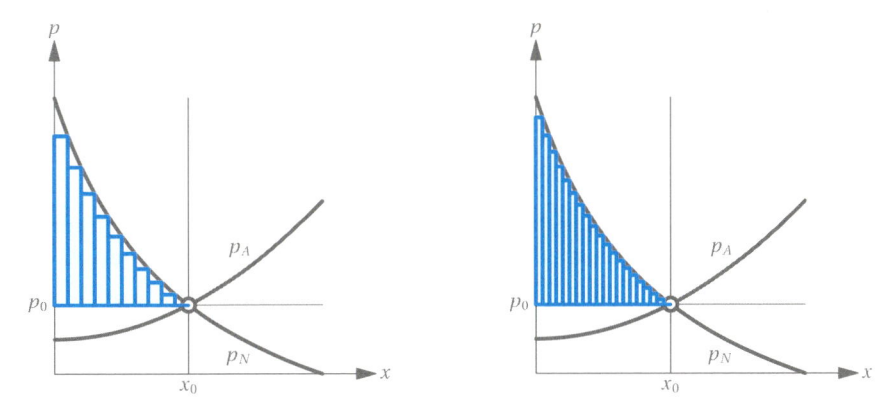

Abb. 7.4: Bei vernünftigen Funktionen ist die Approximation umso genauer, je feiner die Unterteilung ist

Sei nun $I_i^{(n)}$ das i-te Intervall in der Unterteilung in n Intervalle. Ferner sei $\Delta x^{(n)}$ die Breite von $I_i^{(n)}$, $i = 1, \ldots, n$. (Das ist in unserer gleichmäßigen Unterteilung einfach die Breite von I geteilt durch n.) Ferner sei $\overline{f_i^{(n)}}$ das Maximum von $f(x)$ auf dem Intervall $I_i^{(n)}$ und $\underline{f_i^{(n)}}$ das Minimum dort. Dann wissen wir über den gesuchten Flächeninhalt $\overline{\text{KR}}$:

$$\underbrace{\sum_{i=1}^{(n)} \underline{f_i^{(n)}} \Delta x^{(n)}}_{\text{Untersumme}} \leq \text{KR} \leq \underbrace{\sum_{i=1}^{(n)} \overline{f_i^{(n)}} \Delta x^{(n)}}_{\text{Obersumme}}.$$

Wie bekommen wir aber nun den *genauen* Flächeninhalt der gesuchten Fläche KR? Nun haben wir ja schon etwas Übung mit so etwas: Wir wollen eigentlich *unendlich fein* unterteilen. Da das aber nicht geht, machen wir das, wodurch das mathematisch korrekt repräsentiert werden kann: einen Grenzübergang für $n \to \infty$. Natürlich funktioniert das nur, wenn bei Ober- und Untersumme dasselbe herauskommt, sonst gibt es Streit, welches Ergebnis man nehmen soll, und dann sagen wir lieber, es macht keinen Sinn, von einem Flächeninhalt zu sprechen.

Definition 7.3.1 (Bestimmtes Integral). Sei $f\colon I = [a,b] \to \mathbb{R}$. Falls Obersumme und Untersumme gegen den selben Grenzwert konvergieren, also

$$\underline{\int_a^b} f(x)\,\mathrm{d}(x) := \lim_{n\to\infty} \sum_{i=1}^n \underline{f_i^{(n)}} \Delta x^{(n)}$$

$$= \lim_{n\to\infty} \sum_{i=1}^n \overline{f_i^{(n)}} \Delta x^{(n)} =: \overline{\int_a^b} f(x)\,\mathrm{d}(x),$$

so heißt f auf I Riemann-integrierbar, und wir schreiben

$$\int_I f(x)\,\mathrm{d}x := \int_a^b f(x)\,\mathrm{d}x := \underline{\int_a^b} f(x)\,\mathrm{d}(x) = \overline{\int_a^b} f(x)\,\mathrm{d}(x)$$

für das bestimmte Riemann-Integral von a bis b von $f(x)\,\mathrm{d}x$.

Nun kann man zeigen, dass für »vernünftige« Funktionen der Flächeninhalt zwischen Graph und x-Achse zunächst einmal überhaupt etwas Vernünftiges ist.

Satz 7.3.2. *Ist $f\colon [a,b] \to \mathbb{R}$ nur an endlich vielen Stellen unstetig, so gilt*

$$\underline{\int_a^b} f(x)\,\mathrm{d}x = \overline{\int_a^b} f(x)\,\mathrm{d}x. \tag{7.3}$$

Sollten Sie in der Ökonomie mal Funktionen antreffen, die fieser sind, so ist in der Modellierung vermutlich etwas gründlich schief gelaufen. Also können Sie davon ausgehen, dass alles, was Sie so auf der Straße treffen, integrierbar ist.

Um unsere Konsumentenrente bei nichtlinearer Nachfragepreiskurve zu berechnen, müssen wir also für eine numerische Lösung mit vorgegebener Genauigkeit $\varepsilon > 0$ ein so feine Unterteilung wählen, dass Ober- und Untersumme höchstens ε auseinander liegen. Da der Flächeninhalt immer dazwischen liegt, haben wir dann eine Approximation mit Fehler höchstens ε. Da die Nachfragepreiskurve stetig ist, gibt es das Integral, Untersummen konvergieren gegen Obersummen, und daher kommt man für jedes ε bis auf ε an den exakten Wert heran.

Will man aber eine analytische Formel für die Konsumentenrente, die für eine beliebige Nachfragepreiskurve p_N die Konsumentenrente angibt, ohne dass man Zahlenwerte festlegt, dann kommt man hier erstmal nicht weiter. Wir müssen uns erst etwas Allgemeines überlegen.

Und zwar: Warum heißen das unbestimmte Integral (Menge aller Stammfunktionen von f) und das bestimmte Integral (Fläche zwischen dem Graphen von f und der x-Achse) denn nun beide »Integral«?

Machen wir ein Gedankenexperiment mit der Einkommenssteuerfunktion und der Grenzsteuerfunktion für ein Δx von einem Euro, also eine Betrachtung *vor*

7.3 Das bestimmte Integral

dem Grenzübergang. Wir hatten schon gesagt, um die gesamte Steuerschuld $ESt(x)$ (für ein ganzzahliges Einkommen x) aus der Grenzsteuer zu berechnen, kann man für den ersten, zweiten, dritten, ... Euro die Steuern einzeln aus der Grenzsteuerfunktion berechnen und am Ende alles zusammenzählen. Aha: eine Summe. Da kommen wir der Sache schon näher. Was für eine Summe ist das genau? Schreiben wir es auf:

$$ESt(x) \approx GSt(0) + GSt(1) + \ldots + GSt(x-1)$$
$$= GSt(0)\Delta x + GSt(1)\Delta x + \ldots + GSt(x-1)\Delta x$$
$$= \sum_{i=1}^{x} \underline{GSt_i} \Delta x$$
$$\stackrel{GE \to 0}{\to} \int_0^x GSt(t)\,dt.$$

Denn der minimale Wert $\underline{GSt_i}$ von $GSt(x)$ auf dem i-ten Intervall von $i-1$ bis i ist genau $GSt(i-1)$. Und umgekehrt: Wie kann man sich die Grenzfunktion vom Integral $\int_0^x GSt(x)\,dx$ vorstellen? Schauen wir nochmal auf die Summenformel für $\Delta x = 1\,€$:

$$GSt(0) + GSt(1) + \ldots + GSt(x-1) + GSt(x) \approx \int_0^{x+1} GSt(t)\,dt$$
$$GSt(0) + GSt(1) + \ldots + GSt(x-1) \qquad \approx \int_0^{x} GSt(t)\,dt$$
$$\implies GSt(x) \approx \int_0^{x+1} GSt(t)\,dt - \int_0^{x} GSt(t)\,dt$$
$$= \frac{\int_0^{x+\Delta x} GSt(t)\,dt - \int_1^{x} GSt(t)\,dt}{\Delta x}$$
$$\stackrel{GE \to 0}{\to} \frac{d\left(\int_0^x GSt(t)\,dt\right)}{dx}.$$

Wir haben dabei salopp »GE $\to 0$« für den Übergang zu einer unendlich kleinen Geldeinheit geschrieben. Dies beweist zwar nichts im strengen Sinne, macht aber doch plausibel, dass das man eine Stammfunktion von f bekommt, wenn man jedem x das bestimmte Integral mit Obergrenze x zuordnet, und dass die Ableitung des bestimmten Integrals von f mit variabler Obergrenze wieder f ist! Dass bei den Grenzübergängen nichts Schlimmes passiert, haben die Mathematiker wieder mal für Sie bereits geprüft.

Auch die untere Grenze des bestimmten Integrals kann man als Variable auffassen. Die folgenden zwei Funktionen sind das Verbindungsglied zwischen unbestimmtem und bestimmtem Integral.

Definition 7.3.3. Sei $f\colon [a,b] \to \mathbb{R}$ integrierbar. Definiere

$$F_1\colon [a,b] \to \mathbb{R}, \quad x \mapsto \int_a^x f(t)\,\mathrm{d}t,$$

$$F_2\colon [a,b] \to \mathbb{R}, \quad x \mapsto \int_x^b f(t)\,\mathrm{d}t.$$

Siehe Abb. 7.5 für eine Illustration.

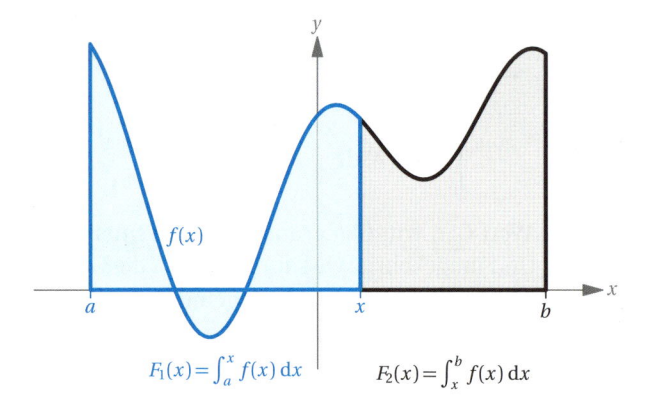

Abb. 7.5: Funktionen F_1 und F_2 aus dem Hauptsatz der Infinitesimalrechnung

Mit Hilfe dieser Funktionen $F_1(x)$ und $F_2(x)$ können wir unsere Entdeckung formulieren als Hauptsatz der Infinitesimalrechnung.

Satz 7.3.4 (Hauptsatz der Infinitesimalrechnung). *Sei $f\colon [a,b] \to \mathbb{R}$ stetig. Dann gilt:*

(i) *Die Funktion*

$$F_1\colon [a,b] \to \mathbb{R}, \quad x \mapsto \int_a^x f(t)\,\mathrm{d}t, \tag{7.4}$$

ist eine Stammfunktion zu f: $F_1'(x) = f(x)$ und die Funktion

$$F_2\colon [a,b] \to \mathbb{R}, \quad x \mapsto \int_x^b f(t)\,\mathrm{d}t \tag{7.5}$$

ist eine Stammfunktion von $-f$: $F_2'(x) = -f(x)$.

(ii) *Ist $G\colon [a,b] \to \mathbb{R}$ eine beliebige Stammfunktion von f, so gilt*

$$\int_a^b f(x)\,\mathrm{d}x = G(b) - G(a) =: G(x)\Big|_a^b. \tag{7.6}$$

7.3 Das bestimmte Integral

Das liefert uns sofort einen Kalkül, mit dem wir die Flächen unter Funktionsgraphen analytisch (also mit Formeln) berechnen können.

Merksatz:

Berechnung bestimmter Integrale $\int_a^b f(x)\,dx$:

1. Stammfunktion: Berechne $F \in \int f(x)\,dx$.

2. Hauptsatz: Berechne $\int_a^b f(x)\,dx = F(b) - F(a)$.

Das bestimmte Integral kann man also mit Hilfe *irgendeiner* Stammfunktion berechnen. Da ist also unsere Formel! Führen wir das gleich mal durch für unsere gesuchte Konsumentenrente. Der Vorteil gegenüber dem Weg zu Fuß über die Unter- und Obersumme ist nun, dass wir eine Formel bekommen für beliebige Gleichgewichtsmengen x_0:

$$\text{KR} = \int_0^{x_0} (p_N(t) - p_0)\,dt = \int_0^{x_0} \left(\frac{3}{x+1} - 1\right) - \frac{1}{2}\,dx = \int_0^{x_0} \frac{3}{x+1} - \frac{3}{2}\,dx.$$

Wir gehen entsprechend der obigen Anleitung vor.

1. *Stammfunktion:*

$$\int \frac{3}{x+1} - \frac{3}{2}\,dx = \int \frac{3}{x+1}\,dx - \int \frac{3}{2}\,dx$$

$$= 3\int \frac{1}{x+1}\,dx - \frac{3}{2} \cdot x$$

$$= 3\ln(|x+1|) - \frac{3}{2} \cdot x.$$

Dabei haben wir das Integral links berechnet mit der linearen Substitutionsfunktion $u(x) = x+1$, deren Ableitung eins ist.

2. *Hauptsatz:*

$$\int_0^{x_0} \frac{3}{x+1} - \frac{3}{2}\,dx = 3\ln(|x+1|) - \frac{3}{2} \cdot x \Big|_0^{x_0}$$

$$= \left(3\ln(|x_0+1|) - \frac{3}{2} \cdot x_0\right)$$

$$\quad - \left(3\ln(|0+1|) - \frac{3}{2} \cdot 0\right)$$

$$= 3\ln(x_0+1) - \frac{3x_0}{2}.$$

Wenn wir nun noch $x_0 = 1$ einsetzen wie in unserem Beispiel, dann erhalten wir den konkreten Zahlenwert

$$\text{KR} = 3\ln(2) - \frac{3}{2} \approx 0{,}579441541679836.$$

Wir führen noch ein paar weitere Beispiele vor. Zunächst:

$$\int_3^4 x^2 - 5x + 6 \, dx.$$

1. *Stammfunktion:*

$$\int x^2 - 5x + 6 \, dx = \frac{x^3}{3} - \frac{5}{2}x^2 + 6x + \mathbb{R}.$$

2. *Hauptsatz:*

$$\int_3^4 x^2 - 5x + 6 \, dx = \frac{x^3}{3} - \frac{5}{2} \cdot x^2 + 6x \Big|_3^4$$
$$= \left(\frac{4^3}{3} - \frac{5}{2} \cdot 4^2 + 6 \cdot 4\right) - \left(\frac{3^3}{3} - \frac{5}{2} \cdot 3 + 6 \cdot 3\right)$$
$$= \frac{5}{6}.$$

Betrachten wir als weiteres Beispiel das bestimmte Integral $\int_0^1 \frac{2x+4x^3}{x^2+x^4+1} \, dx$. Wir bemerken, dass die Ableitung des Nenners genau den Zähler ergibt. Somit ist klar, dass wir $u(x) = x^2 + x^4 + 1$ durch u und $(2x + 4x^3) \, dx$ durch du substituieren sollten. Es ergibt sich für die *Stammfunktion*:

$$\int \frac{2x+4x^3}{x^2+x^4+1} \, dx = \int \frac{1}{u} \, du = \ln(|u|) + \mathbb{R} = \ln(x^2 + x^4 + 1) + \mathbb{R},$$

da $x^2 + x^4 + 1$ für alle $x \in \mathbb{R}$ eine positive Zahl ist.

Betrachten der Integrationsgrenzen und Anwendung des *Hauptsatzes* liefert

$$\int_0^1 \frac{2x+4x^3}{x^2+x^4+1} \, dx = \ln(x^2 + x^4 + 1) \Big|_0^1 = \ln(3) - \ln(1) = \ln(3).$$

Um die lästige Voraussetzung $a < b$ nicht immer mitzuführen, möchten wir für $a > b$ auch das bestimmte Integral definieren. Wir machen das auf eindeutige Weise so, dass der praktische Hauptsatz auch dafür gilt:

$$\int_a^b f(x) \, dx := F(b) - F(a) = -(F(a) - F(b)) = -\int_b^a f(x) \, dx.$$

7.3 Das bestimmte Integral

Für den Spezialfall $a = b$ gilt natürlich unabhängig vom Integranden $f(x)$:

$$\int_a^a f(x)\,dx = 0.$$

Haben wir abschnittsweise definierte Integranden, so kann man jeden Abschnitt separat integrieren und die Ergebnisse addieren, denn die entsprechenden Flächen addieren sich ja auch zur Gesamtfläche.

Satz 7.3.5. *Für reelle Zahlen $a < c < b$ gilt*

$$\int_a^b f(x)\,dx = \int_a^c f(x)\,dx + \int_c^b f(x)\,dx. \tag{7.7}$$

Satz 7.3.5 können wir also verwenden, um die abschnittsweise definierte Funktion

$$f(x) = \begin{cases} x - 4 & \text{für } x \leq 6, \\ -\dfrac{1}{2}x + 5 & \text{für } x > 6. \end{cases}$$

zu integrieren:

$$\int_2^{12} f(x)\,dx = \int_2^6 (x-4)\,dx + \int_6^{12}\left(-\frac{1}{2}x + 5\right)dx$$

$$= \left[\frac{1}{2}x^2 - 4x\right]_2^6 + \left[-\frac{1}{4}x^2 + 5x\right]_6^{12} = 3.$$

Betrachten wir nun zwei weitere Rechenbeispiele, einfach nur, um uns an alles besser zu gewöhnen. Um

$$\int_0^1 e^{e^x} \cdot e^x\,dx$$

zu berechnen, substituieren wir $u(x) = e^x$ durch u sowie $e^x\,dx$ durch du und erhalten

$$\int e^{e^x} \cdot e^x\,dx = \int e^u\,du = e^u + \mathbb{R} = e^{e^x} + \mathbb{R}.$$

Berücksichtigen der Integrationsgrenzen liefert

$$\int_0^1 e^{e^x} \cdot e^x\,dx = e^{e^x}\Big|_0^1 = e^{e^1} + e^{e^0} = e^e - e^1 \approx 12{,}430.$$

Beim bestimmten Integral $\int_1^4 \cos(\sqrt{x})\,dx$ verwenden wir die Substitution von $y(x) = \sqrt{x}$ durch y sowie von $\frac{1}{2\sqrt{x}}\,dx$ durch dy, die zu

$$\int \cos(\sqrt{x})\,dx = \int \cos(y) \cdot 2y\,dy$$

führt.

Setzen wir $f'(y) = \cos(y)$ und $g(y) = 2y$, so erhalten wir $f(y) = \sin(y)$ und $g'(y) = 2$, was zum unbestimmten Integral

$$\int \cos(y) \cdot 2y \, dy = 2y \cdot \sin(y) - 2\int \sin(y) \, dy = 2y \cdot \sin(y) + 2\cos(y)$$
$$= 2\sqrt{x}\sin\left(\sqrt{x}\right) - 2\cos\left(\sqrt{x}\right) + \mathbb{R}$$

führt. Anwenden des Hauptsatzes liefert

$$\int_1^4 \cos\left(\sqrt{x}\right) dx = \left[2\sqrt{x}\sin\left(\sqrt{x}\right) - 2\cos\left(\sqrt{x}\right)\right]_1^4$$
$$= (2 \cdot 2 \cdot \sin(2) + 2 \cdot \cos(2)) - (2 \cdot 1 \cdot \sin(1) + 2 \cdot \cos(1))$$
$$\approx 0{,}0414.$$

Möchte man nun nicht mehr die Fläche zwischen einer Funktion $f(x)$ und der x-Achse, sondern die Fläche zwischen $f(x)$ und einer zweiten Funktion $g(x)$ bestimmen, so kann man dieses Problem darauf zurückführen, die Fläche zwischen der Funktion $f(x) - g(x)$ und der x-Achse zu bestimmen. Das Argument, das wir dafür versprochen haben ist ganz einfach: Die Höhe der Rechtecke zwischen zwei Graphen entspricht der Höhe der Rechtecke unter dem Graphen der Differenzfunktion, und dies bleibt so beim Grenzübergang.

7.4 Uneigentliche Integrale

In diesem Abschnitt lernen Sie, wie man zeitlich unbegrenzte Kapitalflüsse quantitativ evaluieren kann.

Erinnerung: Bei einer jährlichen Verzinsung mit einem Anfangskapitalwert K_0 und einem Zinssatz p (in Prozent), ergibt sich der Kapitalwert K_n nach dem n-ten Jahr als

$$K_n = K_0 \left(1 + \frac{p}{100}\right)^n.$$

Rechentechnisch etwas schöner ist eine kontinuierliche Verzinsung zu behandeln. Wir wünschen uns für den Kapitalwert also eine Funktion in Abhängigkeit der Zeit t, die an den Stellen $t = 1, 2, \ldots$ mit K_t übereinstimmt, aber auch an allen anderen Zeitpunkten $t \in \mathbb{R}$ definiert ist. Auch diese Funktion kennen wir bereits aus Abschnitt 4.2:

$$K_n = K_0 \left(1 + \frac{p}{100}\right)^n$$
$$= K_0 e^{rn}$$
$$= K_0 (e^r)^n$$

7.4 Uneigentliche Integrale

mit

$$e^r = 1 + \frac{p}{100} \iff r = \ln\left(1 + \frac{p}{100}\right).$$

Mit der kontinuierlichen Verzinsung kann man nun das Kapital zu einem beliebigen Zeitpunkt $t \in \mathbb{R}$ angeben:

$$\underbrace{K(t)}_{\text{Kapitalfluss}} := K_t = K_0 e^{rt}$$

$$= K_0 e^{\ln(1+p/100)\cdot t}.$$

Den Term $\frac{dK}{dt}(t) =: R(t)$ bezeichnen wir auch als Kapitalflussgeschwindigkeit.

Mit Hilfe von Satz 7.3.4 gilt

$$K(t) = \int_0^t R(x)\,dx.$$

Normalerweise kann man mit diesem Wert in der Finanzwirtschaft nichts anfangen, denn die Geldentwertung sorgt dafür, dass in der Zukunft zufließende Beträge nicht so viel wert sind wie heutige Guthaben. Daher betrachtet man eine kleine Zeitspanne Δt, in der $R(x)$ nahezu konstant ist. In dieser Zeitspanne fließt

$$K(t + \Delta t) - K(t) \approx R(t)\Delta t.$$

Und für jeden dieser Beträge berechnet man den Gegenwartswert einzeln, also das Kapital $R_0(t)$, das man heute anlegen müsste, um $R(t)\Delta t$ inklusive Zinsen zum Zeitpunkt t zu erhalten. Die Formel in Abschnitt 4.2 liefert:

$$R_0(t) = R(t) e^{-rt}.$$

Mit dem Grenzübergang $\Delta t \to 0$ ist damit der Gegenwartswert K_0 des gesamten Kapitalflusses $K(t)$ gegeben durch

$$K_0 = \int_0^t R(x) e^{-rt}\,dx.$$

Und nun zum eigentlichen Thema: Was ist, wenn Ansprüche auf eine Rente quasi ad infinitum vererbt werden? Die wichtige Frage dazu lautet:

Beispielfrage:

Wieviel sollte ein Versicherungsnehmer *heute* für den Anspruch einzahlen, dass wir ihm eine *kontinuierliche Rente* von $R(t)$ zum Zeitpunkt t zahlen, und zwar *ohne Laufzeitbegrenzung*?

Bei Privatrenten kommt das vielleicht nicht wirklich vor, aber bei zukünftigen Belastungen einer Volkswirtschaft durch nicht zurückgeführte Staatsverschuldung schon.

Wir würden wieder mal gern die zeitliche Obergrenze t auf ∞ setzen. Und wieder mal geht das nicht einfach so. Aber wir kennen ja nun ein Leitmotiv zu diesem Problem: Den Grenzwert.

Daher definieren wir:

Definition 7.4.1 (Unbestimmtes Integral). Sei $f: [a, b_0) \to \mathbb{R}, x \mapsto f(x)$ stückweise stetig ($b_0 = +\infty$ möglich), dann definieren wir das uneigentliche Integral:

$$\int_a^{b_0} f(x)\,dx := \lim_{b \uparrow b_0} \int_a^b f(x)\,dx. \tag{7.8}$$

Analog definieren wir für $f: (a_0, b] \to \mathbb{R}, x \mapsto f(x)$ das uneigentliche Integral

$$\int_{a_0}^b f(x)\,dx := \lim_{a \downarrow a_0} \int_a^b f(x)\,dx. \tag{7.9}$$

Schließlich definieren wir für Funktionen $f: (-\infty, \infty) \to \mathbb{R}, x \mapsto f(x)$ das uneigentliche Integral

$$\int_{-\infty}^{+\infty} f(x)\,dx := \lim_{a \to \infty} \int_{-a}^{+a} f(x)\,dx. \tag{7.10}$$

Betrachten wir ein paar Beispiele zur Anwendung von Definition 7.4.1. Versuchen wir $\int_0^1 \frac{1}{\sqrt{x}}\,dx$ auszurechnen, so bemerken wir das Problem, dass $\frac{1}{\sqrt{x}}$ an der Stelle $x = 0$ gar nicht definiert ist und dort den Grenzwert $+\infty$ hat. Muss deswegen auch der zum Integral zugehörige Flächeninhalt unendlich groß sein? Wenden wir Definition 7.4.1, so erhalten wir

$$\int_0^1 \frac{1}{\sqrt{x}}\,dx = \lim_{a \to 0} \int_a^1 \frac{1}{\sqrt{x}}\,dx.$$

Lassen wir zunächst wieder die Integrationsgrenzen weg, so ergibt sich

$$\int \frac{1}{\sqrt{x}}\,dx = \int x^{-1/2}\,dx = 2x^{1/2} + \mathbb{R} = 2\sqrt{x} + \mathbb{R}.$$

Einsetzen der Integrationsgrenzen liefert

$$\int_a^1 \frac{1}{\sqrt{x}}\,dx = 2\sqrt{1} - 2\sqrt{2} = 2 - 2\sqrt{a},$$

woraus

$$\int_0^1 \frac{1}{\sqrt{x}}\,dx = \lim_{a \to 0}(2 - 2\sqrt{a}) = \lim_{a \to 0} 2 - 2\underbrace{\lim_{a \to 0}\sqrt{a}}_{=0} = 2$$

7.4 Uneigentliche Integrale

folgt.

Als zweites Beispiel betrachten wir $\int_0^\infty e^{-x}\, dx = \lim_{b\to\infty} e^{-x}\, dx$. Das unbestimmte Integral lautet $\int e^{-x}\, dx = -e^{-x} + \mathbb{R}$, und wir erhalten somit

$$\int_0^b e^{-x}\, dx = -e^{-b} - (-e^{-0}) = -e^{-b} + 1 = 1 - e^{-b}.$$

Die Grenzwertbetrachtung führt uns zu

$$\int_0^\infty e^{-x}\, dx = \lim_{b\to\infty}\left(1 - e^{-b}\right) = \lim_{b\to\infty} 1 - \underbrace{\lim_{b\to\infty} e^{-b}}_{=0} = 1.$$

Eine weitere Anwendung von uneigentlichen Integralen tritt in der Wahrscheinlichkeitsrechnung auf. Sei hierfür $f: \mathbb{R} \to \mathbb{R}$ eine sogenannte Wahrscheinlichkeitsdichte auf $\mathbb{R}$, d. h. es muss $\int_{-\infty}^{+\infty} f(t)\, dt = 1$ und $0 \le f(t) \le 1$ für alle $t \in \mathbb{R}$ gelten. Hiermit lässt sich die Wahrscheinlichkeit $P_f(X \le a)$, dass eine Zufallsvariable X kleinergleich einer festen reellen Zahl a ist, als

$$P_f(X \le a) = \int_{-\infty}^{a} f(t)\, dt$$

ausdrücken. Ein berühmtes Beispiel einer Dichtefunktion ist die sogenannte Gaußsche Glockenkurve, die normalverteilte nicht-systematische Messfehler beschreibt. Für den Spezialfall Mittelwert $\mu = 1$ und Varianz $\sigma^2 = 1$ gilt

$$f(x) = \frac{1}{\sqrt{2\pi}} e^{-x^2/2},$$

siehe Abbildung 7.6.

Etwas allgemeiner gilt für eine Normalverteilung mit Mittelwert μ und Standardabweichung σ

$$f_{\mu,\sigma^2}(x) = \frac{1}{\sigma\sqrt{2\pi}} e^{-\frac{(x-\mu)^2}{4\sigma^2}}.$$

Betrachten wir als Beispiel die Verteilung der Intelligenzquotienten in Deutschland mit $\mu = 100$ und $\sigma = 15$. Wegen

$$\int_{94}^{106} f_{100,15^2}(x)\, dx \approx \frac{1}{2}$$

kann man sagen, dass ca. 50 % der Bevölkerung in Deutschland einen Intelligenzquotienten zwischen 94 und 106 Punkten haben. Einen Intelligenzquotienten von mindestens 130 haben nur

$$\int_{130}^{\infty} f_{100,15^2}(x)\, dx \approx 0{,}0225,$$

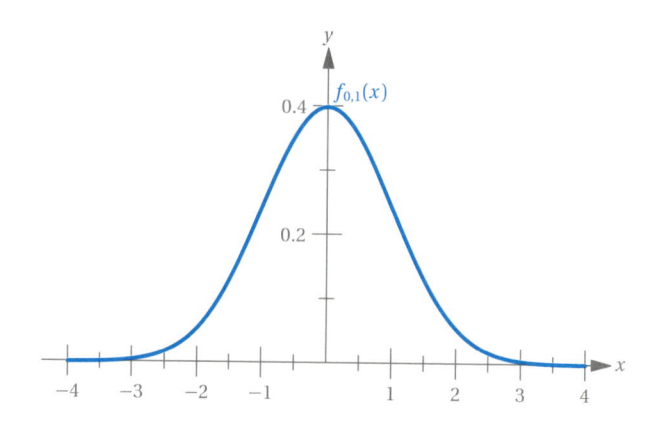

Abb. 7.6: Dichte der Standardnormalverteilung $N(0,1)$

also gut 2 % der Bevölkerung.

> **Merksatz:**
>
> Ist $f\colon \mathbb{R} \to [0,1]$ eine Dichtefunktion einer reellen Zufallsvariable X, so gilt für den Erwartungswert
>
> $$\mathbb{E}(X) = \int_{-\infty}^{\infty} X f(X)\, dX.$$

7.5 Volumen

In diesem Abschnitt wollen wir unsere bisherigen Erkenntnisse der Integralrechnung auf mehrdimensionale Funktionen übertragen. In mehrdimensionalen Räumen werden aus Flächeninhalten dann Volumeninhalte, die durch bestimmte Integrale ausgedrückt werden können. Fangen wir an mit dem Volumen unter einem Funktionsgraphen einer Funktion $f\colon \mathbb{R}^2 \supseteq I \to \mathbb{R}$ mit einem zweidimensionalen Intervall $I = [a,b] \times [c,d]$.

Betrachten Sie die Funktion $f\colon [0,\pi] \times [0,\pi] \to \mathbb{R}$ mit $f(x,y) = \sin(x)\sin(y)$ (siehe Abb. 7.7). Wir wollen einen Briefbeschwerer mit dieser schmeichelnden Oberflächenform aus Kupfer gießen und wollen wissen, wieviel Kupfer wir pro Briefbeschwerer brauchen. Wenn Sie auf der Straße fragen, ob da wohl eine glatte Zahl herauskommt, dann wird das wohl kaum einer für möglich halten: Krumme Fläche unter einem Funktionsgraphen einer Funktion, deren Funktionswerte fast alle krumm sind und die man nur über eine unendliche Reihe berechnen kann, und schließlich noch eine transzendent irrationale Zahl als Breite und Länge. Aber sehen Sie selbst: Es kommt eine ganze Zahl heraus!

7.5 Volumen

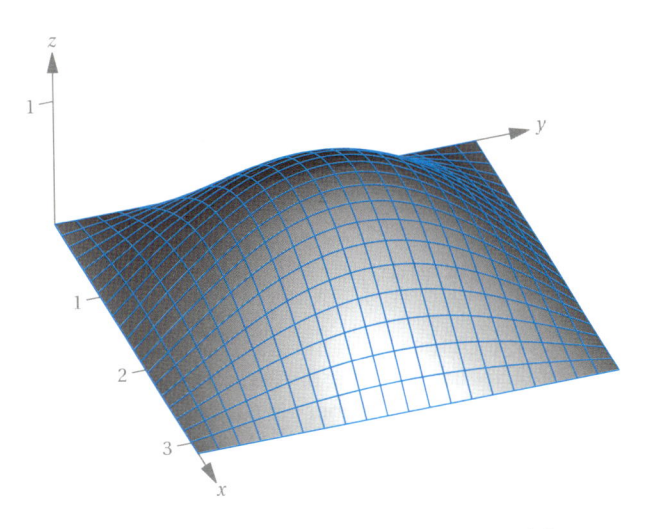

Abb. 7.7: Plot der Funktion $f(x,y) = \sin(x)\sin(y)$

Die Überlegungen, die zur Beantwortung der Frage führen, sind ganz analog zu den bisherigen: Zur Bestimmung des Volumens unter dem Funktionsgraphen von $f: [a,b] \times [c,d] \to \mathbb{R}$ schneiden wir den Körper in n Scheiben der Dicke $\Delta x^{(n)}$ und summieren das Volumen auf aus den Volumina der Scheiben.

Die Scheiben haben ein Volumen von etwa $\Delta x^{(n)}$ mal der Schnittfläche. Und diese Schnittfläche bei x ist die Fläche unter dem Graphen von $f_x : [c,d] \to \mathbb{R}$ mit $f_x(y) = f(x,y)$. Also erhalten wir aus einer Zerlegung in n Scheiben an den Stellen x_i, $i = 1, \ldots, n$ die folgende Näherung für das gesuchte Volumen V:

$$\text{vol} \approx \sum_{i=1}^{n} \int_c^d f_{x_i}(y) \, dy \cdot \Delta x^{(n)}.$$

Wenn wir die Flächenfunktion F definieren als der Flächeninhalt des Schnittes bei x, also $F: [a,b] \to \mathbb{R}$ mit $F(x) = \int_c^d f_x(y) \, dy$, dann haben wir

$$\text{vol} \approx \sum_{i=1}^{n} F(x_i) \Delta x^{(n)}.$$

Fällt Ihnen was auf? Das ist fast dieselbe Summe wie beim bestimmten Integral! Also wird das Ergebnis des Grenzübergangs $n \to \infty$, also $\Delta x^{(n)} \to 0$, beschrieben durch das Integral

$$\text{vol} = \int_a^b F(x) \, dx = \int_a^b \int_c^d f_x(y) \, dy \, dx = \int_a^b \int_c^d f(x,y) \, dy \, dx.$$

Wenn das Volumen wirklich existiert, dann macht es offenbar keinen Unterschied, ob wir zuerst in y- oder zuerst in x-Richtung Scheiben schneiden: Es muss schließlich immer das Volumen herauskommen. Das wird festgehalten in folgendem wichtigen Satz:

Satz 7.5.1 (Satz von Fubini). *Ist f stetig und integrierbar, so gilt*

$$V = \int_c^d \left(\int_a^b f(x,y)\,dx \right) dy = \int_a^b \left(\int_c^d f(x,y)\,dy \right) dx. \tag{7.11}$$

Satz 7.5.1 gilt analog auch für n-fach Integrale.

Betrachten wir endlich unser Beispiel: die Berechnung des Volumens vol unter $f\colon [0,\pi] \times [0,\pi], (x,y) \mapsto \sin(x)\sin(y)$ über die Formel

$$\text{vol} = \int_0^\pi \int_0^\pi \sin(x)\sin(y)\,dx\,dy.$$

Wir berechnen zunächst das innere Integral:

$$\int \sin(x)\sin(y)\,dx = \sin(y) \int \sin(x)\,dx = \sin(y)\cos(x) + \mathbb{R}.$$

Grenzen einsetzen ergibt:

$$\int_0^\pi \sin(x)\sin(y)\,dx = -\sin(y)\cos(x)\Big|_0^\pi = -\sin(y)(\cos(\pi) - \cos(0)) = 2\sin(y).$$

Anschließend berechnen wir das äußere Integral:

$$\int 2\sin(y)\,dy = 2\int \sin(y)\,dy = -2\cos(y) + \mathbb{R}.$$

Mit Grenzen ergibt sich:

$$\int_0^\pi 2\sin(y)\,dy = -2\cos(y)\Big|_0^\pi = -2(\cos(\pi) - \cos(0)) = 4.$$

Also tatsächlich ist das Volumen unter einer so krummen Fläche in so krummen Grenzen gleich 4: eine ganze Zahl!

Der Satz von Fubini gilt auch, wenn die inneren Integrationsgrenzen c,d in Wahrheit Funktionen $c(x), d(x)$ der äußeren Integrationsvariable x sind.

Als kleines Kabinettstückchen dazu berechnen wir das Volumen einer Kugel. Implizit ist eine Vollkugel durch die Gleichung $x^2 + y^2 + z^2 \leq r^2$ gegeben. Die ganze Kugel ist nicht das Volumen unter einem Graphen, aber die Halbkugel. Diese ist das Volumen unter dem Graphen von

$$z(x,y) := \sqrt{r^2 - x^2 - y^2}.$$

7.5 Volumen

Die Halbkugel ist dann genau der Körper, der von dem Graphen von z und der x-y-Ebene eingeschlossen wird. Der Definitionsbereich von z ist mit

$$\left\{(x,y) \in \mathbb{R}^2 : x^2 + y^2 \leq r^2\right\}$$

genau von der etwas allgemeineren, oben angegebenen Form: Wenn x das Intervall $[-r,+r]$ durchläuft, dann durchläuft das y-Intervall die Intervalle

$$[c(x), d(x)] = \left[-\sqrt{r^2 - x^2}, \sqrt{r^2 - x^2}\right].$$

Also können wir integrieren:

$$\frac{\text{vol}}{2} = \int_{-r}^{r} \int_{-\sqrt{r^2-x^2}}^{\sqrt{r^2-x^2}} z(x,y) \, dy \, dx = \int_{-r}^{r} \int_{-\sqrt{r^2-x^2}}^{\sqrt{r^2-x^2}} \sqrt{r^2 - x^2 - y^2} \, dy \, dx.$$

Die Berechnung des inneren Integrals liefert

$$\int \sqrt{r^2 - x^2 - y^2} \, dy = \frac{1}{2} \cdot \sqrt{r^2 - x^2 - y^2} + \frac{1}{2} \cdot \arctan\left(\frac{y}{\sqrt{r^2 - x^2 - y^2}}\right)(r^2 - x^2),$$

was nach Einsetzen der Integrationsgrenzen zu

$$\int_{-\sqrt{r^2-x^2}}^{\sqrt{r^2-x^2}} \sqrt{r^2 - x^2 - y^2} \, dy = \frac{\pi}{2}\left(r^2 - x^2\right)$$

führt. Hier musste ein uneigentliches Integral berechnet werden, da die Integrationsgrenzen Polstellen im Argument des Arcustangens sind. Für den Grenzübergang haben wir verwendet, dass

$$\lim_{x \to \pm\infty} \arctan x = \pm\frac{\pi}{2}.$$

Die Auswertung des äußeren Integrals führt schließlich zu

$$\int \frac{\pi}{2}\left(r^2 - x^2\right) dx = \frac{\pi}{2} \cot r^2 x - \frac{\pi}{6} \cdot x^3 + \mathbb{R}$$

und

$$\int_{-r}^{r} \frac{\pi}{2}\left(r^2 - x^2\right) dx = \left[\frac{\pi}{2} \cdot r^2 x - \frac{\pi}{6} \cdot x^3\right]_{-r}^{r} = \frac{2\pi}{3} \cdot r^3.$$

Für das Volumen der Vollkugel ergibt sich somit $2 \cdot 2\pi/3 \cdot r^3 = 4\pi r^3/3$.

Eine Vereinfachung dieser Rechnung ist auf viele Arten möglich. Eine zeigen wir Ihnen nun: Rotationskörper. Alternativen – vor allem die außerordentlich nützliche Transformation auf Kugelkoordinaten – sind Ihnen bei Interesse zum

Selbststudium ans Herz gelegt, da sie in dieses Buch nicht mehr hineingepasst haben.

Betrachten wir eine Funktion $f\colon [a,b] \to \mathbb{R}_{\geq 0}$ und rotieren sie um ihre Achse. Es entsteht ein sogenannter Rotationskörper, siehe Abbildung 7.8. Durch Rotationskörper kann man z. B. alle Körper beschreiben, die durch Drechseln hergestellt werden können. Das sind z. B. die wesentlichen Teile von Schachfiguren. Billige Schachfiguren werden aber nun gegossen, und da stellt sich die Volumenfrage wieder.

Beispielfrage:

Wieviel Plastikrohmasse braucht man für das Gießen einer Schachfigur, die wie gedrechselt aussehen soll?

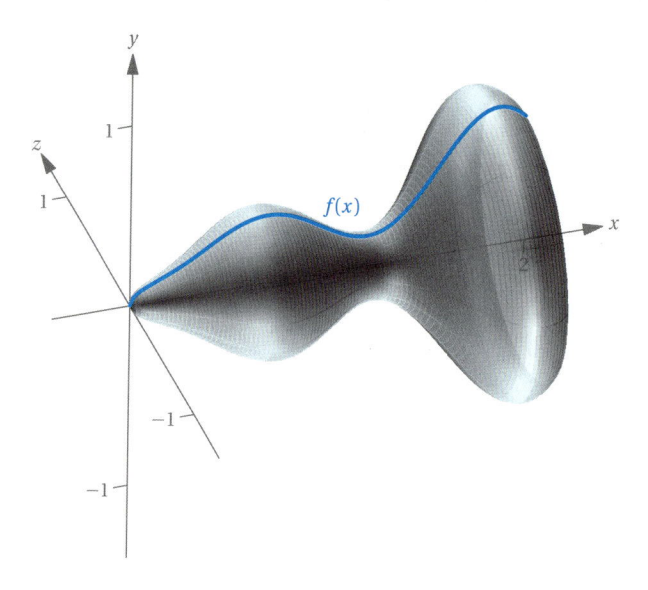

Abb. 7.8: Ein Rotationskörper zu $f(x) = {}^1\!/\!_3\bigl(\sqrt{x} + {}^1\!/\!_2 \cdot x \sin(5(x+1))\bigr)$

Und wieder derselbe Trick: Wir schneiden den Rotationskörper in n Scheiben der Dicke $\Delta x^{(n)}$ (siehe Abb. 7.9). Eine bei x_i geschnittene Scheibe hat eine Schnittfläche von $r^2 \pi = f(x_i)^2 \pi$. Also ist das Volumen näherungsweise

$$\mathrm{vol} \approx \sum_{i=1}^{n} f(x_i)^2 \pi \Delta x^{(n)}.$$

Eine sorgfältige Behandlung des Grenzübergangs $n \to \infty$, also $\Delta x^{(n)} \to 0$ liefert wieder das genaue Volumen:

7.5 Volumen

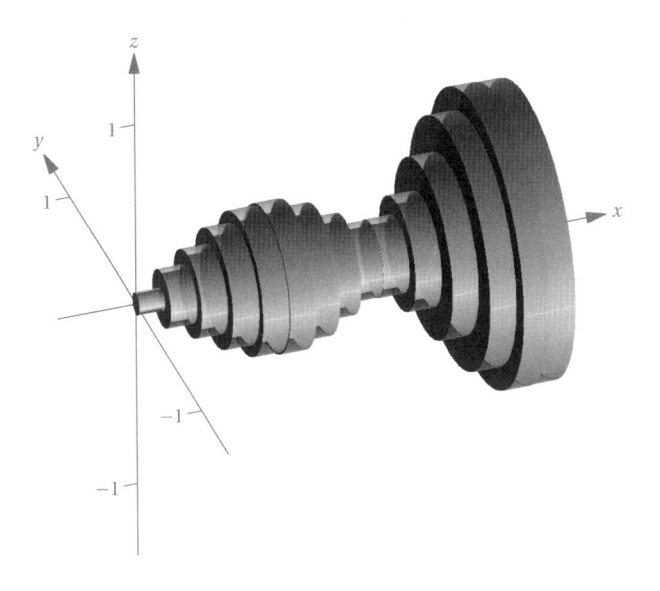

Abb. 7.9: Approximation des Volumens durch Scheiben

Satz 7.5.2. *Gilt $f(x) \geq 0$ für alle $x \in [a,b]$ und ist f integrierbar, so gilt für das Volumen des durch f bestimmten Rotationskörpers*

$$\text{vol} = \pi \int_a^b f(x)^2 \, dx.$$

Betrachten wir hierzu ein Beispiel und berechnen das Volumen des Rotationskörpers zu $f(x) = \sqrt{x}$ zwischen $a = 0$ und $b = 5$:

$$\pi \int_0^5 f(x)^2 \, dx = \pi \int_0^5 x \, dx = \pi \left(\frac{5^2}{2} - \frac{0^2}{2} \right) = \frac{25\pi}{2} \approx 39{,}270.$$

Mit der Rotationskörpermethode kann man tatsächlich das Volumen der Kugel viel einfacher als durch Doppelintegration berechnen: Die rotierte Funktion ist $Z: [-r, r] \to \mathbb{R}$ mit $x \mapsto \sqrt{r^2 - x^2}$. Zu berechnen ist dazu:

$$\text{vol} = \pi \int_{-r}^{r} \left(\sqrt{r^2 - x^2} \right)^2 dx = \pi \int_{-r}^{r} \left(r^2 - x^2 \right) dx.$$

Als Stammfunktion erhalten wir

$$\int \left(r^2 - x^2 \right) dx = r^2 x - \frac{1}{3} \cdot x^3 + \mathbb{R},$$

was unter Verwendung des Hauptsatzes zu

$$\int_{-r}^{r} \left(r^2 - x^2\right) \, dx = \left[r^2 x - \frac{1}{3} \cdot x^3\right]_{-r}^{r} = \frac{4r^3}{3}$$

führt. Als Volumen der Vollkugel erhalten wir somit wiederum $\pi \cdot 4r^3/3 = 4\pi r^3/3$.

7.6 Ein Beispiel zur Investitionsrechnung

Betrachten wir nun zum Abschluss eine Anwendung des Hauptsatzes der Infinitesimalrechnung in der Investitionsplanung, nämlich die optimale Nutzungsdauer einer Investition. Dieses Beispiel ist besonders instruktiv: Manche Optimierungsprobleme haben in der Zielfunktion eine Integralfunktion; da eine notwendige Bedingung für ein Extremum ja »Ableitung gleich null« ist, kann man den Hauptsatz sehr gewinnbringend einsetzen: Die Ableitung des Integrals ist ja einfach der Integrand.

Versetzen wir uns zur Veranschaulichung in die Lage eines Taxifahrers mit eigenem Taxi. Es steht ein Neukauf zu einem Preis L_0 an. Für den Taxifahrer stellt sich immer wieder die Frage, wann er neu investieren, sich also ein neues Taxi kaufen soll. Um diese Frage zu beantworten, müssen wir das Problem zunächst modellieren.

Bei jeder Investition gibt es laufende Einnahmen und laufende Ausgaben. In unserem Fall beispielsweise

$$E(n) = E_0 - \varepsilon n \quad \text{(Attraktivität sinkt)}, \varepsilon > 0$$

und

$$A(n) = A_0 + \alpha n \quad \text{(Reparaturen steigen)}, \alpha > 0.$$

Nutzen wir unser Taxi nicht mehr bzw. ersetzen es durch ein neues Taxi, so können wir das alte verkaufen und erhalten als Verkaufserlös nach n Jahren (Liquidation):

$$L(n) = L_0 - \lambda n \quad \text{(Wertverlust)}, \lambda > 0.$$

Für eine realistische Betrachtungsweise gehen wir von einer stetigen Abzinsung mit $r = \ln(1 + p/100)$ bei jährlicher Abzinsung von p % aus. Wie lange sollte das Taxi genutzt werden? Um diese Frage zu beantworten betrachten wir den sogenannten Kapitalwert der Investition $C_0(T)$ bei Nutzungsdauer T. Etwas allgemeiner als bei den zunächst betrachteten linearen Funktionen gilt für die Differenz der Ein- und Auszahlungsgeschwindigkeit $R(t) = E(t) - A(t)$, was nach Abzinsung zu

$$R(t)e^{-rt} = \left(E(t) - A(t)\right)e^{-rt}$$

führt. Über den kompletten Zeitraum betrachtet ergibt sich

$$\int_0^T R(t)e^{-rt} \, dt = \int_0^T \left(E(t) - A(t)\right)e^{-rt} \, dt.$$

Ziehen wir nun noch die Investitionskosten zu Beginn und die Liquidationserlöse am Ende der Investition in unsere Betrachtungen mit ein, so erhalten wir

$$C_0(T) = -L_0 + \int_0^T (E(t) - A(t))e^{-rt}\,dt + L(T)e^{-rT}.$$

Wir suchen ein T_0, so dass $C_0(T_0)$ maximal ist. Eine unendliche Nutzungsdauer $\lim_{T_0 \to \infty} C_0(T_0)$ können wir aus dem Anwendungsproblem heraus ausschließen. Auch die andere Intervallgrenze $T_0 = 0$ brauchen wir nicht zu betrachten. (Sie würde den Verzicht auf die Investition bedeuten. Dies muss natürlich immer überprüft werden, ob eine Investition überhaupt einen positiven Gegenwartswert hat.) Wir können also annehmen, dass es im Inneren von $[0,\infty)$ einen optimalen Zeitpunkt T_0 gibt und erhalten somit als notwendige Bedingung für ein Maximum die Gleichung $C_0'(T_0) = 0$. Ableiten von $C_0(t)$ nach t liefert

$$C_0'(T_0) = (E(T_0) - A(T_0))e^{-rT_0} + L'(T_0)e^{-rT_0} - rL(T_0)e^{-rT_0} = 0,$$

was wir zu

$$E(T_0) - A(t_0) = rL(t_0) - L'(T_0) \iff \underbrace{E(T_0) + L'(T_0)}_{\text{Grenzerlös}} = \underbrace{A(T_0) + rL(T_0)}_{\text{Grenzkosten}}$$

umformen können. Es gilt also das folgende allgemeine Prinzip:

Merksatz:

Zum Zeitpunkt des *optimalen Nutzungsendes* einer Investition sind die *Grenzerlöse* gleich den *Grenzkosten*.

In unserem konkreten Beispiel linearer Kapitalflussgeschwindigkeiten gilt

$$E_0 - \varepsilon T_0 - A_0 + \alpha T_0 = r(L_0 - \lambda T_0) - (-\lambda \cdot T_0),$$

was zu

$$(\alpha - \varepsilon + r\lambda - \lambda)T_0 = A_0 - E_0 + rL_0$$
$$\iff T_0 = \frac{A_0 - E_0 + rL_0}{\alpha - \varepsilon - \lambda(1-r)}$$

führt (im Falle, dass der Nenner nicht null ist).

Für das konkrete Zahlenbeispiel $L_0 = 20\,000\,€$, $A_0 = 1\,000\,€$, $E_0 = 30\,000\,€$, $r = \frac{1}{100}$, $\lambda = 4\,000\,€/\text{J}$, $\alpha = 100\,€/\text{J}$, $\varepsilon = 5\,000\,€/\text{J}$ ergibt sich

$$T_0 = \frac{-28\,000}{-42\,900}\,\text{J} \approx \frac{2}{3}\,\text{J} = 8\,\text{Monate}.$$

Die in diesem Kapitel vorgestellten Erkenntnisse sind beileibe nicht alles, was man zur Integralrechnung wissen kann. Es gibt natürlich auch mehrfache uneigentliche Integrale, und die Integrationsbereiche können, wie bei dem Beispiel der Volumenberechnung der Kugel, beliebig kompliziert werden.

Daneben gibt es z. B. noch sogenannte Pfadintegrale. Hier kann man sich einen Wanderer vorstellen, der einen Berg entlang eines Pfades erklimmt; die zugrunde liegende Funktion könnte in diesem Zusammenhang den erforderlichen Kraftaufwand in Abhängigkeit von der Pfadposition beschreiben. Man erhält wieder eine Approximation des Energieaufwands, wenn man den Pfad in kleine Pfadstücke zerlegt, auf denen der Kraftaufwand konstant approximiert wird. Dann rechnet man »Kraft mal Weg« für alle diese Wegstücke aus. Das Pfadintegral entsteht dann (mal wieder) aus dem Grenzübergang »Länge der Wegstücke gegen null«.

Ferner kann man Oberflächenintegrale benutzen, um kontinuierliche Funktionen über Oberflächen unendlich fein zu summieren.

Eine Verallgemeinerung der Integralrechnung, die zu einem ganzen Themengebiet führt, ist das sogenannte Gebiet der Differentialgleichungen. Wir wollen hier nur einen kurzen Ausblick geben. Betrachten wir ein Beispiel und bezeichnen mit $x(t)$ den Bestand einer gewissen Größe. Weiter soll die Änderungsrate $\dot{x}(t)/x(t) = r \in \mathbb{R}$ konstant sein. Wir suchen also eine Lösung der Gleichung

$$\dot{x}(t) := \frac{dx}{dt}(t) = r x(t) \quad \forall t \in \mathbb{R}. \tag{7.12}$$

Gleichung (7.12) ist eine sogenannte Differentialgleichung. Es lässt sich leicht nachrechnen, dass $a e^{rt}$ für alle $a \in \mathbb{R}$ eine Lösung von Gleichung (7.12) ist. Mit etwas Mathematik lässt sich auch zeigen, dass es keine weiteren Lösungen geben kann.

Wir wollen nun ein etwas realistischeres Wachstumodell betrachten. Nehmen wir dafür an, dass die relative Wachstumsrate annähernd konstant ist, wenn der Bestand $x(t)$ klein ist, dass sie aber gegen null konvergiert, wenn der Bestand gegen eine Kapazitätsgrenze K konvergiert. Eine Möglichkeit, dies als Gleichung auszudrücken, ist

$$\dot{x}(t) = r x(t) \left(1 - \frac{x(t)}{K}\right). \tag{7.13}$$

Als Lösung von Differentialgleichung 7.13 ergibt sich die sogenannte logistische Funktion

$$x(t) = \frac{K}{1 + \frac{K - x_0}{x_0} \cdot e^{-rt}},$$

wobei $x(0) = x_0 \in \mathbb{R}$ eine Konstante ist.

Übungsaufgaben

Aufgabe 7.1. Ermitteln Sie die folgenden unbestimmten Integrale:

a) $\int 5x - 2 \, dx$, b) $\int 3\sqrt[3]{4x - 3} \, dx$, c) $\int -\frac{2 \sin(x) \cos(x)}{\cos^2(x) + 1} \, dx$, d) $\int \frac{3}{(2-v)^2} \, dv$.

7.6 Ein Beispiel zur Investitionsrechnung

Aufgabe 7.2. Bestimmen Sie folgende Integrale mit Hilfe partieller Integration:

a) $\int_0^1 z^2 \cdot e^z \, dz$, b) $\int (a+bx) \cdot e^{-rx} \, dx$, c) $\int_0^T (500-40t) \cdot e^{-0,1t} \, dt$.

Aufgabe 7.3. Bestimmen Sie folgende Integrale durch eine geeignete Substitution:

a) $\int_1^2 \frac{x^7}{x^8+1} \, dx$, b) $\int x\sqrt{e^{x^2}+1} \cdot e^{x^2} \, dx$, c) $\int \frac{x \, dx}{2x^2+1}$, d) $\int_0^\pi \sin(x) \cdot \cos(x)^2 \, dx$.

Aufgabe 7.4. Berechnen Sie diese Integrale:

a) $\int_{-2}^2 (x^3 - 3x^2 + 1) \, dx$, b) $\int_1^3 2x \sin(x^2+1) \, dx$, c) $\int_{-2}^4 2xe^x \, dx$.

Aufgabe 7.5. Bestimmen Sie $\int_{-2}^8 f(x) \, dx$ für

$$f: \mathbb{R} \to \mathbb{R}, \; f(x) = \begin{cases} 3x+1 & \text{für} \quad x \leq 0, \\ x^2 & \text{für} \quad 0 < x < 3, \\ 4 & \text{für} \quad x \geq 3. \end{cases}$$

Aufgabe 7.6. Berechnen Sie die folgenden uneigentlichen Integrale:

a) $\int_0^8 \frac{2}{x^{7/3}} \, dx$, b) $\int_1^\infty 6z^2 e^{-z^3} \, dz$, c) $\int_0^1 \frac{1}{x^2} e^{-\frac{1}{x}} \, dx$, d) $\int_{-1}^1 \frac{1}{\sqrt{1+x}} \, dx$.

Aufgabe 7.7. Gegeben ist die Zufallsvariable X mit der Dichtefunktion

$$f(x) = \begin{cases} 0 & \text{für} \quad x < -2, \\ \frac{x+2}{4} & \text{für} \quad -2 \leq x < 0, \\ \frac{2-x}{4} & \text{für} \quad 0 \leq x \leq 2, \\ 0 & \text{für} \quad x > 2. \end{cases}$$

1. Berechnen Sie den Erwartungswert $E(X) = \int_{-\infty}^\infty x \cdot f(x) \, dx$.
2. Ist $f(x)$ wirklich eine Dichtefunktion? Versuchen Sie die hierfür notwendigen Eigenschaften nachzuprüfen.

Aufgabe 7.8. Der Gegenwartswert G eines Kapitalstroms $K(t)$, der zwischen den Zeitpunkten t_1 und t_2 mit Geschwindigkeit $R(t)$ fließt, ist bei stetiger Verzinsung mit dem Faktor e^{at} gegeben durch

$$K_0 = \int_{t_1}^{t_2} K(t) e^{-at} \, dt.$$

Wir nehmen an, dass der Zinssatz stets stabil bei 4 % liegt, d. h. $a = 0{,}04$. Stellen Sie sich vor, Sie möchten in 40 Jahren über 20 Jahre hinweg jährlich 12 000 € Rente bekommen; was wäre dann der Gegenwartswert einer solchen Rente?

Aufgabe 7.9. Eine Ein-Produkt-Unternehmung produziere mit folgender Grenzkostenfunktion $\frac{dK}{dx}$:

$$\frac{dK}{dx}(x) = 1{,}5x^2 - 4x + 4.$$

Bei einem Output von 10 ME betragen die Gesamtkosten 372 GE. Ermitteln Sie die Gleichungen der Gesamtkosten- und Stückkostenfunktion.

Aufgabe 7.10. Bestimmen Sie folgende Integrale:

a) $\int_1^2 \int_3^4 (x^2 + 3xy - y^2)\, dx\, dy$, b) $\iiint (u + uv + v + w + wv)\, du\, dv\, dw$.

Aufgabe 7.11. Eine Vase der Höhe 20 cm entsteht durch Rotation des Graphen der Funktion $r(h)$ um die h-Achse im Bereich $h = 0$ bis $h = 20$. $r(h)$ ist gegeben durch

$$r(h) = e^{\frac{20-h}{10}}.$$

Berechnen Sie das Volumen der Vase.

Stichwortverzeichnis

Symbole
$[a,b]$, 232
$[a,b)$, 232
(a,b), 232
$(a,b]$, 232
$\|\cdot\|$, 186
$\|\cdot\|_p$, 186
$\|\cdot\|_2$, 186
$\|\cdot\|_\infty$, 186
0, 22
$\mathbf{0}^{m \times n}$, 22
1, 22
$\mathbf{1}^{m \times n}$, 22
$\forall$, 143
A^T, 23
A^{-1}, 63
D°, 170, 214
∂D, 170, 215
$\exists$, 143
E, 23
$\mathbf{E}^n$, 23
Kern(A), 42
L, 213
$L(A|B)$, 36
$\mathbb{R}^m$, 22
$\mathbb{R}^{m \times n}$, 22
$\mathrm{d}F_{X_0}$, 188
$\frac{\mathrm{d}f}{\mathrm{d}x}$, 127, 162
$\frac{\partial f}{\partial x}$, 190
$\mathrm{d}x$, 233
e, 138
$\mathbf{e}_i$, 22
$\mathbf{e}_j^T$, 22
exp, 138
f', 162
$f^{(1)}$, 162
f^k, 162
$\lim_{n \to \infty} a_n = -\infty$, 143
$\lim_{n \to \infty} a_n = a$, 143
$\lim_{n \to \infty} a_n = +\infty$, 143
$\lim_{n \to \infty}$, 138
ln, 138
$\nabla f(X_0)$, 197
$\int f(x)\,\mathrm{d}x$, 233

A
abgeschlossene Menge, 203
Ableitung, 128, 157, 161
abnehmender Grenznutzen, 184
abschnittsweise definierte Funktion, 129, 251
absolutes Extremum, 168
absolutes Minimum, 168
Abstand, 185–187
Active-Set-Methoden, 228
Änderungsrate, 264
äußeres Integral, 258
Affine Funktion, 14
agrarökonomisches Schaf, 223
aktiv, 218
aktive Nebenbedingung, 217
aktive Ungleichung, 212
allgemeine Taylor-Formel, 176
alternierende harmonische Reihe, 151, 152, 177
antiproportional, 13
asymptotisch, 132
asymptotisch gleich, 134
asymptotisches Verhalten, 160
Ausschöpfungsmethode, 243

B
Babylonisches Wurzelziehen, 147
Basis, 59
Basisaustausch, 103
    dualer Tableau-Simplex, 119
    primaler Tableau-Simplex, 110
    primaler Verzeichnis-Simplex, 105
Basislösung, 38, 101
Basisspalte, 39
Basisvariable, 39
beschränkte Menge, 203
bestimmtes Integral, 232, 246
Betrag, 185, 186
betragsmäßig, 161
Bezierkurven, 134
bezüglich »+« und »·« abgeschlossen, 26
bijektiv, 8, 138, 238
Bild, 5
Bild einer Matrix, 58
Bildfolge, 158
Bland-Regel, 106
Boxconstraints, 202, 210, 225
BS, 39
Budget-Beschränkung, 211, 216, 218
BV, 39

C

Cauchy-Folge, 144
Cauchy-Kriterium, 144, 151
ceteris-paribus, 183
Cobb-Douglas-Typ, 183, 184, 210
Criss-Cross-Methode, 120

D

Darstellung als Linearkombination, 54
Deckungsbeitrag, 95
Definitionsbereich, 4
Definitionsbereich einschränken, 202
Definitionslücken, 135
Determinante det(A) von A, 65
Diagonalelement einer Matrix, 23
Diagonalmatrix, 23
Differentialgleichung, 15, 167, 264
Differenzenquotient, 161
differenzierbar, 161, 170, 235
differenzierbare Funktion, 126, 131, 210
Differenzierbare Optimierung, 128, 211
Differenzierbarkeit, 157, 185, 187
Dimension, 61
Diskontierung, 138
diskrete Funktion, 129
divergent gegen unendlich, 143, 150
divergente
    Reihe, 150
    Zahlenfolge, 143
Dreiecksmatrix, 70
dual zulässige Basis, 115
duale Basislösung, 115
Durchschnittspreisfunktion, 134

E

ε-Umgebung, 142, 185, 187
Einheitsmatrix, 23
Einheitsquadrat, 203
Eins-Funktion, 12
Eintrag einer Matrix, 22
elastisch, 167
Elastizität, 166, 193
endlichdimensional, 61
Endprodukt-Ertragstabelle, 90
Engpass, 99, 102
Engpassquotient, 102
entwickeln einer Determinante, 68
Entwicklung
    exponentielle Laufzeit, 72
    nach der i-ten Zeile, 67
    nach der j-ten Spalte, 69
Entwicklungspunkt, 206
erlaubte Spaltenoperationen, 60
erlaubte Zeilenoperationen, 46
erste Ableitung, 127, 162
erweiterte Koeffizientenmatrix, 38
Erzeugendensystem, 55
Erzeugnis, 42, 54
euklidische Norm, 186
Eulersche Zahl, 14, 138
explizite Lösungsformel, 62
Exponentialfunktion, 12, 14, 138
externer Bedarf, 74
Extrema mit Nebenbedingungen, 210
Extremum, 210

F

Falksches Schema, 29
fast alle, 143
Fehlerglied, 176
Fibonacci-Zahlen, 146
Flächeninhalte, 232
Fourier-Analyse, 15
Funktionalmatrix, 196

G

Ganzzahlige Lineare Optimierung, 88
Gaußalgorithmus, 48
Gaußsche Glockenkurve, 255
Gegenwartswert, 152, 263
gemischtes Intervall, 232
geometrische Reihe, 149
geschlossenes Intervall, 232
Gewinnfunktion, 3
Gewinnmaximierung, 128
Gleichgewichts-Marktpreise, 231
Gleichgewichtsmenge, 231
Gleichgewichtspreis, 231
Gleichheit von Matrizen, 24
gliedweise differenzieren, 165
globales Extremum, 204
globales Maximum, 168, 202, 210, 213, 215, 222
globales Maximum unter Nebenbedingungen, 214
globales Minimum, 170, 203, 210
Goldener Schnitt, 146
Gozintograph, 74
Grad, 133
Gradient, 197, 201, 204
Graph, 5
Gras-Nutzenfunktion, 223

Grenzen, 234
Grenzgewinn, 128
Grenzkosten, 128
Grenzpreisfunktion, 129
Grenzprofit, 120
Grenzsteuersatz, 230
Grenzwert
    Begriff, 136, 139
    einer rationalen Funktion, 145
    Grenzwertsätze, 144
    von Funktionen, 158, 185
    von Vektorfolgen, 187
    von vektorwertigen Funktionen, 187
    von Zahlenfolgen, 138, 143, 185

H

Häufungspunkt, 158, 160
harmonische Reihe, 150, 153
Hauptdiagonalenelemente, 70
Hauptsatz, 249
Hauptsatz der Infinitesimalrechnung, 248
Heron-Verfahren, 147
hinreichend, 201
hinreichende Bedingungen zweiter Ordnung, 228
Hintereinanderschaltung von Funktionen, 11
Höhenlinien, 182
homogene Funktion, 200
homogenes Lineares Gleichungssystem, 26, 42
Homogenitätsgrad, 200

I

i-ter Einheitsvektor, 22
idempotente Matrix, 33
identische Funktion, 9, 12
indiziert mit geordneter Menge, 32
injektiv, 8
innerer
    kritischer Punkt, 203, 204
    Punkt, 170, 214
inneres
    Integral, 258
    Maximum, 168
    Minimum, 168
    Produkt, 30
Inneres
    einer Menge, 170, 213, 214
    eines Intervalls, 201, 210
Input-Output
    -Analyse, 75
    -Koeffizienten, 77
    -Tabelle, 75
Integralmethode, 156
Integrand, 233
integrierbar, 233, 258
interner Bedarf, 74
interner Inputvektor, 77
Intervall, 6
Intervallschachtelung, 173
inverse Matrix, 60, 63
invertierbar, 63, 69
Investitionskosten, 263
isoelastisch, 193
isoelastische Funktion, 167
i-ter Einheitsspaltenvektor, 22
Iteration
    dualer Tableau-Simplex, 119
    primaler Tableau-Simplex, 110
    primaler Verzeichnis-Simplex, 105

J

Jacobi-Matrix, 196
j-ter Einheitszeilenvektor, 22

K

k-te Ableitung, 162
Kandidat für ein globales Extremum, 218
Kapazitätsgrenze, 264
Kapitalfluss, 253
Kapitalflussgeschwindigkeit, 253, 262
Kapitalwert, 252
Kapitalwert der Investition, 262
Karush-Kuhn-Tucker
    -Methode, 220
    -System, 217, 221
Kern einer Matrix, 42
KKT
    -Methode, 220, 225
    -System, 217, 221
Koeffizienten einer Linearkombination, 54
Kommutativgesetz, 33, 157
kompakte Menge, 203
Komposition von Funktionen, 11, 198
konkav, 136
konstante Funktion, 14
Konsumentenrente, 231
Konsumvektor, 77
kontinuierliche Verzinsung, 252
konvergente
    Reihe, 150
    Zahlenfolge, 143

Konvergenz
  von Zahlenfolgen, 139, 144
konvex, 136
Koordinaten, 26
Koordinatenfunktionen, 184
Kopf, 39
Kostenminimierung, 128
kritischer Punkt, 170, 200, 201, 210, 213–215, 221, 222
k-te
  Potenzfunktion, 12
  Wurzelfunktion, 12
Kugelkoordinaten, 259
Kurve, 185

L

Lagrange
  -Funktion, 214, 221
  -Methode, 214
  -Multiplikator, 217, 218, 220
laufende Ausgaben, 262
laufende Einnahmen, 262
Laufzeit von Algorithmen, 71
Leibniz-Kriterium, 151
Leibniz-Symbole, 165
Leontief
  -Inverse, 79
  -Matrix, 79
  -Modell, 77
  -Produktionsfunktion, 77
LGS, 35
linear
  abhängig, 56
  approximierbar, 126, 127, 161
  unabhängig, 56
lineare
  Approximation, 186, 187
  Funktion, 14, 126
  Optimierung, 21, 88, 90, 211
  Progression, 230
lineares
  Gleichungssystem, 35
  Gleichungssystem (sieben Schritte), 40
  Programm, 91, 93
  Taylor-Polynom, 176, 205
  Ungleichungssystem, 90
Linearfaktorzerlegung des Nennerpolynoms, 241
Linearität
  der Differentiation, 164
  der Reihe, 156

des Grenzwertes, 144
des Integrals, 234
Linearkombination, 54
Linearkombinationen, 42
Linkskrümmung, 171
linksseitig differenzierbar, 162
linksseitig stetig, 160
linksseitiger Grenzwert, 159
Liquidation, 262
Liquidationserlöse, 263
Lösungsmenge
  eines homogenen LGSs, 26
  eines LGSs, 36
Lösungstheorie linearer Gleichungssysteme, 21
logarithmische Ableitung, 166
Logarithmusfunktion, 12, 14
logistische Funktion, 264
lokal fast linear, 126
lokales Extremum, 170, 200, 201, 228
lokales Maximum, 168, 169, 221
lokales Minimum, 168
LP, 91, 93

M

m-dimensionaler Spaltenvektor, 22
m-dimensionaler Vektor, 22
Majorantenkriterium, 151
mathematische Modellierung, 77, 94
Matrix, 22
Matrix vom Format $m \times n$, 22
Matrixprodukt, 21, 28, 29
Matrixsumme, 24
maximaler kritischer Punkt, 214, 215, 222
maximaler zulässiger kritischer Punkt, 221
Maximumsnorm, 186
mehrdimensionale Kettenregel, 197
mehrdimensionales Intervall, 202
Mehrfachintegral, 256
Minimum, 202
Minorantenkriterium, 152
Mittelwert, 255
$(m \times n)$-Matrix, 22
Modellierung
  Entscheidungen, 95
  Entscheidungsvariablen, 95
  Ganzzahligkeit, 96
  Nebenbedingungen, 95
  Nicht-Negativitätsbedingung, 96
  unbeschränkt, 95
  Ziel, 95

Stichwortverzeichnis

Zielfunktion, 95
monotone Konvergenz, 151
Monotonie-Satz, 175

N

n-dimensionaler Zeilenvektor, 22
n-fach Integral, 258
Näherungswerte von Reihen, 151
natürliche Logarithmusfunktion, 138
natürlicher Logarithmus, 138
NBS, 39
NBV, 39
Nennerpolynom, 135
nicht elementar integrierbar, 241
nicht konvergent, 144
nicht zulässig, 204
Nichtbasisspalte, 39
Nichtbasisvariable, 39
nichtlinear, 211
Nichtlineare Optimierung, 211
Nichtnegativität, 54
nilpotente Matrix, 33
Norm, 186
normalverteilt, 255
normiert, 39
Normierte Zeilenstufenform, 39
notwendige Bedingung 1.Ordnung, 213, 217
notwendige Bedingung erster Ordnung, 201
notwendige Bedingung für Reihen, 151
Nullstellen, 14
Nullstellensuche, 173
Nullteiler, 33
numerische Grenzwertbestimmung, 147
numerische Nullstellenbestimmung, 173
Nutzenfunktion, 183, 211
NZSF, 39

O

obere Schranke, 243
Oberflächenintegral, 264
Obersumme, 245
offene Mengen, 144
offenes Intervall, 232
optimal, 104, 110
optimal (dualer Simplex), 119
optimale Basis, 104
optimale Lösung, 91, 92
optimale Nutzungsdauer einer Investition, 262
Optimalitätscheck
    dualer Tableau-Simplex, 119
primaler Tableau-Simplex, 110
primaler Verzeichnis-Simplex, 104
Optimierung von differenzierbaren Funktionen ohne Nebenbedingungen, 200
Optimierungsprobleme, 126
ordnungserhaltend, 183

P

p-Norm, 186
Paradoxon von Zenon, 148
Parallelepiped, 66
Parallelogramm, 66
Parameter, 13, 36
Parameterdarstellung, 185
parametrischer Ansatz, 132
Partialbruchzerlegung, 241
Partialsumme, 149, 150, 157
partiell differenzierbar, 190
partielle Ableitung, 189–191
    dritter Ordnung, 193
    k-ter Ordnung, 193
    zweiter Ordnung, 193
partielle Elastizität, 193, 198, 200
partielle Integration, 235, 236
Penaltyverfahren, 229
periodische Funktion, 12, 185
Pfadintegral, 264
Pivotelement, 46, 47, 107
Pivotspalte
    dualer Simplex, 118
Pivotzeile, 46
    dualer Tableau-Simplex, 116
Polynom, 133
Polynom vom Grad N, 14
Polynome, 133
Positivteil, 11
Potenzreihendarstellung, 165
primal zulässige Basis, 101
Primal-Duales Paar von LPs, 93
Primal-Duales Standardpaar von Linearen Optimierungsaufgaben, 93
primaler Verzeichnis-Simplex, 104
Produktintegration, 236
Produktionsmatrix, 20
Produktionsmengen-Tabelle, 20
Produktionsvektor, 77
Produzentenrente, 231, 232
Profitquotient, 117
Prohibitivpreis, 242
proportional, 13

proportional elastisch, 167
punktweise Addition, 12
punktweises skalares Vielfaches, 12

Q

Quadratfunktion, 12
quadratische Matrix, 23
Quotientenkriterium, 151

R

r-Vielfaches, 24
Rand, 204
Rand einer Menge, 170, 215
Randextremum, 203
Randmaximum, 213
Randpunkt, 170, 215
Rang, 39, 58
Rangbedingung, 221
rationale Funktion, 14, 134, 135
Rechtskrümmung, 171
rechtsseitig differenzierbar, 162
rechtsseitig stetig, 160
rechtsseitiger Grenzwert, 159
reduzierter Profit, 101
reelle Zahlenfolge, 139
reeller Vektorraum, 25
reguläre Matrix, 60
regulärer Punkt, 221
Regularitätsbedingung, 218, 222
Reihe, 150
Rekursion der Determinantenentwicklung, 71
Rekursionsfolge, 147
rekursiv definierte Zahlenfolge, 140
relative Wachstumsrate, 264
Restglied, 176, 177, 205, 208
Revenue-Management, 11
Richtungsableitung, 196
Riemann-integrierbar, 246
Rohstoff-Endprodukt-Tabelle, 20
Rohstoff-Mengentabelle, 92
Rohstoffverbrauchs-Tabelle, 20
Rotationskörper, 259, 260

S

Sättigungsmenge, 242
Sarrus-Regel, 68
Sattelpunkt, 171
Satz von Fubini, 258
Satz von Weierstraß, 203
Schattenpreis, 120

Schlupfvariablen, 100
    dualer Tableau-Simplex, 119
    primaler Tableau-Simplex, 109
    primaler Verzeichnis-Simplex, 104
schwach monoton fallend, 129, 130
schwach monoton steigend, 130
schwache Dualität, 93
schwache Monotonie, 129
Sensitivität, 122
Signumsfunktion, 158
Simplex-Optimalitätskriterium, 104
Simplexalgorithmus, 99
singuläre Matrix, 60
Sinusfunktion, 12
skalares Vielfaches, 24
Skalenelastizität, 198–200
Spaltenindex, 22
Spaltenpivot, 102
    dualer Tableau-Simplex, 119
    primaler Tableau-Simplex, 110
    primaler Verzeichnis-Simplex, 105
Spaltenstufenform, 60
Splines, 134
Sprungstelle, 130
SSF, 60
Stammfunktion, 233, 235, 249
Standard-Maximierungsaufgabe, 91
Standard-Minimierungsaufgabe, 93
Standard-Skalarprodukt, 30
Standardbasis des $\mathbb{R}^3$, 59
Standardintegrale, 234
starr, 167
Starttableau
    dualer Tableau-Simplex, 119
    primaler Tableau-Simplex, 109
Startverzeichnis
    primaler Verzeichnis-Simplex, 104
stationärer Punkt, 201
Steigung, 13, 191
stetig, 160, 258
stetige Abzinsung, 262
stetige Funktion, 130, 160
Stetigkeit, 157, 160, 185, 187
Steuersatz, 230
Strafterm, 229
Streichungsmatrix, 67
streng konkav, 136
streng konvex, 136
streng monoton fallend, 130
streng monoton steigend, 130

strenges globales Maximum, 168
strenges globales Minimum, 168
strenges lokales Maximum, 168
strenges lokales Minimum, 168
Stückliste, 20
Stücklistenproblem, 73
Stückpreisfunktion, 134
stückweise definierte Funktion, 11
stückweise stetig, 254
Subgradient, 131
Substitutionsregel, 237
surjektiv, 8
symmetrische Matrix, 23

T

Tangentialebene, 201
Tangentialhyperebene, 188
Taylor-Formel, 176, 205, 208
Taylor-Formel erster Ordnung, 127, 176
Taylor-Polynom, 177, 208
Technologiematrix, 77
Teilbedarfsrechnung, 73
Terassenpunkt, 171
Topologie, 170, 203, 214
total differenzierbar, 188
totales Differential, 188
Trajektorie, 185
transponierte Matrix, 23
trigonometrisches Polynom, 15

U

Umkehrfunktion, 7, 8, 138, 238
umsortieren unendlicher Reihen, 157
unbeschränkt, 105, 110
unbeschränktes LP, 105
Unbeschränktheitscheck
    primaler Tableau-Simplex, 110
    primaler Verzeichnis-Simplex, 105
unbestimmtes Integral, 231, 233, 234
uneigentliches Integral, 254, 259
unelastisch, 167
Ungleichungen, 90
unstetig an endlich vielen Stellen, 246
untere Schranke, 243
Untersumme, 245
unzulässig (dualer Tableau-Simplex), 119
Unzulässigkeitscheck (dualer Tableau-Simplex), 118, 119
Urbild, 5
Urbildfolge, 158

V

Varianz, 255
Vektorraum
    der differenzierbaren Funktionen, 164
    der integrierbaren Funktionen, 234
    der konvergenten Folgen, 144
    der konvergenten Reihen, 156
    der Matrizen, 25
Vektorraumrechenregeln, 25
Verdrängungskoeffizient, 121
Verkettung von Funktionen, 11
Verrechnung interner Leistungen, 72
Verzeichnis (primaler Verzeichnis-Simplex), 104
Verzeichnis zu einer Basis, 101
volkswirtschaftlicher Gesamtnutzen, 231
voller Rang, 58
voller Spaltenrang, 58
voller Zeilenrang, 58
Volumen, 256
Vorzeichenschachbrett, 68

W

Wahrscheinlichkeitsdichte, 255
Wahrscheinlichkeitsrechnung, 255
Wendepunkt, 171
Wertebereich, 4
Wertschöpfungskoeffizient, 77
Wertschöpfungsmatrix, 77
Wertschöpfungsvektor, 77
Wurzelfunktion, 9, 12
Wurzelkriterium, 151

Z

Zählerpolynom, 135
Zahlenfolge, 139
Zeilenindex, 22
Zeilenoperation, 70
Zeilenpivot, 102
    dualer Tableau-Simplex, 119
    primaler Tableau-Simplex, 110
    primaler Verzeichnis-Simplex, 105
Zeilenstufenform, 39
Zielfunktion, 91
ZSF, 39
zueinander duale LPs, 93
Zufallsvariable, 255
zulässige duale Basislösung, 115
zulässige Lösung, 90, 92
zulässiger Bereich, 96
zulässiger kritischer Punkt, 221
Zwischenwertsatz, 173

Andreas Remer

Grundlagen des Management

Instrumente und Strategien

2009. 210 Seiten, 64 Abb. Kart. € 28,–
ISBN 978-3-17-020610-6

Grundzüge der BWL

Kaum ein Fachgebiet hat sich in den letzten Jahrzehnten so dynamisch entwickelt wie die Managementlehre. Deshalb wird es immer schwieriger, die Einheit des Faches zu erkennen, seine Konturen zu bewahren und seine Entwicklungsrichtung abzuschätzen. An diesem Punkt setzt das vorliegende Lehrbuch an. Es reduziert Management auf seine Kerninstrumente Politik, Planung, Organisation und Personal, deren Gestaltungsmöglichkeiten somit erstmals auf einen einheitlichen und fundamentalen Nenner gebracht werden. Dies ermöglicht es, die grundlegenden strategischen Varianten des Management darzustellen. Als roter Faden zieht sich dabei die Idee eines Modernisierungsprozesses durch das Buch, bei dem das klassische, zweckbetonte Management mehr und mehr ersetzt wird durch eine stärker auf langfristige Erhaltung ausgerichtete Managementstrategie. Im modernen Management ändert sich vor allem das Verhältnis von Zweck und Mittel, wodurch es zu vielfältigen Spannungen im System kommt, die letztlich einen Paradigmenwandel erzwingen.

Prof. Dr. Andreas Remer lehrt Organisation und Management an der Universität Bayreuth.

▶ www.kohlhammer.de

W. Kohlhammer GmbH · 70549 Stuttgart
Tel. 0711/7863 - 7280 · Fax 0711/7863 - 8430 · vertrieb@kohlhammer.de

Hermann-Josef Tebroke
Thomas Laurer

Betriebliches Finanzmanagement

*2005. 272 Seiten, 101 Abb., zahlr. Tab.
Farbig. Kart. € 28,–
ISBN 978-3-17-018806-8*

Grundzüge der BWL

„Der durchweg gut verständliche Text wird durch zahlreiche Abbildungen und Schautafeln ergänzt, Kontrollaufgaben sorgen dafür, dass der Lernstoff beim Leser ›hängen bleibt‹. Wer sich ein solides Wissensfundament im Finanzmanagement zulegen möchte, ist mit diesem Buch bestens bedient."

Studium, SS 2006

„Einführung in die Materie, Hilfe bei Prüfungsvorbereitung und Wiederholung: All diese Zwecke erfüllt das Buch. [...] Fazit: Ein fundierter und kompakter Begleiter für Studierende im Grund- und Hauptstudium [...]"

http://www.literaturtest.de, 4/06

Prof. Dr. Hermann-Josef Tebroke ist Professor für Betriebswirtschaftslehre, insbesondere Finanzwirtschaft und Bankbetriebslehre, **Thomas Laurer** wissenschaftlicher Mitarbeiter am Lehrstuhl für Finanzwirtschaft und Bankbetriebslehre der Universität Bayreuth.

▶ www.kohlhammer.de

W. Kohlhammer GmbH · 70549 Stuttgart
Tel. 0711/7863 - 7280 · Fax 0711/7863 - 8430 · vertrieb@kohlhammer.de

Grundzüge der BWL

Weitere Titel dieser Reihe:

Andreas Remer/Philip Hucke

Grundlagen der Organisation

2007. 236 Seiten, 119 Abb.
Zweifarbig. Kart. € 25,–
ISBN 978-3-17-019188-4

Torsten M. Kühlmann

Internationale Mitarbeiterführung

2006. 236 Seiten, 87 Abb.
Zweifarbig. Kart. € 28,–
ISBN 978-3-17-019090-0

Jochen Sigloch

Investition mit Unternehmensbewertung

Ca. 270 Seiten. Zweifarbig. Kart.
Ca. € 28,–
ISBN 978-3-17-018545-6

Heymo Böhler/Dino Scigliano

Marketing-Management

2005. 208 Seiten, 95 Abb.
Zweifarbig. Kart. € 25,80
ISBN 978-3-17-018368-1

Kohlhammer

W. Kohlhammer GmbH · 70549 Stuttgart
Tel. 0711/7863 - 7280 · Fax 0711/7863 - 8430 · vertrieb@kohlhammer.de